U0526272

中国社会科学院文库
经济研究系列
The Selected Works of CASS
Economics

中国社会科学院创新工程学术出版资助项目

中国社会科学院文库 · 经济研究系列
The Selected Works of CASS · Economics

中国建设制造强国论

ON CONSTRUCTING CHINA INTO A
POWERFUL MANUFACTURING COUNTRY

李金华 著

中国社会科学出版社

图书在版编目(CIP)数据

中国建设制造强国论／李金华著．—北京：中国社会科学出版社，2021.5

（中国社会科学院文库）

ISBN 978-7-5203-8406-3

Ⅰ.①中… Ⅱ.①李… Ⅲ.①制造工业—产业发展—研究—中国 Ⅳ.①F426.4

中国版本图书馆 CIP 数据核字（2021）第 082786 号

出 版 人	赵剑英
责任编辑	黄 晗
责任校对	闫 萃
责任印制	王 超

出　　版	中国社会科学出版社
社　　址	北京鼓楼西大街甲 158 号
邮　　编	100720
网　　址	http://www.csspw.cn
发 行 部	010-84083685
门 市 部	010-84029450
经　　销	新华书店及其他书店
印　　刷	北京君升印刷有限公司
装　　订	廊坊市广阳区广增装订厂
版　　次	2021 年 5 月第 1 版
印　　次	2021 年 5 月第 1 次印刷
开　　本	710×1000　1/16
印　　张	29
字　　数	486 千字
定　　价	158.00 元

凡购买中国社会科学出版社图书，如有质量问题请与本社营销中心联系调换
电话：010-84083683
版权所有　侵权必究

本书是国家自然科学基金项目
"中国建设制造强国的行动路径研究"(71673296)的
研究成果。

《中国社会科学院文库》出版说明

《中国社会科学院文库》(全称为《中国社会科学院重点研究课题成果文库》)是中国社会科学院组织出版的系列学术丛书。组织出版《中国社会科学院文库》,是我院进一步加强课题成果管理和学术成果出版的规范化、制度化建设的重要举措。

建院以来,我院广大科研人员坚持以马克思主义为指导,在中国特色社会主义理论和实践的双重探索中做出了重要贡献,在推进马克思主义理论创新、为建设中国特色社会主义提供智力支持和各学科基础建设方面,推出了大量的研究成果,其中每年完成的专著类成果就有三四百种之多。从现在起,我们经过一定的鉴定、结项、评审程序,逐年从中选出一批通过各类别课题研究工作而完成的具有较高学术水平和一定代表性的著作,编入《中国社会科学院文库》集中出版。我们希望这能够从一个侧面展示我院整体科研状况和学术成就,同时为优秀学术成果的面世创造更好的条件。

《中国社会科学院文库》分设马克思主义研究、文学语言研究、历史考古研究、哲学宗教研究、经济研究、法学社会学研究、国际问题研究七个系列,选收范围包括专著、研究报告集、学术资料、古籍整理、译著、工具书等。

中国社会科学院科研局
2006 年 11 月

前　言

本书是国家自然科学基金项目"中国建设制造强国的行动路径研究"（71673296）的研究成果。项目立项后，课题组按照预定的研究方案，先后到相关地市走访行业主管部门，深入基层企业，收集整理、分析数据资料，研究思考中国建设制造强国的重大理论与现实问题。形成了关于制造强国建设的一些基本观点和认识。

第一，扩张制造业占比，优化制造业结构，提高先进制造业生产效率。在建设制造强国的过程中，要明确重点领域发展方向，大力发展关键基础零部件及基础制造设备、重大高档数控机床、智能机器人、航空航天装备、轨道交通装备、节能与新能源汽车、电力装备等行业；重点发展集成电路、网络通信设备、操作系统和工业软件；实施工业互联网计划。要调整产品结构，以开发品种、提升质量、提升效益、改善服务为重点，提高制造业产品设备附加值和竞争力；要节约、集约利用土地资源；节约、集约利用矿产资源，深化资源性产品价格和税费改革。要调整企业所有制结构，推动国有民营融合发展，发挥国有、民营与外资企业各自比较优势，发展混合所有制经济，增强三类企业发展的相融性、相助性和互补性。要优化国有资本投向与产业布局，为民营经济发展创造更广阔空间。要提高利用外资水平，降低制造业准入门槛，完善外商投资产业目录。要推动国际国内生产要素有序自由流动、资源高效配置。要参与国际经济合作竞争，参与跨区域自由贸易区建设，推进重点企业向国际化经营发展，培育顶级跨国公司和全球公司。要积极引导资本及劳动力向生产率高的产业流动，推动生产性服务业的发展和壮大，鼓励高技术服务业和传统制造业双向跨边界融合，推动数字化、网络化、智能化制造。

第二，要加强自主创新，实现前沿技术、复杂产品系统中关键技术的重大突破。建设制造强国，需要加大自主创新能力建设，在继续加强技术引进、模仿创新的同时，加大自主创新能力建设，鼓励企业牵头官产学研，协同促进技术创新与市场拓展。对于前沿技术产品主导的行业，要加大研发投入，实行单一企业自主研发的单项突破，形成产业集群的技术外溢，进而提升全产业链和产业集群的创新能力、竞争能力。要重视向外资企业学习，充分利用外资企业的技术溢出，重视基础科学研究，推动前沿技术的市场化和商业化应用。

第三，质量顶级，精专制造，打造国际著名制造品牌方阵。要加强中国先进制造品牌的文化体系建设，构建全球知名品牌文化的宣传平台和服务平台，向全球大力推介中国企业品牌文化，提升中国先进制造品牌的杠杆效应。要开展品牌"比较文化""特色文化""跨文化"研究和建设，不断汲取全球顶级品牌文化建设的可贵经验，加强与全球顶级品牌文化的交流与互动，促进中国先进制造品牌与世界先进制造品牌文化的融合，达到中国先进制造品牌的全球化、天下化。要致力于顶级技术、颠覆性技术的攻关，致力于创造质量世界一流、服务世界一流的产品。要不断创新生产工艺，优化生产过程，不断开发新产品，创新产品设计，将制造价值向使用过程延伸，实现产品价值最大化，在充分满足用户需求的同时，下大力气发掘用户潜在的、不可见的需求；要不断创新商业模式、服务模式，拓展产业链和产品价值链，规划好企业的战略转型升级，推进品牌在专业化基础上向多元化、国际化、大规模定制方向迈进。

第四，推行精准主义和标准主义，构建具有国际前沿水平的中国制造标准体系。要开展先进制造领域标准化建设的国际化合作，推动标准引领智能制造发展。制造标准化有着十分丰富的内涵，包括总体性生产标准、制造网络标准、智能化核心标准、平台技术标准、安全保护体系标准、新模式与新业态标准、生产参数标准以及评估评测标准等。因此，要积极加入全球先进制造行业标准的制定，争取话语权，通过"标准+数字""标准+服务""标准+平台"等模式，构建先进制造的完整的标准化体系或标准云服务模式，促成标准体系成为企业生产服务的准则，成为政府和消费者参与公共治理的重要参照系。

第五，进行生产模式的革命性改造，建设新兴先进制造产业集聚区。要推进中国创新型产业集群之间的技术合作和经济联系，形成具有国际影响力的连片先进制造集聚区。要实施产业集群协同发展战略，通过政策引导，支持不同产业集群的协作创新，增强群际创新系统建设，促成相邻或相近产业集群连片形成具有更强竞争力的先进制造产业集群。应探索改革既有产业集群的行政区划管理体制，融合城乡管理，打破地区垄断，建立全国一体化的市场，促进不同创新型产业集群生产要素的充分流通和利用。要加快建设创新型产业集群的工业互联网建设，将不同产业集群中的企业、研发机构、金融机构、社会服务组织联系起来，形成群际多元、多层次、更大规模的高端合作产业创新组织；要在不同地域的创新型产业集群间建立起创新平台，构建具备世界先进水平的产业集群创新网络，形成产业集群协同机制。

第六，推动学校企业双轨教育和培养，建成高素质制造业职工队伍和先进制造业文化。要建立面向未来的先进的终生职业教育体系和职工继续教育体系，学习借鉴世界制造强国的职业教育经验，将职业操守、生产标准、行业章程、企业制度纳入教学体系，强化职工的技术培训和思想素质培训，促使职工在工作中学习，在学习中工作，持续提高职工的生产技能。要建立有效的制度，创造尊重工匠、尊重劳动者的文化环境。应通过有效的制度，提高劳动者的社会地位，在全社会形成尊重劳动、尊重劳动者的社会风尚；要通过幼儿启蒙、家庭示范、学校教育、社会帮助、公众舆论等制度手段，引导民众树立正确的劳动观、价值观，确立以崇尚劳动、崇尚技术，劳动至上、技术至上为核心的民族文化价值体系，营造宽容开放的创新环境。

本书是在课题研究的阶段性成果基础上成书的。研究过程中，课题组成员已在国际国内学术期刊和重要报纸发表50多篇学术论文和理论文章，有些成果获得过中国社会科学院优秀对策信息类研究成果一等奖和特等奖。撰写本书时，我们根据需要吸纳了这些公开发表的部分成果，这一方面体现了课题研究的成绩，另一方面也反映了本书的理论意义、应用价值和学术价值。

建设制造强国，是中华民族的伟大实践，需要几代人的不懈努力。制造强国建设不止，科学研究就未有穷期。建设制造强国进程中的诸多问题还需要我们不断深入思考，不断努力探索。

成果面世之际，笔者真诚地感谢中国社会科学院数量经济与技术经济研究所科研处张杰副处长所给予的巨大无私的支持与帮助。囿于笔者的研究能力和学术水平,本书一定存在诸多不妥和讹谬之处,欢迎专家、同行批评指正。

中国社会科学院数量经济与技术经济研究所

中国社会科学院大学

李金华

2021 年 1 月

目　录

第一章　制造强国研究的理论铺垫 …………………………………（1）
　　第一节　建设制造强国战略的提出 ……………………………（1）
　　第二节　产业与企业的研究成果 ………………………………（7）
　　第三节　技术与制度的研究成果 ………………………………（20）
　　第四节　园区与品牌的研究成果 ………………………………（27）
　　第五节　创新与研发的研究成果 ………………………………（33）

第二章　建设制造强国的现实背景 ……………………………（42）
　　第一节　全球新工业革命大背景 ………………………………（42）
　　第二节　中国经济发展现实背景 ………………………………（50）
　　第三节　中国工业发展现实背景 ………………………………（64）
　　第四节　中国制造业发展现实背景 ……………………………（76）

第三章　建设制造强国的客观环境 ……………………………（93）
　　第一节　建设制造强国的软实力 ………………………………（93）
　　第二节　建设制造强国的硬实力 ………………………………（102）
　　第三节　建设制造强国的系统性约束 …………………………（115）
　　第四节　建设制造强国的结构性矛盾 …………………………（124）

第四章　建设制造强国的行业企业 ……………………………（136）
　　第一节　先进制造行业 …………………………………………（136）
　　第二节　生产性服务行业 ………………………………………（160）
　　第三节　先进制造企业 …………………………………………（173）

第四节　冠军企业与独角兽企业 …………………………（182）

第五章　建设制造强国的创新研发 ………………………………（195）
　　第一节　创新研发要素 ……………………………………（195）
　　第二节　创新研发活动 ……………………………………（206）
　　第三节　创新研发竞争力 …………………………………（221）

第六章　建设制造强国的前沿技术 ………………………………（236）
　　第一节　前沿技术发展背景 ………………………………（236）
　　第二节　前沿技术发展基础 ………………………………（244）
　　第三节　前沿技术突破行动 ………………………………（254）
　　第四节　前沿技术未来实践 ………………………………（262）

第七章　建设制造强国的生产绩效 ………………………………（269）
　　第一节　高新技术企业生产绩效 …………………………（269）
　　第二节　先进制造业生产绩效 ……………………………（277）
　　第三节　先进制造业全要素生产率 ………………………（290）
　　第四节　政策延伸性思考 …………………………………（299）

第八章　建设制造强国的品牌方阵 ………………………………（307）
　　第一节　中国品牌方阵现实 ………………………………（307）
　　第二节　中国品牌方阵竞争力 ……………………………（317）
　　第三节　中国品牌方阵再造策略 …………………………（333）

第九章　建设制造强国的园区集群 ………………………………（342）
　　第一节　国家高新区建设 …………………………………（342）
　　第二节　国家级经开区建设 ………………………………（356）
　　第三节　创新型产业集群建设 ……………………………（367）
　　第四节　先进制造集聚区建设 ……………………………（379）
　　第五节　特色产业基地与孵化器建设 ……………………（397）

第十章　建设制造强国的路径思考 ……………………………（404）
第一节　先进制造业发展路径 ……………………………（404）
第二节　创新与研发突破路径 ……………………………（414）
第三节　科技支撑与效率提升路径 ………………………（419）
第四节　园区与产业集群建设路径 ………………………（424）
第五节　制度与创新文化构造路径 ………………………（430）

参考文献 ……………………………………………………（437）

第一章 制造强国研究的理论铺垫

在新工业革命的历史进程中,中国政府发布的《中国制造2025》提出:实施制造强国战略,经过十年的努力,大幅提高中国制造业整体素质,显著增强创新能力,进入世界制造强国行列。这是中国政府应对德国"工业4.0"、发达国家实施"再工业化"战略、再造制造业竞争新优势的历史性抉择。

第一节 建设制造强国战略的提出

建设制造强国战略的提出有着较深刻的国际国内背景,是中国经济社会发展的历史必然,也是中国构建现代化经济体系、提升国际竞争力的现实选择。

一 国际背景

中国建设制造强国是第四次工业革命的产物。人类社会经历过三次工业革命。

第一次工业革命,源起于18世纪60年代,结束于19世纪40年代,发端于英国。其标志性的技术成果是:1733年,机械师约翰·凯伊发明了"飞梭"等。这些技术发明使得机器生产替代了手工劳动,工厂出现了,人类生产效率大大提高了。这场工业革命由英国发起,而后迅速向北欧和北美转移。法国完成了工业革命,美国也深受影响出现了许多机械技术发明成果,如缝纫机、拖拉机、轮船等,特别是出现了采用机器零件的标准化生产方式。这次工业革命引发了巨大的社会变革,影响波及世界的政治、经济、文化、全球市场等领域，人类开始进入大机器生产时代。

第二次工业革命，源起于19世纪60年代后期，发端于美、德、英、法、日等国家，其标志性技术成果是：1866年，德国人维尔纳·冯·西门子研制成了发电机；1876年，美国人亚历山大·贝尔发明了电话；1888年，美国人斯波拉格制成了现代有轨电车；1885年，德国人卡尔·奔驰制成了世界上第一辆汽车；1890—1892年，爱迪生、迪克森发明了幻灯机和活动电影摄影机；1895年，法国人奥古斯特·吕米埃和路易斯·卢米埃尔发明了手提式电影放映机。第二次工业革命极大地促进了生产力，全球工业重心由轻纺工业转为重工业，出现了一些新型工业部门，如化学、石油、电气等部门，原有的冶金、造船、机器制造、交通运输等部门因为技术革新得以加速发展，电力在生产和生活中得到广泛的应用，人类进入了电气时代。

第三次工业革命，源起于20世纪四五十年代，发端于美国、苏联等国家，其标志性技术集中在原子能、计算机等领域。原子能领域的代表性成果是：1945年，美国成功地试制原子弹；1949年，苏联也试爆原子弹成功；1957年，苏联发射了世界上第一颗人造地球卫星，次年美国也发射了人造地球卫星；1961年，苏联宇航员加加林乘坐宇宙飞船率先进入太空。计算机领域的代表性成果是：1946年，美国人冯·诺伊曼研制了第一台电子管计算机；1959年，出现了晶体管计算机，计算机进入第二代；1965年，出现了集成电路计算机，计算机发展进入第三代；1975年后，出现了以大规模集成电路为主要功能部件的计算机，计算机发展进入第四代。这段时期，人类在计算机、航天、分子生物、原子能等领域的科学技术取得了重大突破，尤其是计算机广泛应用于各个领域，催生了一大批新型产业，再加之信息技术的广泛应用，深刻改变了人们的生产和消费方式，人类进入了信息时代。

第四次工业革命，源起于21世纪，发端于美国、德国、日本等国，其中美国是颠覆性技术或革命性技术的主要发源地。近20年里，美国在多个领域诞生了一系列令世界瞩目的前沿技术成果。其在生物工程领域的代表性成果有[①]：2000年，公布人类基因组"工作框架图"；2006年，发明单分子晶体管并开发出可植入人体的微型传感器；2011年，研制出世界上第一束生物激光；2015年，发现调控细胞衰老的关键"开关"；2013年，培育出人类胚胎干细胞；2017年，发明基因疗法2.0。在计算机信息领域的代表性成果有：2000年，研制出量子计算机、生物计算机以及12万亿次超级计算机；2009年，研制出首台可处理两个量子比特数据的通用编程量子计算机；2013年，建成世界第一台碳纳米管计算机；2014年，研制出新一代模仿人脑计算机芯片。在航空航天领域的代表性成果有：2004年，研制成功时速超万公里的超音速飞机，"卡西尼"号飞船成功进入土星轨道；2008年，"凤凰"号探测器成功降落火星并确认火星上有水；2011年，成功发射"好奇"号火星探测器；2013年，人类探测器历史性地飞出太阳系；2014年，发明高空风电系统"空中浮动涡轮"；"猎户座"载人飞船成功首飞，用激光束从太空传回高清视频；2016年，SpaceX完成全球首次海上火箭回收。在3D打印等其他领域的代表性成果有：2001年，研制出纳米导线和只使用一个分子晶体管的可计算电路；2003年，研制出纳米电动机，破译人类第十四号、七号、六号和Y染色体，发明修补大脑的芯片；2004年，研制出利用核反应堆大规模制氢技术；2005年，研制出高效率燃料电池；2006年，发明可取代晶体管的新元件"交换点阵式插锁"；2007年，设计出一种可以大幅提高以玉米为原料生产乙醇效率的新工艺；2010年，研制出硅纳米光子芯片技术；2011年，研制出反激光器；2013年，首次实现两个人脑之间的远程控制；2014年，发明智能遥控指环Ring；2016年，3D生物打印出人造耳朵、骨头和肌肉组织等；2017年，研制出自动驾驶货车，研制出实用型量子计算机。可见，美国在21世纪独占鳌头发明诞生了一系列革命性的新技术，理所当然地成为第四次工业革命的引领者。

显然地，在21世纪全球经济格局发生了重大变化，经济全球化成为世界经济发展的主要特征。不同体制、不同类型的国家都在实践中调整、完善本国的经济政策，推行国家发展战略，以维持本国经济的持续增长。

---

① 此处所列示的科技成果，由笔者根据中国科技网（http：//h.wokeji.com/explore/qykj/201512/t20151217_2056850.shtml）和科学网（http：//news.sciencenet.cn/htmlnews/2016/12/364729.shtm）等网站提供的资料加工整理。

人类不再简单地追求经济的快速发展，而是重在保持经济适度增长的同时，强调增长质量，实现人口、环境、经济的可持续的协调发展。随着不同经济发展模式的出现，全球出现了经济一体化趋势，各国经济之间显现出千丝万缕的联系，彼此相互依存，共生共存，全球市场自由化程度不断提高。同时，信息技术、互联网技术飞速发展，工业化与信息化融合日益紧密，工业机器人、人工智能、数字制造、云计算等先进制造和颠覆性技术不断取得突破，深刻地影响着世界经济和全球产业发展走向。2012年，美国推出《美国先进制造业国家战略计划》。2013年，德国推出《工业4.0》；美国推出《国家制造业创新网络：一个初步设计》；英国推出《制造业的未来：英国面临的机遇与挑战》；法国推出《新工业法国》战略。2014年，韩国推出《制造业创新战略3.0》；印度推出《印度制造计划》。2015年，俄罗斯推出《国家技术计划首批路线图》；日本推出《机器人新战略》。所有这些国家，都是力图通过生产模式的创新、制造技术的突破、生产效率的提高，实现经济的可持续增长。世界各国在产业领域，尤其是在制造领域的战略和行动，昭示人类社会正进入一个新工业革命时代。

二　国内背景

经过70多年的奋斗发展，中国已成为全球第二大经济体，是世界上具有重要国际影响力的国家。据国家统计局网站提供的数据：2018年中国国内生产总值（GDP）达到90.03万亿元，其中第一、第二、第三产业增加值分别为6.47万亿元、36.60万亿元、46.96万亿元，粮食总产量65789万吨，固定资产投资（不含农户）63.56万亿元，社会消费品零售总额38.10万亿元，进出口总额30.50万亿元，全国居民人均可支配收入28228元。2019年，中国国内生产总值达到990865亿元，人均国内生产总值70892元，按年平均汇率折算，达到10276美元，首次突破1万美元大关。又据世界知识产权组织（WIPO）、美国康奈尔大学、欧洲工商管理学院和全球创新指数知识伙伴于2018年7月联合发布的《2018年全球创新指数》（GII）排行榜，中国创新指数得分53.06分，全球排名第17位；其中，制度得分59.4分，全球排名第70位；人力资本和研究得分47.8分，排名第23位；基础设施得分56.8分，排名29位；市场成熟度得分55.6分，排名第25位；商业成熟度得分56.0分，排名第9位；知识和技术产出得分56.5分,排名第5位;创意产出得分45.4分,排名第21位。报告显示,中国晋升世界上最具创新性的前20个经济体之列,且成功由低收入国家跨入中等偏上收入国家行列。2018年10月,世界经济论坛发布《全球竞争力报告》,中国的全球竞争力指数得分72.6分,在全球140个经济体中排名第28位,是主要新兴经济体金砖国家中竞争力较为突出的国家。

中国经济社会发展的巨大成就离不开工业的发展。新中国成立后,中国工业生产能力不断提升,建立了完备的涵盖39个大类、191个中类、525个小类全部工业门类的现代工业体系。据统计数据,1992年中国工业增加值突破1万亿元大关,2007年超过10万亿元,2012年突破20万亿元,2017年达到28万亿元,2018年突破30万亿元。作为现代工业核心组成部分的制造业,一直保持着较快的增长速度。1990年,中国制造业增加值占全球制造业增加值的比重为2.7%,居全球第9位;2000年占比上升到6.0%,居全球第4位;2007年占比达到13.2%,居全球第2位;2010年占比提高到19.8%,居全球第1位。此后,中国制造业增加值在全球的占比一直占据第1位的位置。同时,中国有221种主要工业产品生产量稳居世界第一。按可比口径计算,2018年全国规模以上工业企业实现利润总额6.64万亿元,比上年增长10.3%,其中,外商及港、澳、台商投资企业实现利润总额1.68万亿元,比上年增长1.9%。2018年规模以上工业企业实现主营业务收入102.2万亿元,比上年增长8.5%;主营业务收入利润率为6.49%,比上年提高0.11个百分点。这些数据充分显示了中国工业的发展成就及其对中国经济的影响。

进入21世纪后,中国开始实施第10个五年计划,先后完成了3个五年计划,即2001—2005年的"十五"计划,2006—2010年的"十一五"规划,2011—2015年的"十二五"规划。自2016年起,中国进行第十三个五年规划。这期间,中国以社会主义的市场经济要求为目标,以经济结构的战略性调整为主线,全面进行经济、社会、生态、环保、可持续发展方面的改革,经济以较高质量、较高速度发展,人民生活水平显著提高,综合国力显著增强。2010年8月,"天河一号"千万亿次超级计算机研制成功;11月,世界超级计算机TOP 500排名中,中国自主研制的超级计算机名列其中,中国计算机进入世界领先行列。2011年5月,中国自主设计的"海洋石油981"3000米超深水半潜式钻井平台在上海交付使用，中国在深水高端重大工程装备方面跻身世界前列。2012年1月，中国提出的TD-LTE-Advanced被国际电信联盟（ITU）确定为4G国际标准，成为两大4G国际标准之一；6月，中国"蛟龙"号水下探测再次下潜至7062米，标志着中国具备了载人到达全球99%以上海洋深处进行作业的能力，中国海底载人科学研究和资源勘探能力达到国际领先水平。2015年1月，首辆碳纤维新能源汽车正式下线；3月，发射首枚使用"龙芯"北斗卫星；7月，首款石墨烯节能改进剂"碳威"面世；8月，自主研制的大型无人军机"彩虹五号"首飞成功；9月，首台6000米自主水下机器人研发成功；10月，成功研制第一辆无人驾驶智能纯电动汽车，成功发射第一颗商业高分辨遥感卫星"吉林一号"组星。

特别是近10年，新一代信息技术、计算技术、互联网计算技术日新月异，将全球市场更加高效地连接在一起，各经济体之间、各市场距离大幅缩短，彼此间的信息、商品、资金、技术流动空前加快，人类进入新工业革命时代。这个时代，新兴技术、新兴产业不断涌现，深刻影响人类进程的颠覆性技术、革命性科技成果不断面世，创新型企业、独角兽企业也应运而生，为新工业革命推波助澜。特别是一些跨国公司，在世界范围内充分扩张，不断改变着生产要素和经济资源的优化和配置，成为经济全球化的主要推动力量。但是，任何事物都有它的两面性，经济的全球化使得金融资本在全球范围快速流动，增大了金融风险，严重威胁世界金融稳定，使金融危机、经济危机具有传染性和国际性，并且爆发频率增加。经济全球化也使发达国家与欠发达国家的经济差距进一步拉大，世界发展不平衡进一步加剧。正是在这种背景下，中国提出建设制造强国的战略，以图在国际竞争中占有优势。2015年5月，中国政府发布的《中国制造2025》提出：实施制造强国战略，经过十年的努力，大幅提高中国制造业整体素质，显著增强创新能力，进入世界制造强国行列；再经十年的努力，全面实现工业化，制造业整体进入世界制造强国阵营的中等水平，某些制造领域发展取得重大突破，优势行业具备引领世界的能力；至2035年，新中国成立100周年时，建成全球领先的制造业体系和技术体系，制造业主要领域占显著优势，中国制造业迈入世界制造强国的行列。

《中国制造2025》分析了中国建设制造强国的国际国内背景，提出了建设制造强国的指导思想、基本原则、奋斗目标，确定了实施制造强国的战略任务和十大突破重点,设计了制造强国的战略支撑与保障体系,是中国建设制造强国的纲领性文件,对中国建设制造强国,迎战制造业国际竞争有重要的意义,其公布迅速引发了全球关注,也激发了学者的研究热情。怎样使《中国制造2025》落地实施?怎样建设制造强国?政策上如何支持制造强国的建设?如何借鉴世界制造强国的先进经验?研究解决这些现实问题,需要相关理论的支撑,如增长理论、效率理论、产业集聚理论、技术创新理论、高技术产业发展理论等。

第二节 产业与企业的研究成果

产业发展是一个涵盖资本积累、劳动力素质提升和技术进步的综合过程,是国民经济增长的重要组成部分;企业是建设制造强国的重要主体。建设制造强国实践中,产业和企业的发展状况直接决定了建设制造强国的进程。因此,有关产业和企业发展的研究成果是建设制造强国的重要理论基础。

一 关于产业发展的研究成果

(一)工业与制造业的发展

中国经济和工业的发展历程一直受到学术界的关注,每个历史节点时间,都有相关的文献对中国经济和中国工业发展状况进行回顾性总结。丁冰(2009)[①]以时间为脉络,分不同阶段评析过新中国成立60年工业发展成就。汪海波(1999)[②]将中国工业经济发展分为4个时期,即新民主主义社会的工业经济、新民主主义社会到社会主义社会过渡时期的工业经济、实行计划经济体制时期的工业经济、市场取向改革时期的工业经济,认为工业发展50年的成就主要体现在工业经济体量和工业产品生产量的规模巨大;工业物质技术基础大大增强;工业企业结构发生显著变化,工业集中度有所提高;工业产业结构逐步实现优化和技术升级;工业地域布局逐步趋向合理;乡镇工业异军突起,成为我国工业的一支主力军;工业

[①] 丁冰:《略论新中国六十年来工业建设的快速发展和巨大成就》,《管理学刊》2009年第1期。

[②] 汪海波:《我国工业发展50年的历程和成就》,《中国工业经济》1999年第9期。

在国民经济中的地位显著上升，工业国的地位已经充分显示。许佳君（1999）[①]分析了新中国成立之初创建新中国工业体系的制约因素，这些因素是工业基础薄弱，没有形成完整体系；民族工业尚属幼稚，工业结构不合理；薄弱的农业基础难以满足工业化需求；缺乏熟练的技术人才和管理人才；认为"一五"计划建成了一批国家工业化急需的基础工业，工业技术水平和机械化程度提高，国家的经济结构发生重大变化，奠定了中国现代工业体系的基础，也为今天中国的现代化建设作了坚实铺垫。张国宝（2014）[②]认为，"一五"时期苏联援助中国建设了156个工程，是中国现代工业建设的起点，是中国由农业国迈向工业国的开始；三线建设优化了中国工业布局，对中国中西部发展影响深远；大规模的技术几乎涵盖了工业的所有门类，填补了许多技术和生产领域的空白，助推了中国工业的腾飞。邓宏图、徐宝亮、邹洋（2018）[③]在政府效用水平与重工业发展程度存在一致性的基础上，设计了一个动态最优化模型，该模型以政府效用为目标，包含资本密集与劳动密集两个部门，研究重工业优先发展战略的合理性及其对中国经济增长的影响。

一些学者从其他角度研究了中国制造业的发展问题。赵小芸、芮明杰（2012）[④]总结归纳了制造业升级的模式，并且以上海为例进行了先进制造业发展路径研究，认为上海应该进行传统制造业的技术改进和创新，通过高新技术产业化创造增量产业，推进技术型生产性服务业与先进制造业动态融合，以此实现制造业的全面升级。孙志燕（2014）研究了中国制造业的空间布局，发现制造业区域极化现象严重，聚集地区的边际效益下降，由此提出要加强中长期战略规划，调整区域政策的重点，优化中国制造业的空间布局。黄健、万勇（2014）[⑤]研究了美、韩两国先进制造区域集群状况，总结归纳了两国先进制造区域集群的特征，认为中国需要进行

[①] 许佳君：《新中国工业体系的创建》，《河海大学学报》（社会科学版）1999年第3期。
[②] 张国宝：《新中国工业的三大里程碑：苏联援建、三线建设及大规模技术引进》，《中国经济周刊》2014年7月14日。
[③] 邓宏图、徐宝亮、邹洋：《中国工业化的经济逻辑：从重工业优先到比较优势战略》，《经济研究》2018年第11期。
[④] 赵小芸、芮明杰：《上海以高新技术推动制造业升级的模式与路径研究》，《上海经济研究》2012年第2期。
[⑤] 黄健、万勇：《美韩先进制造区域集群比较与思考》，《产业经济评论》2014年第11期。

宏观把控，加快进行先进制造区域集群的布局。史修松、刘军（2014）[①]运用2005—2013年中国制造业500强企业数据，研究了中国大型制造企业的规模、区域分布及其对中国地区经济增长的影响，发现中国制造业500强企业主要集中在东部地区，且有进一步向东部地区集中的趋势；制造业500强对促进地区经济增长具有明显的规模效应，但自身的国际竞争力还不强；陆娅楠（2015）[②]对比研究了中国制造与美、日等制造强国的技术研发投入规模，认为利润低、收入少是中国制造研发投入低的重要因素，长时期内中国制造一直依靠技术引进和模仿制造，创新能力弱，中国应重点发挥大型制造企业集成创新和资源整合优势，促使大型制造企业成为技术创新、占领全球技术制高点的核心动力。于明远（2014）[③]运用行业面板数据研究了中国制造业的技术创新和国际竞争力状况，认为中国制造业技术创新能力体系能在一定程度上增强中国制造业国际竞争力，制造业行业规模的扩大和市场的对外开放也有利于中国制造业国际竞争力的提高。现在，来自发达国家的R&D的外溢当期效果不明显，不同技术水平行业通过加强技术创新对其产品国际竞争力的带动作用存在显著的差异性。故而，中国需要培育制造业中技术引进和消化吸收再创新的主体，特别是要提高大中型企业的技术引进和消化吸收再创新能力，进一步提高制造业效率，实现规模经济，降低行业生产成本，从而提高制造业国际竞争力。

（二）制造强国建设中的制造业发展

中国提出建设制造强国后，学界也更加关注中国制造业发展状况。李晓茂（2018）[④]以2007—2015年非ST股制造业上市公司为样本，先对各变量分别进行描述性统计和相关系数检验，而后采用回归分析法进行实证研究，从一个侧面测度了中国制造业的景气状况。刘大卫（2018）[⑤]认

---

① 史修松、刘军：《大型制造企业规模、分布与地区经济增长——基于中国制造业500强的研究》，《工业技术经济》2014年第9期。
② 陆娅楠：《中国制造500强，弱在哪？》，《环境经济》2015年第7期。
③ 于明远：《中国制造业技术创新与国际竞争力的实证分析》，《经济与管理研究》2014年第12期。
④ 李晓茂：《制造业景气度与上市公司现金持有分析》，《商业会计》2018年第4期。
⑤ 刘大卫：《改革开放40年中国制造业的荣衰变迁及其未来崛起之路》，《云南社会科学》2018年第3期。

为，中国制造业的发展经历了四个阶段，第一阶段是探索期，国际资本转移至中国，出现 FDI 和来料加工；第二阶段是发展期，劳动密集型的合资企业成长壮大；第三阶段是成熟期，国有、民营、外资制造型企业发展进入佳境；第四阶段是传统制造业陷入成本困境，制造业进入智能化发展阶段。改革开放 40 年，中国制造业表现出由盛转衰，其重要的原因在于缺少两个"国际化"，即原材料采购缺乏国际化、人力资源缺乏国际化。制造业活动中，国际化原材料采购、人力资源国际化，是制造业成本竞争优势的关键因素，许多制造行业就是依靠低廉的成本获取优势的。中国制造业先天不足，历来具有"依附"特征；中国制造业前端人员整体素质不高，一旦人口红利逐渐减退，人力资源优势不再时，外资企业和跨国企业就可能撤退，留下的技术则不可能是优秀的。此外，中国大量的制造企业仍只是简单的加工制造，技术层次不高，而一个技术含量低的企业是很难成功转型、做大做强的。因此，中国制造业的崛起之路，需要有保护性的政策性倾斜，政府要有重视制造业的意识，制造业发展的外部环境必须得到切实的改善；必须注重专利保护，严厉打击假冒伪劣产品，恢复制造业应有的战略地位。

一些学者从比较经济学的角度研究过制造强国建设中中国制造业的状况。房珊杉、金永花（2018）[1] 研究了德国制造业发展近况、政策举措，发现德国制造业整体走势是在波动中趋稳，先进制造业占绝对优势，在对外贸易竞争中优势明显；中小企业成为德国经济发展的稳定器。德国制造业发展给中国的启示是，中国要大力推进创新驱动战略，深化跨部门跨领域合作，加快推进数字经济发展，加快落地实施《中国制造 2025》。李雪冬、江可申（2018）[2] 使用 ACF（Ackerberg、Caves 和 Frazer）法，对中美制造业技术密集型上市公司进行了扭曲系数分析，研究发现：美国的一些技术密集上市公司资本价格较为合理，投入要素较为适度；而中国技术密集型上市公司的资本价格略偏高，存在着资本使用不足的现象；美国技术密集型上市公司的劳动力价格偏高，这引致其劳动力使用不足；中国的

---

[1] 房珊杉、金永花：《德国制造业发展近况、政策举措及启示》，《中国经贸导刊》2018 年 1 月（中）。

[2] 李雪冬、江可申：《制造业技术密集型企业要素配置扭曲测度研究——基于中美上市公司的对比分析》，《苏州科技大学学报》（社会科学版）2018 年第 1 期。

制造企业则存在劳动力投入过度的现象,这种现象还有逐渐加强的趋势。中美技术密集型上市公司在规模、效率、投入结构等方面存在差异。张宇、张仲伍、李娜（2018）[①]运用偏离份额分析法（SSM）法,从增长分量、结构分量、竞争力分量对中国中部六省制造业28个行业进行了研究,发现河南省制造业发展最快,山西省最慢;中部地区以传统制造业为主,高新技术产业发展较少,除个别产业发展较好外,其他行业的竞争力分量和结构分量均低于平均水平。由此建议中部地区要优化内部结构,发展先进制造业,构建高新技术产业、现代制造业为主导的产业体系。同时,中部企业要加强与东部地区的合作,借鉴东部地区发展优势产业的经验,根据本地区的实际,形成具有中部地区特色的制造产业体系。

（三）先进制造业发展

中国提出建设制造强国的战略后,学者们更加关注先进制造业的发展。黄群慧（2017）[②]认为,与《中国制造2025》相配套的政策规划已基本发布,相关部委在落实制造强国的战略中已出台了具体措施,中国建设制造强国战略进入全面实施的新阶段。李燕（2017）[③]认为,新时代背景下,制造强国有着新内涵,制造强国必须是以创新型经济为驱动力,以高度智能化的现代产业体系为核心,以制造业与现代生产性服务业融合发展为重要支撑,以环境友好型发展模式为内在要求;一个制造强国必然是创新型国家,是科技强国、信息强国,建设制造强国必须构建高水平开放发展、竞争合作的新格局。何珺（2018）[④]总结了中国建设制造强国的成绩,认为2015年后中国制造强国建设已迈出实质性步伐,制造业新动能培育取得新进展,制造业创新体系建设取得新成就,制造业与信息技术融合发展迈上新台阶,互联网技术已广泛融入制造业企业研发设计生产等各环节,一批面向行业和细分领域的工业互联网平台正加快培育,中国的制造业发展环境有了新改善。

[①] 张宇、张仲伍、李娜：《中部六省制造业结构竞争力比较——基于偏离份额分析法》,《山西师范大学学报》（自然科学版）2018年第3期。
[②] 黄群慧：《全面实施制造强国战略的新阶段》,《经济日报》2017年5月19日。
[③] 李燕：《准确把握制造强国新的时代内涵,加快构建制造强国关键支撑体系》,《中国经济时报》2017年12月7日。
[④] 何珺：《苗圩解读高质量发展阶段的制造强国战略》,《机电商报》2018年1月15日。

同时，张亭、刘林青（2016）①利用全球产品贸易数据库数据，运用产品空间理论，实证研究了中美两国产业政策和两国制造业的竞争实力，比较分析了中国制造业遵循比较优势或偏离比较优势路径的可能结果，认为大规模、标准化生产的时代已经过去，取而代之的是以互联网信息技术为支撑的定制生产时代，中国需要培养更多具有显性比较优势的产品，加快制造产品的优化升级，提高资源配置效率，增加要素禀赋在制造业升级中的引领作用，通过科学的市场退出机制，减少落后的产业对既有生产能力资源的占用，更好地聚集力量推动新兴制造业的跨越式发展。王德显、王跃生（2016）②研究了美德两国先进制造业发展的战略及运行机制，认为中国应该完善制造业发展的顶层制度设计，加快制定制造各行业的发展标准、行动指南，鼓励先进制造业快速发展，逐渐实现对中国传统制造业的智能化改造，引领世界制造发展潮流，惠及更多的中小制造企业；同时要转变政府职能，扶持先进制造企业开展核心技术或关键技术的联合攻关，逐步形成中国先进制造业在生产成本、生产效率等方面的动态比较优势，建立起促进先进制造业持续发展的创新体系。赵云峰（2015）③认为，先进制造业是国家产业发展的关键，代表着一国制造业发展的水平，反映着国家的综合竞争力，其在研究了中国发达地区先进制造业的发展状况后提出，中国应大力发展生产性服务业和先进制造业，要注重发达地区先进制造业的结构和生产方式的转型，调整现有制造业结构，不断提高先进制造业的劳动生产效率。刘明达、顾强④研究发现，世界各主要经济体都将推动先进制造业创新发展提升到了战略高度，力争赢得未来产业发展和国际竞争的主动权，但因资源禀赋、战略定位、产业基础、市场结构等的不同，各主要经济体的行动路径有所差异；中国需要优化创新资源配置，构建以我为主、全球布局、开放共赢的制造业生态体系，合理配置创新资源，填补竞争前关键共性技术供给不足的短板，加大竞争性关键共性技术供给，超前布局一批前沿关键技术的研发，推动中国先进制造业向数

---

① 张亭、刘林青：《中美产业升级的路径选择此较》，《经济管理》2016年第8期。
② 王德显、王跃生：《美德先进制造业发展战略运行机制及其启示》，《中州学刊》2016年第2期。
③ 赵云峰：《我国发达地区先进制造业发展现状研究》，《中国商论》2015年第9期。
④ 刘明达、顾强：《从供给侧改革看先进制造业的创新发展》，《经济社会体制比较》2016年第1期。

字化、网络化、智能化方向转型。孙泗泉、叶琪（2015）[①]认为，中国先进制造业的创新发展主要经历了起步、发展、融入全球制造网络三个阶段，呈现出从模仿创新到自主创新、从低水平创新向高尖端领域创新的发展趋势，但整体上中国先进制造业创新基础还较薄弱、关键技术不强、创新资源缺乏、产业资源较分散、国际竞争力弱。未来，要在国家层面给予先进制造业创新足够的政策支持，在区域层面加强区域间政策的协调力度，合理有序地进行先进制造业发展的战略部署，在产业层面加强先进技术引进，推动关键技术的重大突破，增强先进制造业的国际竞争力。

新工业革命进程给世界各国特别是发达国家带来了机遇，也提出了挑战，各国均根据本国情况，在探索制造业的振兴、转型和升级之路。而学术界也开展了新工业革命进程中先进制造业发展的相关问题研究。王媛媛（2017）[②]研究发现，美国发展先进制造业的政策主要是从创新、产学研参与、人才培养等方面做出努力，并且注重国家整体创新能力的提升，强调大企业的引领和示范作用，也注重中小企业参与的重要性，这些经验值得中国借鉴。余稳策、张雪妍（2017）[③]研究认为，中国制造业发展面临的突出问题是低成本优势已经逐渐减弱、产品的附加值较低、自主创新的能力偏差、世界知名品牌欠缺。未来中国制造业要实现生产要素向自主创新和全球整合转变，产品制造向产品创造和知识创造转变，模块化、标准化产品向价值性、一体化转变，产业市场由"红海战略"向"蓝海战略"转变[④]，科技创新由重点攻坚向全面推进转变，产业组织由集中资源向培育环境转变，区域政策由投资激励向环境优化转变，开放政策由驱动增长向资源整合转变。孙金秀、孙敬水（2015）[⑤]研究了中国现代流通业与先进制造业协同发展的历程，从动力、传导、保障、评价等方面论述了现代

[①] 孙泗泉、叶琪：《我国先进制造业的创新演绎与突破》，《当代经济》2015年第13期。

[②] 王媛媛：《美国推动先进制造业发展的政策、经验及启示》，《亚太经济》2017年第6期。

[③] 余稳策、张雪妍：《制造业重塑与中国制造业转型研究》，《河南社会科学》2017年第7期。

[④] "红海战略"，即企业通过发展自身业务有效地降低企业管理及运营成本，从而在激烈的竞争中立足生存发展；"蓝海战略"，即企业通过拓展新业务来改变盈利模式。

[⑤] 孙金秀、孙敬水：《现代流通业与先进制造业协同机理研究》，《北京工商大学学报》2015年第3期。

流通业与先进制造业协同发展的特征和运行机制，提出未来中国先进制造业要积极引导和促进产业融合，创造科技创新良好环境，构建创新型的现代产业体系，提升先进制造产业的信息化水平，实现产业信息资源共享，建立起跨行政区的产业协同发展机制和运行机构。

二　关于产业集聚的研究成果

马歇尔（A. F. Marshall）最早关注了工业生产的地理集聚现象，并提出了"产业区"的概念和理论。他认为，厂商集聚在一起，可以促进专业化供应商队伍的形成，实现劳动力市场共享，并且有助于技术和知识的外溢，因而厂商的集聚比单个孤立的厂商更有效率。马歇尔还提出了"内部规模经济"和"外部规模经济"的概念，他认为外部规模经济主要源自特定区域的产业集聚以及区域内生产企业的整体成本下降，协同创新的环境可以促进企业集群的发展。Ellison 等（2010）[1] 运用英国行业和美国制造业数据，将共享商品、劳动力状况与产业集聚水平联系起来，实证检验了马歇尔的产业集聚理论，认为马歇尔的产业集聚理论在现实中是成立的。

保罗·克鲁格曼的新经济地理理论将运输成本纳入理论分析框架中，认为运输成本的降低可能导致聚集经济、规模经济的发生，从而影响到企业的区位选择、区域经济增长。一个地区的产业集聚效应源自劳动力市场、中间投入品效应和技术的溢出效应，一个行业的众多企业集聚在一个特定空间，就会吸引更多的技术工人，进而也就有了特定的投入和专业供应商、服务商，逐渐成为地区的生产中心，新技术、新产品、新工艺的信息就更容易在这样的集聚区流动。而 Shao 等（2017）[2] 等运用 1995—2014 年中国长三角地区 25 个城市的数据，探讨了高铁运输服务对产业集聚、生产资源的配置所产生的影响，其结论是高铁对沿线城市服务业集聚具有积极的影响；与非铁路沿线城市相比，高铁并没有削弱同样位于铁路沿线和核心城市周边的中小城市的服务业集聚；高铁缩短了城市间的时空

---

[1] Ellison, Glenn, Edward L. Glaeser, and William R. Kerr, "What Causes Industry Agglomeration? Evidence from Coagglomeration Patterns", *American Economic Review*, Vol. 100, No. 3, 2010.

[2] Shao, Shuai & Tian, Zhihua & Yang, Lili, "High speed rail and urban service industry agglomeration: Evidence from China's Yangtze River Delta region", *Journal of Transport Geography*, Elsevier, Vol. 64, No. C, 2017.

距离，促进了地区（城市）之间生产资源的重新配置；高铁服务强度越高，对城市服务业集聚的影响越大。所以，无论是在理论还是在实践上，现代产业集聚和产业集群，都是现代产业生存与发展最有效的组织形态，其在集聚生产要素、优化资源配置、加快制度创新、营造产业生态环境等方面正发挥着越来越重要的作用。因此，要依托国家高新区和创新型产业集群，加快建成先进制造产业集聚区。

有些学者则聚焦于制造业的布局问题研究。安树伟、张晋晋（2016）[1] 研究了 2000 年以来中国制造业的空间布局问题，其研究发现，2004 年以后中国制造业开始向中西部地区，特别是中部地区转移；制造业的资本要素较为稀缺，其对中国制造业的转移有着重要的推动作用，流动性较强的劳动力要素在产业转移中的作用在减弱，市场需求对制造业的转移还具有反作用，应下大力气改善中西部投资环境，促进制造业向中西部地区转移集聚。刘红光、李浩华、王云平（2014）[2] 运用区域间投入产出模型，在总结中国产业跨区域转移历史过程的基础上，测度了中国 2007—2012 年省区间的产业转移。其研究发现，资源、劳动密集型产业正从长三角、珠三角地区向中部地区迁移，并且迁移的速度有加快之势；西部地区主要承接的是资源开采型产业，但在西部地区的投资也促进了中东部地区一些制造业的增长；未来，低端加工制造环节、资源密集型行业、劳动密集型行业会进一步向中西部地区转移，而高技术含量的产业或生产环节仍将集聚于东部地区。薛漫天（2016）[3] 研究了中国长江经济带的空间布局状态，认为中国目前长江经济带制造业产业集群发展、梯度发展特征明显；应注重制度建设，加强顶层设计，有效引导产业有序转移和分工协作，进一步优化长江经济带的制造业空间布局，形成东中西协调发展、互动合作的态势。毛琦梁、王菲、李俊（2014）[4] 建立了一个空间面

---

[1] 安树伟、张晋晋：《2000 年以来我国制造业空间格局演变研究》，《经济问题》2016 年第 9 期。

[2] 刘红光、李浩华、王云平：《中国产业跨区域转移的总体特征与趋势》，《区域研究与开发》2014 年第 5 期。

[3] 薛漫天：《长江经济带制造业布局的重点方向及推进策略》，《经济纵横》2016 年第 6 期。

[4] 毛琦梁、王菲、李俊：《新经济地理、比较优势与中国制造业空间格局演变——基于空间面板数据模型的分析》，《产业经济》2014 年第 2 期。

板模型，研究了中国制造业空间格局的变化，发现中国制造业由东部向中西部扩散的特征明显，劳动力、资本等生产要素的变化并不是促成产业扩散的根本原因，同行业企业的激烈竞争，即集聚外部性的变化才是关键原因，而且拥挤效应在劳动力密集型产业中的体现更为明显。GIP Ottaviano（2011）[1] 构建了两企业两区位的"新"新经济地理模型，揭示了异质性企业的区位选择机制以及集聚经济的微观机理。

三 关于产业集群的研究成果

产业集群的培育和发展也一直受到学术界的关注。马志东、俞会新、续亚萍（2017）[2] 以保定市国家高新技术产业开发区的产业集群发展为例，研究了国家创新型产业集群的形成与发展，认为发展创新型产业集群应加强人才激励和人才培养体系建设，依据不同类型不同发展阶段的企业制订企业成长计划，创新企业的融资方式，加强企业知识产权保护意识，完善国家知识产权保护法律法规。田颖、田增瑞、韩阳、吴晓隽（2019）[3] 运用"反事实"分析法，研究并验证了创新型产业集群促进区域创新的机理，认为创新型产业集群能显著地提升区域创新能力，国家应引导创新型产业集群实现合理集聚，促进创新型产业集群的良性发展，建立多主体协作机制，形成创新网络与创新资源、创新产业互动机制，构建区域创新体系。沈小平、李传福（2014）[4] 认为，创新型产业集群是培育战略性新兴产业的重要载体，也是建设国家创新体系的重要助推器，应该科学引导集群内产业结构的调整和升级，通过资本、劳动力、土地等的利用潜力，引导集群内企业由依赖"资源红利"转变为追求"创新红利"。孙智慧、孙静、王伟（2014）[5] 设计了产业集群创新能力概念模型，并据此分析了

---

[1] GIP Ottaviano, "A Turrini Distance and Foreign Direct Investment When Contracts are Incomplete", *Journal of the European Economic Association*, Vol. 5, No. 4, 2011.

[2] 马志东、俞会新、续亚萍：《国家创新型产业集群的形成与发展——以保定市国家高新技术产业开发区为例》，《经济研究参考》2017年第32期。

[3] 田颖、田增瑞、韩阳、吴晓隽：《国家创新型产业集群建立是否促进区域创新？》，《科学学研究》2019年第5期。

[4] 沈小平、李传福：《创新型产业集群形成的影响因素与作用机制》，《科技管理研究》2014年第14期。

[5] 孙智慧、孙静、王伟：《创新型产业集群发展绩效提升研究》，《东北大学学报》（社会科学版）2014年第7期。

创新型产业集群发展的绩效问题，提出要不断增强园区企业自组织自繁育能力，在企业集群的繁衍与扩散中推动科技园区的集约化发展；推动产业集群主导产业的垂直一体化发展；完善产业集群内社会化服务体系，重塑产业集群的创业文化。

也有一些作者从其他角度对创新型产业集群进行过研究。Daniela Doina Fundeanua（2014）[①]研究过区域创新集群对竞争力的影响，他们的研究认为，集群是由独立公司组成的集团，在一个特定的领域内，其为了运用密集的互动来刺激创新活动，可使用设施、经验和知识的交流，还可通过技术转让、网络和信息等进行集群内企业间的传播；创新型产业集群是创新活动的基础，新企业的形成可以加强企业家精神的知识流动，进而影响区域经济表现；可通过增强竞争力、刺激创新和产生创业计划，促使集群内企业创新活动的多样化。Vahid Kayvanfar 等（2018）[②]从微观角度研究过产业集群供应链管理问题，提出了一个产业集群中的供需枢纽运作问题，解决了供应链总成本的最小化问题。Niusha Esmaeilpoorarabi 等（2018）[③]则以新加坡、赫尔辛基、纽约和悉尼的产业集群为例，研究了质量对创新集群吸引力的贡献、创新集群的关键场所质量域、全球创新集群中的场所质量属性以及创新型产业集群的发展质量等，发现数字颠覆、加速了经济从以制造业为基础的新古典经济向以创新为基础的知识经济的转变；发展创新型产业集群，重要的是设计适当的空间来培育知识经济，注意满足知识产业和工人的需求，包括特别注意以质量为基础的问题来吸引工人。Alina Romanova 等（2019）[④]从协同效应的角度分析了提高企业集群竞争力和金融经济稳定性储备之间的关系，认为产业集群的本质特征

[①] Daniela Doina Fundeanua, "Cosmin Sandu Badeleb. The impact of regional innovative clusters on competitiveness", *Procedia-Social and Behavioral Sciences*, Vol. 124, 2014.

[②] Vahid Kayvanfar, S. M. Moattar Husseini, Mohsen S. Sajadieh, B. Karimi, "A multi-echelon multi-product stochastic model to supply chain of small-and-medium enterprises in industrial clusters", *Computers & Industrial Engineering*, Vol. 115, No. 1, 2018.

[③] Niusha Esmaeilpoorarabi, Tan Yigitcanlar, Mirko Guaralda, "Place quality in innovation clusters: An empirical analysis of global best practices from Singapore, Helsinki, New York, and Sydney", *Cities*, Vol. 74, No. 4, 2018.

[④] Alina Romanova, Anton Abdurakhmanov, Valentin Ilyin, Maria Vygnanova, Eva Skrebutene, "Formation of a regional industrial cluster on the basis of coordination of business entities' interests", *Procedia Computer Science*, Vol. 149, 2019.

是参与经济实体的地理邻近性,在集群的形成过程中,经济实体的集群结构扩展了一体化结构的生产潜力,协同效应是在集群结构生产潜力增长的基础上实现的;整合和合作产生的协同效应是竞争力和财务增长的源泉;由于协同作用,集群提高了创新个性自我发展的能力。

四 关于企业发展的研究成果

在建设制造强国的背景下,对企业的研究主要集中在高新技术企业方面。高新技术企业在促进创新型国家建设、推动高新支持产业发展、提高国家竞争力等方面均发挥着重要作用,其发展一直受到学术界的关注。王增栩(2019)[1]根据中国火炬统计中的高新技术企业数据,研究了广东、江苏、北京等地区高新技术企业的发展成就,讨论了这些地区支持高新技术企业发展的主要政策,提出高新技术企业要不断加强企业自身创新能力建设,培育高素质科研人才,以此保证企业的竞争力;国家应加大对高新技术企业的财税支持力度,地方政府则应大力推行高新技术企业树标计划,在保障高新技术企业数量增长的同时,着力提升高新技术企业质量,实现提质增量。陈秋星(2019)[2]运用中国大中型高新技术企业的研发数据,研究了其研发效率和技术转化效率,发现中国大中型高新技术企业的创新综合效率有波动下降的趋势,东部地区高新技术企业技术创新效率优于其他区域。据此提出要优化要素投入数量和质量,实现资源的优化配置;注重区域统筹,充分发挥创新空间效应。韩啸(2019)[3]讨论了利用科技园区培育高新技术企业的问题,认为技术和产业创新应该是现代企业建设和经营中的核心环节,要培育高新技术企业的核心竞争力,构建高新技术企业服务体系,建立可行的联动机制,支持高新技术企业的发展。

同样地,Runhui Lin等(2020)[4]认为,大数据的出现给高科技企业

---

[1] 王增栩:《我国主要地区高新技术企业发展成效比较分析》,《科技创新发展战略研究》2019年第3期。

[2] 陈秋星:《我国大中型高新技术企业技术创新效率研究——基于创新价值链视角》,《福建农林大学学报》(哲学社会科学版)2019年第5期。

[3] 韩啸:《科技园区培育高新技术企业对策探索》,《企业科技与发展》2019年第9期。

[4] Runhui Lin, Zaiyang Xie, Yunhong Hao, Jie Wang, "Improving high-tech enterprise innovation in big data environment: A combinative view of internal and external governance", *International Journal of Information Management*, Vol. 50, No. 2, 2020.

带来了机遇和挑战，他们探讨了大数据环境下管理权力和网络中心性对高新技术企业创新绩效的影响。其研究发现，管理权力对创新绩效有显著的正向影响，管理权力可以增强企业在网络中的中心地位，而处于网络中心地位的企业在获取资源方面更具优势，它能显著提高企业的创新绩效；网络中心性对管理权力和创新绩效具有中介作用，在强大的大数据环境下，管理权和网络中心性的正向效应更为显著。Dong Xiang 等（2019）[①] 以中国中小高新技术企业为样本，考察比较了中小高新技术家族企业与非家族企业有效利用创新资源的问题，发现尽管家族企业在创新方面的投入较少，但在创新产出，即新产品或技术的销售方面，家族企业的表现优于非家族企业；创新投入产出转化率的提高与金融约束密切相关；以研发强度和创新销售为衡量指标，家族制与融资成本的交互作用对创新具有显著的负向影响；而来自竞争对手、大学和行业协会的知识可以有效地促进创新销售。Sameer Qaiyum 等（2018）[②] 基于 260 家印度高科技企业的调查，考察了一般能力和动态能力对高科技企业绩效的相对贡献，发现对于处于生命周期早期和最后阶段的高科技企业而言，提高企业绩效的普通能力优于动态能力。然而，对于处于生命周期中间两个阶段的企业而言，这两种能力的贡献是一样的。同样，对于中小高科技企业来说，一般能力比动态能力更为重要，在以往的研究中，内部组织的作用被低估了。Marc Cowling 等（2018）[③] 运用英国 29266 笔担保支持贷款的大数据进行实证研究，发现高技术企业本身比其他更传统的公司风险更大，因此金融机构在设计贷款合同时会考虑到这一点，这会增加企业的债务成本。其研究还显示，政府提供贷款担保是否从根本上改变了贷款人对高科技企业的债务定价方式，存在一个高技术风险溢价。一般来说，当为所有公司提供公共担保时，这一溢价会显著改变。而且，所有这些贷款价格效应在精确的空间经

[①] Dong Xiang, Jiakui Chen, David Tripe, "Ning Zhang. Family firms, sustainable innovation and financing cost: Evidence from Chinese hi-tech small and medium-sized enterprises", *Technological Forecasting and Social Change*, Vol. 144, No. 4, 2019.

[②] Sameer Qaiyum, Catherine L. Wang, "Understanding internal conditions driving ordinary and dynamic capabilities in Indian high-tech firms", *Journal of Business Research*, Vol. 90, No. 9, 2018.

[③] Marc Cowling, Elisa Ughetto, Neil Lee, "The innovation debt penalty: Cost of debt, loan default, and the effects of a public loan guarantee on high-tech firms", *Technological Forecasting and Social Change*, Vol. 127, No. 2, 2018.

济和创新属性上均有所不同。

一些学者还关注特殊企业的问题,如冠军企业、独角兽企业问题。赫尔曼·西蒙(Hermann Simon)[1]给隐形冠军企业下过定义:在国内或国际市场上占据绝大部分市场份额、社会知名度较低的中小企业。此类企业的市场很窄,但在一个具体的产品或业务上却具有绝对的竞争优势。制造业冠军企业是长时间专注于某个或某几个特定细分产品市场,生产技术或工艺精湛、质量精良、产品市场占有率位居全球前列的企业。冠军企业一般有持续的创新能力,拥有产品的核心自主知识产权,能主导该领域的技术标准。同时,冠军企业经营业绩好,利润率高,注重国际化经营战略,市场前景良好。关于企业的集群,一些学者曾作过有益的探索。A. Bernard 等(2007)[2]认为:一个公司需要通过降低生产成本、控制过程风险和发展差异因素来吸引新客户;具备异质性、效率高的企业其边际成本较低,可借助规模经济拥有更高的市场占有率;一个地区市场规模越大,其承受本地化竞争的能力就越强,并且还能通过较强的前向关联效应、后向关联效应以及所谓的"学习"效应吸引其他地区的企业集聚于本地区;一个具备较高生产效率的企业,如果布局在很接近市场的高集聚经济区,从事特定行业或领域的专门化生产,就可能获得更大的规模经济效益。这些研究发现对中国建设中小企业、冠军企业的发展是有借鉴意义的。

第三节 技术与制度的研究成果

技术对经济增长和制造强国的建设无疑具有重大影响,国民的价值观、先进的文化体系也是建设制造强国至为关键的因素。中国建设制造强国必须清楚地认识到技术背后的文化因素和国民价值观。

一 关于技术的研究成果

关于技术的研究,一个重要的研究领域是科学技术问题。在世界发达

---

[1] [美]赫尔曼·西蒙(Hermann Simon):《隐形冠军:谁是全球最优秀的企业》,阿丁、温新年译,新华出版社2001年版。

[2] A. Bernard, N. Perry, J. C. Delplace, "Concurrent cost engineering for decisional and operational process enhancement in a foundry", *International Journal of Production Economics*, Vol. 109, No. 1–2, 2007.

国家纷纷推行高科技战略的同时，一些学者也在不断进行科技资源和科技活动的理论与实证研究。陈强、敦帅（2019）[①] 从科技资源的内涵入手，讨论过科技资源的共享模式和创新框架，研究了科技资源利用效率和共享配置效率问题。刘佐菁、陈杰（2019）[②] 从四个维度构建了一个科技资源配置水平综合评价指标体系，并运用因子分析法，实证研究了中国 31 个省区市科技资源配置水平的状况和差异，发现经济发达的省区市，科技资源配置的水平较高，欠发达地区的科技资源配置水平较低，且地区间差距较为明显。李建辉（2019）[③] 运用变量聚类分析和灰色关联分析方法，构建了一个综合评价系统，对中国科技活动状况及其各子系统的协调度进行了研究，发现中国科技活动系统中各子系统的综合发展水平有着较明显的差距，据此提出未来中国需要加强基础研究，深化产学研合作，推动科技成果向生产力转化，坚持科技活动走高水平协调发展之路。秦宇、邓鑫、周慧（2018）[④] 从"四元"说的角度将科技资源划分为人力、物力、财力和信息资源四个类型，并利用微观数据进行实证研究，发现中国各类科技资源在企业间存在错配现象，不同地域、不同所有制企业科技资源配置存在不同差异，一些行业科技信息资源配置严重不足。因此，主张要发挥市场在科技资源配置中的基础性作用，以科技项目为纽带链接各科技活动主体，构建以企业为核心的产学研协作机制，搭建科技资源共享和开放平台。陈磊（2019）[⑤] 从宏观的角度，研究了中国在计划经济时代、改革开放时代科技事业的发展模式，分析了中国科技创新模式从引进消化、模仿、再创新，逐渐转变到集成创新，而后实现在各个领域原始创新的历程。未来中国需要把数字化、网络化、智能化作为提升产业竞争力的技术基点，全面推进不同领域新兴科学技术的跨界创新，实施重大工程和重大

[①] 陈强、敦帅：《分享经济视阈下科技资源共享模式构建研究》，《科学管理研究》2019 年第 2 期。

[②] 刘佐菁、陈杰：《科技资源配置水平评价及区域差异研究》，《科技管理研究》2019 年第 11 期。

[③] 李建辉：《科技活动的综合发展水平测度与分析》，《世界科技研究与发展》2019 年第 3 期。

[④] 秦宇、邓鑫、周慧：《中国科技资源错配及其对产出影响的测算》，《财贸研究》2018 年第 9 期。

[⑤] 陈磊：《新中国 70 年科技创新发展：从技术模仿到自主创新》，《宏观质量研究》2019 年第 3 期。

项目，加快建设科技创新领军人才和高技能人才队伍。

科技资源是支撑科技活动，推动科技进步的重要物质基础，表现为从事科学技术活动的人力、物力和财力，其规模、结构和使用效率是一个国家和地区科技创新实力和竞争力的重要体现。诺贝尔经济学奖获得者罗伯特·索洛（Robert Solow）提出了新古典经济增长模型，即著名的索罗模型。该模型刻画了经济增长的全部贡献要素，即劳动、资本和技术进步。在经济增长中，资本不断增长，而资本边际生产力会递减，利润减少。因而，可以通过市场调节和改变资本与劳动的配合比率来实现经济的稳定增长，这说明不同的国家劳动力和资本、技术状况不同，选择的经济增长道路应该不同。而保罗·罗默（Paul Romer）对收益增长和经济长期增长进行研究时认为，知识、技术是经济增长的原动力，技术进步是知识累积的结果，是经济增长的内生变量；知识分为一般性知识和专业知识，一般性知识对经济产生外部效应，促使全部企业获得规模收益，而特别的专门知识可使经济产生内部效应，让少部分企业获得垄断利润，从而刺激这些企业进行研究与开发，故而知识技术可以作为一种内生的独立因素使资本劳动等其他生产要素收益递增。新增长理论的贡献在于，发现科学技术是造成各国生活水平差异的重要原因。作为一个生产要素，国家需要扩大科技资源，提高科技水平，优化科技资源配置，开展科技创新，推动科学技术的转移、扩散和增值。

其他一些关于科技问题的代表性研究成果有：Onder Belgin（2019）[1]采用数据包络分析法研究过科技资源的配置和研发效率，并据此在区域层面分析创新政策对降低科技活动在区域间差异的问题，认为必须通过一些商业化的政策来增强地区的科技实力和创新实力。Colin H. L. Kennard（1984）[2]较早地研究过科技进步对中国经济建设和发展的影响，其研究认为，科技进步是新中国经济建设的催化剂之一，科技进步涉及能源、材料、计算机和高能物理等优先领域的发展，也涉及科技政策与经济政策相结合的问题，并且还有研发、对外技术引进、利用新技术发展新兴产业等

---

[1] Onder Belgin, "Analyzing R&D efficiency of Turkish regions using data envelopment analysis", *Technology Analysis & Strategic Management*, Vol. 31, No. 11, 2019.

[2] Colin H. L. Kennard, "The Role of Science and Technology in the Modernization Plan for China", *Prometheus Critical Studies in Innovation*, Vol. 2, No. 2, 1984.

问题，中国的科技政策取得了重要成果，国家的发展规划正试图巩固既有的激励制度。前述的成果表明，科技资源的规模、结构，研发投入等对国家经济发展和社会进步是有着重要影响的，研究科技资源的规模结构意义重大。

二 关于高新技术的研究成果

除了关于科学技术的研究以外，一些学者也做过高新技术问题的相关研究。新古典经济学理论认为：资本、劳动生产率、随时间变化的技术创新是经济增长的重要源泉；要素在数量上增加可产生增长效应，技术水平提高可产生水平效应，二者共同作用可推动经济的增长。罗伯特·索洛（Robert Solow）就曾研究证明1909—1949年美国制造业总产出中约88%是源于技术进步。新古典经济学还强调政府对技术创新的干预作用，认为当市场对技术创新的供给、需求以及效应失效时，或者技术创新的作用和资源无法显著地满足经济社会发展要求时，政府应当采用调控手段对技术创新活动进行干预，以扩大技术创新和技术进步效应，增强其对经济发展的促进和带动作用。

还有一些学者做过高新技术问题的实证研究。如吴士健、张翼彤、周忠宝（2018）[1]运用省级时间序列数据研究了高技术企业的创新效率问题，其研究发现，中国高技术企业的创新效率平均水平较高，成果应用转化的效率高于技术的研发效率；但不同地域的创新效率水平存在明显差异，不同地域高技术企业创新生态系统内部的协调发展水平也各不相同，中国高技术企业的传统发展格局需要重整。钱丽、王文平、肖仁桥（2019）[2]对中国各省市区高新技术企业的创新效率进行了研究，其运用DEA模型测度的结果显示企业规模对内资企业创新效率的作用并不明显，但对港澳台资和外资企业创新效率提升的作用却较显著；知识产权保护对内资和港澳台资企业效率具有积极的影响，但不显著。据此认为，要根据区域禀赋和产权差异特征，制定有所差别的企业创新政策；加强对区域高

---

[1] 吴士健、张翼彤、周忠宝：《创新生态系统视阈下高技术企业创新效率测度与耦合协调分析》，《广东财经大学学报》2018年第3期。

[2] 钱丽、王文平、肖仁桥：《产权差异视角下我国区域高技术企业创新效率研究》，《管理工程学报》2019年第2期。

技术企业创新环境的建设，对企业技术创新活动进行有效的指导、扶持。杨浩昌、李廉水（2018）[①]探讨了中国高技术企业知识与产品创新协同发展能力问题，其研究发现，高技术企业知识与产品创新能力整体上有明显的提升，并且这种创新能力存在显著的地域差异，东中西部差别很大，东部地区的能力较强，中部地区次之，西部地区最低，协同发展能力也存在明显的地区差异，且较不均衡。故而认为，中国应注重高技术企业知识与产品创新的有效匹配，增强知识与产品创新的能力；统筹兼顾，实施差异性地区政策；集中地区比较优势，推动协同发展。欧光军、杨青、雷霖（2018）[②]运用生态学原理和集群创新生态链属性，对全国56个国家高新区进行了实证研究，发现知识创新的协同度、产业创新群落结构效能度、集群开放持续创新度、集群创新生态链等是影响高新区集群创新生态能力的关键因素。中国高新区整体创新生态能力还不强，其创新生态因子缺乏整体协同性、表现出非均衡成长状态。据此提出要筑牢集群创新网络的基础，优化集群产业创新种群结构，建设集群知识创新网络，提升集群创新链协同能力；促进集群嵌入多重创新网络，激发创新生态活力。

三 关于制度与教育的研究成果

建设制造强国，必须深刻认识制度的力量，通过制度改造国民的价值观，构建健康向上的文化体系。制度是要求社会公众共同遵守的办事规程或行动准则，表现为一定历史条件下形成的法令、礼俗等规范。在不同的行业、不同的部门或不同的岗位体现为具体的做事准则。制度蕴含着社会价值，其运行反映了一个社会的秩序。以凡勃伦（Veblen）为代表的现代制度学派经济学家都认为非市场因素，如制度、法律、历史、社会、伦理、文化等是影响社会经济生活的主要因素。特别是艾尔斯（Ayres）所著的《经济进步理论：对经济发展与文化变迁基础的研究》，还专门从技术进步和社会评价标准变化的角度来分析工业化以后的社会演进趋势，他认为，技术进步的本质不在于个人技艺的提高或个人精神的某种表现，而

[①] 杨浩昌、李廉水：《高技术企业知识与产品创新协同的测度及启示》，《科学学研究》2018年第10期。

[②] 欧光军、杨青、雷霖：《国家高新区产业集群创新生态能力评价研究》，《科研管理》2018年第8期。

在于工具的变革以及由此引起的制度方面的变化。

与制度高度相关的是教育问题。教育是社会成员谋求地位、获取尊严的主要渠道之一，也是社会实现公平发展，促进社会流动的重要制度设置。教育的发展水平决定着国家的进步与民族复兴，也深刻地影响着人类的文明程度。中国教育发展的历史和现实一直受到学者的关注，许多学者对中国的教育状况做过研究。祁占勇、杨宁宁（2018）[①] 研究了改革开放以来中国义务教育的发展状况，认为中国 40 年的教育发展可分为四个阶段，即 1978—1984 年的初步发展阶段、1985—2000 年的以重点建设为关键的义务教育政策非均衡发展阶段、2001—2009 年的由非均衡向均衡发展的过渡阶段、2010 年以后的以内涵发展为核心的义务教育均衡发展阶段；中国的义务教育未来走向应以结构优化为主要动力机制，以公平优先为首要价值取向，以提升教育质量为全面过程保障，使义务教育朝着均衡而优质的方向发展。傅为忠、赵坤（2018）[②] 采用协调度模型和灰色关联度法，研究了"双一流"背景下中国 31 个省区市 2011—2016 年高等教育与经济发展时空分异规律及其影响因素，发现中国高等教育与经济协调发展水平不高且空间分布差异明显，但整体呈上升趋势；人才汇聚、教育治理和国际化等因素对二者协调发展具有重大影响。由此主张，要建设科学合理的高层次人才队伍，缩小区域差距实现高校均衡发展。郭建如（2018）[③] 研究了中国改革开放以来中国高等教育管理研究与高等教育管理学科的发展，并将其分为四个阶段：学科识别与界定阶段、探索性发展阶段、突破性发展阶段、深化与规范发展阶段，据此提出了未来可能的发展方向。潘懋元（2018）[④] 将中国高等教育改革发展 70 年划分为三个阶段，即新中国成立后 7 年、从"教育大革命"到"文化大革命"的 22 年、改革开放至今。其研究发现，新中国成立 70 年以来高等教育取得了

[①] 祁占勇、杨宁宁：《改革开放四十年我国义务教育政策的发展演变与未来展望》，《教育科学研究》2018 年第 12 期。

[②] 傅为忠、赵坤：《"双一流"背景下高等教育与经济协调发展时空分异研究》，《黑龙江高教研究》2018 年第 12 期。

[③] 郭建如：《高等教育管理研究与学科发展四十年：回顾与展望》，《高等教育管理》2018 年第 12 期。

[④] 潘懋元：《中国高等教育改革发展 70 周年：回顾与前瞻》，《重庆高教研究》2018 年第 12 期。

巨大成就，规模大发展，人才培养更加多元化，也更加适应经济社会发展的需要，中国已成为世界高等教育第一大国，正在向高等教育强国迈进。其研究认为，中国要按教育规律办教育，不能贪大求全丧失院校特色；中国高等教育应依靠教师实行内涵式发展；应根据中国国情统筹协调教育资源，激发各类学校的办学活力；要强调高等教育学学科建设，探索建设具有中国特色的高等教育体系。陆静如（2018）[1] 研究了新时期中国高等教育在国际化方面的发展现实，认为中国高等教育国际化转型中存在办学理念落后、引进与输出不平衡、内涵质量有待提升等问题；未来，中国高等教育应树立国际化教育理念，对接国家战略，服务经济社会发展，实现高等教育引进与输出的协同发展。

将教育与创新联系起来进行动态或静态研究，一些学者也做过有益的探索。彭正梅、郑太年、邓志伟（2016）[2] 研究了国际基础教育人才培养模式所发生的深刻变革，在分析了中国教育发展的基本特征和趋势后，提出了加快发展基础教育，培养未来人才，特别是创新人才的对策建议。宋锦萍、刘春芝（2016）[3] 分析了英美研究生教育体制，认为其成功之处在于不断积累实践经验，注重学生创新能力培养，实现"产、学、研"无缝对接和研究生教育的开放化、国际化等；并据此提出，中国要加强研究生教学质量管理，调控研究生的整体规模和硕博比例，实现学科的均衡发展，特别是要强化市场需求导向和校企联合，促成产、学、研的良性循环，实现研究生教育的国际化，全面提高研究生的创新能力。崔远森、曾利飞、陈志昂（2016）[4] 运用发达国家和发展中国家的数据，实证研究了制造业国际竞争力的源泉构成，发现经济全球化背景下教育红利是中国制造业出口竞争力的重要来源，其对制造业国际竞争力的作用途径是效率转移、规模经济和工资成本效应等中间要素，对制造业出口竞争力以规模经

---

[1] 陆静如：《新时代我国高等教育国际化转型发展的路径研究》，《高教学刊》2018年第24期。
[2] 彭正梅、郑太年、邓志伟：《培养具有全球竞争力的中国人：基础教育人才培养模式的国际比较》，《全球教育展望》2016年第8期。
[3] 宋锦萍、刘春芝：《基于国际竞争力导向的中外研究生培养模式与实践途径比较研究——以英美研究生教育体制为例》，《现代教育管理》2016年第3期。
[4] 崔远森、曾利飞、陈志昂：《教育红利对中国制造业国际竞争力作用及渠道的实证研究》，《国际贸易问题》2016年第7期。

济、效率的形式产生正向效应，而通过工资成本产生负面效应，教育发展是实现"中国制造"向"中国智造"升级转型的重要内生源。方勇（2015）[①]设计了一个职业教育竞争力评价指标体系，测定元素包括职业教育的规模、质量、吸引力，职业教育对人力资源和经济发展的贡献等，依据这些考核指标，对37个国家的职业教育竞争力进行了评价与排名，分析了世界职业教育竞争力的变动特征与主流趋势。其研究发现，中国职业教育竞争力排名第26位，处于中等水平，中国需要强化职业教育吸引力，提高职业教育质量，进一步发挥职业教育对经济发展的贡献。陈婷（2015）[②]将中国的国家综合创新能力与世界发达国家进行了比较研究，认为中国科技创新产业及产品的国际竞争力还不够强，中国必须改革和完善教育模式与教学方法，加强对科技创新型人才的培养，这是中国提升国家创新竞争力的必经之路。

第四节 园区与品牌的研究成果

国家高新技术开发区是发展高新技术产业的有效途径，是科技创新和产业化发展的重要基地；国家级经济技术开发区是提高吸收外商投资质量，引进更多先进技术的依托，有利于促进区域经济协调发展，优化国有经济结构。品牌是能给拥有者带来溢价、产生增值的无形资产，是人们对一个企业及其产品、售后服务、文化价值的一种评价和认知。国家高新技术开发区、国家级经济技术开发区和品牌建设都是影响制造强国进程的重要因素。

一 关于国家高新技术开发区的研究成果

关于国家高新技术开发区（以下简称"国家高新区"）发展的学术研究也在不断跟进。王胜光、朱常海（2018）[③]将国家高新区的发展分为三个阶段，即一次创业阶段（1988—2000年）、二次创业阶段（2001—2010

[①] 方勇：《职业教育竞争力的评价与国际比较比较》，《职教论坛》2015年第31期。

[②] 陈婷：《现代教育技术理论对创新型人才培养的作用》，《中国高校科技》2015年第4期。

[③] 王胜光、朱常海：《中国国家高新区的30年建设与新时代发展 纪念国家高新区建设30周年》，《中国科学院院刊》2018年第7期。

年）和三次创业阶段（2011年至今）。一次创业阶段的目标是聚集生产要素，建设园区生产硬件，快速形成产业基础和经济规模；二次创业阶段的目标是促进产业的价值链升级，实行以技术创新为本的内涵发展；三次创业阶段的目标是营造有利于创新的环境，不断进行自主创新，促使国家高新区开始向"创新经济生态"的全面发展转型。新时代国家高新区建设的目标是建设创新经济体，通过数字化、智能化促进国家高新区高质量发展。邵汉华、周磊（2018）[①]运用熵值法和耦合协调度模型，以54个国家高新区作为样本，测度了高新区经济水平、经济效率与所在城市经济水平、经济效率的相关关系，研究了其耦合协调度的影响因素，发现国家高新区与所在城市的经济效率有着明显的耦合关系；国家高新区的规模、效益、创新能力对城市经济效率有显著的正向影响。程文、金孟君（2018）[②]运用1994—2015年287个地级市的面板数据，运用双重差分法进行检验，发现国家高新区的设立能显著提升地区产业化的高级化程度，促进产业的转型化升级，据此认为，要在低等级城市设立国家高新区，推进地区经济协调发展；要加大科技投入，促进科研与工业生产的结合，促进产业转型升级。欧光军、杨青、雷霖（2018）[③]运用因子分析法，选取56个国家高新区作为样本，分析了影响国家高新区创新发展水平和创新能力的多维影响因素，发现国家高新区创新生态能力不强，提出要加强集群创新软硬环境建设，营造出集体学习和合作创新的文化氛围；加强国际合作，促使高技术产业集群嵌入国际创新网络。陈丽华、林凯（2018）[④]研究了国家高新区创新型产业化供应链公共服务体系，认为要积极推动物流标准化进程，推动高新企业和物流企业的信息共享，推动高新产业上下游的协同，充分释放高新企业的创新能力和发展潜力。

[①] 邵汉华、周磊：《国家高新区与城市经济效率的时空耦合协调研究》，《科技进步与对策》2018年第14期。

[②] 程文、金孟君：《国家高新区空间分布与地区产业转型升级——基于双重差分法的检验》，《中国软科学》2018年增刊上。

[③] 欧光军、杨青、雷霖：《国家高新区产业集群创新生态能力评价研究》，《科研管理》2018年第8期。

[④] 陈丽华、林凯：《国家高新区创新型产业化供应链公共服务体系建设》，《科技中国》2019年第1期。

二 关于国家级经济技术开发区的研究成果

国家级经济技术开发区（以下简称"国家级经开区"）是改革开放的产物，其发展也受到学界的关注。一些学者曾对其发展状况进行过研究。叶江峰、任浩、甄杰（2015）[①] 研究了中国国家级经开区近30年的发展状况，发现国家级经开区在经济发展、技术创新、产业结构优化和产业升级等方面均有重要贡献，其经历了初始、快速、稳定、升级发展四个阶段，每一个阶段存在不同的重心。郝红梅（2017）[②] 研究了国家级经开区面临的问题，发现其同质化竞争严重，发展不平衡，缺乏明确的法律地位，管理体制还不顺，财力也不足，土地资源紧缺，自主创新能力弱。其研究认为，国家级经开区发展的支撑条件已发生变化，国际产业转移扩展，国内外竞争加剧，国家级经开区整体上依然处于成长和转型阶段。因此，面对发展环境、条件、任务、要求等新的变化，国家级经开区要加快创新驱动发展，加快产城融合和开放合作步伐。崔晓露（2018）[③] 比较研究了国家级经开区和国家高新区设立、演化的过程，认为国家级经开区、国家高新区是先进制造业集聚区和区域经济增长极，这两类园区是中国经济发展的重要动力，是中国对外开放的重要载体和体制机制改革的试验区。未来，国家级经开区要突出特色化发展，实现错位竞争；要推进体制机制创新，提升自主创新能力；要完善园区综合考评制度，提高政策精准度。沈凌云、王诗妍（2018）[④] 研究了国家级经开区的比较优势，认为国家级经开区要加快构建现代产业体系，加快完善体制机制，激发区域创业创新活力；推进改善民生，优化招商投资软环境；优化要素配置，夯实产业园区发展基础，努力使其成为带动地区经济增长，推进区域协调发展的载体，成为构建外向型经济新体制、吸纳外资和先进技术的重要基地，成

[①] 叶江峰、任浩、甄杰：《中国国家级产业园区30年发展政策的主题与演变》，《科学学研究》2015年第11期。

[②] 郝红梅：《国家级经济技术开发区的转型升级与创新发展》，《对外经贸》2017年第7期。

[③] 崔晓露：《我国经济技术开发区与高新技术产业开发区创新特征比较研究》，《上海市经济管理干部学院学报》2018年第8期。

[④] 沈凌云、王诗妍：《国家级经济技术开发区转型升级创新发展路径研究》，《商业经济》2018年第9期。

为创新驱动、产业集约化发展的示范区。陈耀（2017）[①]认为，从2014年起，国家级经开区又进入了一个新的转型升级期，现阶段国家级经开区面临的主要问题是产业层次不高，创新能力不强；业务发展滞后，城市功能配套不足；区域分布不平衡，园区间缺乏合作互动；政策优势减弱，营商环境有待改善。未来，国家级经开区要整合资源，实施分层分类调控；要明确责任，多主体协同行动；产业融合，优化结构布局；多元投资，探索企业化管理；有进有退，完善考核体系。

三 关于品牌的研究成果

品牌建设一直受到学术界的重视。姚冰（2019）[②]研究过中国制造业的知名品牌，认为中国制造品牌取得了重要成就，但与发达国家知名品牌相比，价值和影响力方面还存在差距，中国需要保护品牌，打击冒牌，强化企业责任，建设品牌诚信体系，培育先进制造领域顶级品牌。颜方沁、周文、吴萍等（2018）[③]分析了中国区域品牌的整体建设情况和存在的问题，从整体布局和科学管理两个方面论述了标准化思维对知名品牌示范区创建工作的指导意义，探讨了标准化思维与品牌差异化的内在联系；提出要按照标准化思维，不断探索，突破中国制造的瓶颈，努力建设区域品牌，打造享誉世界的中国品牌。Florence Charton-Vachet 等（2018）[④]运用微观数据研究了消费者与区域品牌之间的关系，探讨了个人与地区之间的联系对区域品牌的信任、依恋、情感、承诺、态度和行为意图等，发现消费者的信任就是对区域品牌的依恋和情感承诺，消费者在重视本地区品牌方面存在着差异。Bin Shena 等（2017）[⑤]构建了一个模型，研究了品牌忠诚度与联合品牌绩效之间的关系，发现合并后的联合品牌表现最好，大

[①] 陈耀：《推动国家级开发区转型升级创新发展的几点思考》，《区域经济评论》2017年第2期。

[②] 姚冰：《中国制造业知名品牌比较分析与培育路径探究》，《商业研究》2019年第4期。

[③] 颜方沁、周文、吴萍、孙莹莹：《标准化思维对区域品牌建设工作的启示》，《学术研讨》2018年第10期。

[④] Florence Charton-Vachet, Cindy Lombart, "Impact of the link between individuals and their region on the customer-regional brand relationship", *Journal of Retailing and Consumer Services*, Vol. 43, 2018.

[⑤] Bin Shena, Tsan-Ming Choib, Pui-Sze Chowc, "Brand loyalties in designer luxury and fast fashion co-branding alliances", *Journal of Business Research*, Vol. 81, 2017.

集团内部的合作是公司最理想的战略，快速时尚品牌应该与知名品牌合作。T. C. Melewara 等（2018）① 运用微观数据，进行个案研究，探讨了潜在消费者对品牌来源线索的认知和反应，发现较小的区域性公司可更好地满足寻求真实体验的消费者的需求；企业往往乐意处于一个更好的位置来保护自己的产品，从而创建一个完整的品牌标识。Justin Paula（2019）② 运用计量模型讨论了品牌管理问题，他运用美国、法国和印度 600 个居民的数据分析了"大众信誉"问题，发现品牌的平均指数值（MMIV）越高，越能吸引潜在客户；平均指数值越低，越难创立自己的品牌；品牌平均指数值可以反映企业在不同国家、不同地区的知名度。Vida Siahtiria 等（2019）③ 从哲学的角度研究了品牌问题，其研究的结论是：物质主义是一种世界性的现象，然而物质主义对消费者认识品牌的选择有限；物质主义与注重时尚品牌知名度是有关联的；物质主义的发展道路对时尚品牌、质量和价格的意识是积极的。这些发现对新兴市场的品牌管理主体有着重要的启示。Rania W. Semaana 等（2019）④ 讨论了领导者魅力与品牌之间的关系，他们界定了品牌魅力及其合法化行为。其研究发现，奢侈品品牌消费者可以感知到多种核心行为的重要性，强势品牌与社会上的强势领导者相似，品牌有魅力意味着它具有非凡的品质，魅力赋予品牌社会责任，品牌魅力代表消费者对品牌是否具有远见、是否具有道德、是否值得信赖的和受人敬仰，品牌的吸引力、支配性、精密性、神奇性和艺术性，能够展示品牌标志性的领导力。

有些学者，如徐铭（2017）⑤ 从中国品牌的概念入手，研究了建设"中国品牌"的路径。他认为，中国品牌就是中国的自主品牌，即中国的自然人与法人拥有自主知识产权，能够自行规划、自行设计、自主决策控制的品牌，创造"中国品牌"就是要创造适应品牌发展的良好的

---

① T. C. Melewara, Heather Skinner, "Territorial brand management: Beer, authenticity, and sense of place", *Journal of Business Research*, Vol. 4, 2018.

② Justin Paula, "Masstige model and measure for brand management", *European Management Journal*, Vol. 37, 2019.

③ Vida Siahtiria, Wai Jin (Thomas) Leeb, "How do materialists choose prominent brands in emerging markets?", *Journal of Retailing and Consumer Services*, Vol. 46, 2019.

④ Rania W. Semaana, Nick Ashilla, "Paul Williamsb. Sophisticated, iconic and magical: A qualitative analysis of brand charisma", *Journal of Retailing and Consumer Services*, Vol. 49, 2019.

⑤ 徐铭：《什么是中国品牌》，《上海质量》2017 年第 1 期。

国际、国内环境，培养出中国的自主品牌；中国需要建立国家安全审查制度，接纳外资参与，开放国内市场，依法处罚恶意收购国内自主品牌的现象，扶持、培育国内品牌，清理各部门各自为政的品牌评价体系，开展自主品牌培育试点示范工程。郭政、林忠钦、邓绩、王金玉（2015）[①] 研究了中国制造品牌存在的问题，认为缺乏全球知名品牌是中国制造产品难以进入国际中高端市场的主要原因，中国要建设制造强国，必须实现"中国产品"向"中国品牌"的转变，中国要进行品牌战略引领，传递品牌文化，加强品牌环境优化，推动品牌机制创新，实行中国制造品牌的全面升级。张思雪、林汉川（2016）[②] 构建了一个品牌价值模型，遴选出中国品牌重塑时应重点关注的品牌价值维度，并对其进行了定位排序，研究表明，在重塑中国品牌的过程中应特别重视品牌的感知质量维度和品牌忠诚度。辽宁省标准化研究院（2016）[③] 的研究认为，品牌是一个企业乃至国家的核心竞争力，制造强国正为提升本国品牌的竞争力展开激烈竞争，中国需要加快建立品牌建设制度体系，尽快掌握品牌价值测算评估的国际话语权。此外，杨一翁、孙国辉、涂剑波（2017）[④] 从国家形象、制造形象和品类形象三个层面构建了一个高介入购买决策下的国家品牌效应模型，并通过问卷调查法和结构方程模型进行了数据分析，研究发现，中介变量、制造形象以及认知品类形象均可间接影响购买意向，而整体性思维对制造形象与情感品类形象之间的关系是起正向调节作用。据此建议，中国品牌应联合产业集群共同提升认知品类形象，也可从传播的角度与消费者建立品牌情感，还可在与消费者互动的过程中，积极与消费者合作，向消费者学习，并主动适应消费者个性化的动态需求。

在品牌的学术研究方面，李光斗（2011）[⑤] 研究了德国制造品牌的成

[①] 郭政、林忠钦、邓绩、王金玉：《中国制造品牌发展的问题、原因与提升研究》，《中国工程科学》2015年第7期。

[②] 张思雪、林汉川：《创新中国品牌体系的关键：重塑与定位》，《经济与管理研究》2016年第8期。

[③] 辽宁省标准化研究院：《标准支撑品牌价值》，《品牌讲坛》2016年第8期。

[④] 杨一翁、孙国辉、涂剑波：《高介入购买决策下的国家品牌效应研究》，《管理学报》2017年第4期。

[⑤] 李光斗：《品牌立国：中国向德国制造学什么?》，《走向世界》2011年第27期。

功经验，认为中国品牌创建能力薄弱，知名品牌少，重要的原因之一是中小企业技术创新能力不强；中国企业需要虚心向德国制造学习，打造具有世界影响力的中国品牌，做出口大国、出口强国和品牌强国；企业发展的成功之道是创造品牌，创造品牌必须要有优秀的品质、过硬的质量，故而中国企业需要秉持工匠精神，不断提高产品质量，提升品牌价值。李春燕、刘文（2016）[①]对近年中国品牌发展成果进行了研究，发现产业集群优势能够帮助企业创建产品品牌和企业品牌，帮助地区培育和发展区域品牌；产品品牌、企业品牌和区域品牌的发展和传播反过来又可进一步促进产业集群的优化升级，所以产业集群优势和区域品牌可呈良性互动关系。迟福林（2015）[②]认为，中国制造向中国智造、中国创造转型，十分重要的是把握全球产业转型升级大势，创造出一批中国制造业的全球知名品牌。他指出，企业品牌竞争的关键是商业模式的竞争，生产性服务发展滞后是企业品牌建设滞后的突出矛盾，应把科技含量高的生产性服务业作为发展重点，充分利用"互联网＋"，实现生产性服务业振兴的新突破，为中国制造业的全球知名品牌营造制度环境。郭政、林忠钦、邓绩、王金玉（2015）[③]认为，中国制造大而不强的显著标志之一就是缺乏知名品牌，这同时也是中国制造产品难以进入国际中高端市场的重要原因，实现"中国产品"向"中国品牌"转变是中国制造转型升级的必然道路。前述研究成果从不同角度对中国制造品牌进行了探索，这为深入研究中国制造品牌提升路径提供了有益的借鉴。与既有成果不同的是，本书拟通过对中国品牌的国际比较，分析中国制造品牌的现实困境，运用经济学原理研究中国制造品牌的提升路径。

第五节　创新与研发的研究成果

创新表现为人类特有的认识能力和实践能力，是人类主观能动性的高级表现，是推动经济增长、社会进步的不竭动力。建设制造强国，必须要

[①] 李春燕、刘文：《产业集群优势与区域品牌关系研究》，《现代商贸工业》2016年第17期。

[②] 迟福林：《在转型升级中打造中国制造全球品牌》，《经济参考报》2015年7月16日。

[③] 郭政、林忠钦、邓绩、王金玉：《中国制造品牌发展的问题、原因与提升研究》，《中国工程科学》2015年第7期。

有创新思维、创新动力、创新能力，必须要有各种创新活动。

一　关于创新理论的研究成果

约瑟夫·熊彼特（Joseph Alois Schumpeter）经典的创新理论①认为，创新本质上是构建一种全新的生产函数，这种函数能将生产要素和资源进行重新组合。在约瑟夫·熊彼特看来，创新是将新的生产要素引入到生产系统，它必须是革命性的变化，必须能够创造价值；发明不等于创新，只要发明没有在实际中得到有效应用，那么其在经济上就是没有价值的。企业家是企业创新的灵魂，企业家的职能就是要创新。企业的技术创新和制度创新是一个创新链，创新链上的要素包括研发人员和工程师、技术合作平台、研发平台、市场服务、产权交易、法律咨询、风险投资等，创新生态还包括创新支持政策、创新文化。而按照克里斯托夫·弗里曼（Christophe Freeman）的理论②，政府在创新活动中的作用就是注重问题，推动基础创新，推动研究成果的应用；制定激励创新的政策法规，扶持、资助和鼓励基础技术的发明与创新；动员社会力量，整合创新资源和创新力量，进行创新基础设施建设，营造创新生态；创造和改善国外先进技术引进的环境，促进其在国内传播。而彼得·德鲁克（Peter F. Drucker）的理论则认为，企业家的使命是生产财富，企业管理中最昂贵的资源是经理人，经理人与企业家团队是企业创新的重要元素，而建立一个管理团队需要极大的投入和多年的时间。

迈克尔·波特（Michael E. Porter）的企业竞争理论③认为，一个企业要生存发展最为关心的是其所在行业的竞争环境、竞争地位和竞争强度，行业内有不同的竞争力量、不同实力的竞争对手，跨行业潜在着可能进入本行业的竞争力量，这给一个企业的产品制造、市场份额、供应商都带来压力，而对日趋激烈的市场环境和外部环境，企业可能需要改变生存发展策略，放弃对抗竞争，转而选择合作，这种合作包括供应合作、技术合作、知识共享合作。管理学家泰吉（T. T. Tyejee）和奥兰德（G. E.

---

① ［美］约瑟夫·熊彼特：《经济发展理论》，王永胜译，立信会计出版社2017年版。
② ［英］克里斯托夫·弗里曼：《技术政策与经济绩效：日本国家创新系统的经验》，张宇轩译，东南大学出版社2008年版。
③ ［美］迈克尔·波特：《竞争战略》，陈小悦译，华夏出版社2005年版。

Osland）提出过著名的战略缺口理论，这种理论认为企业在审视竞争环境，评价自身生存能力和竞争力时，常常会发现企业自身的资源和能力终归是有限的，完全依靠自有资源和能力取得战备业绩，实现战略目标是困难的和存在差距的，这一差距就是战略缺口。企业要创造业绩、实现战略目标，就需要消除差距，填平这一缺口。填平缺口的途径就是进行战略协作，实现优势互补。美国著名的专利法专家卡尔·夏皮罗（Carl Shapiro）提出过所谓的专利丛林法则，其意是实践中许多专利存在重叠，这形成了专利丛，开发新技术的人只有在专利丛中不断努力，才可能获得自己所需要的全部专利技术的使用许可。由于专利的不断累积，不为他人和社会所应用发挥效用，这种丛林法则就导致技术发展僵化，一定程度上将阻碍技术创新，对技能的开发和产业带来负面效应。

建设创新型国家是一个热点问题，对企业创新问题的研究一直受学界的关注。吴旻佳、赵增耀（2019）[①]设计了一个综合理论模型，分析了中小企业创新与绩效间的关系及影响因素，发现尽管创新存在巨大风险和不确定性，在资源相对稀缺的情况下，创新活动仍可以为新生的中小企业创造价值。李梅、卢程（2019）[②]运用信息技术行业的上市公司数据，探讨了研发活动国际化对企业创新的作用机制，其研究结论是：企业研发活动的广度对企业的创新绩效会产生正向积极效应，而企业研发活动的深度则对企业创新绩效产生负向效应；前者带来学习收益的提高，后者带来学习成本的增加。另外，制度距离对研发国际化与企业创新绩效可起到调节作用。高丹雪（2018）[③]以上市公司数据为样本，研究了区域多元化对企业创新绩效的影响，发现地域的多元化与企业创新绩效之间存在正相关关系，特别是当企业扩地经济发展水平较高时，二者的相关性更强；当扩张地市场分割程度较高时，二者的相关性较弱。马永强、路媛媛（2019）[④]

[①] 吴旻佳、赵增耀：《中小企业创新与企业绩效关系的 META 分析》，《工业技术经济》2019 年第 6 期。

[②] 李梅、卢程：《研发国际化与企业创新绩效——基于制度距离的调节作用》，《经济管理》2019 年第 1 期。

[③] 高丹雪：《区域多元化对企业创新绩效的影响研究——基于中国上市公司的实证分析》，《北方工业大学学报》2018 年第 6 期。

[④] 马永强、路媛媛：《企业异质性、内部控制与技术创新绩效》，《科研管理》2019 年第 5 期。

以 A 股上市企业为样本，研究了企业内部控制状况对创新绩效的影响，其研究显示：在非国有企业、大企业和研发强度较低的企业，内部控制质量与企业创新绩效显著相关，控制质量越高，企业创新绩效越好；而且风险评估、信息要素、沟通要素对创新绩效也有显著的促进作用。王沛、余丽霞（2019）[①] 运用战略性新兴产业中的 A 股上市公司数据，分析了企业和企业高管的差异性对创新绩效的影响，发现高管过度自信能够有效促进企业创新绩效；企业规模本身也可以提升创新绩效，小规模企业对创新绩效的促进作用大于大企业；不同所有制企业中高管的过度自信对创新绩效的影响效果存在差异性：民营企业高管的过度自信会产生更多的创新绩效。孙博等（2019）[②] 以上市公司为样本，实证研究了企业融资与创新绩效的关系问题，其研究显示：企业融资约束与企业创新绩效之间存在明显的倒"U"形关系，即一定程度的融资约束状态可能提升企业创新绩效，但过度的融资约束状况则有碍于企业创新绩效的实现；故而当企业融资约束不严重时，企业应注重提高研发与投资效率以保持企业的创新活力；当企业融资约束严重时，企业则应注重缓解资金短缺状况，优化资源分配，减轻融资约束对企业创新的抑制效应。

二 关于创新实践的研究成果

在中国的创新实践中，一个与技术和制造强国高度相关的重要实践活动就是国家层面的"火炬计划"。"火炬计划"，是中国国家科委在 1988 年制定并组织实施的高技术发展战略规划，旨在促进高技术、新技术研究成果商品化，推动高技术、新技术产业形成和发展。一些学者以国家"火炬计划"为线索研究了中国的创新实践问题。高松、庄晖（2012）[③] 以开放性复杂巨系统理论为基础研究了国家"火炬计划"，其研究认为，"火炬计划"是国家高科技发展的重要载体，高新技术产业开发区、特色产业基地、企业、科技园区、科技企业孵化器等是其重要内容，它形成了

[①] 王沛、余丽霞：《高管过度自信、企业异质性与企业创新绩效——基于战略性新兴产业上市公司的实证研究》，《科学与管理》2019 年第 4 期。

[②] 孙博、刘善仕、姜军辉、葛淳棉、周怀康：《企业融资约束与创新绩效：人力资本社会网络的视角》，《中国管理科学》2019 年第 4 期。

[③] 高松、庄晖：《开放的复杂巨系统理论视角下的国家火炬计划研究》，《科技进步与对策》2012 年第 4 期。

一个多层次的复杂系统；现在"火炬计划"项目的投入不断增加，火炬企业的研发能力显著增强，"火炬计划"成果的效应十分明显。未来要增加科技投入的强度和速度，优化财政投入结构，加快人才政策和激励体系建设，不断推进"官产学研"合作创新，完善创新网络。赵德森、窦垚、邓玉梅（2019）[1]选取"火炬计划"中的众创空间进行了研究，他们将众创空间分为开源社区型、实验教育型和商业导向型三类，认为众创空间是一种新工业革命背景下新型的创新创业服务机构，其诞生和发展主要依赖于良好的技术环境、经济环境和社会文化环境，应关注众创空间政策，重视区域内外众创空间运营发展状况，提升创业者的成功概率；要加强众创空间的顶层设计，统筹众创空间各层次、各要素的建设，并完善基础设施，建设创新文化，健全众创空间发展机制。吴文清、赵黎明（2012）[2]运用数据包络分析法和32个国家软件产业基地的数据，研究了其全要素生产率，发现中国国家软件产业基地的生产经营效率总体上呈上升趋势，软件产业基地技术进步变动总体差异不大，不同地域的经营效率也无显著性差异。但是，整体上国家软件产业基地的效率水平还不高，国家软件产业基地整体投入资源的使用效率仍有很大的改善空间；应积极支持国家软件产业基地软件企业技术的自主创新，及时提高软件企业的管理能力和市场竞争力，提高软件业的综合效率。于良（2011）[3]用235个特色产业基地的产值、利润、纳税、出口等指标，研究了国家特色产业基地发展对区域经济增长的影响，发现特色产业基地已粗具规模，具备了参与国际竞争的实力，特色产业基地细分行业优势突出，有独立从事科研的能力，但特色产业基地定位不明显，同类基地存在重叠，特色产业基地的产业领域较窄。据此，文章建议国家特色产业基地的布局要突出重点，要加强在中小城市和县域的战略布点，注重特色产业基地核心区域的建设，提升产业基地服务能力，努力探索特色产业基地的发展路径，通过集群建设试点，将特色产业基地打造成当地经济发

---

[1] 赵德森、窦垚、邓玉梅：《众创空间：理论演进与实践发展——基于CiteSpace的计量分析》，《管理现代化》2019年第5期。

[2] 吴文清、赵黎明：《中国国家软件产业基地动态效率评价》，《工业工程》2012年第6期。

[3] 于良：《将科技创新融入区域经济——对火炬计划特色产业基地发展的思考》，《高科技与产业化》2011年第7期。

展的核心区域。

还有，Barbara Becker 和 Oliver Gassmann（2006）[①] 曾对企业孵化器做过研究，发现近 30 年全球科技企业孵化器呈爆炸式增长，它是用来促进企业技术发展的营利性组织，对企业创新活动、企业发展有重要的影响，这也使得人们对孵化现象的研究和认识有了明显增强。Magnus Klofsten（2020）[②] 以 96 家欧洲孵化器为样本，对孵化器规模与四种不同专业化战略的关系进行了分析，发现孵化器规模与大学、研究机构的战略重点呈正相关，但与行业重点无关。Nicoletta Corrocher 等（2019）[③] 以 26 个意大利科技园区、470 家位于园区内的企业和 511 家位于园区外的企业为样本，研究了科技园区和网络对企业创新绩效的影响，并探讨了能使科技园区活动更为有效的特征因素，研究发现企业的创新绩效对租户比非园区企业强，创新活动的强度取决于研究网络的强度，科技园区对已经有创新活动的企业有积极影响，对于没有专利的公司来说，入园并没有什么积极的影响。Sunny Li Sun 等（2019）[④] 以苏州独墅湖科教创新区为案例进行研究，发现政府在建设创新生态系统中有着重要作用，地方政府主要依靠自上而下的方式直接推动大学与企业联系，科技园对企业发展、国家战略实施是有积极作用的。

三 关于创新能力的研究成果

不少学者围绕制造强国建设问题进行过创新方面的研究，取得了一些有意义的成果。吴航、陈劲（2017）[⑤] 运用动态能力理论，选取中国制造

[①] Barbara Becker & Oliver Gassmann, "Corporate Incubators: Industrial R&D and What Universities can Learn from them", *The Journal of Technology Transfer*, Vol. 31, 2006.

[②] Magnus Klofsten, Erik Lundmark, Karl Wennberg, Nata Bank, "Incubator specialization and size: Divergent paths towards operational scale", *Technological Forecasting and Social Change*, Vol. 151, 2020.

[③] Nicoletta Corrocher, Francesco Lamperti, Roberto Mavilia, "Do science parks sustain or trigger innovation? Empirical evidence from Italy", *Technological Forecasting and Social Change*, Vol. 147, 2019.

[④] Sunny Li Sun, Yanli Zhang, Yuhua Cao, Jielin Dong, John Cantwell, "Enriching innovation ecosystems: The role of government in a university science park", *Global Transitions*, Vol. 1, 2019.

[⑤] 吴航、陈劲：《新兴经济国家企业国际化模式影响创新绩效机制—动态能力理论视角》，《科学学研究》2014 年第 8 期。

企业作为研究对象,探索了出口和对外直接投资对创新绩效的影响机理;发现新兴经济国家企业出口和对外直接投资对创新绩效均具有显著的正向影响,企业的机会识别能力和机会利用能力在出口和创新绩效之间可起到部分中介作用。这意味着新兴经济国家企业通过出口和对外直接投资两种模式进入国外市场确实能提升企业创新绩效。严成、林小玲(2018)[①] 运用模糊数学理论和灰色理论,从创新支持能力、知识创新能力和技术创新能力三个维度遴选出15个指标建立评价指标体系,对中国经济特区的创新能力进行评价,测度了深圳、厦门、珠海、海南和汕头这些特区城市的创新能力。范德成、杜明月(2017)[②] 采用TOPSIS灰色关联投影法计算灰色关联投影贴近度,利用协调度模型评价区域协调发展水平,并进行二次加权计算,发现京津冀地区高技术产业技术创新能力存在不同程度的波动和较大的地区差异,产业发展处于中度失调状态。据此建议,京津冀应努力加强区域产业合作,优势互补,推动创新资源有效配置,促进产业结构优化升级,不断缩小产业技术创新能力的地域差距,实现一体化发展。沙文兵、李莹(2018)[③] 从区域创新能力的形成机理、评估体系和影响因素三个角度对国内外文献进行评述,构建了区域创新能力的研究框架。研究认为,区域创新能力的理论基础是内生增长理论、国家创新体系理论、产业集群理论以及国家创新能力理论等。其中,以Romer的内生增长理论为基础的区域创新机理研究强调R&D的研发效率、研发质量以及知识存量,注重对创新基础的分析;以Nelson的国家创新体系理论为基础的区域创新理论,注重产学研之间的联系与合作分析,强调区域创新政策与制度、教育水平等环境因素对技术创新的影响;以Porter的产业集群理论为基础的区域创新机理研究,主要利用经典钻石模型对产业集群效应加以分析,着重研究产业联系、产业结构以及产业集聚等因素对区域技术创新和知识扩散的影响。

[①] 严成、林小玲:《基于模糊数学与灰色理论的特区创新能力评价》,《市场论坛》2018年第9期。

[②] 范德成、杜明月:《基于TOPSIS灰色关联投影法的高技术产业技术创新能力动态综合评价——以京津冀一体化为视角》,《科学学研究》2017年第7期。

[③] 沙文兵、李莹:《国内外区域创新能力研究评述》,《山东工商学院学报》2018年第5期。

四 关于创新竞争力的研究成果

国内一些学者从创新竞争力的角度研究中国的制造强国的突破口和建设路径。王智慧、刘莉（2015）[①] 设计了一个国家创新能力的多维度测评指标体系，其中既包含综合指标，也包含单个指标，既包含主观指标，也包含客观指标，在理论上探讨了国家创新能力测评指标体系的设计和应用问题。吴桑（2017）[②] 利用灰色关联分析法构建了一个国家创新竞争力国际比较评价系统，并以此系统对中国的国家创新竞争力及其经济增长进行了测度，据此提出要加大研发投入，重视人才培养，强化企业在国家创新竞争力的主体地位。林寿富（2012）[③] 设计了一个国家创新竞争力评价指标体系，运用这一体系比较研究了 11 个新兴经济体国家的创新竞争力，描述了新兴经济体国家创新竞争力的变化特征，认为国家创新竞争力是各种创新因素长期积累、综合作用的结果，中国建设创新型国家是提升国家创新竞争力的目标，而提升国家创新竞争力是推进创新型国家建设的必由之路。刘国新、李明充、王治（2002）[④] 运用层次分析法计算了各指标的权重，将中国的科技竞争力和 5 个发达国家及 4 个发展中国家进行了比较研究，提出在引进国外先进技术的同时要注意消化吸收，要建立国家创新体系，做好二次创新。彭德倩（2016）[⑤] 归纳总结专家学者的观点，认为未来中国要选择关系全局和长远发展的战略领域和优先方向，筛选出关键技术、共性技术和跨领域技术，特别是未来可能出现的突破性和颠覆性技术，建设重大科技基础设施。

同样地，国外一些学者也研究过创新竞争力问题。Lui 和 Suarez-Villa（1990）[⑥] 较早地研究过技术创新竞争力问题，他对比分析了个人与企业发明的表现，探讨了创新能力、个人和企业发明以及长期社会经济趋势之

[①] 王智慧、刘莉：《国家创新能力评价指标比较》，《科研管理》2015 年第 1 期。

[②] 吴桑：《国家创新竞争力与经济增长的国际比较》，《特区经济》2017 年第 6 期。

[③] 林寿富：《新兴经济体国家创新竞争力的比较分析》，《福建师范大学学报》（哲学社会科学版）2012 年第 5 期。

[④] 刘国新、李明充、王治：《中国科技竞争力的国际比较及对策》，《科技与管理》2002 年第 3 期。

[⑤] 彭德倩：《中国的"颠覆性技术"何时能出现》，《解放日报》2016 年 8 月 16 日。

[⑥] Lui, Suarez-Villa, "Invention, Inventive Learning, And Innovative Capacity", *Systems Research & Behavioral Science*, Vol. 35, No. 4, 1990.

间的关系,指出社会创新能力能很好地解释其对国民净收入长期变化的影响。A. E. Demirci(2013)[①] 运用一个容量为 371 的调查样本,从微观角度研究了企业组织文化与技术创新的关系,认为团队、企业家、阶层和理性文化是技术创新能力的重要影响因素。Neely Andy 等(2014)[②] 认为,创新能力被广泛地认为是一种重要的竞争武器,即使是在同一行业不同的企业,所达到的创新水平也会千差万别。他们应用英国东部企业数据进行研究,发现企业文化、资源、能力和网络的功能是影响企业创新能力的重要因素,需要管理这些因素以增强企业的创新潜力。C. Franco 和 R. Leoncini(2013)[③] 采用创新活动的随机前沿分析法,将各国专利申请能力从专利效率中分离出来,分析了 26 个 OECD 国家和中国创新能力的决定因素。其研究发现,1992—2007 年中国的科技活动增长速率快于世界上最具创新性的国家,内部和外部因素共同有助于提高各国的创新能力和效率;政府资助的研发能提高创新能力,更重要的是私人资助的研发以及外国直接投资更能影响技术效率;高等教育在研发和研发人员中的支出对创新能力有正向影响,但人力资本措施在提高专利效率方面通常不是很有效。

[①] A. E. Demirci, "Strategic Representation of an Abstract Reality: Spiraling Relations between Organizational Culture and Innovativeness", *Journal of Management & Strategy*, Vol. 4, No. 3, 2013.

[②] Neely Andy, Hii Jasper, Horace Ho, "The Innovative Capacity of Firms", *Nang Yan Business Journal*, Vol. 1, No. 1, 2014.

[③] C. Franco, R. Leoncini, "Measuring China's innovative capacity: a stochastic frontier exercise", *Economics of Innovation & New Technology*, Vol. 22, No. 2, 2013.

第二章 建设制造强国的现实背景

进入 21 世纪后，人类社会正在经历一场新工业革命，一系列全新的先进技术在机器人、人工智能、3D 打印、云计算、纳米技术、生物技术等方面取得重大进展，这些技术正深刻地改变制造方式和商业模式，给人们的生产生活方式带来革命性的影响。在这场意义重大、深刻改变全球经济格局、生产方式和产业布局的革命中，中国提出要实施制造强国战略，建设制造强国，以顺应新工业革命潮流。

第一节 全球新工业革命大背景

与前三次工业革命一样，人类进入 21 世纪后，出现了一些全新的、颠覆性的技术。信息技术深度应用于制造领域，制造方式发生根本性变革；颠覆性技术交叉应用于多个领域，产业部门发生重大性变化。智能产品推动社会进步，深刻影响着人类的社会、经济、文化生活。人类进入一个新工业革命时代，或第四次工业革命时代。

一 新工业革命的兴起

（一）新工业革命的提出

2016 年 9 月，二十国集团领导人杭州峰会发布了《二十国集团新工业革命行动计划》，认为人类社会正进入新工业革命时代，二十国集团成员国要共同行动，通过有效的沟通协作，开展教育、就业、劳动力技能培训、新型工业基础设施、知识产权保护等，促进全球经济增长。同时发布的《二十国集团创新增长蓝图》提出，在新工业革命时代，政府、企业、员工等各方要识别和应对这些挑战，利用机遇将新工业革命带来的社会成本降至最低。

此前，英国《金融时报》记者彼得·马什（Peter Marsh）在 2013 年出版了一本新作《新工业革命》①。该书以论述增长的机器为切入点，分析了现代科技的力量、制造业的未来、利基制造业状况②、未来工厂形态，阐释了新工业革命的概念和新工业革命的亮点，探讨了制造业中人的作用问题和制造业未来的重心。该书将人类制造业的发展分为五个阶段，即少量定制阶段、小量标准化阶段、大批量标准化生产阶段、大批量定制化阶段和个性化量产阶段，指出人类社会正处在个性化量产阶段。作者预测，人类正进入新工业革命时期，当 3D 打印技术成为生产制造的日常部分时，大批量个性化定制的时代就真正来临了。2016 年，世界经济论坛主席、联合国发展规划委员会副主席、德裔瑞士籍的克劳斯·施瓦布（Klaus Schwab）教授出版了《第四次工业革命》③一书，指出第四次工业革命已经来临，这将是一场深刻的、系统性的革命，无孔不入的科学技术将对人类社会产生颠覆性影响，面对大趋势、大机遇、大挑战，各国必须变革，否则就会灭亡。该书还预见了一系列即将出现的前所未有的社会变革技术，如数字化身份、视觉形式的新交互界面、可穿戴设备联网、普适计算、便携式超级计算机、全民无限存储、万物互联、数字化家庭、智慧城市、大数据决策、无人驾驶汽车、人工智能与决策、人工智能与白领工作、机器人与服务、比特币和区块链、共享经济、政府和区块链、3D 打印与制造业、3D 打印与人类健康、3D 打印与消费品、定制人类、神经技术等。这是当下有关第四次工业革命或新工业革命的两部代表性著作，较清晰地勾画了现代产业发展大势和人类所面临的工业革命图景。

一些学者也进行过新工业革命或第四次工业革命问题的研究。刘英团（2016）④认为，在技术进步的推动下，人类社会正开始进入第四次工业革命，这次革命的显著标志是以智能化、信息化为核心，由物联网技术、云计算、人工智能、3D 打印等先进技术推动；先进技术和数字化正不断

---

① ［英］彼得·马什：《新工业革命》，赛迪研究院专家组译，中信出版社 2013 年版。
② 利基制造业，是指制造业市场中的一些细分市场，通常不被大企业所重视，而成为中小企业的获利领域。
③ ［德］克劳斯·施瓦布：《第四次工业革命》，李菁译，中信出版社 2016 年版。
④ 刘英团：《颠覆性的第四次工业革命》，《时代金融》2016 年第 7 期。

地改变着人们生产生活的一切，甚至包括机器等生产要素。张有奎（2017）[1]从唯物史观的角度分析了第四次工业革命的意义，认为第四次工业革命的特征是更加精深的数字技术、综合利用多种技术的创新模式以及引发社会系统重大变革的巨大力量；第四次工业革命可能改变人们的世界观，推动新价值观和互联网思维方式的形成。但作者同时认为，第四次工业革命是技术决定论，这有其局限性，它不能从根本上改变人们生产和消费的异化本质。邓泳红、张其仔[2]（2015）研究了第四次工业革命的内涵与特征，认为第四次工业革命是深度网络化、绿色化、智能化和生产组织方式分散化四大趋势的整合，中国要实现双轨战略以应对第四次工业革命，不但要加强互联互通的标准化工作，还要实现制造标准的国际化，使中国设立的标准得到国际上的广泛支持和认可。同时，中国要建立和完善包容性市场机制，解决好不同类型的国有企业功能定位问题，优化政府组织架构，成立专门的实施跨越式战略的机构，推动跨越式战略的实施。何芬兰（2017）[3]总结了学术界对第四次工业革命的研究成果，认为与前三次工业革命一样，第四次工业革命也是从科学技术的重大突破开始的，其将为全球带来多个变化，即加速全球化又分割全球化，世界贸易的规则将发生重大变化，技术等无形资产将参与投资，全球生产要素会重新布局和配置，人工智能、机器人技术等技术的广泛应用将带来众多失业，不同群体间的收益差距将加大，社会问题会进一步增多，大规模工业革命将带来世界资本市场的巨大发展。

（二）新工业革命的特征

前三次工业革命之所以被称为革命，是因为其间诞生的一些技术具有革命性的意义，这些技术不仅仅影响了工业领域，而更重要的是影响了人类的政治、经济、文化，给人类社会带来了巨大变革。而21世纪已出现的新技术与前三次工业革命所出现的技术一样，正改变着人类的生产生活方式，引发社会的巨大变革，其突出特征表现在三个方面。

---

[1] 张有奎：《唯物史观视域下的第四次工业革命及其文化意义》，《天津社会科学》2017年第2期。

[2] 邓泳红、张其仔：《中国应对第四次工业革命的战略选择》，《中州学刊》2015年第6期。

[3] 何芬兰：《第四次工业革命带给全球化七个趋势》，《国际商报》2017年1月4日第A02版。

第一，信息技术深度应用于制造领域，制造方式发生根本性变革。进入 21 世纪，出现了颠覆性的制造技术，如 3D 打印制造、信息物理系统制造（Cyber Physical System，CPS）等。其中，3D 打印利用粉末状金属材料或塑料等可黏合材料，通过数字模型计算机文件，以层层打印的方式来制造产品，这与传统的减材制造相比，可以以更快、更有弹性以及更低成本的办法生产数量相对较少的产品。现在，人类已出现了 3D 打印的笔记本电脑，3D 打印的药品，3D 打印的人体器官以及 3D 打印的火箭发动机零件、航空器件、服饰、珠宝等。3D 打印制造是传统制造方式的颠覆性变革，也是第四次工业革命最具标志性的新兴制造技术。CPS 是利用信息物理系统进行产品制造的生产方式，它将传感网紧密连接在现实世界，在制造过程中，一切与产品设计、品种开发、生产有关的全部数据都通过传感器进行收集、处理和分析，进而形成一个可操控的智能生产系统。受这种制造方式的影响，现代工厂不断进化升级，已出现了由物联网与服务互联网构成的"智能工厂"，其能够判断产品属性、生产成本、生产时间、物流管理、安全性和信赖性，实现了最优化的产品定制制造。显然地，这样的制造模式也是传统生产方式的革命性飞跃。

第二，颠覆性技术交叉应用于多个领域，产业部门发生重大性变化。进入 21 世纪后，工业领域出现了一系列颠覆性技术，改变了传统的工业领域和部门，如自主无人系统开始用于军事上的侦察、监视、通信中继、电子对抗、火力制导、目标模拟等；科学研究上的大气研究、新技术设备与新飞行器的试验开始用于民用的大地测量、气象观测、城市环境检测、地球资源勘探、森林防火等；自由空间光学技术正替代传统的无线电技术，应用于大气层内外以及外太空卫星高容量通信网、保密通信等；全息技术利用卫星传输数据在绿色房间内产生图像和逼真的三维景象，这一技术已应用于娱乐行业；大数据处理技术，不但可从海量情报数据中提取有用信息，且处理数据时间短、精度高、得到有价值的信息快；新生物医学技术，将生物医学信息、医学影像技术、纳米技术、新材料等技术相结合，深度应用于疾病的预防、诊断、治疗、康复服务，大大提高人的生存能力和人的健康水平。这些新技术催生了许多新兴产业部门，也改变了传统产业，同时使产业部门的结构复杂化、边界模糊化。

第三，智能产品推动社会进步，深刻影响着人类的社会、经济、文化生活。与前三次工业革命不同，这次工业革命不再局限于某一特定领域，而是延及移动网络、纳米技术、大脑研究、3D 打印、材料科学、计算机信息处理等多个领域,其相互作用产生了强大的联动力量,对政府、个人、经济、产业等均带来巨大的影响。由于新技术的推动,社会出现了各式各样的智能产品和智慧服务,如智能手机、无人驾驶汽车、汽车电子、计算机软件、机器人服务、数字想象与分发、电子游戏、电子货币、可穿戴设备、人工智能机器人、VR(Virtual Reality)头显设备、健身与运动、健康与生物科技、互联网服务、新网络与自媒体、感应器、智能家居、新创公司、视频、无线装备与服务等。人类的健康、休息、健身、娱乐、内容消费等逐渐数字化,人们可以进入虚拟世界,大众的工作、生活、社交方式出现了全新状态和全新变化,人类正进入全新的数字化时代和共享经济时代。

二 新工业革命中的制造强国

为维护国家安全和经济繁荣,确保已经或仍处于领先地位的关键工业领域在未来科技和产业竞争中仍保持优势地位,世界制造强国审时度势,及时出台了新的工业发展战略,以应对新工业革命的机遇与挑战。

(一) 美国的应对战略

世界制造强国的发展历史和经验表明,一个制造强国前提是科技强国,没有强大的科技实力,就不可能拥有制造领域自主知识产权的前沿技术、颠覆性技术,就不可能有先进发达的制造业。因此,科技强国是制造强国的前提和必要条件。

2018 年 3 月 1 日,美国的权威智库国际战略研究中心(CSIS)发布了《美国国家机器智能战略》。这一报告分析了机器智能(MI)在美国的发展状态及其对美国社会、经济等诸多方面的影响,规划了未来美国关于机器智能发展的一般性框架。该报告将机器智能作为重要战略目标,加大在机器智能的研发投入,支持机器智能尖端技术的持续研究和开发;提出要加强机器智能人才培养,培养机器智能时代的新型劳动者;要进行战略性合作,推动数据共享,有效管控机器智能风险。

该报告认为,近五年来,全球机器智能以前所未有的速度迅速发展,其产品已深入到国家的经济、安全和人类生活的方方面面。人们已很难判断机器智能还会在哪些方面出现突破及机器会出现哪些功能?现在,美国正面临着重要时刻,要未雨绸缪,加大机器智能研发的投入,支持机器智能尖端技术的研发，特别是要资助机器智能长期基础研究，并通过投资的加大确保美国政府能拥有由私营部门开发的尖端技术，同时确保国防部和国家安全联盟不会落后于机器智能的开发和部署。美国要促进机器智能技术安全，保持美国在机器智能的全球领导地位，保证机器智能的研究进程与美国的战略目标、规范和价值观协调一致。

该报告提出，人类正进入"机器智能时代"，必须把机器智能人才和具备机器智能应用能力的新型劳动者培养作为国家机器智能战略的优先事项。将吸引全球顶尖级机器智能人才在美国就业和定居，为美国服务，扩大面向国外专业技术人员的技术签证规模；组建美国能源部工作组，指导教育系统学习机器智能应用；扩大计算机技术的应用，增大机器智能方面的学位项目；加强软技能的发展，增强下一代人的基本数字化能力，将机器智能列入通识教育；加强社会保障，支持企业对在岗员工进行机器智能培训和教育；为增强人们对未来机器智能应用的适应能力，将加强计算机学科教育，加强对人们创造力、思考力、情商、适应能力等素质的培养，提高劳动者现代科学软素质，弥补机器智能系统的不足；完善失业保险、社会福利等项目，联合企业加强对就业人员的机器智能培训与继续教育，有效应对机器智能的发展以及其对社会劳动者和就业结构所带来的巨大冲击，为机器智能引发的失业人员提供充分保障。

该报告强调，将与有关国家建立战略合作伙伴关系，共同开展机器学习、机器智能软件技术的研发，弥补美国智能制造、智能机器人等领域的短板。支持机器智能发展所必需的云计算平台和大数据平台等信息基础设施，支持企业对其战略性业务使用机器智能；组织企业研究制定统一的数据格式标准，推动政府数据向社会开放，在充分保证机构、组织、个人隐私的基础上鼓励企业间实现数据共享，并促进政府与企业之间的数据共享；收集全球数据，制定相关策略保护数据，防止数据的跨境流动。成立专家咨询委员会，建立健全有关机器智能的法律和政策体系，审查与机器智能应用相关的法律，并对法官和检察官开展机器智能技术和相关法律原则的培训，加强机器智能风险防控，消除监管方面的不确定因素。

此后，美国国家科学与技术委员会于 2018 年 10 月又发布了《美国先进制造领先战略》，以此作为美国未来 4 年先进制造业发展纲领。这一战略认为，技术的飞速发展正与经济力量相结合，先进制造业领先需要先进的技术，也需要在工业部门转化先进技术，并有效利用新技术与平台。因此，未来美国先进制造业的三大战略方向是：发展和转化新的制造技术，教育、培训和连接制造业人力，扩展、提升国内制造业供应链。而实现这三大战略方向的具体路径是：捕捉智能制造系统的未来，开发世界领先的材料和加工技术，确保通过国内制造获得医疗产品，保持电子设计和制造的主导领先地位，加强粮食和农业制造业的机会；吸引和发展未来的制造业劳动力，更新和扩大职业及技术教育途径，促进学徒和获得行业认可的证书，将熟练工人与需要他们的行业相匹配；加强中型制造商在先进制造中的作用，鼓励制造业创新的生态系统，加强国防制造业基础，加强农村社区的先进制造业。

此外，美国还在2018年12月发布了《国家量子计划法案》，提出要制订国家计划，进行国家投入，实施覆盖量子计算、量子通信、量子探测、量子传感及相关材料科学等领域的国家量子发展计划，以加速量子科技研发与应用。2019年2月，美国又启动了"美国人工智能（AI）倡议"，决定加大人工智能领域前沿技术的研发，支持人工智能领域的长期研究，开展人工智能的变革性应用；制定适用于人工智能系统的技术与安全标准，创建有效支撑美国人工智能研究和关键人工智能技术发展的国际环境，保护美国在人工智能领域的优势。2019年4月和6月，美国国防部国防创新委员会（Defense Innovation Board，DIB）和美国国防科学委员会（Defense Science Board，DSB）先后发布了《5G生态系统：对美国国防部的风险与机遇》和《5G网络技术国防应用》。这两个报告分析了全球5G技术发展历程和其对美国的影响与挑战，并就美国频谱政策、5G供应链和基础设施安全建设等做出部署，提出要开发5G系统，为5G数据包流提供连续、独立的带外监测，开发安全的5G技术和基础设施并特别关注供应链等重大项目计划。而在此前，美国还发布了《2016—2045年新兴科技趋势报告》，强调要重点发展物联网、机器人与自动化系统、智能手机与云端计算、量子计算、数据分析、网络安全、先进数码设备、太空科技、先进材料、合成生物科技、新型武器等20项新兴科学技术。

（二）日、德、英的应对战略

日本将人工智能视为带动经济增长的"第四次产业革命"的核心尖端技术，于2017年3月发布了《人工智能发展路线图》，计划分三个阶段利用人工智能大幅度提高制造业、物流、医疗和护理行业的效率。第一阶段是2020年前后，建设无人工厂、无人农场，利用人工智能检测生产设备故障；第二阶段是 2020—2030 年，人员和货物运输配送无人化、铁路和卡车等交通工具无人化、推出小型无人机和物流设施、对个人开发药物、机器人进行工作协调、利用人工智能控制家居和家电等；第三阶段是 2030 年之后，看护机器进入家庭、全社会普及自动化和无人化、运用人工智能技术分析人脑潜在意识、实现想要的物件可视化。2017 年 6 月，日本内阁会议发布了《科学技术创新综合战略 2017》，设计了重点发展高新技术、建设智能社会 Society 5.0 的战略构想。该战略强调：要构建一个容易创造新价值的平台，推进建设现代社会 5.0，加大政府资本和民间资本对科技的投入，建立面向创新人才、知识、资金良好循环的创新机制，鼓励中小型风险企业发展；加强科学技术创新的推进功能，构建有助于"地方创生"① 的创新系统。2019 年 6 月，日本发布了《科学技术创新综合战略 2019》，再次强调要加快落实一系列必要举措，实现超智能社会的建设，未来日本计划加快发展人工智能，加强机器人和人工智能技术的基础性研究，全面实现日本社会的人工智能普及化，推动机器人和人工智能技术在生产制造、社会服务、商业零售、教育培训和医疗保障等行业的落地应用，从而降低劳动力成本，快速提高生产效率。

同样地，德国于 2012 年推出了《高科技战略行动计划》，提出要加大投资，重点发展气候与能源、健康与营养、物流、安全和通信等关系国计民生的急需的高科技领域。2018 年 9 月，德国出台了《高科技战略 2025》，提出要加大促进科研和创新，发展数字化卫生系统，利用数字化技术进行智能诊治；实现以生物基础材料为原料的塑料可循环生产；保护生物多样性；继续推进电池研发；在清洁空气项目框架下鼓励投资充电桩设施；储备人工智能专业力量，加大各领域人工智能的应用；通过互联互通快速将科研和创意转化为生产力，增强德国核心竞争力。德国还于 2019 年 2 月发布了《国家工业战略 2030》。该战略认为：当下全球化趋势仍然在发展，世界的创新进程在不断加快，一些国家采取的扩张性和保护主义工业政策正在加剧。这种背景下，国家干预行为可以视为合理的，甚至可能是必要的。德国已经在钢铁和铜铝、化工、设备和机械、汽车、光学、医学仪器、环保技术、国防、航空航天、增材制造等领域处于世界领先地位。但这还不够，德国未来必须要有能力经受住所有先进制造领域的

---

① 日本政府设立了"地方创生本部"，旨在实施地域充满活力的政策，振兴发展地方经济。

全球竞争，尤其是在关键技术和突破性创新方面。为此，应优先发展人工智能、大型互联网平台、数字技术、自动驾驶与医疗诊断、机器与互联网的相互连接等行业。该战略还强调坚定不移地遵循市场原则与比较优势原则，坚持自由、开放的国际市场原则，改革现行的补贴法和竞争法，施行限时补贴，有效限制倾销和滥用市场主导地位的行为，以此支撑实现德国工业2030年战略。

英国也在2017年1月提出《现代工业战略》，这一战略认为，英国经济"脱实向虚"趋势明显，经济发展区域不平衡日益扩大，与其他发达国家之间生产力差距扩大，面临着巨大的"脱欧"压力。为此，英国需要在科学、研究，以及创新行业加大投资，要建设全新的技术教育系统，升级数字、能源、交通等基础设施，支持创立新兴企业并帮助其发展，振兴政府采购链，鼓励贸易及外来投资，提供企业可负担的能源和清洁能源，培养世界领先的行业，鼓励发展行业的特殊优势，创建使得各部门和地方交汇的机构并推动全国增长等。

第二节　中国经济发展现实背景

新中国成立70多年，其间完成了13个五年计划，正实施第14个五年计划。国家的五年计划从"十一五"开始起改称五年规划，它是国家关于国民经济重大建设项目、生产力布局、重要经济比例关系等所做的长期计划或规划，对国家经济和社会发展有着十分重要的影响。可按五年计划的实施来阐释中国经济发展的现实背景。

一　改革开放前的中国经济

新中国成立后，国家就开始大力发展经济。从1953年开始就实施五年计划，其中"一五"计划是1953—1957年，"二五"计划是1958—1962年。间隔3年后，即经过经济的调整期后，"三五"计划从1966年开始实施至1970年结束，"四五"计划是1971—1975年。

（一）社会创造总量

五年计划期间社会创造总量的重要表现是主要工业产品产量、主要农业产品产量以及经济增长速度指标。收集"一五"至"四五"的主要工农业产品产量和相关经济数据，可计算整理得出相关分析指标如下（见

表2-1)。

表2-1　　改革开放前4个五年计划社会创造总量分析比较

		计量单位	1952年	"一五"	"二五"	"三五"	"四五"
五年计划末主要工业品年产量	粗钢	万吨	135	535	667	1779	2390
	水泥	万吨	286	686	600	2575	4626
	纱	万吨	65.60	84.40	54.80	205.20	210.80
	布	亿米	38.30	50.50	25.30	91.50	94.00
	化学纤维	万吨	…	0.02	0.36	10.09	15.48
	彩色电视机	万台	…	…	…	…	0.29
	家用电冰箱	万台	…	0.16	0.09	0.52	1.80
	汽车	万辆	…	0.79	0.97	8.72	13.98
	发电量	亿千瓦时	73	193	458	1159	1958
五年计划末主要农业品年产量	粮食	万吨	16391.5	19504.5	15441.0	23999.5	28451.5
	棉花	万吨	130.4	164.0	75.0	227.7	238.1
	油料	万吨	419.3	419.6	200.3	377.2	452.1
	糖料	万吨	759.5	1189.3	378.2	1556.0	1914.3
GDP年均增长率		%	—	6.77	-2.99	4.82	5.46
工业增加值年均增长率		%	—	13.58	-5.56	6.25	7.63
五年计划末年工农业总产值		亿元		1241	1280	3138	4467

注:"…"表示数据缺失,"—"表示无法统计。
资料来源:Wind资讯;《中国统计摘要2018》,中国统计出版社2018年版;笔者计算加工整理。

需要说明的是,表2-1中主词栏的"五年计划末"具体指1957年、1962年、1970年和1975年。由于一些年份数据缺失,故此处选用五年计划末年数据进行分析,这并不影响本书的研究结论。

不难发现,如果以1952年为基准年,4个五年计划末年的主要工业产品产量粗钢、水泥、纱、布、化学纤维、彩色电视机、家用电冰箱、汽车、发电量均呈增长之势,主要农业产品产量粮食、棉花、油料、糖料也均呈增长之势,且都有较大的生产规模。4个五年计划时期,除"二五"外,"一五""三五""四五"的GDP年均增长率分别为6.77%、4.82%和5.46%,工业增加值年均增长率分别为13.58%、6.25%和7.63%。这显示,整体上,除"二五"外的3个五年计划时期,经济的发展速度和工业发展状况都有较好态势。

改革开放前的这4个五年计划中,"一五"计划的经济成就最为突出。"一五"时期[1],全国完成固定资产投资550亿元,超额完成原来计划的15.3%;"一五"末,全国新增加固定资产460亿元,比"一五"初的固定资产原值增加了90%;全国有1万多个工矿项目开始建设,比原定计划增加了227个;至"一五"结束,428个项目建成并投入了生产。至"一五"末年的1957年,全国农业总产值比1952年增长25%,年均增长率4.5%;全国粮食产量、棉花产量比1952年分别增长19%、25.8%,5年间的年均增长率分别为3.7%和4.7%;5年内全国新增灌溉面积21.81万亩,比1952年增长69%。"一五"末中国人均消费水平达到102元、职工平均工资637元,分别比"一五"初提高了34.2%和42.8%。同时,农民的收入水平也提高了近30%。分析指标显示城乡人民生活水平有了显著改善。

"一五"计划内,中国新建铁路33条,恢复通车铁路3条[2],全国新建、修复的铁路等达到10000公里,通车里程则达到29862公里,比"一五"初年增加了22%;而全国的公路通车里程则达到25万多公里,比1952年增加1倍。苏联帮助中国建设的156个项目中,约86%的项目开始施工,且40%的项目已全部建成或者部分建成。中国过去不曾拥有的具有一定技术含量的工业,如发电设备、汽车、重型机器、精密仪表、新式机床、无缝钢管、合金钢、塑料、无线电等开始从无到有,中国工业发展的基础开始奠定,工业框架体系开始构建。

(二)标志性成果

"一五"至"四五"计划的实施,使得中国产生一批重要的标志性成果,这些成果代表了当时国家经济社会发展的成就。"一五"至"四五"时期的标志性成果有[3]:1953年12月,鞍山钢铁公司大型轧钢厂等三大工程建成投产,鞍山钢铁厂生产能力得到改造和扩建,生铁产量达336.1

---

[1] 本部分数据参引自《历史重温:一五计划,伟大的民族复兴》,http://dahanhun.blog.tianya.cn。

[2] 本部分数据参引自《历史重温:一五计划,伟大的民族复兴》,http://dahanhun.blog.tianya.cn。

[3] 依据"大国脚印"整理,https://news.qq.com/zt/2009/statestep/1953.html。

万吨，钢产量达 291.07 万吨，钢材产量达 192.39 万吨。1954 年，青藏公路通车，川藏公路北线于同年年底通车，南线段于 1969 年全部建成通车。1955 年 10 月，克拉玛依油田开钻并于当年完钻、喷油；7 月宝成铁路建成通车，1958 年 1 月 1 日正式运营。1956 年 7 月[1]，中国第一辆汽车、第一架喷气式飞机分别由长春第一汽车制造厂、沈阳飞机厂生产成功；9 月，中国第一种喷气式歼击机歼－5 试制成功；1957 年 7 月，昆明机床厂试制成功中国第一台高精度电应坐标镗床；10 月，武汉长江大桥建成，鞍钢第二初轧厂成功生产中国第一台 1150 毫米初轧机，世界上海拔最高的公路新藏公路建成通车。1958 年 6 月，第一辆国产高级轿车在第一汽车制造厂诞生；在苏联的帮助下，中国建成第一座实验性原子反应堆；太阳能发电开始研制；8 月，研制成功 103 型通用数字计算机；鹰厦铁路正式运营。1960 年 10 月，成功研制第一枚近程地对地导弹。1961 年 12 月，上海江南造船厂制造中国第一台万吨水压机；1970 年 4 月，人造地球卫星发射成功；12 月，中国研制的第一艘核潜艇下水。1975 年 11 月，第一颗返回式遥感卫星发射成功。

改革开放前的 4 个五年计划期间，中国还依靠投资建设形成了门类较为齐全、资源相对集中的工业基地或城市，如以沈阳、长春、哈尔滨为中心的东北老工业基地[2]，以西安为中心的西北老工业基地，以重庆为中心的西南老工业基地，以武汉为中心的华中老工业基地，以沪宁杭为中心的东部沿海综合性工业基地。有些工业基地具有明显优势，如重庆工业基地以常规兵器为优势，攀枝花工业基地以钢铁为优势，川南工业基地以盐化工和天然气化工为优势，以成都、德阳、绵阳、广元为中心的工业基地以电子、重型机械、发电设备制造工业等为优势。这些工业基地，依托地域资源形成鲜明的产业特色，如东北老工业基地，煤、石油、铁、森林等资源丰富，铁路、公路、航空、海运齐备，钢铁、机械、飞机、造船、石油化工产业优势明显，消费市场广阔。如沪宁杭工业基地，历史悠久，基础雄厚，水陆空交通发达，有统一的电力供配系统，综合性工业竞争力强。

---

[1] 参引自《中国改革开放前三十年的成就》，https：//zhidao.baidu.com/question/289451146.html。

[2] 参引自《我国四大工业区各发展什么工业为主》，https：//zhidao.baidu.com/question/574612503.html。

又如京津唐工业基地，铁、石油、海盐等资源丰富，有统一的华北电网和便捷的铁路、公路、航空和近海运输，且邻近山西能源基地和连接东北、华北油田的输油运输管道。可见，经过4个五年计划，中国沿海地区原有的工业基地得到加强，一批新工业基地在西北、华北诞生，中国开始改变工业落后的面貌，步入了工业化进程。

从大的阶段上划分，中国经济发展可分为改革开放前和改革开放后两个时期。改革开放前，中国实施了4个五年计划。这4个五年计划最为重要的贡献是奠定了中国工业发展基础，特别是重化工业基础，构建了国家工业化的基本框架，为国民经济的后续发展创造了有利条件。新中国成立伊始，中国经济可谓一穷二白，百业待兴。当时，传统农业在国民经济占据了绝大比重，小农经济是国家经济主体，中国是典型的农业大国。国家的工业门类严重短缺，工业生产水平低，生产能力弱，生产效率低，工业产品严重匮乏。由于工农业产品生产能力的约束，中国市场体系很不完善，商品生产也不发达。同时，落后的生产关系严重制约生产力的发展，束缚了广大劳动者的生产热情。国家迫切需要进行大规模基础设施建设，发展国民经济，解决民众温饱。国家借助当时苏联发展经济的经验，通过制订五年计划，确定经济社会具体发展目标，发展经济，改善人民生活，推动社会进步。

这一时期实施的4个五年计划，不同程度地影响了中国国民经济。事实上，经过4个五年计划后，中国工农业生产总值大幅增长，农林牧渔产品产量、工业品产量显著增加；国家兴建了大批水利工程、工业基地以及道路、桥梁、通信等基础设施；特别是大规模的"三线"建设，东部发达地区、沿海地区生产能力迁往内地，中西部地区的基础设施和企业得到扩建，改善了中西部地区的交通运输条件，优化了中国工业布局，增强了国防安全实力。4个五年计划后，中国工业生产效益和农业机械程度大大提高，国际贸易得以恢复和发展，以国营贸易为主体的国内贸易发展迅速。有计划的商品经济体系也逐步建立起来，全国一盘棋的财政收入、物资管理、现金管理维持了基本平衡，物价也保持了基本稳定。经过对农业、手工业、资本主义工商业的改造，国家建立了以生产资料公有制为基础的社会主义制度，形成了高度集中的计划经济体制和计划分配、统一调拨的物资管理体制。但需要正视的是，由于指导思想上的偏差，五年计划的实施并没有完全达到预期的目标，个别五年计划执行状况不佳，经济发展走了弯路,这也就使生产力得不到充分解放,国民经济比例失衡,积累和消费比例失调,文化、教育、卫生、科技发展缓慢,人民生活质量整体上不高,国家经济水平与国际上发达国家的差距拉大。

二 改革开放后的中国经济

1976—2000年,中国实施了5个五年计划,即1976—1980年的"五五"计划,1981—1985年的"六五"计划,1986—1990年的"七五"计划,1991—1995年的"八五"计划,1996—2000年的"九五"计划。这5个五年计划,全面调整了国民经济发展目标,确立了社会主义市场经济体系框架,加快推进了中国的改革开放进程,形成了总体开放的格局,成绩斐然。

(一) 社会创造总量

比照前文的社会创造总量的分析内容,类似地可以将改革开放后5个五年计划的主要工业品产量和主要农产品产量等分析指标列示如下(见表2-2)。

表2-2   改革开放后5个五年计划社会创造总量分析比较

		计量单位	"五五"	"六五"	"七五"	"八五"	"九五"
主要工业品年均产量	粗钢	万吨	2951.6	4060.8	5917	8580.4	11570.7
	水泥	万吨	6427	11106.4	19649	36509.9	54178.5
	纱	万吨	242.7	330.0	447	547	567
	布	亿米	111	145	180	209	245
	化学纤维	万吨	30.40	65.35	132.57	252.59	530.21
	化肥	万吨	883	1335	1698	2160	3015
	彩色电视机	万台	1.21	133.27	819.61	1544.16	3388.79
	家用电冰箱	万台	3.17	46.79	503.57	647.80	1114.62
	汽车	万辆	16.4	27.0	71.1	117.0	171.0
	发电量	亿千瓦时	2531.4	3552	5396	8412	11957
主要农产品年均产量	粮食	万吨	20287.06	37064	40847	44923	49632
	棉花	万吨	223.78	432	405	461	431
	油料	万吨	547.38	1205	1446	1965	2448
	糖料	万吨	2436.32	4564	6122	8027	8701

续表

	计量单位	"五五"	"六五"	"七五"	"八五"	"九五"
GDP 年均增长率	%	11.31	12.08	7.69	13.02	8.31
工业增加值年均增长率	%	13.44	11.99	9.04	18.41	9.65
五年计划末年工农业总产值	亿元	6634	12012.58	26351	75287	110589

资料来源：Wind 资讯；《中国统计摘要 2018》，中国统计出版社 2018 年版；笔者计算加工整理。

需要说明的是，表 2-2 中五年计划末年工农业总产值是大农业（农林牧副渔）产值与规模以上工业总产值之和。由表 2-2 可以看出，改革开放后至 2000 年，中国 5 个五年计划的成就也十分显著。主要工业品产量均有较大幅度增长，尤其是以粗钢、彩色电视机、家用电冰箱、汽车、发电量增长幅度为最大。主要农产品产量增长率低于主要工业品，其中粮食产量增长速度较快。从"五五"到"九五"期间，中国 GDP 基本保持了两位数的增长速率，至"九五"末，中国的国内生产总值超过日本，直逼美国成为世界第二大经济体，进入了中等收入国家的行列。

"五五"计划中期的 1978 年，中国实行改革开放，彼时 GDP 仅 3679 亿元[1]，到"七五"初期，中国 GDP 达到 1 万亿元的水平；"八五"初期，则达到 2 万亿元的水平；至"九五"末期，中国 GDP 则突破 10 万亿元大关[2]。同时，中国的外汇储备大幅增长，"五五"中期，中国外汇储备仅 1.67 亿美元，位居世界的第 38 位，而到"七五"末期，中国的外汇储备超过 100 亿美元，而到"八五"末期，更是超过 1000 亿美元。分析指标显示：每一个五年计划过后，中国 GDP 和外汇储备都迈上一个新台阶。

"七五"末期，全国独立核算工业企业拥有固定资产原值达 14000 亿元，是"六五"末期的 200%；从"八五"起[3]，中国开始进行大规模的

---

[1] 数据参引自中华人民共和国国家统计局《关于"七五"时期国民经济和社会发展的统计公报》，https://wenku.baidu.com/view/3d029991daef5ef7ba0d3cf1.html。

[2] 数据参引自人民网《2014 年中国 GDP 突破 10 万亿美元》，http://politics.people.com.cn/n/2015/0120/c70731-26416328.html。

[3] 管汉晖、林智：《"五年计划"与中国经济发展历程》，http://news.hexun.com/2011-04-20/128901983_1.html。

技术改造，工业生产的技术水平显著提高，中国建设完成了许多较重要的工业基础设施，引进了一大批国外先进的生产设备和技术，一些大中型工业建设项目持续不断地竣工投产，特别是机械工业部门，每年能开发研究出上千种新产品，源源不断地为原材料、交通、科学部门提供先进的、高水平的成套设备。"八五"期间[1]，中国 GDP 年均增长率达到 11.7%，城镇居民人均收入年均增长 8.4%，农村居民人均收入年均增长 4.2%，至"八五"末国家外汇储备达到 670 亿美元。"九五"期间，中国 GDP 年均增长率达到 8.3%，远高于世界 3.8% 的增速；中国国家财政收入五年累计超过 5 万亿元，平均增长速度达到 16.5%，是"八五"时期的 230%。此外，主要农业产品的产量也得到较大提高，粮食的年生产能力达到 1 万亿斤，众多工业产品产量位居世界前列。"九五"末[2]，中国进出口总额达 4743 亿美元，外汇储备达到 1656 亿美元，比"八五"末增加 960 亿美元，增长了 137%。这些指标都突破了五年计划的原定目标。

"九五"计划完成后，中国出口商品的结构也发生了变化，技术含量较高的机电产品占比逐年增加；中国向国际市场开放的领域也不断扩大，吸收引进的外资规模不断增长，结构、质量也有明显改善；重要商品的供求状况都有实质性变化，商品供应短缺、供不应求的状况得到根本性改变，一些商品开始供求平衡或供过于求。此外，国有企业占主导地位得到巩固的同时，民营经济也有较快发展。中国从早期的追求增长速度，转变为既追求增长速度又追求增长质量，还注重经济结构和产业结构的优化。并且，国家的宏观调控战略重点也出现转变，出口导向逐步转向扩大内需，外向型经济转向立足国内市场。5 个五年计划的执行，为中国打下了进入 21 世纪的良好经济基础。

（二）标志性成果

"五五"至"九五"期间[3]，中国也诞生了一系列标志性成果。1980 年 5 月，中国向太平洋预定海域成功发射了第一枚大型运载火箭。1981

---

[1] 数据来源：国家统计局《经济和社会发展水平的国际比较》，http://www.stats.gov.cn/ztjc/ztfx/jwxlfxbg/200205/t20020530_35927.html。

[2] 数据来源：《2000 年我国进出口：4743 亿美元，创改革开放 20 年来最高水平》，http://www.cnr.cn/news/chief/01-12-6.html。

[3] 笔者依据"大国脚印"整理，https://news.qq.com/zt/2009/statestep/1953.html。

年7月,中国第一台计算机激光汉字照排系统原理性样机华光Ⅰ型,通过了国家计算机工业总局和教育部联合举行的部级鉴定。1982年1月,酵母丙氨酸转移核糖核酸合成成功;10月,中国潜艇向预定海域发射运载火箭成功。1983年12月,首台每秒计算达1亿次以上的计算机"银河"研制成功。1984年12月,中国南极科考站奠基。1985年2月,中国农业科学院畜牧研究所进行奶牛冷冻胚胎移植首次获得成功。

1986年2月,成功发射一颗实用通信广播卫星,中国已全面掌握运载火箭技术,卫星通信由试验阶段进入实用阶段;5月,中国第一台大报版激光照排机研制成功;9月,第一座符合国际标准的现代化海洋采油平台海上安装工程,在渤海埕北油田全部结束并调试成功。1988年3月,诞生中国大陆首例试管婴儿;9月,中国核潜艇成功向预定海域发射运载火箭,从而使中国核潜艇真正具备了核打击能力;成功发射第一颗极地轨道试验性气象卫星"风云一号";10月,北京正负电子对撞机首次对撞成功。1990年4月,"长征三号"运载火箭成功发射"亚洲一号"卫星。

1991年12月,中国自行设计建造的第一座核电站——秦山核电站开始并网发电。1992年8月,自行研制的"长征二号E"捆绑式运载火箭顺利起飞,成功地把美国研制的澳大利亚"澳赛特B1"通信卫星送入预定轨道。1994年1月,北大方正集团研制成功了高档彩色出版系统,一场彩色印刷革命开始;4月,中国国家计算机与网络设施(NCFC)连入Internet,实现了与Internet的全功能连接,中国正式成为有Internet的国家;12月,长江三峡水利枢纽工程正式开工。1995年5月,中国研制成功"曙光一号"大型并行计算机;11月,纵贯南北九省市的京九铁路全线铺通。1997年3月,南昆铁路全线铺通;5月,中国研制的新一代通信卫星"东方红三号"由新型的"长征三号甲"运载火箭发射升空。1998年3月,中国的国产歼-10型飞机首飞成功。1999年11月,第一艘不载人的试验飞船"神舟一号"升空。2000年9月,中国第一台交流传动高速电动车组动力车研制成功。中国在改革开放后的5个五年计划中,其标志性成果更加突出,中国的国际竞争力和影响力得到大大提升。

不难发现,前述的5个五年计划较之改革开放前的4个五年计划,成就更为突出。从1978年开始,中国进入改革开放时代,随后实施的4个五年计划，描绘了中国经济发展蓝图，勾画了人民美好生活前景。五年计划的落地实施，极大激发了民众的工作热情，充分解放了社会生产力，逐步解决了生产力与生产关系不适应、不协调的状况。这个时期，中国实现了以经济建设为中心的战略转变，探索建成了社会主义的市场经济体制和开放型国家经济模式，实现了国民经济快速高效发展。20多年里，中国经济体量不断增大，生产总量不断增加，中国产业深度嵌入全球产业价值链，广泛参与国际竞争，在世界经济体系中的影响力越来越大，地位越来越突出，成为经济全球一体化的重要推动力量。

经过5个五年计划的实施后，中国社会财富快速增加，物质产品极大丰富，城乡居民的收入较之开放前大幅度增长，人民生活得到重大改善，实现了从温饱转向基本小康的重要转变。中国经济持续健康快速发展，经济总量或规模快速扩张；中国建立了全面物质生产体系，重要农产品产量位居世界前列，农业全要素生产率不断提高；中国工业生产能力显著增强，基本能生产联合国标准产业分类的全部工业品，包括钢铁、家用电器在内的许多工业产品生产量居世界第一位；市场商品供应充裕，日常农产品、一般工业品短缺的时代宣告结束，生活服务和市场供求由卖方市场转向买方市场，商品供应基本能满足城乡人民不断增长的需求，高档生活消费品的普及率也达到了发达国家的水平，人民生活形式丰富多彩，生活质量较之改革开放前显著提高，基本实现了小康。同时，能源、通信、交通运输等基础建设有了根本性转变，基本消除了对经济社会发展的瓶颈制约，航空、计算机、电子信息等高新技术产业发展迅速，对经济增长贡献日益增大。

这期间，国家的全方位开放和社会主义法治国家建设，增强了国家经济发展活力。中国不断加大对外开放力度，建立经济特区，建设高新技术开发区，开放沿海城市和港口，对外贸易总量逐年增长，产品进出口额不断增加，对外贸易额位居全球首位。中国外贸规模增大的同时，外贸结构也逐步优化，出口产品由初级逐渐转向高级，对外贸易由逆差转为顺差；外商投资领域也不断拓宽，来华投资外商日益增多，中国利用外资规模也在不断扩大，中国成为典型的贸易大国。也是在这个时期，中国的教育、文化卫生事业成绩斐然，普通高校招生人数不断增加，一批有重大国际影响的科技成果相继问世，中国与世界科技强国的差距越来越小。五年计划的实施，中国全面融入了世界经济体系，经济增长总量、经济结构、经济发展质量、经济效益等都发生了根本性变化，社会全面进步，科技竞争力不断增强，国际地位持续提高，中国真正成了有重要国际影响力的大国。

这一时期也有值得反思的问题，由于环境、资源的差异，中国经济发展不协调、不平衡，城乡居民收入差距扩大，农村城市呈二元化发展状态，地区之间发展很不平衡；产业结构也不尽合理，新兴产业技术水平还不高，环境资源压力日渐加大。

三 21世纪的中国经济

进入21世纪后，中国实施了3个五年计划，经济发展取得重大成就，国际竞争力显著提高。

（一）社会创造总量

比照前文的分析思路，可以将"十五""十一五""十二五"以及"十三五"时期的2018年的主要工业品产量和主要农产品产量分析指标列示如下（见表2-3）。

表2-3　　　　　21世纪4个五年计划社会创造总量分析比较

		计量单位	"十五"	"十一五"	"十二五"	2018年
五年计划末主要工业品年产量	粗钢	万吨	35324	62665.4	80382.3	92826.4
	水泥	万吨	106400	186800	234800	217666.8
	纱	万吨	1450.54	2572.82	3538	2958.90
	布	亿米	484.39	800	892.58	657.30
	化学纤维	万吨	1664.79	3090	4831.71	5011.10
	化肥	万吨	5177.86	6499.83	7582.10	5459.60
	彩色电视机	万台	8283.22	11830.03	14475.73	20381.50
	家用电冰箱	万台	2987.06	7295.72	7992.75	7876.70
	汽车	万辆	570.49	1826.53	2450.35	2796.80
	发电量	亿千瓦时	25002.6	42071	56184	71117.7
五年计划末主要农产品年产量	粮食	万吨	48402	54648	62143.5	65789
	棉花	万吨	571.4	663	560.5	609.6
	油料	万吨	3077.1	3239	3537	3439
	糖料	万吨	9451	12008	12500	11976

续表

	计量单位	"十五"	"十一五"	"十二五"	2018
GDP 年均增长率	%	10.17	10.96	7.46	6.6
工业增加值年均增长率	%	11.49	11.62	7.22	5.8
五年计划末年工农业总产值	亿元	291070.4	767910.8	1010956.4	…

注:"…"表示数据缺失。

资料来源:Wind 资讯;《中国统计摘要2018》,中国统计出版社2018年版;笔者计算加工整理。

需要说明的是,表2-3中五年计划末年工农业总产值是大农业(农林牧副渔)产值与规模以上工业总产值之和。规模以上工业总产值的统计范围是,年主营业务收入2000万元及以上的工业法人单位。

表2-3显示,进入21世纪的3个五年计划,中国主要工业品产量、主要农产品产量都有较大幅度的提升。GDP 的年均增长率、工业增加值年均增长率以及工农业总产值也保持了较高的增长率。值得注意的是,中国工业品不仅在产量上有显著增长,而且在生产品种上也有显著增加。截至2018年[1],除表2-3中列示的工业品外,中国大中型拖拉机的年产量达24.3万台,较高技术含量的集成电路产量达1739.5亿块,程控交换机产量达1006.6万线,手机产量达179846.4万台,微型计算机设备产量达30700.2万台,工业机器人产量达14.8万台(套),这些都是高技术含量的工业产品,中国工业的生产能力正不断增强。

1978年,中国经济总量居世界第11位[2];2000年超过意大利,居世界第6位;2007年超过德国,居世界第3位;2010年超过日本,居世界第2位。2017年,中国 GDP 为12.3万亿美元,占全球经济总量的15%,对世界经济增长的贡献率超过30%[3],中国日益成为世界经济增长的重要力量。

中国人均 GDP 也在不断提高。2017年[4],中国人均 GDP 达到59660

---

[1] 国家统计局:《中华人民共和国2018年国民经济和社会发展统计公报》,http://www.stats.gov.cn/tjsj/zxfb/201902/t20190228_1651265.html。

[2] 数据参引自《中国经济总量在21世纪年超过了哪些国家?》,https://zhidao.baidu.com/question/809599979131810212.html。

[3] 财新网:《中国对世界经济增长的贡献率超过30%》,http://economy.caixin.com/2017-01-13/101043565.html。

[4] 国家统计局:《中华人民共和国2017年国民经济和社会发展统计公报》,http://www.stats.gov.cn/tjsj/zxfb/201802/t20180228_1585631.html。

元，扣除价格因素，比 1978 年增长 22.8 倍，年均实际增长 8.5%；中国人均国民总收入（GNI）达到 8000 美元，超过中等偏上收入国家平均水平，跨入中等偏上收入国家行列。中国的财政实力也有显著增强，"六五"末中国一般公共预算收入较"五五"中期的 1978 年翻了近一番，"九五"末达到 10000 亿元；"十二五"初期超过 10 万亿元，增幅巨大，为促进经济发展、保障民生改善、调整产业结构、化解防范风险提供了坚实的资金保障。

21 世纪五年计划的执行，也使中国的外汇储备大幅增长。"五五"计划中期的 1978 年，中国外汇储备仅 1.67 亿美元，居全球第 38 位。随着经济水平的提高，对外贸易的扩大，中国经常性项目盈余积累量迅速加大，吸引外资不断增加，至"七五"末，中国外汇储备超过 100 亿美元；至"九五"初，更是超过 1000 亿美元；至"十一五"初则更是突破 10000 亿美元，居全球第 1 位。2017 年年末，中国外汇储备余额达 31399 亿美元，稳居世界第一。同时，中国产品出口量和对外贸易量也在不断加大，至"十二五"中期，中国进出口贸易总量超过美国，是世界第一大货物贸易国；出口量超过德国，是世界第一大出口国，成为继英国、美国、日本、德国之后的世界工厂。

至"十三五"规划中期的 2018 年[①]，中国全社会固定资产投资 64.57 万亿元，同比增长 5.9%；全年社会消费品零售总额 38.10 万亿元，同比增长 9.0%；全年货物进出口总额 305050 亿元，同比增长 9.7%；全年服务进出口总额 52402 亿元，同比增长 11.5%。全年实际使用外商直接投资 8856 亿元，同比增长 0.9%；全年高技术制造业实际使用外资 898 亿元、对外承包工程完成营业额 11186 亿元，同比增长率分别为 35.1%、0.3%。全国居民人均可支配收入 28228 元，同比实际增长率 6.5%。

21 世纪的 4 个五年计划，使中国的经济总量、对外开放度发生了根本性变化，中国 8.4 亿多人摆脱了贫困，人民生活从温饱不足进步到基本全面小康。中国大踏步地进入新工业革命时代，实现了强国富民的历史性飞跃。

---

① 国家统计局：《2018 年国民经济和社会发展统计公报》，http：//www.stats.gov.cn/tjsj/zxfb/201902/t20190228_ 1651265.html。

（二）标志性成果

同样地，21世纪的4个五年计划时期，中国也诞生了一系列标志性成果。这些成果是[①]：2001年1月，中国神舟二号无人飞船发射成功。2002年8月，首枚高性能通用微处理芯片"龙芯1号"研制成功；12月，南水北调工程开工。2003年7月，长江三峡工程第一台发电机组——装机容量70万千瓦的2号机组实现并网发电；10月，神舟五号载人航天飞机升空。2004年12月，科研人员完成了SARS疫苗I期临床试验，成为全球第一个完成I期临床试验的SARS病毒灭活疫苗；中国第一条跨海铁路正式通车。2005年10月，神舟六号载人飞船将两名中国航天员同时送上太空。2006年5月，三峡大坝全线建成完工。2007年10月，第一颗绕月探测卫星嫦娥一号发射成功；11月，中国首次月球探测工程取得成功；第一座海上风力发电站并网发电。2008年9月，神舟七号升天成功。2009年10月，预防戊型肝炎疫苗完成Ⅲ期临床研究，是全球首个完成Ⅲ期临床研究并成功上市的戊肝疫苗；2016年5月，首条自主研发的磁悬浮铁路开通试运营；7月，世界上口径最大的500米口径球面单天线射电望远镜（FAST）主体完工；6月，成功研制第一台峰值运算速度超10亿亿次/秒的超级计算机"神威·太湖之光"；8月，成功发射世界首颗量子科学实验卫星。2017年5月，大飞机C919首飞成功，成功生产世界上最薄的1.5毫米光伏玻璃，首台超越早期经典计算机的光量子计算机诞生；6月，成功发射硬X射线调制望远镜卫星"慧眼"。2018年1月，研制成功全球首辆全碳纤维复合材料地铁车体；2月，成功发射第二十八、第二十九颗北斗导航卫星；4月，北京星际荣耀空间科技有限公司研制的"首飞箭"——双曲线一号S火箭发射升空，中国首枚民营航天火箭发射成功；7月，成功发射第三十二颗北斗导航卫星；9月，北斗定位导航系统两颗卫星发射。这些标志性成果是中国21世纪五年计划显著性成就的重要表现，对中国经济社会的发展有着重要的影响。

自2001年起，中国实施了4个五年计划。在人类进入21世纪的背景下，通过五年计划或规划的实施，使经济总量达到全球第二的水平，整体

[①] 资料来源：国家工信部网站（http://www.miit.gov.cn），国家发改委网站（http://www.ndrc.gov.cn/），国家科技部网站（http://www.most.gov.cn/），中华人民共和国中央人民政府网站（http://www.gov.cn/），先进制造业网站（http://www.amdaily.com/）；笔者加工整理。

水平和人均 GDP 与世界主要发达国家的差距大大缩小，对世界经济增长的贡献也明显增强。21 世纪背景下的五年计划，社会创造了十分丰富的物质财富，国家财政实力明显增强，人民生活有了巨大改善，国家应对各种自然灾害和安全风险的冲击有了强有力的资金保障。近 20 年，中国对外经济往来的经常项目贸易盈余不断积累，外汇储备发生了根本性转变，储备量居世界第一位。中国推动实施了《中国制造 2025》，大力发展先进制造业，发展新一代信息技术、高端装备制造、生物医药等战略性产业，与发达国家、制造强国抢占先进技术和产业发展制高点。五年计划，也使中国产业结构、经济结构发生重大变化，经济发展方式和增长模式由粗放型向集约化方向转变，三次产业均有长足发展，农业的基础地位进一步得到巩固，第二产业发展持续强劲，现代服务业和为生产制造服务的产业发展迅速，在 GDP 中的占比也不断提高，中国在航空航天、高性能计算机、重型机械等领域也都取得一系列突破。近年来，中国为应对美、日、德、英等制造强国的工业 4.0、国家创新战略、先进制造业领先战略、机器人战略等，着眼未来，着眼长远，坚持创新驱动、智能转型，实施工业强基工程、智能制造工程、高端装备制造建设工程、数字信息化工程等，建设系列国家制造业创新中心和工业互联网体系，实现信息技术、数字技术与制造技术的深度融合，加快建成门类齐全、技术密集的现代工业体系，推动中国由制造大国向制造强国迈进。可以肯定的是，中国工业的制造能力、科技实力、人民生活水平和质量已远非 21 世纪之初的水平所能比拟，中国创造性的劳动，跨越式的发展、创新型国家和开放型经济的建设，已使中国在国际上的地位和影响力日益强大。

第三节　中国工业发展现实背景

工业是中国经济发展的支柱，没有中国工业的巨大成就，就不可能有中国经济的巨大发展。新中国成立之初，中国工业产品种类并不多，生产能力也不强。经过多个五年计划的实施，特别是改革开放以后，中国工业体系逐步建成和完善，工业产品的生产种类不断增多，许多工业产品生产量达到世界顶级水平。

二 中国工业发展脉络

工业的发展主要体现在两个方面,一是工业的生产能力,二是工业技术。下面从这两方面展开分析。

(一)工业生产能力的发展

新中国成立后,国家实行东部优先战略,以东部沿海地区工业为基础,开展社会主义工业化建设。从 1953 年起,国家一方面进行社会主义工业改造;另一方面在苏联的支持下开始实施五年计划,优先发展重工业,开展大规模的工业基础设施和工程项目建设。"一五"计划结束后,中国各项工业指标均完成和超额完成,建成了一系列工业基地,工业生产能力不断增强,煤、钢、纱、布等重要工业产品的生产量得到较大提升,工业化建设也取得重大成就。图 2-1 列示了几种主要工业产品的生产量。

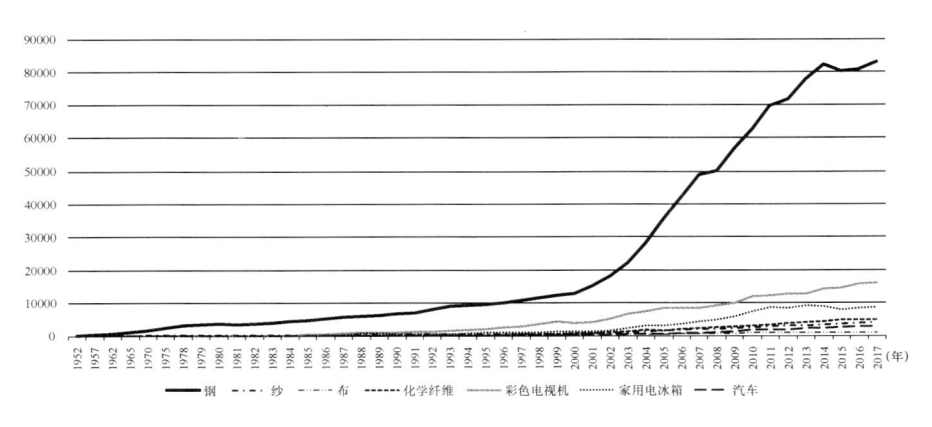

图 2-1 主要工业产品产量变化

注:钢、纱、化学纤维的计量单位为万吨,布的计量单位是亿米,彩色电视机的计量单位为万台,家用电冰箱的计量单位为万台,汽车的计量单位为万辆。

资料来源:历年《中国统计年鉴》;笔者加工计算整理。

回顾中国工业发展的历史不难发现,新中国成立早期的工业产品种类并不多,生产能力也不强。只是经过几个五年计划的实施以后,特别是改革开放以后,中国才逐步建成现代工业体系,这使得工业产品的生产种类不断增多,许多工业产品生产量达到世界顶级水平。表 2-4 列示了 2018 年中国主要工业品生产量水平。

表 2-4　　　　　　　　　2018 年中国主要工业品产量

产品	产量	同比增长（%）	产品	产量	同比增长（%）
铁矿石原矿（万吨）	76337.4	-3.1	铁合金（万吨）	3123.4	4.5
原盐（万吨）	5836.2	-1.9	铝合金（万吨）	796.9	0.0
精制食用植物油（万吨）	5066.0	4.2	发动机（万千瓦）	270128.6	-4.3
成品糖（万吨）	1554.0	10.9	金属切削机床（万台）	48.9	0.4
机制纸及纸板（万吨）	11660.6	-1.5	复印和胶版印制设备（万台）	590.2	-5.7
硫酸（折100%）（万吨）	8636.4	1.8	挖掘机（台）	269532.0	47.9
纯碱（碳酸钠）（万吨）	2620.5	-0.1	水泥专用设备（吨）	549229.9	10.1
农用氮、磷、钾化肥（万吨）	5459.6	-5.2	大型拖拉机（台）	40147.0	-27.1
化学农药原药（万吨）	208.3	-9.5	工业机器人（套）	147682.0	4.6
初级形态塑料（万吨）	8558.0	4.2	汽车（万辆）	2796.8	-3.8
合成橡胶（万吨）	559.0	7.1	锂离子电池（万只）	1398713.9	12.9
合成洗涤剂（万吨）	928.6	-6.9	太阳能电池（万千瓦）	9605.3	7.7
化学药品原药（万吨）	282.3	-1.1	电子计算机整机（万台）	35192.4	4.5
中成药（万吨）	261.9	-7.7	程控交换机（万线）	1006.6	6.6
化学纤维（万吨）	5011.1	7.7	移动通信基站设备（万信道）	43225.2	59.0
水泥（万吨）	217666.8	3.0	移动通信手持机（万台）	179846.4	-4.1
平板玻璃（万重量箱）	86863.5	2.1	彩色电视机（万台）	20381.5	14.6
生铁（万吨）	77105.4	3.0	集成电路（亿块）	1739.5	9.7
钢材（万吨）	110551.6	8.5	光电子器件（亿只）	17060.0	-1.1

资料来源：国家统计局网站（http：//data.stats.gov.cn/tablequery.htm?code=AA020C）；笔者加工整理。

由图 2-1 和表 2-4 可以发现新中国工业生产能力发展的脉络：

第一，中国工业产品种类不断增加，产量不断增大。钢铁、纱、布、化学纤维、彩色电视机、家用电冰箱、汽车这几种主要工业品生产一直呈上升趋势。其中钢的生产量增长速度最快，其次是彩色电视机、家用电冰箱。"一五"至"四五"（1952—1975 年）时期，中国工业重在打基础、建基地，主要的工业品是粗钢、纱、布、化学纤维、水泥、硫酸、纯碱、化肥等有限的几种工业产品。此后，中国工业品生产量从小至大，生产种类也从无到有、从少到多。生产能力由早先的纱、布等低技术含量的初级工业品扩大至空调、家用电冰箱、彩色电视机、发电机组、大中型拖拉机、集成电路、程控交换机、移动通信手持机、微型计算机设备等技术含量高的工业品。进入2018年后，中国许多工业产品产量连续多年甚至数十年一直处于世界第一的水平，中国工业已展示出较强的生产能力。

第二，中国工业产品生产量呈现出明显的阶段性，工业增长大起大落。"一五"时期国家将私有经济列入计划，进行了资本主义工商业改造，以此促进国家工业化建设。至"一五"计划结束时，全国的工商业基本完成了公私合营，"一五"的各种工业产品指标都超额完成了计划。至1957年，中国钢产量为535万吨、煤产量为13100万吨、水泥产量为686万吨、发电量为193亿度，分别完成计划的130%、116%、121%和114%。同时，中国投资建设了1万多个工业基础项目，比原计划增长了227个，形成了东北等8个工业基地，初步奠定了社会主义的工业基础。但在"二五"（1958—1962年）计划时期，中苏交恶（1959年），接着出现1960—1963年连续3年的自然灾害，而且在1961年、1962年又分别爆发了越南战争、中印战争，国际形势紧张，加之计划定得过高，故而"二五"计划执行很不理想，五年计划的所有指标几乎均没有完成。1964年后，中国进入备战状态和"三线"建设时期，政府着手实施调整、巩固、充实、提高政策，"三五"计划也由1963年延迟至1966年开始。所以，受国际国内环境的影响，中国工业发展大起大落，表现出明显的阶段性。

第三，改革开放后是中国工业生产能力快速发展的时期。从图2-1、表2-4可以看出，"一五"至"七五"时期（1953—1990年），除钢铁生产量外，中国代表性工业产品主要还是纱、布、化学纤维等传统产品，且产品的生产量增长率也不高。进入20世纪90年代以后，经济出现全球化趋势，世界市场不断扩大，国际分工不断细密，世界经济体特别是主要国家各自都努力发挥自身优势，调整产业结构，进行产业战略性调整，以图扩大生产规模，尽可能获得最大限度的比较优势产品的生产，实现规模效益。这个时期，也是中国的"八五"时期（1991—1995年），中国政府审时度势，提出建立社会主义市场经济体制，将是否有利于发展社会生产力、增强国家的综合国力、提高人民生活水平作为判断改革方向和成功的标准。此后，中国开始大量引进外资，不断吸纳先进技术，工业进行产业结构调整，开始生产高新技术产品，家用电冰箱、彩色电视机、洗衣机、汽车等高技术含量工业品生产量开始大规模增长。中国很好地完成了

"八五"计划,经济快速增长,人民生活水平也得到迅速提高。

第四,中国已成为较强生产能力的工业大国。经过12个五年计划的实施,中国主要工业品产量,如生铁、煤炭、粗钢、造船、水泥、电解铝、化肥、化纤、平板玻璃、工程机械、汽车、彩色电视机、手机、工业机器人、集成电路、电冰箱、摩托车、空调等生产量达到世界第一。国家统计局的数据显示:现阶段,中国工业制造业净出口居全球第一位;国际标准工业分类的22个大类中,中国工业品产量有7个大类名列第一;产量居全球第一的工业产品中,中国汽车产量约为全球总产量的25%,船舶产量约为全球总产量的41%,工程机械(挖掘机、装载机、推土机、起重机、混凝土泵、叉车、压路机等)产量约为全球总产量的41%,计算机产量约占全球总产量的68%,彩色电视机产量约占全球总产量的50%,冰箱产量约占全球总产量的65%,空调产量约占全球总产量的35%,手机产量约占全球总产量的70%,洗衣机产量约占全球总产量的44%,微波炉产量约占全球总产量的70%,数码相机产量约占全球总产量的65%,数字电视机顶盒约占全球总产量的73%,粗钢产量约占全球总产量的44%,水泥产量约占全球总产量的60%,电解铝产量约占全球总产量的65%,精炼铜产量约占全球总产量的24%,煤炭产量约占全球总产量的45%,化肥产量约占全球总产量的35%,塑料产量约占全球总产量的20%,化纤产量约占全球总产量的42%,玻璃产量约占全球总产量的50%,纱产量约占全球总产量的46%。这些数据充分说明了中国工业的生产能力,反映了中国工业在国际市场上的地位,也从一个侧面展示了新中国工业70年发展的巨大成就。

(二)工业生产技术的发展

工业发展的成就一方面表现为生产规模的扩大、生产能力的提升,另一方面表现为生产技术的不断革新。中国工业成就重要的支撑因素是关键技术研发的突破和重要领域先进技术的引进、消化和吸收。可以将新中国成立以来中国工业技术重大突破成就列示如下(见表2-5)。

由表2-5可以看出,中国在"一五"时某些工业领域就有重大技术突破。那一时期,中国实行一边倒的外交政策,经济建设完全倾向苏联,大量从苏联引进先进技术,获得了156个援助项目。这一轮的技术引进,促使中国在较短时期内建立了自己的工业体系框架,打下了发展国防工业的基础。在"一五"至"四五"时期,中国还开展了飞机、汽车、重型机器、仪器仪表等 600 多个技术项目的建设，创造了一系列标志性工业成果，如长春第一汽车制造厂、鞍山钢铁公司、沈阳机床厂、武汉长江大桥等，武汉、包头两大钢铁基地，大庆油田、胜利油田、大港油田三大石油工业基地，建成了门类齐全的现代工业体系。同时，"大三线"建设①也取得重要成就。至 20 世纪 70 年代末，中国在"大三线"地区建成了攀枝花钢铁基地，川南盐化工基地，川南天然气化工基地，成都—德阳—绵阳—广元电子、重型机械、发电设备工业基地，形成了较为完整的"三线"工业体系。

表 2-5　　　　　　　　中国工业技术重大突破成就一览

	年份	重大技术突破成就
"一五"时期	1953—1957	沈阳飞机厂试制成功第一架喷气式飞机；昆明机床厂试制成功第一台高精度电应坐标镗床；鞍钢第二初轧厂试制成功第一台 1150 毫米初轧机；长春第一汽车制造厂生产第一辆解放牌卡车
"二五"时期	1958—1962	长春第一汽车制造厂试制成功第一辆高级轿车；上海江南造船厂制造中国第一台万吨水压机；研制成功 103 型通用数字计算机；成功研制第一枚近程地对地导弹；建成第一座实验性原子反应堆
调整时期	1963—1965	研制原子弹爆炸成功；研制人工合成结晶牛胰岛素成功；研究开发第一块单片集成电路
"三五"时期	1966—1970	人造地球卫星发射成功
"四五"时期	1971—1975	第一颗返回式遥感卫星发射成功；制造第一艘核潜艇下水
"五五"时期	1976—1980	研制成功激光照排系统；成功发射大型运载火箭
"六五"时期	1981—1985	研制成功"银河"大型计算机系统；酵母丙氨酸转移核糖核酸合成成功

① "三线"建设，指国家在中西部地区的 13 个省、自治区进行的一场大规模的国防、科技、工业和交通基本设施建设。按照官方的划分，一线地区指沿海边沿海的前线地区；二线地区指一线地区与京广铁路之间的安徽、江西及河北、河南、湖北、湖南四省的东半部；三线地区指长城以南、广东韶关以北、京广铁路以西、甘肃乌鞘岭以东的广大地区，主要包括四川、重庆、贵州、云南、陕西、甘肃、宁夏、青海等省区以及山西、河北、河南、湖南、湖北、广西、广东等省区的部分地区，其中西南的川、贵、云和西北的陕、甘、宁、青称为"大三线"，一、二线地区的腹地称为"小三线"。"三线"建设，源起于中苏交恶以及美国在中国东南沿海的攻势，是中国经济建设史上一次极大规模的工业迁移过程。发生于 1964—1980 年，贯穿 3 个五年计划的 16 年中，其对中国中西部地区工业化做出了重大贡献。

续表

	年份	重大技术突破成就
"七五"时期	1986—1990	北京正负电子对撞机首次对撞成功;组建中国第一个风力电站
"八五"时期	1991—1995	研制成功"曙光一号"大型并行计算机;秦山核电站并网发电
"九五"时期	1996—2000	国产歼-10型飞机首飞成功;神舟一号航天飞机升空;北斗定位导航系统两颗卫星发射
"十五"时期	2001—2005	研制成功首枚高性能通用微处理芯片"龙芯1号";神舟五号载人航天飞机升空
"十一五"时期	2006—2010	第一颗绕月探测卫星嫦娥一号发射成功
"十二五"时期	2011—2015	首条自主研发的磁悬浮铁路开通;首款石墨烯节能改进剂"碳威"面世;首辆无人驾驶智能纯电动汽车研发成功;第一颗商业高分辨遥感卫星"吉林一号"组星发射升空;首台6000米自主水下机器人研发成功;自主研制的大型无人军机"彩虹五号"首飞成功
"十三五"时期	2016—2020	成功发射世界首颗量子科学实验卫星;世界上口径最大、最具威力的500米口径球面单天线射电望远镜(FAST)主体完工;大飞机C919首飞成功;成功发射硬X射线调制望远镜卫星"慧眼";成功生产世界最薄的1.5毫米光伏玻璃;首辆碳纤维新能源汽车正式下线;首台峰值运算速度过10亿次/秒的超级计算机"神威·太湖之光"诞生;首台超越早期经典计算机的光量子计算机诞生;研制成功全球首辆全碳纤维复合材料地铁车体

资料来源:国家工信部网站(http://www.miit.gov.cn/),国家发改委网站(http://www.ndrc.gov.cn/),国家科技部网站(http://www.most.gov.cn/),中华人民共和国中央人民政府网站(http://www.gov.cn/),先进制造业网站(http://www.amdaily.com/);笔者加工整理。

在改革开放后的"八五"至"十五"时期,中国实施科教兴国战略,先后颁布了《促进科技成果转化法》《中共中央 国务院关于加强技术创新,发展高科技,实现产业化的决定》,开始构建社会主义市场经济体制,更大规模地引进国外先进技术。在2000年前后,中国先后从加拿大庞巴迪、日本川崎重工、德国西门子、法国阿尔斯通引进了高铁技术,并且加大医疗器械、高铁设备、生物医药、新材料、农机装备、工业机器人、信息技术、新能源汽车、航空设备等方面的技术引进和研发。此后,中国技术引进合同金额不断增大,创新研发投入金额不断增加,有效专利申请量也明显增多，引进方式也由设备引进转为纯技术引进。

2002年6月，国家经贸委、财政部、科学技术部、国家税务总局印发了《国家产业技术政策》，提出要进行重大技术，特别是重大装备技术的突破，涉及重点企业和行业、重点产品和工艺，使中国的工业生产技术水平整体提高，某些高新技术、重点技术接近或达到国际先进水平。从此，中国工业重点转向发展信息、生物工程、先进制造、新材料、航空航天、新能源、海洋技术等，并且注重用高新技术改造传统产业，提升传统产业生产技术水平。2006年7月，商务部、发展改革委等七部委联合出台《关于鼓励技术引进和创新，促进转变外贸增长方式的若干意见》，提出要从国外引进先进技术，加强对前沿技术的引进消化吸收，通过对引进技术的再创新，推动中国工业技术进步，增强工业企业的自主创新能力和核心竞争力。按照这一文件要求，中国工业企业开始着手建设企业技术引进和创新体系，政府与非政府组织、企业间开始加强合作，联手突破发达国家的技术垄断；一些跨国公司开始在华设立研发机构，有条件的中国企业也"走出去"，与跨国公司或发达国家技术先进企业建立战略联盟关系，参与境外的技术研发活动；一些有实力的中资企业也开始在境外设立分支机构和研发机构，跟踪学习世界先进的工业生产技术。国内也出现了一大批企业技术开发中心、行业技术开发基地。

2010年10月，中国政府发布《国务院关于加快培育和发展战略性新兴产业的决定》，提出重点发展七大战略性新兴产业。这一决定也强调要强化交叉领域技术和产品的研发，加强战略性新兴产业关键核心技术和前沿技术的研究，集中优势力量突破一批关键共性技术，提高基础技术研究整体水平，以此支撑战略性新兴产业发展。2013年1月，国务院办公厅发布《关于强化企业技术创新主体地位，全面提升企业创新能力的意见》明确提出要建立技术创新体系，强调企业的主体地位、市场的导向作用，增大企业研发投入的占比，培育发展一大批创新型企业，实现企业发明专利申请和授权量的翻番。2015年5月，国务院正式印发《中国制造2025》，提出以市场为主导，在政府引导下，建设世界制造强国；通过努力掌握一批重点领域关键核心技术，优势领域竞争力进一步增强，产品质量有较大提高；制造业数字化、网络化、智能化取得明显进展，将中国建设成制造强国。为推进制造强国的建设，中国在加强工业技术研发方面出台了许多政策和措施，如2016年2月的《国家重点支持的高新技术领域》、2016年5月的《实施制造业升级改造重大工程包的通知》、2016年8月的《智能制造工程实施指南（2016—2020）》、2016年8月的《绿色制造工程实施指南（2016—2020年）》、2016年8月的《高端装备创新工程实施指南（2016—2020年）》、2016年8月的《制造业创新中心建设工程实施指南》、2016年10月的《2016年工业转型升级（中国制造2025）重点项目指南》；2017年6月的《国家重点研发计划5个重点专项167个项目立项》、2017年7月的《新一代人工智能发展规划》、2017年11月的《国务院关于深化"互联网+先进制造业"，发展工业互联网的指导意见》、2017年11月的《增强制造业核心竞争力三年行动计划（2018—2020年）》、2017年12月的《〈增强制造业核心竞争力三年行动计划（2018—2020年）〉重点领域关键技术产业化实施方案》；2018年1月的《〈中国制造2025〉2017版技术路线图》、2018年2月的《2017年工业强基工程"四基"产品和技术应用示范企业名单》、2018年2月的《2017年工业强基工程重点产品、工艺"一条龙"应用计划示范项目名单》。

显而易见的是，在"十二五"和"十三五"期间，中国在工业技术、制造技术方面出台的措施更加密集，中国工业技术取得的成就也更突出。这一时期，科技和金融结合，政策性银行也不断加大对企业转化科技成果和进出口关键技术设备的支持力度；企业不断加大技术创新投入，一些企业围绕产业发展战略需求，参与基础研究，参加国家重点实验室建设；工业行业不断推进新技术、新材料、新工艺等集成应用；政府设立科技型中小企业创业投资引导基金，实施了新兴产业创投计划、中小企业创新能力建设计划和中小企业信息化推进工程，培育了一大批科技型中小企业；行业开始组建产业技术创新战略联盟，进行产业技术创新重大项目研发；细分行业制定或完善技术标准，编制产业技术路线图，建设技术研发、专利共享和成果转化推广平台；重点行业和技术领域不断开展国际创新合作，中国企业技术创新开放合作水平不断提升，中国工业的技术水平迈入崭新阶段。

三　中国工业发展的贡献

新中国成立70多年，中国经济发生了翻天覆地的变化。1949年，中国的工农业总产值466亿元，国民收入358亿元，粮食产量1.1亿吨，钢产量15.8万吨；1950年中国的国民总产值为189亿元，中国GDP占世界

GDP 的份额为 4.5%。而到 2018 年，中国国内生产总值达 900309.50 亿元，稳居世界第 2 位，占全球 GDP 的比重达到 16.67%。1952 年中国第二产业增加值为 141.1 亿元，2018 年达到 366000.9 亿元，是 1952 年的 2594 倍；1952 年工业增加值为 119.6 亿元，2018 年达到 305160.2 亿元，是 1952 年的 2552 倍。中国经济总量的增长为世界罕见。中国经济的增长离不开工业发展的巨大贡献，分解中国经济增长的因素，工业的贡献绝对是主因。改革开放 40 年，中国的基本国情已经发生重大变化，已从一个落后的农业大国转变成一个工业大国，已从初期阶段快速地发展到工业化后期阶段。这一种观点说明了工业对中国经济增长的影响力。此处，将中国 1952—2018 年 GDP 与工业增加值的数据列示如下（见图 2-2）。

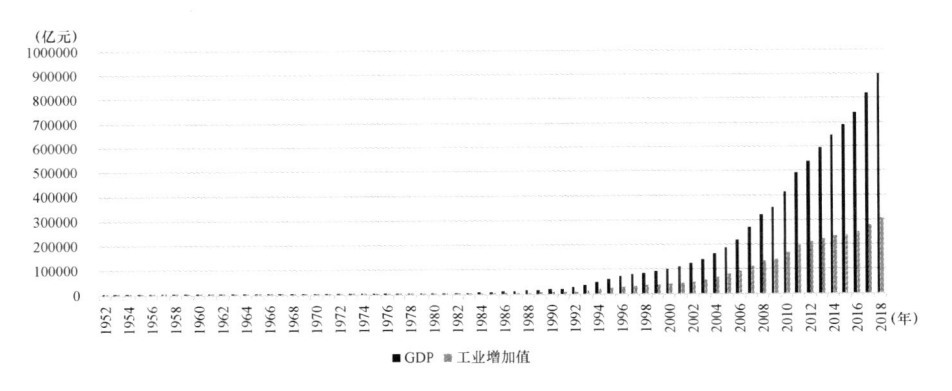

图 2-2 中国 GDP 与工业增加值变动

资料来源：Wind 资讯。

从图 2-2 可知，中国工业增加值的增长与中国 GDP 增长存在明显的同步性，工业增加值增长越快，GDP 的增长也越快。从新中国成立初期到改革开放之初，中国工业增加值和 GDP 总量并不大，改革开放后，特别是进入 20 世纪 90 年代，中国工业增加值开始发力激增，有力推动了对 GDP 的增长。图 2-3 反映了工业增加值对经济增长的影响情况。

由图 2-3 可以看出，1953—2016 年，工业增加值的环比增长率与 GDP 的环比增长率在同步变化，工业增加值增长时，GDP 也增长，不过增长的幅度不及工业增加值的增长幅度大。新中国成立初期至 1958 年，新中国优先发展工业，特别是重工业，工业增加值的增长速率一直高于

GDP 的增长速率，1960—1964 年的调整期间，工业增加值的增长速度低于 GDP 增长速度。20 世纪 70 年代一直到 20 世纪末，工业增加值的增长幅度一直高于 GDP 的增长幅度。进入 21 世纪后，中国根据全球产业发展大势及时进行产业结构调整，大力发展现代服务业，工业增加值的增长幅度基本与 GDP 增长幅度同步。表 2－6 列示了不同五年计划时期工业增加值对 GDP 的增长贡献状况。

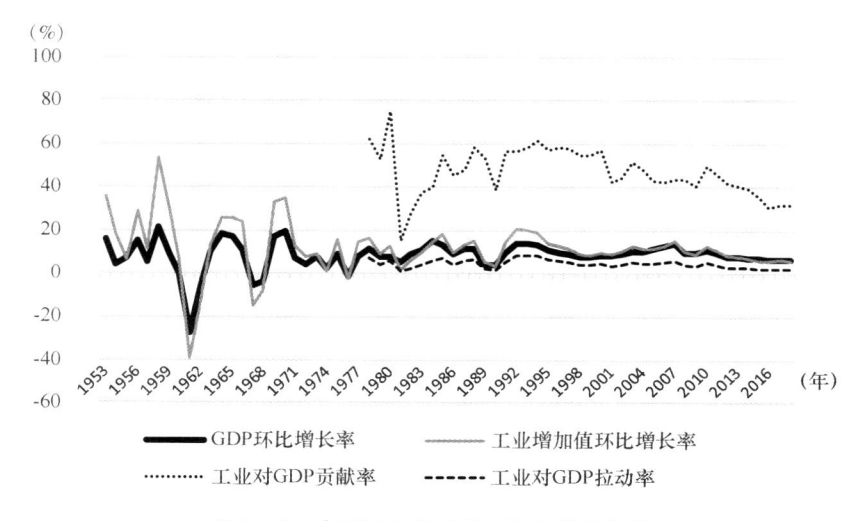

图 2－3　中国工业发展及对经济增长贡献

注：此处的贡献率和拉动率是经济效益分析指标，用于测度经济增长中各因素影响力的大小，计算公式为：贡献率＝总体中某部分增量/总体全部增量；拉动率的计算公式为：某要素对总体增长的拉动率＝该要素对总体增长的贡献率×总体增长率。

资料来源：Wind 资讯。

表 2－6　　　各个"五年计划"时期工业对 GDP 增长贡献比较　　　单位：%

	年份	GDP 平均增长率	工业增加值平均增长率	工业对 GDP 增长平均贡献率	工业对 GDP 增长平均拉动率
"一五"时期	1953—1957	6.77	13.58	…	…
"二五"时期	1958—1962	－2.99	－5.56	…	…
调整时期	1963—1965	8.56	22.11	…	…
"三五"时期	1966—1970	4.82	6.25	…	…

续表

	年份	GDP平均增长率	工业增加值平均增长率	工业对GDP增长平均贡献率	工业对GDP增长平均拉动率
"四五"时期	1971—1975	5.46	7.63	…	…
"五五"时期	1976—1980	11.31	13.44	62.20	5.58
"六五"时期	1981—1985	12.08	11.99	42.45	3.22
"七五"时期	1986—1990	7.69	9.04	48.31	3.52
"八五"时期	1991—1995	13.02	18.41	58.03	7.16
"九五"时期	1996—2000	8.31	9.65	56.30	4.89
"十五"时期	2001—2005	10.17	11.49	45.59	4.45
"十一五"时期	2006—2010	10.96	11.62	43.86	4.83
"十二五"时期	2011—2015	7.46	7.22	40.43	2.98
"十三五"时期	2016—2018	10.30	10.95	31.42	2.13

注：1963—1965年不在五年计划之列，"…"表示数据缺失。

资料来源：Wind资讯；笔者加工整理计算。

对于表2-6中的数据，需要说明的是，由于改革开放前没有可比价数据，所以1980年以前的GDP平均增长率、工业增加值平均增长率是依现价数据计算，1980年后（除2016—2018年外）的数据则是用可比价数据计算。不过，这并不影响数据分析的可比性，因为此处进行的是比较分析，数据具有可比性。由表2-6可知，1963—1965年的调整巩固时期，工业增加值平均增长率高，其对GDP的影响力也大，这一时期的GDP的平均增长率也较高。其次是"八五"时期、"一五"时期、"五五"时期，工业增加值平均增长率也较高，对应时期的经济增长率也较高。

由于数据的可得性，表2-6只提供了改革开放以后工业对GDP增长的贡献率，工业对经济增长贡献最大的是"五五"时期，平均贡献率达到62.20%，其次是"八五""九五"时期，平均贡献率分别达到58.03%和56.30%，"十二五"及以后的时期，工业对经济增长的贡献变小。相似地，工业对经济增长的拉动率最大的是"八五"时期，平均拉动率达到7.16%；其次是"五五""九五"时期，平均拉动率分别为5.58%和4.89%。而在"十二五"时期以后，工业对经济增长的拉动率在减小。可见，中国工业对经济增长的贡献及对经济增长的拉动是相一致的，不过存在明显的阶段性。不同阶段，工业对经济增长的贡献和拉动力度不相同。

第四节 中国制造业发展现实背景

制造业是对资源进行生产加工，提供可供人们使用和利用的大型工具、工业品及生活消费产品的行业，其包括产品制造、设计、设备的组装与安装等。制造业是工业的核心部分，是一国实体经济的集中表现，体现了一个国家的生产力水平。制造业的发展对工业、对整个国民经济发展都有着直接重大的影响。

一 中国制造业生产能力

（一）制造业增加值

制造业的生产活动多种多样，有订货生产、装配生产、工程生产和备货生产等多种形式。改革开放之初，中国虽然经过29年的建设，建立了较为完整的工业制造体系，但整体上中国制造业水平不高，生产能力较弱，制造产品多数是工业产品，消费品不多。彼时的电视机、洗衣机、电冰箱等当下常见的家用电器在市场上还十分稀少。至20世纪80年代后期，国家的开放政策不断完善，沿海地区进一步开放，民营企业逐渐崛起，其在中国经济中的影响日益增大。与此同时，中国制造业低成本吸引了众多外企，大批外国制造企业进入中国，中国出现了民营、外资、合资、合作企业，也出现了各类工业园区，制造产业集群开始形成。从那时起，中国企业开始大规模引进发达国家先进制造技术、工业产品和消费产品的设计工艺，中国制造业开始进入快车道发展阶段。

中国自1978年开始进行改革开放，至2018年已是40年，这是中国经济、中国工业发展最快的时期，也是中国制造业发展最快的时期。40年的历程中，中国经济发生了重大变化，经济总量GDP由改革开放之初的3679亿元增至2017年的82.71万亿元，年均增长率约为9.5%；人均GDP从1978年的155美元增至2017年的8800美元，中国迈入中等收入国家行列。同时，经济总量占世界的份额由1978年的1.8%提高至2017年的15.3%；中国的对外贸易额年均增长14.5%，以服务业为代表的第三产业占GDP比重也由1978年的23.9%提升至2017年的51.6%。40年里，中国也变成了制造大国，在世界500多种主要工业产品中，中国有220多种产品产量位居世界第一，中国是全球制造大国。

2008年国际金融危机过后，以现代信息技术、计算技术、生物技术为主要特征的新工业革命拉开大幕，美、日、德等制造强国和其他发达国家纷纷依据本国国情出台了系列发展制造业的战略规划，以图通过振兴制造业，创造新的经济增长点，复苏国家经济。这一背景下，中国顺应全球制造业发展大势，陆续推出了《装备制造业调整和振兴规划》（2009）、《"十二五"工业转型升级规划》（2012）、《智能制造装备产业"十二五"发展规划》（2012）、《中国制造2025》（2015）、《国家增材制造（3D打印）产业发展推进计划（2015—2016年）》（2015）等。由此，中国制造业，特别是先进制造业进入了高速发展时期。根据世界银行提供的数据，此处将中国制造业增加值的变动情况通过图2-4列示如下。

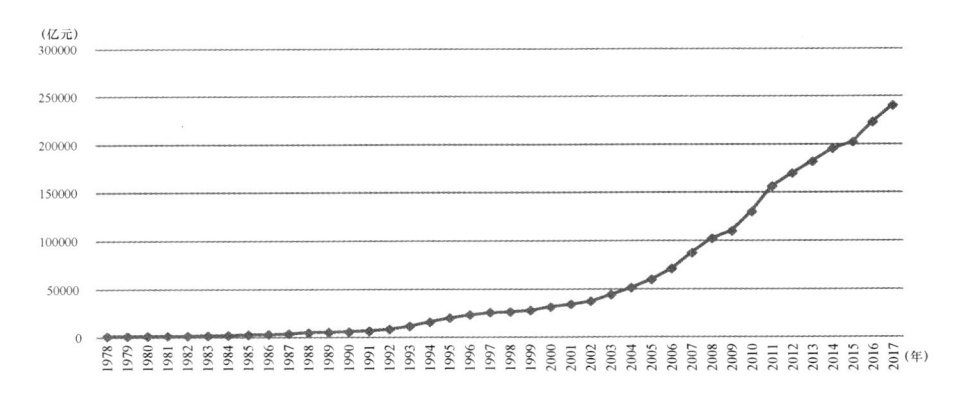

图2-4 中国制造业增加值变动情况

资料来源：世界银行数据库。

由图2-4可知，改革开放后，中国制造业的发展有着较明显的阶段性。1978年后的十余年间，中国制造业属于恢复阶段，制造业增加值增长速率不高；1990年以后，制造业增长发力，其增加值呈现较高的增长速度。世界银行进一步的数据显示：1952年，中国工业增加值占GDP的比重为17.6%，2014年达到35.85%，提高了18.25个百分点。1978年，中国制造业增加值0.15万亿元，至1989年达到0.58万亿元，十一年间制造业增加值平均增长率达到13.31%；1990年中国制造业增加值为0.61万亿元，2000年达到3.19万亿元，这十年间制造业增加值平均增长率为17.98%；至2010年，中国制造业增加值达到13.03万亿元，2000—2010年的平均增长率为15.12%。2017年中国制造业增加值为24.06万亿元，2011—2017年的平均增长率为9.16%。

在21世纪，全球经济出现一体化趋势，世界产业发展也出现新动向。以跨国公司为主要代表的强势企业通过国际直接投资方式，进行产业转移和产业资本输出，在全球范围内进行产业布局。这使得全球产业分工日益精细，各国产业发展联系日益紧密，一国的产业分工演变成全球范围内的以现代技术为基础、产业资源优化为目标的专业化分工，产品的市场分工由完全自发力量决定转向为由跨国公司主导或区域经济组织协调的分工。这一时期，中国制造业发展深受全球产业格局调整的影响，制造业在生产规模、技术水平上得到重大发展。将中国制造业的发展置于全球制造业发展大背景下可以发现，1990年中国制造业占全球的比重为2.7%，居世界第九位；2000年中国制造业占全球的比重达到6.0%，居世界第四位；2007年达到13.2%，居世界第二位；2010年则达到19.8%，跃居世界第一。图2-5列示了改革开放以来几个节点年份中国制造业与世界制造强国美、日、德制造业增加值的比较情况。

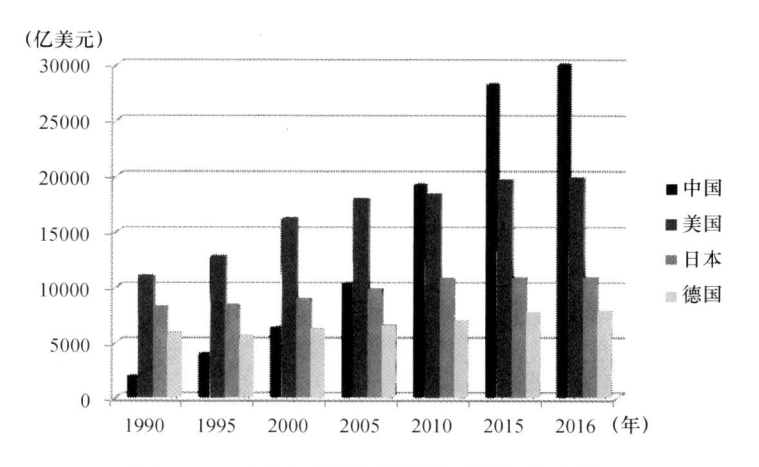

图2-5 中国与制造强国制造业增加值比较

资料来源：联合国网站；笔者加工整理。

图2-5显示，26年间，中国制造业增加值由1990年的1878亿美元一跃至2016年的29999亿美元，跃居世界第一位。2016年中国制造业增加值在全球制造业增加值占比达到24.4%，而美国的占比为16.0%，日本的占比为8.7%，德国的占比则为6.3%。经过近40年的奋斗，中国制造业实现了由小到大的历史性转变。

（二）主要工业品产量

以另一个反映制造业生产能力的指标"主要工业品产量"进行分析，中国重要的消费品和工业品，如纱、布、化学纤维、彩色电视机、家用电冰箱、空气调节器、粗钢、钢材、水泥、硫酸等，在改革开放的近40年里生产量也有显著提升，表2-7的数据可以说明这一点。

表2-7　　　　　　　　节点年份中国主要工业品产量

产品名称	单位	1978年	1980年	1990年	2000年	2010年	2017年
纱	万吨	238.2	292.6	462.6	657	2572.82	4050
布	亿米	110.3	134.7	188.8	277	800	868.10
化学纤维	万吨	28.46	45.03	165.42	694	3090	4919.60
彩色电视机	万台	0.38	3.21	1033.04	3936	11830.03	15932.60
家用电冰箱	万台	2.80	4.90	463.06	1279	7295.72	8548.40
空气调节器	万台	…	…	27.08	1780.88	11577.75	16660.97
粗钢	万吨	…	…	6595.80	12631.59	62649.98	71626.30
钢材	万吨	…	…	5128.14	13104.66	79916.73	93843.30
水泥	亿吨	…	…	2.04	5.83	18.64	21.50
硫酸	万吨	…	…	1166.19	2337.73	6986.91	7699.70
纯碱	万吨	…	…	350.76	673.03	2085.62	2899.80
乙烯	万吨	…	…	157.14	460.60	1366.50	1532.30
化肥	万吨	…	…	135.59	3221.88	6810.04	5590.80
发电机组	万千瓦	…	…	1143.42	1282.13	12731.43	11129.70
汽车	万辆	14.91	22.23	50.78	218.49	1875.59	2522.30
大中型拖拉机	万台	…	…	4.11	4.10	38.59	47.15
集成电路	亿块	…	…	0.07	5.54	650.08	1391.90

续表

产品名称	单位	1978年	1980年	1990年	2000年	2010年	2017年
程控交换机	万线	…	…	…	6961.35	3041.55	1131.36
移动通信手持机	万台	…	…	…	…	90205.81	172123.50
微型计算机设备	万台	…	…	6.93	708.86	23813.13	27384.60

注：表中硫酸、纯碱、化肥为折合成100%的标准统计量，"…"表示数据缺失。
资料来源：Wind资讯；笔者加工整理。

由表2-7可知，中国节点年份主要工业品产量均有显著的增加，特别是彩色电视机、家用电冰箱、空气调节器、汽车、大中型拖拉机、集成电路、程控交换机、移动通信手持机、微型计算机设备等增长幅度更大。根据Wind资讯提供的数据：1978年中国的钢产量居全球第5位，1984年居全球第4位，1992年居全球第3位，1994年居全球第2位，至1996年则跃居全球第1位，且一直延续至今；1978年中国的水泥产量居全球第4位，自1985年以后则跃居全球第1位；1978年中国的化肥产量居全球第3位，自1996年后居全球第1位；1978年中国电视机的产量居全球第5位，1990年起居全球第1位。2013年，中国制造业产出占世界比重达到20.8%，此后连续4年保持世界第一大国的地位。到现在，中国基本能生产世界各类工业产品，形成了较为完备的制造业体系。

实践中，中国制造业的发展与世界产业发展大势和国家大政方针密切相关。2008年，波及全球的国际金融危机深刻影响了全球经济，特别是发达国家的经济。一些国家为降低金融危机的影响，寻求新的经济增长点，纷纷发展新兴产业和先进制造业，这引发了全球产业的重大调整风潮。这一背景下，中国于2009年推出了《装备制造业调整和振兴规划》，以图通过发展装备制造业提升中国制造业的技术水平和生产效率，增强制造业的国际竞争力。2010年，国务院又颁布了《国务院关于加快培育和发展战略性新兴产业的决定》，提出要重点发展节能环保、新一代信息技术、生物、高端装备制造、新能源、新材料、新能源汽车等产业。2012年，中国政府又发布了《"十二五"工业转型升级规划》《智能制造装备产业"十二五"发展规划》，全面部署中国制造业的转型升级。2015年，发布《中国制造2025》，提出建设制造强国的宏大目标，中国制造业开始全面向先进制造发展转向。

国家统计局的数据显示：2014年中国工业增加值达到22.8万亿元，在GDP中的比重达到35.85%；2014年中国共有56家制造企业（不含港澳台）入选"财富世界500强"，入选企业数仅次于美国。2017年，中国有76家制造企业入选"全球制造500强"，入选数量仅次于美国（133家）和日本（85家）。而且，中国新业态、新动能产业加快成长，高新技术产量显著提高。2017全年新能源汽车产量达69万辆，比上年增长51.2%；智能电视产量9666万台，比上年增长3.8%；工业机器人产量达13万台（套），比上年增长81.0%；民用无人机产量达290万架，比上年增长67.0%。同时，七大战略性新兴产业实现全面回升，27个重点行业营业收入同比增长超过10%，持续高于规模以上工业整体水平。显然地，中国自2010年以后正加速向先进制造、高端制造迈进。

二 中国制造业结构

（一）固定资产投资结构

中国制造业的生产能力在提高，其结构也在发生变化。反映制造业的结构变化，可以是制造业细分行业（二位码行业）的增加值，或者固定资产投资，或者从业人数等。由于制造业二位码行业增加值、从业人数的缺失，所以此处选用制造业固定资产投资的数据进行制造业结构分析。

查阅多个统计数据库，发现制造业二位码行业的固定资产投资数据起始时间较晚，没有改革开放初期的历史资料，故只能选取2005年、2010年、2016年三个节点年份的数据，不过这也可大致反映制造业的结构变化情况。相关数据及计算分析指标如表2-8所示。

表2-8 节点年份制造业固定资产投资状况

	2005年		2010年		2016年	
	绝对量（亿元）	占比（%）	绝对量（亿元）	占比（%）	绝对量（亿元）	占比（%）
农副食品加工业	1859.82	4.10	6688.58	4.40	18566.49	5.81
食品制造业	1141.94	2.52	3561.14	2.34	9763.70	3.06
饮料制造业	810.44	1.79	2883.16	1.90	7861.34	2.46
烟草制品业	297.67	0.66	825.80	0.54	961.28	0.30
纺织业	2346.77	5.18	4727.23	3.11	10184.38	3.19

续表

	2005年		2010年		2016年	
	绝对量（亿元）	占比（%）	绝对量（亿元）	占比（%）	绝对量（亿元）	占比（%）
纺织服装、鞋、帽制造业	823.90	1.82	2578.33	1.70	7307.83	2.29
皮革毛皮羽毛（绒）及其制品业	427.85	0.94	1222.47	0.80	3537.83	1.11
木材加工及木竹藤棕草制品业	526.65	1.16	2103.69	1.38	6158.83	1.93
家具制造业	404.38	0.89	1513.93	1.00	5009.68	1.57
造纸及纸制品业	1490.16	3.29	3965.22	2.61	5956.49	1.86
印刷业和记录媒介的复制	455.28	1.00	1137.93	0.75	2765.96	0.87
文教体育用品制造业	206.82	0.46	517.10	0.34	4075.52	1.28
石油加工、炼焦及核燃料加工业	3065.33	6.76	8538.53	5.62	10850.21	3.4
化学原料及化学制品制造业	5825.90	12.85	19170.70	12.62	34529.79	10.8
医药制造业	1632.19	3.60	4278.81	2.82	13277.57	4.16
化学纤维制造业	591.82	1.31	1157.10	0.76	2647.97	0.83
非金属矿物制品业	3004.18	6.63	14512.02	9.55	27356.85	8.56
黑色金属冶炼及压延加工业	6575.72	14.50	10048.10	6.61	12636.07	3.95
有色金属冶炼及压延加工业	2355.55	5.20	8738.40	5.75	16298.56	5.1
金属制品业	1412.09	3.11	6888.37	4.53	15911.39	4.98
通用设备制造业	2056.88	4.54	10759.76	7.08	20384.47	6.38
专用设备制造业	1593.48	3.51	9022.04	5.94	21366.34	6.69
电气机械及器材制造业	1768.38	3.90	11535.58	7.59	24878.98	7.79
通信设备、计算机及其他电子设备制造业	3545.37	7.82	10324.27	6.79	26798.51	8.39
仪器仪表文化办公用机械制造业	380.46	0.84	1566.74	1.03	3108.47	0.97
工艺品及其他制造业	698.27	1.54	3010.52	1.98	4825.28	1.51
废弃资源和废旧材料回收加工业	40.93	0.09	687.86	0.45	2512.82	0.79
合计	45338.23	100.00	151963.38	100.00	319532.59	100.00

资料来源：Wind资讯；笔者加工计算整理。

由表2-8的数据和分析指标可以发现，2005年中国制造业固定资产投资占比较大的依次是黑色金属冶炼及压延加工业，化学原料及化学制品制造业，通信设备、计算机及其他电子设备制造业，石油加工、炼焦及核燃料加工业等。2010年，制造业固定资产投资占比较大的行业变为化学原料及化学制品制造业、非金属矿物制品业、电气机械及器材制造业、通用设备制造业等。2016年，固定资产投资占比较大的行业再变为化学原料及化学制品制造业，非金属矿物制品业，通信设备、计算机及其他电子设备制造业，电气机械及器材制造业等。这期间，中国加强对传统制造产业的转型升级，支持制造企业大规模开展新技术、新工艺、新材料的研发，鼓励企业进行生产设备的更新改造，提升工业技术水平，促进传统制造行业提质增效，优化产业结构。特别是近年来，中国重点制造行业的先进产能比重快速提高，智能制造、高速轨道交通、海洋工程装备等高端装备制造业产值占装备制造业的比重有了显著提高，国产智能手机在国内市场处于绝对优势，市场占有率超过70%。与此同时，中国加大力度淘汰落后产能，电力、煤炭、炼铁、炼钢等严重产能过剩行业的状况得到有效遏制，全部制造行业中21个行业已基本完成淘汰落后产能的目标任务，中国先进制造产能不断增加，制造业行业内部结构不断优化，制造业对国民经济的贡献不断增强。由此，还可以进一步将中国制造业固定资产投资结构变动情况绘制图如下（如图2-6所示）。

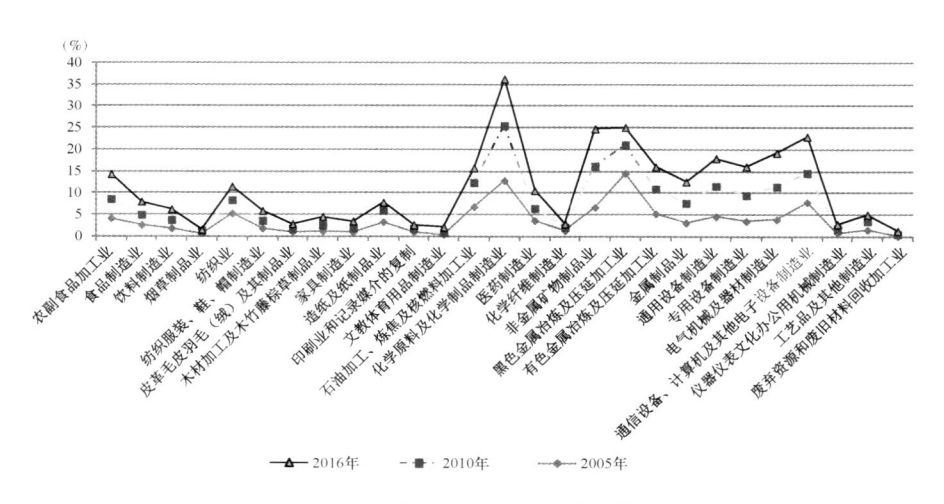

图 2-6 中国制造行业固定资产投资结构变动

资料来源：Wind 资讯。

图2-6反映了三个节点年份制造业固定资产投资状况。新中国成立

之时，中国制造业在结构上就是加工冶炼业占比较高，消费品行业的占比较低。2010年以后，这种结构逐渐发生变化，制造业的结构逐渐向设备制造和消费制造转移，特别是设备制造业投资呈现逐年扩张态势，至2016年设备制造业固定资产投资占比达37%以上，在全部制造行业中位居首位。消费制造业的投资占比也达到26%以上，而加工冶炼制造业的投资开始收缩，占比下降。改革开放后，中国制造业固定资产投资结构在发生变化，先进制造业的占比在逐渐增加。

（二）制造品出口结构

改革开放之初，中国制造品的出口主要是初级产品和粗加工制成品，基本格局是农副产品约占20%，工矿产品约占32%，轻纺产品约占39%，机电产品约占4%，其他约占5%。而且，出口制成品的比重远远落后于发达国家，与一些中等工业发达的国家相比也有较大的距离。进入21世纪后，全球出现新一轮产业结构调整，信息技术、计算机技术日益渗透于制造行业，技术创新成为世界各国产业结构调整的第一动力，全球产业投资向纵深发展。跨国公司通过国际直接投资，实现产业转移，进而达到资本输出国的产业结构优化。中国在全球产业结构调整中，产业重心向先进制造业、现代服务业转移，特别是向高新科技、前沿技术产业转移，如机器人、人工智能、数控机床等行业，进而影响到中国制造业结构。据前瞻产业研究院提供的数据，2010年中国智能制造的产值为3400亿元，2015年达9963亿元，2017年则达15000亿元，年均增长率达23.62%。作为先进制造业的代表，智能制造业在中国的发展状况良好。

进一步分析制造业的出口结构[1]。传统上，中国制造业出口具体产品主要是通信产品，焦炭、钢坯、铁合金、钢丝及制品，陶瓷，服装、纺织品，冶金原料等。而高新技术产品[2]出口最多的是计算机与通信技术产品、电子技术产品、生命科学技术产品、光电技术产品，汽车零部件产品，能源产品，非金属矿业材料产品，建筑材料和新型无机非金属材料产品，以及原料医药用品等。至2013年，中国进出口总额超过美国成为全

---

[1] 此处的数据源自商务部商务数据中心（http://data.mofcom.gov.cn/index.shtml）。

[2] 高新技术产品，是指符合国家和省高新技术重点范围、技术领域和产品参考目录的新型产品，一般具有较高的技术含量、良好的经济效益和广阔的市场前景。高新技术产品通常包括计算机与通信技术产品、电子技术产品、生命科学技术产品、计算机集成制造技术产品、航天航空技术产品、光电技术产品、生物技术产品、材料技术产品等。

球最大贸易国，制造品出口从劳动力密集型产品逐步向资本密集型产品转变。2014年中国服装及衣着附件的出口额为1862.8万美元，以后逐年降至1743.0万美元、1574.6万美元，2017年达到1571.80万美元；机电产品的出口额基本保持平稳态势，2014—2017年的出口额分别为13109.0万美元、13119.3万美元、12097.4万美元和13214.7万美元；高新产品的出口额也保持了平稳态势，2014—2017年的出口额分别为6605万美元、6559万美元、6043.5万美元和6674.30万美元。

而规模以上工业企业，2016年其新产品销售收入的同比增长率和新产品出口额占新产品销售收入的比重分别为15.7%、18.7%。其中，通信设备、计算机及其他电子设备制造业的新产品销售收入达3.5万亿元，占主营业务收入的比重为34.9%，新产品出口额占新产品销售收入的比重为47.6%，这3项指标均在全部制造行业中最高。反映货物出口产品中高新技术产品占比情况的统计图如下（见图2–7）。

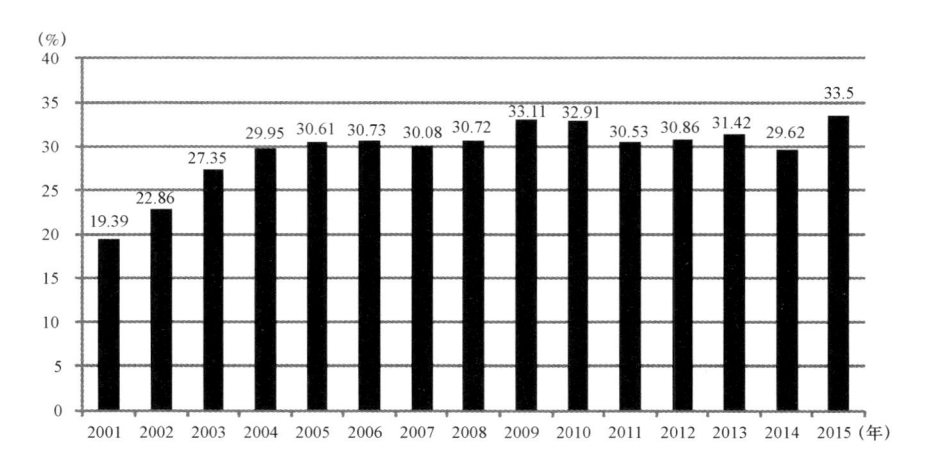

图2–7 中国货物出口产品中高新技术产品出口占比

资料来源：商务部商务数据中心（http://data.mofcom.gov.cn/index.shtml）。

中国出口制造品中高新技术产品出口占比提高，背后的重要原因之一是产业发展政策的调整和创新投入的加大。2010年后，中国制造业转向于先进制造业。先进制造业是技术创新最集中最活跃的领域，发展先进制造业就必须加大创新投入。在建设制造强国的进程中，中国实施创新驱动战略，制造企业不断吸纳社会创新要素，工业企业研发投入快速增长。

2016年，中国有8.7万家规模以上工业企业开展了研发活动，其中大中型企业2.7万家，占31%，小型企业6万家，占69%，开展研发活动的企业同比增长18.1%，而且小型企业在创新活动中日益发挥越来越重要的作用。在投入的研发经费上，中国企业研发经费投入力度不断加大。2016年，中国规模以上工业企业研发经费为1.09万亿元，其中，大中型企业研发经费为0.82万亿元，同比增长6.4%；小型企业研发经费为0.27万亿元，同比增长19.5%。全部研发经费投入中，高技术制造业的研发投入为0.29万亿元，同比增长11%；装备制造业的研发投入为0.62亿元，同比增长9.8%。

从研发人员总量进行分析。以折合全时当量计算，2016年中国规模以上工业企业的研发人员为270.2万人年，同比增长2.4%；规模以上工业企业共设立研发机构7.3万个，同比增长15.9%，平均每百家企业拥有研发机构19.3个，比上年增加2.8个；共开发研发项目36.1万项，开发全新产品的项目为17.4万项，规模以上工业企业共申请发明专利28.7万件，同比增长率分别为16.5%、16.5%和16.8%。特别是，高技术行业发明专利申请中，通信设备、计算机及其他电子设备制造业，电气机械和器材制造业的专利申请量分别达7.1万件、4.1万件，这两个行业共申请的发明专利比上年增加了2.1万件，其对规模以上工业企业发明专利增量的贡献达50.4%。制造业内中小企业的研发人员、创新活动等都有很突出的表现，其相关指标的增长率均超过平均增长水平。例如，2016年小型企业按折合全时当量计算的研发人员为73.8万人年，同比增长13.1%，占全部工业企业的27.3%，比上年提高2.6个百分点。

此外，近年来中国在高档精密数控机床、激光加工设备、机器人、大飞机、特种光纤、大型液化天然气船等领域技术也取得重大进展，有些先进制造技术水平已居世界前列，中国制造业的结构正逐步优化。

三 中国制造业空间布局

产业的发展与其空间布局是密切相关的。产业的空间布局，也就是产业集聚问题。德国经济学家韦伯（A. Weber）最早提出了产业集聚理论，他认为产业的空间集聚可以促进劳动力组织的专业化，企业会设置在成本和运费最小化的地点；随着企业在空间上的集聚，企业可以规避中间商，节省交易成本，共享道路、煤气、自来水等公共设施。英国经济学家巴顿

（K. J. Button）也讨论过企业集群问题，他认为企业在空间地理上的集中会使生产者、供给者与客户之间产生一种更自由、更便捷的信息传播，从而带来竞争，促进创新；地理上的集中本身也有助于企业创新，实践中相当数量的创新正是由于顾客需要和解决供给问题而产生的。

英国经济学家马歇尔（A. Marshall）在对英国传统工业集群进行考察后提出了"内部规模经济"和"外部规模经济"的概念。他认为，产业集群是由于外部规模经济而形成的，外部规模经济与产业集群之间有着密切关系；大规模生产的主要利益是技术、机械和原料的经济；在产业集聚区内，可以进行大批量的物资采购，这样既可以获得相对低的购买价格，同时可以降低运输成本、劳动力搜寻成本和辅助生产成本，信息的溢出也可以使集聚区的生产效率高于单个的分散的企业，特别是人与人之间的交流沟通还能促进地区的知识溢出，推动企业集群的发展。客观上，产业资源多是集中于资源丰富、地理位置优越、经济发达、工业基础雄厚、基础设施完善、信息交流畅通、人才集聚、科技水平高、交通运输便捷等的地域。

改革开放使得中国制造业的生产能力、生产水平发生了重大变化，同时也使得制造业的空间布局出现了变化。改革开放前中国的制造业主要集聚于人力资源充足、经济发达的东部沿海地区和中部地区，一些重型工业则集中于东北地区。改革开放后，受全球产业大规模异动和调整的影响，中国也出现了部分产业转移，中西部地区的制造业得到快速发展。由于资料的可得性，此处也选取节点年份中国制造业固定投资的数据，分析制造业空间布局的情况（如表2-9所示）。

表2-9　　节点年份中国制造业固定资产投资空间分布格局

	2003年		2005年		2010年		2016年	
	绝对量（亿元）	占比（%）	绝对量（亿元）	占比（%）	绝对量（亿元）	占比（%）	绝对量（亿元）	占比（%）
北京	190.55	1.30	261.94	0.99	355.28	0.40	384.77	0.20
天津	223.11	1.52	417.80	1.57	2263.00	2.55	3230.95	1.72
河北	806.39	5.49	1486.41	5.59	5462.55	6.16	13450.75	7.16
山西	357.04	2.43	547.24	2.06	1016.32	1.15	2643.36	1.41
内蒙古	268.53	1.83	572.90	2.16	1931.18	2.18	3562.40	1.90

续表

	2003年		2005年		2010年		2016年	
	绝对量（亿元）	占比（%）	绝对量（亿元）	占比（%）	绝对量（亿元）	占比（%）	绝对量（亿元）	占比（%）
辽宁	573.65	3.91	1563.97	5.88	5839.62	6.59	1765.22	0.94
吉林	256.43	1.75	650.86	2.45	3427.35	3.87	6012.93	3.20
黑龙江	190.66	1.30	344.58	1.30	1755.87	1.98	3024.03	1.61
上海	753.04	5.13	873.84	3.29	1150.87	1.30	761.33	0.41
江苏	2065.22	14.06	3560.90	13.40	11656.37	13.15	22882.93	12.17
浙江	1682.04	11.45	2256.71	8.49	4357.21	4.92	7860.40	4.18
安徽	366.48	2.49	593.09	2.23	4222.53	4.76	10388.31	5.53
福建	366.52	2.50	607.17	2.28	2313.19	2.61	6455.40	3.43
江西	309.53	2.11	612.61	2.31	4433.73	5.00	9190.84	4.89
山东	2140.90	14.57	4435.84	16.69	9459.04	10.67	23444.34	12.47
河南	470.87	3.21	1315.81	4.95	6967.91	7.86	16241.42	8.64
湖北	431.30	2.94	744.79	2.80	3406.76	3.84	10522.40	5.60
湖南	349.75	2.38	617.61	2.32	3114.20	3.51	8824.47	4.69
广东	1250.88	8.52	2292.03	8.62	3772.53	4.26	9600.60	5.11
广西	166.20	1.13	359.21	1.35	1944.95	2.19	5181.67	2.76
海南	54.24	0.37	103.92	0.39	88.62	0.10	100.69	0.05
重庆	150.22	1.02	336.37	1.27	1754.36	1.98	4720.48	2.51
四川	479.25	3.26	860.81	3.24	3368.70	3.80	5910.91	3.14
贵州	118.26	0.81	133.06	0.50	438.60	0.49	1723.13	0.92
云南	134.17	0.91	226.76	0.85	758.06	0.86	1616.32	0.86
西藏	3.57	0.02	4.33	0.02	35.49	0.04	38.25	0.02
陕西	181.50	1.24	280.27	1.05	1543.25	1.74	3659.04	1.95
甘肃	138.78	0.94	182.83	0.69	521.66	0.59	1315.18	0.70
青海	50.01	0.34	69.44	0.26	278.29	0.31	647.01	0.34
宁夏	66.61	0.45	98.49	0.37	361.58	0.41	946.28	0.50
新疆	93.81	0.64	164.37	0.62	620.15	0.70	1856.31	0.99
总计	14689.51	100.00	26575.97	100.00	88619.20	100.00	187962.12	100.00

资料来源：中国国家统计局官网（http://www.stats.gov.cn/）；笔者计算整理。

由表 2-9 可知，中国制造业主要集中于山东、江苏、浙江、广东等经济发达的省份。2003 年，山东、江苏、浙江、广东、河北、上海等省市集聚的制造业资源较多，而西藏、贵州、云南、陕西、甘肃、青海、宁夏、新疆等省区集聚的制造业资源较少，这种格局到 2005 年也没有发生变化，似有加剧的趋势。到 2010 年，江苏、山东的制造业资源投资虽然保持优势，但与第二梯队的差距在缩小。至 2016 年，中部省份和西北省区的制造业固定资产投资占比进一步提高，差距仍在缩小，但幅度不大。图 2-8 至图 2-11 可证明这一点。

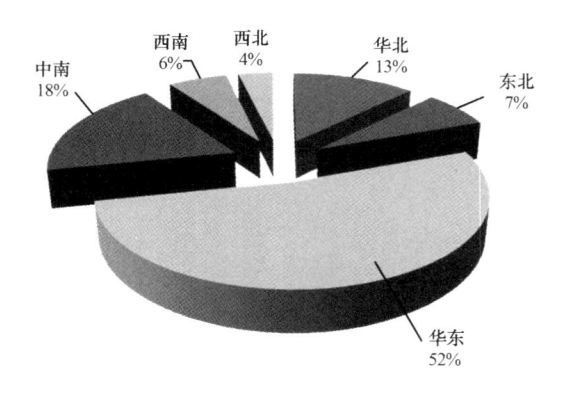

图 2-8　2003 年制造业固定资产投资分布

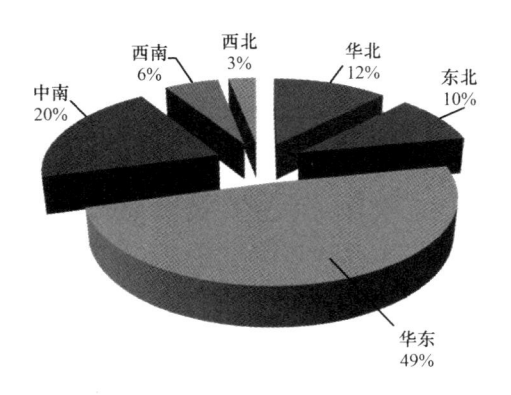

图 2-9　2005 年制造业固定资产投资分布

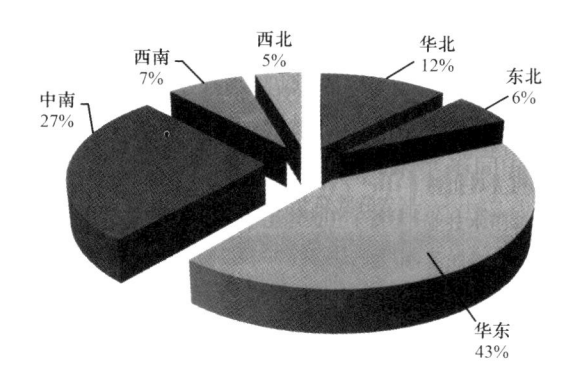

图 2-10 2010 年制造业固定资产投资分布

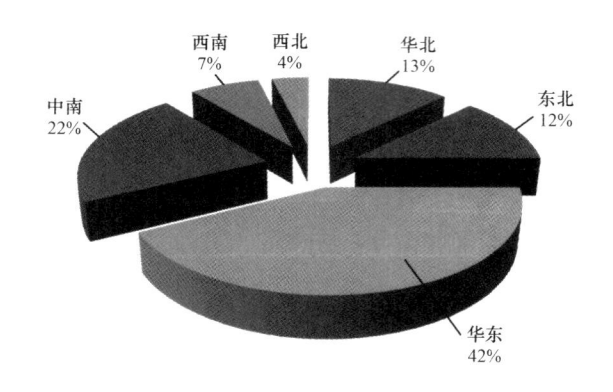

图 2-11 2016 年制造业固定资产投资分布

图 2-8 至图 2-11 展示了中国六大地理区域制造业固定资产投资空间布局状况。此处的划分以官方标准为准，华北包括北京、天津、河北、山西、内蒙古五省区市，东北包括辽宁、吉林、黑龙江三省，华东包括上海、江苏、浙江、安徽、福建、江西、山东七省市，中南包括河南、湖北、湖南、广东、海南、广西六省区，西南包括重庆、四川、贵州、云南、西藏五省区市，西北包括陕西、甘肃、青海、宁夏、新疆五省区。图 2-8 至图 2-11 显示，六大地域集聚的制造业资源多寡依次是华东、中南、华北、东北、西南、西北。从历史上看，中国制造业资源一直集中于东中部地区，改革开放后，经过西部大开发、振兴东北老工业基地等战

略的实施，中国制造业资源出现了转移，资源分配有了一定变化。但总体格局没有变，东中部地区仍然集聚着制造业的绝大部分资源。

对官方公布的资料整理分析，可以观察中国重要制造行业的空间布局状况。中国的装备制造主要分布在环渤海、长三角地区，珠三角和东北地区也集聚了部分资源。其中，上海集聚的主要是民用航空装备，江苏集聚的主要是海洋装备；北京集聚的主要是航空、卫星、机床等的研发，辽宁、山东和河北集聚的主要是海洋工程装备、机床以及轨道交通装备；深圳、佛山、珠海、东莞等地集聚的主要是智能机器人、海洋工程、航空服务业的研发和生产。东北作为老工业基地，集聚的主要是部分重型机床、金属冶炼、大型电力设备、飞机制造等制造资源。

此外，中部的湖南、山西集聚的主要是轨道交通装备；西部的四川、重庆、陕西、贵州、云南等主要集聚的是航空、卫星、轨道交通装备和机床等装备制造资源。

中国的汽车制造主要分布在东北的长春，西南的重庆、成都，中南的武汉、广州，长三角的上海、宁波；现在青岛开始集聚新能源汽车制造，常熟开始集聚智能汽车研发和制造。中国的船舶制造主要分布在长三角的上海，环渤海的天津、大连，珠三角的广州等地；工程机械制造主要分布在徐州、常熟、厦门、长沙、济宁等地；航空航天制造则主要分布在上海、西安、沈阳、哈尔滨、南昌等地；金属制品制造主要分布在杭州、广州、南京、济南、青岛等地，衡水、长沙也有部分资源；非金属制造业（含非金属建筑材料业、陶瓷及其制品业、玻璃及其制品业等）主要分布在济南、青岛、杭州、福州、广州等地，中部地区的石家庄、太原、呼和浩特、郑州、长沙、武汉、黄石、成都、德阳等也集聚了一定的制造资源。

中国的生物医药制造主要分布在长三角的上海、南京、苏州、连云港，环渤海的北京、天津、济南，东北的哈尔滨、长春，珠三角的广州、深圳等地；基本化学工业主要分布在南京、重庆、金堂、武汉、黄石、大连、营口、锦西、青岛、济南、铜陵、石家庄、新余等地；通信设备、计算机及其他电子设备制造业主要分布在珠三角的广州、深圳、佛山、珠海，以及长三角的南京、上海、苏州，还有环渤海的北京、天津等地区；软件及计算机服务业主要分布在人才集聚、科技水平较高、科研能力强、资本密集的地区，如北京、上海、深圳、南京、成都、济南等地；家电制造（含家用电力器具、照明器具、家用视听设备等）主要分布在珠三角的广州、深圳、东莞、顺德，长三角的上海、杭州、苏州以及胶东半岛的济南、青岛、德州等地；纺织服装及皮毛制造主要分布在杭州、南京、上海、福州、厦门以及广州、济南、青岛等地，中部的石家庄、郑州，西部的重庆、宁夏也集聚了部分资源。上述重要制造行业现阶段的集聚格局是由中国自然资源分布、经济发展水平、科技教育状况所决定的，有较长的形成历史。随着新兴产业的发展、制造强国的建设，中国制造业在分布格局上有一定的变化，但"南轻北重"的基本格局没有根本性的变化。

总之，中国扩大了制造业规模，提升了生产制造能力，也注重发展先进制造业，培育新经济增长点，优化制造业结构。中国建立了完整的现代制造业体系，成为制造业大国。中国几乎能生产各类工业产品，但先进制造份额不足，产业结构还不尽优化；中国制造业资源空间布局不均衡，主要生产资源仍集中在东中部。这也是中国建设制造强国的现实背景。

第三章　建设制造强国的客观环境

软实力是以非物质形态表现的竞争力，硬实力是以物质形态表现的竞争力。中国建设制造强国的软实力体现为制度与人文环境、人力资源、专利及品牌等；硬实力体现为人才、基础设施及先进技术等。中国是制造大国，但还不是制造强国，重要的表现就是在硬实力和软实力方面与制造强国还存在差距。中国建设制造强国，面临着系统性约束和结构性矛盾。系统性约束体现为先进制造技术和顶级制造品牌的缺乏等；结构性矛盾体现为经济增长的需求与制造业生产资源分布上的严重不均衡等。系统性约束和结构性矛盾具有持久性、阻滞力和强力刚性。软实力、硬实力，以及面临的系统性约束和结构性矛盾是中国建设制造强国的客观环境。

第一节　建设制造强国的软实力

制造强国软实力的基础是知识、信息、技能和文化等核心要素，主要体现为工业创新能力、质量和服务水平、品牌影响力等，软实力是一国工业综合竞争力、国际影响力的重要表现。任何一个制造强国，都应有强大的软实力作为支撑。

一　制度与人文环境

1990 年，哈佛大学教授约瑟夫·奈（Joseph Nye）出版了《注定领导世界：美国权力性质的变迁》[①] 一书，最早提出了"软实力"（soft pow-

---

[①] Joseph Nye, *Bound to Lead: The Changing Nature of American Power*, Basic Books, 1990.

er) 这一概念。他认为,软实力主要是指自身的吸引力、感召力、影响力,而不是强迫他人的力量,包括政治价值观吸引力、塑造国际标准规则的能力、决定政治议题的能力、文化的认同度等。硬实力(hard power)多以物质形态表现,如人口、自然资源、基础设施、军事力量等;软实力则是以非物化形态或要素所表现的实力,如文化、价值观念、政策体系、社会制度等。1975 年,美国学者乔治敦大学的 R. S. 克莱因(Ray S. Cline)出版了《世界权力的评价》[1],从政治学角度阐述了国际冲突中的国家实力问题,他从内涵和形态两个角度将国家实力分为物质实力和精神实力两个部分,二者相互影响、相互作用,实现一个国家综合实力的提高。至 20 世纪 80 年代初,克莱因又对国家的综合国力进行了系统的定量比较和分析,提出了测算综合国力的计算公式,即著名的国力方程:PP = (C + E + M) × (S + W)。这一方程中,左式为一个国家的现实国力;右式的元素分别为基本实体 C(critical mass)、经济实力 E(economic capability)、军事实力 M(military capability)、精神力量 S(strategic purpose)、追求国家战略的意志 W(will to pursue national strategy)。克莱因方程大大简化了国力的构成要素,把国民意志、政府要素、政策水平这些抽象的无形要素等同于经济、军事等硬性要素,赋予和物质要素同等重要的地位。克莱因方程是早期测度国家软实力的有益探索。

显然地,硬实力与软实力是综合实力的两个不同的部分。特别是软实力,可在多个层面理解。宏观层面体现为民族文化、价值观、政策体制、国民素质等;地域层面体现为地域文化、民风民俗、人才素养、区域形象等;而企业层面则体现为企业文化、员工素质、管理制度、组织模式、创新能力、企业家精神、产品品牌、社会服务、社会责任、企业知名度等。工业革命实践充分表明,软实力与硬实力同等重要,其在一个国家、一个地区、一个行业或企业的发展中都占有十分重要的地位。中国实施制造强国战略后,高度重视制度环境建设,推出了一系列法律法规和系列行动规划,以图形成良好的建设环境。经过资料的收集和处理,可将中国近年推出的制造强国建设的规划、战略整理如表 3 - 1 所示。

由表 3 - 1 可以看出,为推动制造强国的建设,中国政府出台了系列法规、规划、政策。与世界制造强国相比,中国的政策法规、战略规划在

---

[1] Ray S. Cline, *World Power Assessment: A Calculus of Strategic Drift*, Routledge, 1975.

数量上一点也不逊色。但是，仅从出台的政府法规数量不能简单地确定中国建设制造强国的制度人文环境，仍需要利用有影响力的国际数据进行比较分析。

表 3-1　　　　　　　　中国与制造强国制度规划建设比较

	法规制度及规划
中国	《装备制造业调整和振兴规划》（2009）；《"十二五"工业转型升级规划》（2012）；《智能制造装备产业"十二五"发展规划》（2012）；《中国制造2025》（2015）；《国家增材制造（3D打印）产业发展推进计划（2015—2016年）》（2015）；《新材料产业发展指南》（2016）；《关于完善制造业创新体系，推进制造业创新中心建设的指导意见》（2016）；《国务院关于深化制造业与互联网融合发展的指导意见》（2016）；《国务院关于深化"互联网+先进制造业"，发展工业互联网的指导意见》（2017）；《新一代人工智能发展规划》（2017）；《增强制造业核心竞争力三年行动计划（2018—2020年）》（2017）；《"十三五"卫生与健康科技创新专项规划》（2017）；《工业电子商务发展三年行动计划》（2017）；《高端智能再制造行动计划（2018—2020年）》（2017）；《增材制造产业发展行动计划（2017—2020年）》（2017）；《促进新一代人工智能产业发展三年行动计划（2018—2020年）》（2017）；《海洋工程装备制造业持续健康发展行动计划（2017—2020年）》（2017）；《关于调整重大技术装备进口税收政策有关目录的通知》（2018）；《国家智能制造标准体系建设指南（2018年版）（征求意见稿）》（2018）等
美国	《复兴与再投资法案》（2009）；《清洁能源与安全法案》（2009）；《重振美国制造业框架》（2009）；《制造业促进法案》（2010）；《国家机器人计划》（2011）；《先进制造伙伴计划》（2011）；《美国先进制造业国家战略计划》（2012）；《美国制造业创新网络计划》（2013）；《金属增材制造（3D打印）技术标准路线图》（2013）；《加速美国先进制造业》（2014）；《美国创新战略》（2015）；《国家制造业创新网络项目战略计划》（2016）；《国家机器人计划2.0》（2017）等
日本	《未来开拓战略》（2009）；《产业结构愿景》（2010）；《数字德国2015》（2010）；《日本制造业竞争策略》（2010）；《新成长战略》（2010）；《第四期科学技术基本计划》（2011）；《振兴日本战略》（2014）；《科技创新综合战略》（2014）；《新战略性工业基础技术升级支撑计划》（2014）；《产业竞争力强化法》（2014）；《生产率提高设备投资促进税制》（2014）；《3D打印制造革命计划（2014—2019）》（2014）；《战略性创造创新计划》（2014）；《机器人新战略》（2015）；《日本制造业白皮书2017》（2017）等

续表

	法规制度及规划
德国	《振兴经济一揽子计划》（2009）；《国家嵌入式系统路线图》（2010）；《以 CPS 推动交通运输、医疗卫生、能源及制造领域创新》（2011）；《中小企业创新核心计划》（2011）；《CPS 综合性研究议程》（2012）；《保障德国制造业的未来：关于实施"工业 4.0"战略的建议》（2013）；《高科技创业基金》（2014）；《工业 4.0 研发白皮书》（2014）等

资料来源：美国科技政策办公室网站（www.whitehouse.gov）、国家互联网信息办公室网站（www.cac.gov.cn）、中国先进制造网站（www.amdaily.com）等及相关文献；笔者加工整理。

世界知识产权组织、康奈尔大学以及英士国际商学院从 2007 年起开始联合发布《全球创新指数》（*Global Innovation Index*，GII），该指数通过 81 项测度指标，从政策制度、人力资本与研究、基础设施、市场成熟度、商业成熟度、知识与技术产出、创意产出七个方面对全球 120 多个经济体的创新能力和可衡量成果进行评估排序，其结果是全球范围内的企业家、高级管理人员、政策制定者等所信赖使用的参考依据。《全球创新指数 2017》给出了中国与世界制造强国建设相关的制度环境的评价测度数据（如表 3 - 2 所示）。

表 3 - 2　　　　　　　　中国与制造强国制度环境状况比较

	中国		美国		日本		德国	
	分值	位次	分值	位次	分值	位次	分值	位次
1 制度	54.8	78	86.2	17	87.4	13	83.5	18
1.1 政治环境	51.6	64	80.3	21	87.9	11	84.0	15
1.2 监管环境	47.0	107	90.4	13	89.0	14	80.6	25
1.3 商业环境	65.8	75	88.1	10	85.5	21	85.9	19
2 市场成熟度	54.7	28	83.4	1	64.3	12	60.0	16
2.1 信贷	40.5	48	85.5	1	61.8	12	50.3	28
2.2 投资	35.0	85	72.2	3	43.7	45	44.9	41
2.3 贸易、竞争和市场规模	88.4	2	92.7	1	87.5	3	84.7	4

续表

	中国		美国		日本		德国	
	分值	位次	分值	位次	分值	位次	分值	位次
3 商业成熟度	54.5	9	56.4	8	54.5	11	51.4	15
3.1 知识型工人	84.9	1	67.4	11	64.1	15	66.0	12
3.2 创新关联	28.6	62	46.6	15	45.3	19	45.2	20
3.3 知识的吸收	50.1	13	55.2	6	54.1	8	43.1	27
平均值	54.7	38	75.3	9	68.7	12	64.9	16

资料来源：Cornell University, INSEAD, and the World Intellectual, *Property Organization*: *The Global Innovation Index 2017 Innovation Feeding the World Tenth Edition*, Soumitra Dutta, Bruno Lanvin, and Sacha Wunsch-Vincent Editors. 数据所属时间为 2017 年；笔者计算整理。

表3-2中，子系统"制度"的具体测度指标是政治稳定性和安全、政府有效性，监管质量、法治、遣散费用、带薪周数，以及易于创业、易于解决破产、易于纳税等。子系统"市场成熟度"的具体测度指标是易于获得信贷、给私营部门的国内信贷在 GDP 中的占比、小额信贷总量在 GDP 中的占比，易于保护中小投资者、市值在 GDP 中的占比、所交易股票总值在 GDP 中的占比、风险投资交易/十亿购买力平价美元 GDP、贸易、竞争和市场规模、适用税率加权平均百分比、本地竞争强度、国内市场规模、十亿购买力平价美元等。子系统"商业成熟度"的具体测度指标是知识密集型就业占比、提供正规培训的公司占比、企业进行 GERD[①] 在 GDP 中的占比、企业供资 GERD 占比、高级学位女性员工在总就业中的占比，高校/产业研究合作、产业集群发展情况、海外供资 GERD 占比、合资战略联盟交易/十亿购买力平价美元 GDP、在两个以上主管局申请的同族专利/十亿购买力平价美元 GDP，知识产权支付在贸易总额中的占比、高技术进口减去再进口在贸易总额中的占比、ICT 服务进口在贸易总额中的占比、FDI 流入净值在 GDP 中的占比、研究人才在企业中的占比等。

表3-1和表3-2的分析数据显示：在建设制造强国的过程中，中国对于制度环境建设作出了很大努力，近几年内推出的战略规划、政策法规不弱于制造强国。但这仅是一个流量数据。在存量上，中国的制度、市场

---

① GERD，英文全称是 Gross Domestic Expenditure on R&D，中文为研发支出总量，用以描述国家或地区在科研发展方面的总支出。

环境优越度与制造强国还存在差距。《全球创新指数 2017》的数据表明，中国在制度、市场成熟度以及商业成熟度等软实力方面，不及美、日、德等制造强国。在这三个维度上，中国的得分是 54.7 分，居全球 127 个经济体的第 38 位；而美、日、德的得分分别为 75.3 分、68.7 分和 64.9 分，在全球的排名分别为第 9 位、第 12 位和第 16 位。

另外，可表现中国制造强国软实力水平的是国家的人文环境。人文就是人类文化中科学的、优秀的、健康的部分，是先进的价值观和行为规范等。通过人文革命和近代科学技术的发展，人类社会发生了深刻而又巨大的变化。这期间，人文思想、人文精神的作用无论如何都是不能低估的。在新工业革命进程中，信息化、知识化、民主化、全球化成为人类经济社会发展的重要特征。人的价值、人的行为、人的思想得到充分认同，人文发展水平也成为一个国家国民素养、文明程度高低的重要表现。1990 年，联合国开发计划署开始从收入水平、期望寿命和国民受教育水平这三个维度，设计了人文发展指数（HDI），以此来测度一个国家的人类文化发展水平。《国际统计年鉴 2017》的数据显示：2015 年，中国国民平均受教育年限是 7.6 年，人均国民总收入为 13345 美元，人文指数为 0.738；同年，美国的国民平均受教育年限是 13.2 年，人均国民总收入为 53245 美元，人文指数为 0.92；日本的国民平均受教育年限是 12.2 年，人均国民总收入为 37268 美元，人文指数为 0.903；德国的国民平均受教育年限是 13.2 年，人均国民总收入为 45000 美元，人文指数为 0.926。而 2015 年，全球超高人文发展国家的国民平均受教育年限是 12.2 年，人均国民总收入为 39605 美元，人文发展指数为 0.892；高人文发展国家国民的平均受教育年限为 8.1 年，人均国民总收入为 13844 美元，人文发展指数为 0.746；中等人文发展国家国民的平均受教育年限是 6.6 年，人均国民总收入为 6281 美元，人文发展指数为 0.631。显然，美、日、德制造强国的人文发展状况已位列超高人文发展国家行列，而中国还处于中等人文发展国家的水平。可见，制度人文环境软实力是中国建设制造强国的短板。

二 人力资源与专利实力

人力资源，是一定时期内为社会所用，能创造物质财富和精神财富的教育、能力、技能、经验、体力等的总称。人力资源包括体力和智力两个方面，这决定了人力资源的质量。在社会化大生产条件下，现代科学技术广泛应用，经济发展主要靠经济活动人口素质的提高，即取决于人力资源的质量。品牌，是抽象化的、特有的、具有经济价值的无形资产。品牌是一部分消费者对产品以及服务的认可和信赖，故而能给拥有者带来溢价，产生增值。品牌代表了商品的属性、特征，展示了生产者的个性、文化属性，体现着某种特定的利益。品牌的影响力、美誉度、知名度构成了产品的价值内涵。专利，是指专有的权利和利益，通常由政府机关或者代表若干国家的区域性组织根据利益获得者的请求而颁发，其记载发明创造的内容，并在特定时期内形成法律状态，未经专利权人的允许，他人不得实施或享有获得专利的发明创造。专利属于知识产权的一部分，是一种无形财产，与其他财产不同的是专利具有独占性、排他性、时间性的特点。专利制度的目标是保护技术能够享受到独占性、排他性的权利，为专利拥有者实现更多的经济价值。

人力资源、品牌、专利也是制造强国建设软实力的重要表现。根据《全球创新指数 2017》，可以将中国与制造强国人力资源、专利实力的测度结果比较列示如下（见表 3-3）。

表 3-3　　　　　　中国与制造强国人力资源、专利实力状况比较

	中国		美国		日本		德国	
	分值	位次	分值	位次	分值	位次	分值	位次
1 人力资本和研究	49.2	25	57.2	13	56.7	14	60.1	10
1.1 教育	69.6	8	54.7	41	53.8	46	58.5	29
1.2 高等教育	19.5	104	38.1	54	37.1	60	49.8	20
1.3 研究和开发	58.5	17	78.8	4	79.4	3	72.1	8
2 知识和技术产出	56.4	4	54.4	7	47.1	12	51.1	8
2.1 知识的创造	66.0	5	63.4	7	56.7	9	67.3	4
2.2 知识的影响	64.3	1	52.5	7	33.2	55	43.1	21
2.3 知识的传播	38.8	24	47.3	12	51.6	10	42.7	15
平均值	52.8	15	55.8	10	51.9	13	55.6	9

资料来源：Cornell University, INSEAD, and the World Intellectual, *Property Organization*: *The Global Innovation Index 2017 Innovation Feeding the World Tenth Edition*, Soumitra Dutta, Bruno Lanvin, and Sacha Wunsch-Vincent Editors. 数据所属时间为 2017 年；笔者计算整理。

表 3-3 中，子系统"人力资本和研究"的具体测度指标是教育支出

在 GDP 中的占比、中学生人均政府支出在人均 GDP 中的占比、预期受教育年限、阅读和数学以及科学 PISA① 量表得分，中学生教师比、高等教育入学率、科学和工程专业毕业生占比、高等教育入境留学生占比，全职研究人员/百万人口、研发总支出在 GDP 中的占比、全球研发公司前三位平均支出、QS 高校排名②等。子系统"知识和技术产出"的具体测度指标是本国人专利申请量/十亿购买力平价美元 GDP、PCT 专利申请量③/十亿购买力平价美元 GDP、本国人实用新型申请量/十亿购买力平价美元 GDP、科技论文/十亿购买力平价美元 GDP、引用文献 H 指数④，购买力平价美元 GDP 增长率/工人、新企业/千人口 15—64 岁、计算机软件开支在 GDP 中的占比、ISO 9001 质量管理体系认证⑤/十亿购买力平价美元 GDP、高端、中高端技术生产占比，知识产权收入在贸易总额中的占比、高技术出口减去再出口在贸易总额中的占比、ICT⑥ 服务出口在贸易总额

---

① PISA，即国际学生评估项目。英文全称为 Programme for International Student Assessment，该项目是经济合作与发展组织（OECD）进行的 15 岁学生阅读、数学、科学能力评价研究项目，始于 2000 年，每 3 年进行一次测评。

② QS 世界大学排名，英文名 QS World University Rankings，由英国教育集团 Quacquarelli Symonds 制定发布的年度世界大学排名，首次发布于 2004 年，每年 9 月进行排名更新。QS 世界大学排名自 2010 年起得到了联合国教科文组织成立的学术排名与卓越国际协会（IREG）的承认，是目前国际上较具公信力和代表性的四大大学排名之一。

③ PCT 专利申请，是 Patent Cooperation Treaty（专利合作条约）的英文缩写，是有关专利的国际条约。根据 PCT 的规定，专利申请人可以通过 PCT 途径递交国际专利申请，向多个国家申请专利。

④ H 指数（H Index）是一个混合量化指标，可用于评估研究人员的学术产出数量与学术产出水平的综合治理量化指标。该指数 2005 年由美国加利福尼亚大学圣地亚哥分校的物理学家乔治·希尔施（Jorge Hirsch）提出。H 代表"高引用次数"（High Citations），一名科研人员的 H 指数是指他至多有 H 篇论文分别被引用了至少 H 次。H 指数能够比较准确地反映一个人的学术成就。一个学者的 H 指数越高，则表明其论文影响力越大。

⑤ ISO 9001 质量管理体系认证，是 ISO 9000 族标准所包括的一组质量管理体系核心标准之一。ISO 9000 族标准是国际标准化组织（International Organization for Standardization，ISO）在 1994 年提出的概念，是指由 ISO/Tc176（国际标准化组织质量管理和质量保证技术委员会）制定的国际标准。这个认证方不受产销双方经济利益支配，比较公正、科学。凡是通过 ISO 9001 质量管理体系认证的企业，即表明企业在各项管理系统整合上已达到了国际标准，能持续稳定地向顾客提供预期和满意的合格产品。

⑥ ICT 服务，ICT 的英文全称为 Information and Communication Technology，即信息和通信技术，是电信服务、信息服务、IT 服务及应用的有机结合。ICT 是一个比较宽泛的概念，即综合信息服务提供，以计算机为核心的，包括互联网、多媒体、IT 专业服务等业务，依靠网络技术，ICT 服务已经渗透到社会生活的各个领域。

中的占比、FDI 流出净值在 GDP 中的占比等。可见，表 3-3 的指标体系里既有反映人力资源、教育水平的测度指标，也有反映专利情况的指标，这一指标体系提供了较丰富全面的反映一个经济体人才、教育发展实力的信息。表 3-3 的分析数据显示，中国在人力资源、专利等方面也与制造强国存在差距，但差距不如在制度、政策环境领域的明显。

事实上，世界银行 WDI 数据库提供的分析数据也证明了这一点①：2014 年中国每百万人中研究人员数为 1113.1 人；而美国每百万人中研究人员数为 4018.6 人；日本每百万人中研究人员数为 5386.2 人，每百万人中技术人员数为 542.8 人；德国每百万人中研究人员数为 4380.6 人，每百万人中技术人员数为 1722.4 人。可见，在这一指标上，中国与制造强国的差距也是明显的。在专利申请量上，近年中国申请量快速上升，成为申请量增长最快的国家之一。2015 年，中国居民专利申请量和非居民专利申请量分别为 968252 件和 133612 件；而美国的居民专利申请量和非居民专利申请量分别为 288335 件和 301075 件；日本居民专利申请量和非居民专利申请量分别为 258839 件和 59882 件；德国居民专利申请量和非居民专利申请量分别为 47384 件和 19509 件。这表明中国在专利申请量上不输制造强国。不过需要注意的是，专利申请量不同于专利授权量，专利授权量才是知识性成果最直接的反映，是衡量创新活动中知识产出水平的通用指标。另外，中国的发明专利申请数目不足，且一直远低于实用专利，而恰恰发明专利才是知识产权的核心，也是最重要的专利。中国企业的专利多集中于电子通信、计算机技术，而在医疗、生化、制药以及工业设备和精密仪器等领域的专利较少，这些先进制造领域的专利依然由欧美日韩等发达国家主导。

此外，在全球知名品牌方面，由世界品牌实验室（World Brand Lab）独家编制的 2017 年"世界品牌 500 强"排行榜显示②：2017 年中国入选品牌 37 个，处于第二阵营，其中表现较突出属于先进制造或高科技领域的仅是腾讯、海尔、华为、中国华信等。而美国入选品牌则达 233 个，稳居第一品牌大国。而由英国品牌评估机构 Brand Finance 发布的"2017 全球 100 个最有价值的科技品牌榜"上，中国大陆共有 16 个品牌入选，分

---

① 世界银行 WDI 数据库缺中国和美国 2014 年每百万人中技术人员数。
② 搜狐网：《世界品牌实验室发布 2017 年世界品牌 500 强》，http://www.sohu.com/a/211874038_470107。

别为阿里巴巴（第 8 位）、华为（第 10 位）、腾讯（第 11 位）、京东（第 18 位）、微信（第 19 位）、百度（第 22 位）、网易（第 33 位）、海康威视（第 57 位）、联想（第 68 位）、小米（第 75 位）、海尔（第 76 位）、中兴（第 80 位）、乐视（第 81 位）、携程（第 91 位）、TCL（第 94 位）、格力（第 99 位）。但这不全属于先进制造行业。2017 年 8 月，全球制造商集团①发布了 2017 年度（首届）"全球制造 500 强"排行榜，中国大陆有 57 家企业入选，其中入围榜单前 10 强的企业有中国石化、中国石油以及上汽集团，这其中属于先进制造的是上汽集团。而美国以绝对的技术优势和巨大的营业收入占据了 500 强中的 133 席，居全球之首；日本以 85 家公司位列第二，这体现了中国制造业与世界强国的差距。在同时发布的 2017 年（第十五届）"全球机械 500 强"榜单上，中国大陆共有 89 家机械企业上榜，其中上汽集团、东风汽车和一汽集团，分别排在第 3 位、第 19 位和第 20 位，而大部分入选企业都排在 200 位以后。而美国、日本则分别以 140 家、105 家企业入选占据前两位。

由上述数据可知，中国在先进制造品牌的软实力上也是与制造强国存在差距的。正如美国经济学家罗伯特·戈登②（Robert Gordon）的观点，一个国家的财富和兴衰最终取决于实实在在的制造业，而不是大数据、互联网等，制造业品牌才是世界各国竞争力的关键元素。中国与制造强国在软实力上的差距应该引起高度重视，建设制造强国必须解决软实力上的短板。

第二节　建设制造强国的硬实力

硬实力是指摸得着、看得见的物质力量，宏观层面体现为人口、土地、自然资源、军事力量、科技力量、教育与人才储备、经济力量等。硬实力有形有体，是有支配性的力量。可以从基础设施、先进技术水平、教

---

① 全球制造商集团，2002 年 8 月成立于北京，是一家全球顶尖咨询公司，旨在为工业企业、政府部门和其他组织机构提供优质服务。全球制造商集团的业务范围为物流配送、制造战略和业务、产品开发和安全、供应链战略和规划、品牌设计与策略、可持续性等领域，为客户提供卓越的专业服务。

② 美国西北大学经济学教授罗伯特·戈登（Robert Gordon）于 2016 年出版了《美国经济增长中的兴衰》一书，认为决定一个国家经济前途的绝不是华而不实的大数据、互联网等风靡一时的东西，而仍然是实实在在的制造业。

育和人才的储备等方面考察中国建设制造强国的硬实力。

一 基础设施与先进技术

一些学者的研究认为，制造行业的硬实力主要体现在三个方面，即关键制造行业的技术力量、先进材料和高端装备制造业水平、极端产品的制造能力。理论上，可以用深海勘探技术、OLED 技术[①]、4G 技术、堆积制造技术、汽车动力电池来反映关键制造行业的技术力量；可以用碳纤维、超导材料、高速列车、飞机发动机、工业机器人等反映先进材料和高端装备制造业水平；可以用航空母舰、极大规模集成电路、激光制造、超精密加工等来反映极端产品的制造能力[②]。这是从行业层面讨论的建设制造强国的硬实力，宏观层面的制造强国建设的硬实力体现为基础设施和拥有的先进制造技术上。

制造业的基础设施是十分宽泛的概念，主要包括核心基础零部件（元器件）、关键基础材料、先进基础工艺和产业技术基础等，还包括生产工具、生产设备、网络以及为生产制造服务的道路、管网、供排水、通信、运输和环保等。这些均是制造强国建设的硬实力。《全球创新指数 2017》提供了中国与制造强国基础设施的实力对比状况（如表 3 - 4 所示）。

表 3 - 4　　　　　　中国与制造强国基础设施实力状况比较

	中国		美国		日本		德国	
	分值	位次	分值	位次	分值	位次	分值	位次
基础设施	52.5	44	61.0	21	64.3	9	61.5	20
其中：信息通信技术（ICT）	63.0	52	85.2	11	88.8	5	81.5	18
普通基础设施	32.1	86	52.8	16	49.7	28	50.1	26
生态可持续性	62.4	13	45.0	61	54.3	32	53.0	26

资料来源：Cornell University, INSEAD, and the World Intellectual, *Property Organization*: *The Global Innovation Index 2017 Innovation Feeding the World Tenth Edition*, Soumitra Dutta, Bruno Lanvin, and Sacha Wunsch-Vincent Editors. 数据所属时间为 2017 年；笔者计算整理。

---

① OLED 技术（Organic Light-emitting Diode），称为有机电致发光显示技术。发光机理和过程是从阴、阳两极分别注入电子和空穴，被注入的电子和空穴在有机层内传输，并在发光层内复合，从而激发发光层分子产生单态激子，单态激子辐射衰减而发光。

② 参引自"中国制造实力"课题组《美德日三国制造业硬实力与软实力分析》，《工业经济论坛》2014 年第 6 期。

表 3-4 中关于基础设施的具体测度指标是 ICT 普及率、ICT 利用率、政府网络服务、电子参与，人均千瓦时、物流表现、资本形成总额在 GDP 中的占比，GDP/能耗单位、环境表现、ISO 14001 环境认证/十亿购买力平价美元 GDP。从测度的指标给出的信息看，在制造强国建设的基础设施硬实力方面，中国的得分为 52.5 分，位居全球 127 个经济体的第 44 位，而美、日、德等制造强国的得分分别为 61.0 分、64.3 分、61.5 分，位次分别为第 21 位、第 9 位和第 20 位。特别是在信息通信技术方面，制造强国的得分均在 80 分以上，而中国仅为 63 分，差距十分明显。

作为制造强国建设硬实力的另一个方面是核心技术或关键技术，以及特殊或极端制造技术的拥有情况。在新工业革命进程中，真正能客观反映一个国家制造水平的技术主要是先进材料制造、高端装备制造和极端制造领域。新材料，是新出现的具有优异性能或特殊功能的材料，如新一代信息技术产业用材料、海洋工程装备及高技术船舶用材料、航空航天装备材料、高档数控机床和机器人用材料、先进轨道交通装备材料、节能与新能源汽车材料、电力装备材料、农机装备材料、节能环保材料、生物医药及高性能医疗器械材料等。新材料的发现、发明和应用推广与技术革命和产业变革密不可分，发展新材料，对提高制造产品质量、推动技术创新，支撑制造产业升级，推进制造强国建设具有重要战略意义。

高端装备制造，是技术含量高、处于价值链高端，具有高附加值的特征，在产业链占据核心部位的制造业的高端领域，如大型飞机、航空发动机及燃气轮机、民用航天、先进轨道交通装备、节能与新能源汽车、海洋工程装备及高技术船舶、智能电网成套装备、高档数控机床、核电装备、高性能医疗器械、先进农机装备等。高端装备制造通常体现知识密集、多领域高精尖技术，其发展水平决定全产业链的整体竞争力。极端制造，指在极端环境或特殊条件下，生产极端尺度或极高功能的器件或功能系统，如微细制造、纳米级的集成电路制版、超精密制造、强场制造、巨型系统制造、超大构件制造、极大尺寸制造等方面。极端制造体现了制造技术的前瞻性、先导性和探索性。高端装备制造、极端制造也是制造强国硬实力的集中体现。通过调研和相关文献，可以将中国与制造强国领先全球的先进制造技术进行比较列示如表 3-5 所示。

表 3-5　　　　中国与制造强国领先全球的先进制造技术比较

中国	美国	日本	德国
激光制造技术；超级钢技术；量子通信/传输技术；热核聚变；超级计算机；高铁制造技术；建桥技术；特高压输电技术	航天设备技术；计算机；顶尖精密仪器；工程器械；深海勘探开发；4G技术；OLED技术；堆积制造技术；3D打印；汽车动力电池；碳纤维材料；超导材料；航空发动机；工业机器人；机器人的智能技术；极小芯片制造；激光制造；大型加工模锻框架制造	机器人；蚀刻设备；半导体材料；超高精度机床；纳米级加工精度；汽车动力电池；轴承；碳纤维技术；发电用燃气轮机；脱硝催化装置；大型挤压造粒机；工业水泵；血液诊断设备；全球氧化锌避雷器；光伏逆变器；加氢反应器；粉体加工机；特殊类钢材；全成型电脑横机；证件制造设备；液压式伺服冲压机；高端光缆；电池；海底电缆；太阳帆飞船；轮转印刷；高端锻件等	汽车；重型机械；精密数控机床；激光焊接机；激光切割；金属加工技术；深海挖掘；4G技术；绿色发动机；绿色航空机体制造；堆积制造技术；先进材料和高端装备；电子信息材料；磁悬浮技术；传统轮轨型高速铁路；万吨锻造；极大规模集成电路技术；超高速加工；激光制造技术；超硬材料刃具；超高速加工技术等

资料来源：《中日美三国制造业对比分析》，https：//www.jianshu.com/p/8bd05d5ae276；《中国尚未掌控的核心技术清单》，http：//www.sohu.com/a/228409409_221348；笔者加工整理。

表 3-5 显示：美、日、德等制造强国独占鳌头，在关键领域、关键行业、高端装备以及极端制造领域都掌握着核心技术，有着过硬的实力。相比之下，中国的差距也是明显的。特别是，中国至今在一些重要制造领域仍没有掌握核心技术，如半导体加工设备、半导体材料、超高精度机床、顶尖精密仪器、互联网核心技术、半导体芯片、电信核心技术、航空发动机、手机、网络电话、大型客机、模具技术、刀具技术、汽车成形设计、汽车材料、汽车仪表技术、太阳能电池技术、调节阀门技术、建筑节能技术、挖掘机制造技术、农业装备综合技术、空间医学与生物学技术、集成电路技术、氟聚合物生产技术、高温电缆的研制技术、微生态制剂技术、先进作战飞机等。

从另一个显示制造强国硬实力的指标"著名科技企业拥有量"看，

中国也与制造强国存在一定差距。2017年1月,美国著名商业媒体 Fast Company(快公司)发布了"2017年最具创新力公司榜单",全球共50家企业上榜。中国有6家企业入选,但无一家企业进入前10强。而美国不但占据了50强的巨大份额,而且还占据了前10强的9个席位。2018年1月,汤森·路透发布"全球100顶尖科技领导企业榜单",中国有13家企业上榜,美国则有45家企业上榜,其中微软、苹果、思科、IBM、德州仪器等占据了前10强。这些顶尖科技企业是依据财务、管理、投资者信心、风险与抗压性、法律法规、创新、人文与社会责任、环境影响及声誉等进行综合测评而得出的,代表了未来企业的发展方向,反映了企业科技水平的硬实力,中国要建设成制造强国迫切需要一大批全球领先的科技领导企业。

二 教育发展水平与人才竞争实力

教育是促进社会发展的重要动力,是社会成员获取社会地位和尊重的主要渠道之一,教育发展水平决定着国家的进步与民族复兴,也深刻地影响着人类的文明进程。教育发展水平直接决定人才的储备水平,教育发展水平和人才实力是建设制造强国的重要硬实力。

(一)教育发展水平

1. 教育资源状况

改革开放后,中国出台了一系列发展教育的政策,如《中华人民共和国义务教育法》(1986年)、《国家中长期教育改革和发展规划纲要(2010—2020年)》(2010年)、《教育信息化"十三五"规划》(2016年)等,有力促进了中国国民普通教育的发展。特别是近些年,中国的基础教育总量不断增长,规模不断扩大。现将反映中国教育发展和人才竞争力的相关分析指标列示如表3-6所示。

表3-6的水平指标和分析指标显示:1978—2017年,中国的教育机构总量是下降的。1978年,中国各类学校的总数为127.93万所,2017年降至50.29万所,平均增长量为-3.79万所,平均增长率为-3.45%。进入20世纪80年代中期,中国城镇化和计划生育政策开始影响到小学数量。由于中国的适龄儿童数开始持续减少,许多村办小学因为生源缺乏而难以为继。在20世纪90年代中期,中国进行了持续10年的"撤点并校"活动,即学校关闭和降为教学点两种措施,这更加速了小学消失的速度。

另外，随着《关于基础教育改革与发展的决定》的出台，地方政府需要承担义务教育经费的大头，由于缩减学校和教师编制可以明显减少教育财政支出，这也给地方政府提供了"撤点并校"的动力。

表3-6　　　　　　　　　教育资源的规模与结构分析

		水平指标		占比		平均指标	
		1978年	2017年	1978年	2017年	增长量	增长率（%）
学校数（所）	普通高校	598	2631	0.05	0.52	52.13	3.87
	普通高中	49215	13555	3.85	2.69	-914.36	-3.25
	中等职教	2760	10707	0.22	2.13	203.77	3.54
	初中	113130	51894	8.84	10.32	-1570.15	-1.98
	普通小学	949323	167009	74.21	33.21	-20059.33	-4.35
	特殊教育	292	2107	0.02	0.42	46.54	5.20
	学前教育	163952	254950	12.82	50.70	2333.28	1.14
	合计	1279270	502853	100	100	-37856.85	-3.45
专任教师数（万人）	普通高校	20.6	163.3	2.29	10.06	3.66	5.45
	普通高中	74.1	177.4	8.24	10.93	2.65	2.26
	中等职教	9.9	83.7	1.10	5.16	1.89	5.63
	初中	244.1	354.9	27.14	21.87	2.84	0.96
	普通小学	522.6	594.5	58.10	36.64	1.84	0.33
	特殊教育	0.4	5.6	0.04	0.35	0.13	7.00
	学前教育	27.8	243.2	3.09	14.99	5.52	5.72
	合计	899.5	1622.6	100	100	18.54	1.52

资料来源：《中国统计摘要2018》，中国统计出版社2018年版；笔者计算整理。

中国的教育机构进行了结构性调整，普通高校、中等职业教育、特殊教育、学前教育机构都有不同程度的增加，特别是普通高校数和特殊教育机构数增幅较大，年平均增长量分别为52.13所和46.54所，年均增长率分别为3.87%和5.20%。与教育机构数量显著下降不同，1978—2017年中国各类学校专任教师数均呈增长之势。《中国统计摘要2018》提供的数据显示，全国各类学校专任教师人数1978年为899.5万人，2017年则增长至1622.6万人，增长率达80.39%，专任教师拥有量居全球之冠。专任教师年均增长量为18.54万人，年均增长率为1.52%。其中，增长幅度较大的是学前教育教师、特殊教育教师和高校教师，年均增长量分别为5.52万人、0.13万人和3.66万人，年均增长率分别为5.72%、7%和5.45%。同时，教师学历合格率大幅提高，普通小学专任教师的学历合格率由1978年的47.1%提高至2017年的99.96%，初中专任教师学历合格率由1978年的9.8%提高至2017年的99.8%，高中专任教师学历合格率由1978年的45.9%提高至2017年的98.2%，分别提高了52.86个百分点、90个百分点和52.3个百分点。

同样地，中国教育一直在进行结构上的调整，普通高校机构数、中等职业教育机构数、学前教育机构数占比均有较大幅度提高，其在全部学校中的占比由1978年的0.05%、0.22%和12.82%，分别提高至2017年的0.52%、2.13%和50.70%。对应地，普通高校机构、中等职业教育机构和学前教育机构中的专任教师数在全部教师中的占比由1978年的2.29%、1.10%和3.09%分别提升至2017年的10.06%、5.16%和14.99%。此外，高中教师的占比也有提高。这显示中国教育正不断向职业化、高端化方向发展。

2. 教育成就

教育成就的重要表现是毕业的各类学生、研究生以及留学生状况。运用统计方法可以计算中国各类学校毕业生数、研究生数以及留学生数的分析指标，具体列示如表3-7所示。

由表3-7的分析指标可以看出：中国普通本专科、普通高中、中等职教、特殊教育毕业学生数呈增长趋势，年均增长量分别为18.44万人、2.38万人、11.77万人、0.17万人，年均增长率分别为10.23%、0.33%、6.67%、8.37%。相反，初中毕业生数、普通小学毕业生数呈下降趋势，平均增长量分别为-7.57万人、-18.51万人，年均增长率分别为-0.49%和-0.97%。中国的学前教育从无到有，且增长幅度较大，年均增长量42.38万人。同时，中国在校研究生、毕业研究生、出国留学人数和学成回国人数都有较大幅度增长。1978—2017年中国毕业研究生年均增长率达32.82%，出国留学人数年均增长率18.19%，学成回国人数年均增长率22.09%。统计数据显示：截至2017年，中国拥有的高等学校数达2913所，博士学位授予点418个，已累计授予博士学位79万个、硕士学位738万个。2017年,中国普通本专科招生数761万人,高校在校学生人数达到3779万人,高等教育毛入学率①达到45.7%。

表3-7 教育成就的规模与结构分析

		水平指标		占比		平均分析指标	
		1978年	2017年	1978年	2017年	增长量	增长率(%)
毕业各类学生（万人）	普通本专科	16.5	735.8	0.35	11.09	18.44	10.23
	普通高中	682.7	775.7	14.46	11.69	2.38	0.33
	中等职教	40.3	499.5	0.85	7.53	11.77	6.67
	初中	1692.6	1397.5	35.86	21.07	-7.57	-0.49
	普通小学	2287.9	1565.9	48.47	23.60	-18.51	-0.97
	特殊教育	0.3	6.9	0.006	0.10	0.17	8.37
	学前教育	…	1652.7	…	24.91	42.38	—
合计		4720.3	6634	100	100	49.07	0.87
研究生（万人）	在校人数	1.0934	263.95	—	—	6.74	15.11
	毕业人数	0.0009	57.80			1.48	32.82
留学生（万人）	出国人数	0.09	60.84			1.56	18.19
	学成回国人数	0.02	48.09			1.23	22.09

注:"…"表示数据缺失,"—"表示无法统计。
资料来源:《中国统计摘要2018》,中国统计出版社2018年版;笔者计算整理。

中国已拥有全球最大规模的高等教育体系,高等教育正开始由精英教育向普及化方向转型。

1986年,中国政府颁布了《义务教育法》,开始实施九年义务教育制度,大力发展义务教育事业。1992年,党的十四大提出了关于教育发展

---

① 入学率,是指某年龄段人口中在校学生数与该年龄段人口之比。与当地现行学制和规定入学年龄相对应的那部分应入学的人口称为适龄人口,适龄人口中的在校生所占比例为适龄人口入学率。它标志适龄人口中相对应的教育普及程度。实际统计时,一般以学年初为统计的时间标准。其公式为:适龄人口入学率=学年初适龄人口中在校学生数/学年初适龄人口数,如不考虑在校学生的年龄,取在校学生数与相应的适龄人口之比,则为毛入学率。

的两个战略目标：在全国范围内基本普及九年义务教育，基本扫除青壮年文盲。2004年，中国又开始实施"国家西部地区'两基'攻坚计划"。经过近20年的努力，中国在2011年基本实现了普及九年义务教育的奋斗目标。2017年，中国98.7%的小学新生接受过学前教育，中国学前三年毛入园率为79.6%，超过中高收入国家73.7%的平均水平；中国拥有义务教育学校21.9万所，在校学生1.45亿人；全国小学学龄儿童净入学率达到99.91%，全国初中阶段学生的毛入学率为103.5%，高中阶段（15—17岁）的毛入学率为88.3%；全国九年义务教育巩固率达93.8%，基本实现了"两基"目标。

2010年5月，中国政府发布《国家中长期教育改革和发展规划纲要（2010—2020年）》，这是指导全国教育改革和发展的纲领性文件，内容涉及推进素质教育改革试点、义务教育均衡发展改革试点、职业教育办学模式改革试点、终身教育体制机制建设试点、拔尖创新人才培养改革试点、考试招生制度改革试点、现代大学制度改革试点、深化办学体制改革试点、地方教育投入保障机制改革试点以及省级政府教育统筹综合改革试点十个方面。2017年中国高等学校（18—22岁）的毛入学率已达到45.70%，而1990年高等学校入学率是3.4%，1995年高等学校入学率也仅为7.2%。2010年以后，中国的职业教育也取得重大进展，中等职业学校毕业生、高等职业学校毕业生的就业率分别达到95%和90%，职业教育成果为国家经济社会发展提供了重要的人力支撑，由此也奠定了职业教育在中国高中阶段教育和高等教育中的重要地位。截至2017年，中国已拥有12个国家职业教育改革试验区、1400多个职教集团、56个行业职业教育教学指导委员会、364个现代学徒制试点单位，初步形成了生产教育协同发展、学校企业共同培养人才的教育格局。

此外，中国的留学生事业也发展迅速。1978—1989年，中国共派出各类留学人员9.61万人；1989—2011年，各类出国人员共计214.9万人，中国成为全球最大留学生生源国。2017年，中国出国留学人数已达到60.84万人，中国已在146个国家和地区建立了525所孔子学院和1113个孔子课堂。中国教育已走向世界，成为名副其实的教育大国，这是中国建设制造强国的后备支撑。

（二）人才竞争实力

一个国家的创新竞争力最终体现在人才的竞争实力上，没有创新性人才就不可能有国家的创新竞争力。人才的培养根本在教育。早在 20 世纪初叶，美国教育家亚伯拉罕·弗莱克斯纳①（Abraham Flexner）就提出，大学教育应是培养社会的精英。他认为，大学教育有着自由教育的传统，大学是一个民族的灵魂，大学的工作就是追求科学和学术，这是由大学的独特职能所决定的。20 世纪中期，德国教育家卡尔·西奥多·雅斯贝尔斯（Karl Theodor Jaspers）②在其代表作《什么是教育》中指出，教育是人与人精神相契合，文化得以传递的活动。一个民族的将来如何，全在于父母教育、学校教育和自我教育。一个民族如何培养教师，尊重教师，以及在何种氛围下按照何种价值标准和自明性的生活经验，都决定了一个民族的命运。而英国教育家约翰·亨利·纽曼③（John Henry Neman）认为，大学教育的实际目标是为社会培养良好的成员，同时能让人熟练地掌握各门学科知识，为人们自信地走上任何工作岗位做好准备。因此，教育的发展会显著地助推国家创新竞争力的提升。

故而，2016 年的《全球创新指数》（GII）中较多地包含了教育和人才培养元素。GII 设计了两个子系统，第一个子系统是创新投入子系统，由五个投入支柱构成，即制度、人力资本和研究、基础设施、市场成熟度和商业成熟度，它们反映一个国家或地区经济中促成创新活动的因素；第二个子系统是创新产出子系统，具体体现在知识和技术产出、创意产出上。创新投入子系统的主要指标包括政治稳定性和安全、政府有效性、教育支出在 GDP 中的占比、科学和工程专业毕业生占比、ICT 普及率④、给私营部门的国内信贷在 GDP 中的占比、知识密集型就业占比、高校与产

---

① 亚伯拉罕·弗莱克斯纳（Abraham Flexner），是美国著名教育家，他的现代大学理念在西方高等教育思想史上占有重要地位。他认为，大学应以保存、增进、传授知识为己任，其研究工作应具有寂寞性和非功利性。

② 卡尔·西奥多·雅斯贝尔斯（Karl Theodor Jaspers），德国存在主义哲学家、教育家。他认为，人的精神发展有三个层次，即对宇宙的认识、对生存自我的体验和对上帝的领悟，人需要接受三方面的教育：科学教育、哲学教育和宗教。

③ 约翰·亨利·纽曼（John Henry Neman）是英国著名神学家、教育家，其代表作《大学的理想》一书是世界高等教育史上一部经典著作。他认为，职业教育仅仅是让人掌握一定的职业或专业技巧，自由教育与职业教育不冲突，两者可以协调发展，职业教育与自由教育结合后，才可显现出其效果。

④ ICT（Information and Communication Technology）是一个较宽泛的概念，即综合信息服务，包括以计算机为核心的、融合互联网、多媒体、IT 专业服务等业务，近年来，ICT 凭借网络飞速发展，已经渗透到社会生活的各个领域。

业研究合作、知识产权支付在贸易总额中的占比等；创新产出子系统的指标主要有本国人专利申请量/十亿购买力平价美元 GDP、购买力平价美元 GDP 增长率/工人（百分比）、知识产权收入在贸易总额中的占比、本国人商标申请量/十亿购买力平价美元 GDP、文化与创意服务出口在贸易总额中的占比、通用顶级域（TLD）/千人口 15—69 岁等。GII 的总得分是投入和产出两个子指数的简单平均数。据公布的数据，2016 年中国的 GII 为 50.57，居 128 个经济体的第 25 位，进一步探析不难发现中国创新竞争力的构成及特征。

1. 中国全球创新竞争力有较好表现，但与发达国家仍有差距

根据 GII，2016 年中国人口为 13.76 亿人，国内生产总值（GDP）为 109828 亿美元，人均 GDP 为 14107.4 购买力平价美元，属于中高收入组国家。中国 2016 年全球创新竞争力指数为 50.57，其中创新产出子指数为 48.02，创新投入子指数 53.12，创新效率比为 0.90。但是，与发达国家相比，中国的创新竞争力仍有差距，相关数据见表 3-8。

表 3-8　　　　　　　　　全球创新竞争力指数比较

	创新竞争力指数		创新投入子指数		创新产出子指数		创新效率比	
	得分	排名	得分	排名	得分	排名	得分	排名
中国	50.57	25	53.12	29	48.02	15	0.90	7
美国	61.40	4	68.71	3	54.08	7	0.83	14
英国	61.93	3	67.50	7	56.35	4	0.86	10
德国	57.94	10	66.00	9	43.04	24	0.65	65
日本	54.25	16	61.91	18	53.97	8	0.87	9
韩国	57.15	11	63.54	13	50.75	11	0.80	24
瑞士	66.28	1	68.38	6	64.19	1	0.94	5

注：此处的排名是全球 128 个经济体排名，并不是 7 个国家间的排名位次。

资料来源：世界知识产权组织、康奈尔大学、英士国际商学院《2016 年全球创新指数》，中国政府网（http://www.gov.cn）；笔者加工整理。

表3-8列示了中国与另6个国家的GII。之所以选择这6个国家，是因为美、德、日、韩、英是制造强国，经济发达，国际竞争力强。瑞士是发达国家，其GII居世界之首。由表3-8可知，经济发达国家、制造强国，其全球创新指数也高，中国还与这些国家存在差距。中国的创新竞争力指数均低于这6个国家。创新投入方面，中国完全落后于这6个国家；创新产出方面，中国高于德国。表3-8中的创新效率比是产出子指数得分与投入子指数得分之比，它表明了某一国家或地区的投入所获得的创新产出。在创新效率比上，中国有较好的排名。

近10年，中国实施创新驱动发展战略、知识产权战略等，高度重视创新人才的培养，所取得的成效是显著的。世界知识产权组织发布的《世界知识产权指标》、世界经济论坛发布的《全球竞争力报告》、美国商会发布的《国际知识产权指数报告》、汤森路透发布的《全球创新报告》和《G20科研与创新表现》等，都对中国的创新竞争力有较好的评价。中国国家统计局发布的《中国创新指数研究报告》、中国科技部发布的《国家创新指数报告》等，也侧重点不同地肯定了中国在创新方面取得的巨大进步。《全球创新指数》报告已连续发布9年，中国现已进入25强，并在多个关键指标上排名靠前，这表明中国的创新竞争实力已经获得了世界的认可。

2. 教育发展支撑了创新竞争力提升，但力度还欠缺

GII在投入子系统中设计了5个支撑国家创新竞争力提升的元素，被称为5个支柱，其中之一是教育人才支柱。反映这一支柱状况的多个指标中，中国在"学生阅读、数学和科学素质PISA量表得分""QS高校排名前三位平均分"以及"研究人才在企业中的占比"等指标方面都有较好表现。相关数据如表3-9所示。

表3-9显示了中国教育、人才在创新竞争力中的表现：中国教育支出在GDP中的占比、预期受教育年限低于全球平均水平，特别是远低于高收入国家组的水平。中国的高等教育入学率为30.2%，而全球均值为44.21%，高收入国家的均值则达到66.10%。中国的法规确定高中在校教职工与学生的比例为1∶12.5，初中的比例为1∶13.5，小学的比例为1∶19。但现实是，教师与中学生比为1∶15.1，而高收入国家的师生比则为1∶11.06。中国的高等教育入境留学生占比仅为

0.3%，而全球均值为 5.26%，高收入国家是 9.22%，中国与发达国家的差距明显。特别地，反映高等教育中科技和工程教育发展水平的两个重要指标"科学和工程专业毕业生占比""知识密集型就业占比"，中国还暂缺数据。尽管中国在测度 15 岁青少年阅读、数学与科学素质 PISA 量表得分值上高居全球第一，在中国 QS 高校排名前三位平均分位列全球第七，但必须承认中国高等教育入境留学生占比（第 93 位）、高等教育入学率（第 78 位）、预期受教育年限（第 63 位）、中学生教师比（第 64 位）方面与高收入经济体存在较大差距。有业内专家认为①："印度拥有教育质量较好的大学，但现实是进入大学学习的学生比例却不高。中国的情况也类似，尽管中国在教育方面做了大量投入，但高校学生入学比例还是相对较低；中国高校需要增强国际性和开放性，增加外国教授和留学生的数量，中国在这方面正在改观，但这需要时间。"这种评价可能不一定十分客观和准确，但这从一个侧面说明中国大学教育和人才竞争力状况。

表 3-9　　　　　　　　　　教育与人才发展支柱

		不同收入组别国家均值				全球均值	中国
		高收入	中高收入	中低收入	低收入		
教育	教育支出在 GDP 中的占比（%）	5.44	4.59	4.32	4.53	4.85	4.26
	中学生人均政府支出在人均 GDP 中的占比（%）	24.41	17.49	19.82	26.64	22.12	…
	预期受教育年限（年）	16.50	14.03	11.71	9.69	13.84	13.8
	阅读、数学和科学素质 PISA 量表得分	491.87	427.08	360.19	…	469.85	587.5
	中学生教师比	11.06	15.44	20.50	29.33	16.90	15.1

---

① 资料源自张淼《中国与创新 10 强差距何在？》，http：//mt.sohu.com/20160902/n467248334.shtml。

续表

		不同收入组别国家均值				全球均值	中国
		高收入	中高收入	中低收入	低收入		
高等教育	高等教育入学率（%）	66.10	45.19	26.06	7.43	44.21	30.2
	科学和工程专业毕业生占比（%）	22.43	21.96	21.31	12.75	21.13	…
	高等教育入境留学生占比（%）	9.22	2.84	1.64	2.51	5.26	0.3
	QS高校排名前三位平均分	44.53	16.92	7.45	0.16	23.25	84.4
	高校/产业研究合作	4.48	3.55	3.31	3.08	3.82	56.7
人才	研究人才在企业中的占比（%）	42.31	23.63	17.96	25.46	33.19	62.1
	知识密集型就业占比（%）	38.79	22.41	17.82	3.36	27.21	…

注："…"表示数据缺失。

资料来源：世界知识产权组织、康奈尔大学、英士国际商学院《2016年全球创新指数》，中国政府网（http://www.gov.cn）；笔者加工整理。

第三节 建设制造强国的系统性约束

中国制造业"四基"薄弱，即核心及关键共性技术、关键基础零部件元器件、关键基础材料、先进基础工艺及相应的产业技术基础缺乏，这是中国提高自主创新能力和全球竞争力的瓶颈，也是建设制造强国的系统性约束因素。

一　先进制造技术缺乏的约束

在统计学和计量经济学分析中，有一种误差被称为系统性误差，它是分析过程中某些固定因素引致的一类误差，也就是在相同条件下重复测定时会持续出现的误差，故而也被称为规律性误差。借用系统误差的概念，我们将制造强国建设过程中某些确定性地影响制造强国建设的制约因素称为系统性约束因素。这种约束因素会在较长的时期持续存在，并按确定的方向变化，具备恒定性、重复性、单向性和可测性的特点，故而带有一定的刚性。

衡量一个国家是否为制造强国应有较为明确的标准。中国工程院

"制造强国的主要指标研究"课题组[①]认为,制造强国应该包括四个方面的特征,即制造业规模大,效益好,结构优良,在国际分工中占有较高的地位且能够可持续发展。由此,课题组将制造强国的评价指标体系分为4个子系统,即规模、效益、结构、持续发展,据此设计了18个指标用以测度制造强国的建设,具体指标有制造业增加值、制造业全员劳动生产率、制造业拥有的世界知名品牌数、高技术产品贸易竞争优势指数、装备制造业增加值占制造业增加值的比重、单位制造业增加值的全球发明专利授权量等。有些学者认为[②],制造强国的基本特征是规模足够大、技术先进、制造水平高、创新能力强;也有学者认为[③],制造强国的重要标志之一是制造品质量,而技术创新则是打造产品质量的主要手段。显然地,作为制造强国,制造能力、制造品质量是无论如何不能或缺的两大标志,前者表现为先进的制造技术,后者表现为制造品牌。因此,制造技术和制造品牌是建设制造强国的两个重要的系统性约束要件,这也成为我们分析制造强国建设系统性约束的基本出发点。

  学术界和实业界一直认为,中国是制造大国,而非制造强国。"大"是制造业规模大、结构完整,能生产众多类工业产品;而"不强"则是核心技术缺乏,核心基础零部件、先进基础工艺、关键基础材料的基础薄弱,重要制造产品质量差。有数据显示[④]:中国已形成高、中、低端制造业产业链,居世界第一制造大国地位;500余种主要工业产品中有220多种的产量居世界第一,如钢铁、水泥、汽车、造船、化纤、手机、彩电、集成电路、服装等;56家装备制造企业进入2015年世界500强企业榜单。但这是"量",而非"质",中国某些制造领域的产品都是贴牌生产,并没有掌握产品的核心技术,即本质上并没有真正掌握此类产品的制造技术。必须承认的是,中国虽在某些制造领域处于世界前沿水平,但还有不

---

  ① "制造强国的主要指标研究"课题组:《制造强国的主要指标》,《中国工程科学》2015年第7期。
  ② 许召元:《中国制造靠什么实现"弯道超车"?》,《经济参考报》2017年8月12日第8版。
  ③ 孙博洋、夏晓伦:《我国稳居制造大国之首,主要工业品四成左右产量全球第一》,http://finance.people.com.cn/n1/2017/0217/c1004-29089535.html。
  ④ 郭朝先:《改革开放40年中国工业发展主要成就与基本经验》,http://www.sohu.com/a/27430845_739032。

少领域落后于世界先进水平。表3-10列示了中国制造技术领先于世界和落后于世界先进水平的主要领域。

表3-10　中国制造技术领先世界或落后于世界先进水平的领域

	领先于世界的制造技术	落后于世界先进水平的制造技术
航空航天、通信	同步卫星，固定通信网络，移动通信网络等	航空发动机、大型飞机，电信核心技术，手机核心技术等
机械、家电	高精度轴承、外球面轴承，多轴精密重型机床等	刀具、模具、机械设备、无缝钢管，塑料造粒机械，大型模锻压机，彩电显示器、变频压缩机，高温电缆研制技术等
高端装备制造	无	农业装备，风能设备，挖掘机械，物流技术装备，电力设备，建筑设备，塑料机械，还原铁技术设备等
计算机、机器人、汽车	水下机器人，CPU设计制造等	高温电缆技术，汽车设计等
电子元器件、仪表	无	芯片，半导体设备、集成电路，仪器仪表、调节阀门、电子设计自动化工具，激光产品，平板显示器，光学元器件、光刻机，汽车仪表，激光显示器等
节能环保	无	太阳能电池、建筑能源技术，生物燃料，节水工程技术，保洁工具等
船舰、军工	舰船制造，军事航海技术、核装置制造等	驱逐舰、船用配套设备，警用武器，作战飞机、预警飞机等
生物医药	无	生物技术，生物制药，微生物菌种改造，空间医学与生物学，微生态制剂等

资料来源：《中国掌握有哪些领先的核心技术》，https：//zhidao.baidu.com/question/460230169227618805.html；笔者加工整理。

除制造技术外，与制造相关的其他要素也具有约束性，如人均制造业增加值、强势制造企业数量等。表3-11中的数据反映出中国在制造领域与制造强国的差距。

表 3 – 11　　　　　　　中国与世界制造强国竞争实力比较

	中国	美国	日本	德国	韩国
人均制造业增加值（美元）	2170	6075	8514	9595	7557
制造业增加值占 GDP 比重（%）	32	12	19	21	29
全球制造 500 强企业数（家）	57	133	85	26	21
主要制造业占全部制造业增加值之比	基本金属 14%；化学工业和化学产品 11%；食物和饮料 9%	化学工业和化学产品 16%；食物和饮料 14%；汽车、挂车和半挂车 12%	汽车、挂车和半挂车 16%；食物和饮料 12%；化学工业和化学产品 12%	机械设备 19%；汽车、挂车和半挂车 17%，化学工业和化学产品 10%	办公设备和计算机 26%；汽车、挂车和半挂车 11%；化学工业和化学产品 11%

注：全球制造 500 强企业数是 2017 年数据，中国的企业数是指中国大陆企业数。
资料来源：联合国工业发展组织数据库（http://www.unido.org/）；德勤有限公司和美国竞争力委员会：《2016 全球制造业竞争力指数》，http://www2.deloitte.com。资料所属时间为 2016 年；笔者加工整理。

表 3 – 10 和表 3 – 11 的资料和数据显示，相比制造强国，中国在先进制造的诸多领域都落后于世界先进水平，中国人均制造业增加值偏低，虽然制造业增加值占 GDP 的比重较高，但拥有全球制造 500 强的企业数总量上远低于美国和日本。中国优势制造行业集中在基本金属、化学工业和化学产品、食物和饮料等一般性领域；而制造强国的优势领域则集中在汽车、机械设备、办公设备和计算机等先进制造领域。这也都构成了建设制造强国的系统性约束要件。

而作为世界第一大制造强国的美国，不但在船舶制造、生物科技、现代农业、汽车、机械制造、核工业、电子工业、Intel 服务器芯片、计算机与信息技术等高端制造领域拥有绝对优势，而且在航天飞机、火星探测器、GPS 卫星导航系统、重型航空母舰、隐形战斗机、垂直起飞战斗机、蒸汽弹射器等航天、军事领域也独占鳌头。美国 50% 的制造业都是高技术密集型产业，美国掌握着这些领域的核心技术和行业标准，主导着这些行业的发展方向。日本在多个先进制造领域也处于全球领先水平，如机器人、汽车、人工智能、物联网、云计算、感光元件、摄影器材、医学器材、中央空调变频技术、工业生产用机床、次世代基因组技术、自动化交通、能源存储技术、3D打印、资源再利用等都处于世界领先水平。德国的优势领域体现在汽车、工业机械、汽车及配件、电气及自动化、化工、环保设备等。追溯美、日、德等制造强国的发展历史不难发现，其在先进制造领域所形成的优势非一日之功，而是历经几十年、近百年的努力。特别要警惕的是，制造强国在制造技术方面的发展并没有停滞，为巩固和捍卫先进制造领域的地位，美、日、德等均依据本国的优势和特点，出台了多项措施推进先进制造业的发展，以确保其在全球的竞争力。

国际金融危机之后，美国政府更加关注制造业发展。美国总统科技顾问委员会（President's Council of Advisors on Science and Technology，PCAST）2011年发布了《保障美国在先进制造业的领导地位》，2012年提出《获取先进制造业国内竞争优势》，这是美国的首份先进制造业伙伴计划（Advanced Manufacturing Partnership，AMP）。2014年10月美国发布《加速美国先进制造业》（AMP 2.0）。这些文件均强调，先进制造业在全球经济发展中的地位，关乎国家安全，必须制定措施吸引制造业投资，与自己的对手展开竞争。作为行动，美国已开始着手建设由45个制造创新中心和一个协调性网络组成的全国性创新网络，专门从事3D打印等具有革命性影响的新兴制造技术研究，并将技术转化为面向市场的生产制造项目。自2013年起，美国着手建立了"复合材料制造业研究所""宽频半导体研究所""集成光电子研究所""柔性混合电子制造创新研究所""智能工厂研究所""革命纤维与纺织制造创新研究所"等具有革命性的制造技术研究机构。同时，成立了三个创新中心——"轻型和当代金属制造创新中心""数字制造和设计创新中心"和"下一代电力电子制造研究中心"，主攻碳纤维复合材料、轻质材料、新一代汽车、3D印刷等先进制造技术。美国还通过税收优惠和减免、加快设备折旧、研发活动永久性税收减免、增加先进制造研发及基础设施建设投入等措施，支持先进制造业技术、创新性制流程的研发。此外，美国还决定确保纳米制造、生物、工业机器人、3D打印、先进设计、新一代信息网络、物联网、先进材料及国防科技工业等领域在全球处于领先地位。作为实际行动，美国已开始实现数字化设计、低成本的定制生产,通过数字化工厂的"大数据流",实现劳动生产率的大幅提高和燃料、原材料的充分使用。

日本已抛弃了沦为低端制造的家电等行业,转而主攻人工智能、医疗、生物、新能源、物联网、机器人、高科技硬件、环境保护、资源再利用等新兴制造领域。2017年4月,汤森路透发布《2016全球百强创新企业》,日本入选34家,居第二位(中国仅1家入选);而此前的《2015年全球创新企业》,日本入选40家,超过美国的35家,居第一位。2014年,联合国工业发展组织发布的各国工业竞争力报告显示,日本排名第一,超过德国、美国和韩国,这足以说明日本企业的创新竞争力。从20世纪60年代起,日本实施"技术立国"战略,政府从政策、财政、金融等方面支持应用技术研究,尤其是对高技术的引导和支持。因此在技术研发方面,日本研发经费占GDP的比重、由企业主导的研发经费占总研发经费的比重均居世界第一,其核心科技专利达80%以上,也居世界第一。2015年1月,日本发布了《机器人新战略》,成立"机器人革命促进会",提出要实现机器人革命,使日本成为"世界机器人创新基地""世界第一的机器人应用国家""迈向世界领先的机器人新时代",誓要保持机器人领域的领先地位。2016年1月,日本发布了《第五期科技基本计划(2016—2020)》,提出要加强能源价值链、地球环境信息平台、先进基础设施更新技术、综合型材料开发技术、智能制造技术、纳米技术、新材料技术、生物技术以及人工智能服务平台、大数据解析、网络安全等的研究,力争通过科技创新、完善知识产权和国际标准化战略,打造"超智能社会(5.0社会)",提升日本的国际竞争力,把日本建成"世界上最适宜创新的国家"。

同样地,德国、英国、韩国等也出台了本国先进制造业政策和发展行动计划,参与全球制造业布局调整,加快制造技术的突破,保持制造技术的优势领域。可见,在相当长的时期内,制造技术的发展不会停滞,反而会加快。中国要成为制造强国,其充分必要条件是先进制造技术赶上和超过制造强国。而据前文的分析,制造强国丝毫没有放松对技术的角逐,反而在加倍努力巩固其领先地位。因此,在全球制造业升级、制造方式和制造技术发生革命性变化的激烈竞争背景下,中国先进制造技术落后的系统性约束状态会在较长时间内存在,中国要实现先进制造技术的突破和领先,不可能一蹴而就,还需要较长时期的努力。

二 顶级制造品牌缺乏的约束

制造强国最为显著的标志之一是顶级制造品牌拥有量。品牌是产品质量、信誉的象征,拥有不同领域系列全球顶级品牌,就意味掌握了这个行业的核心技术、这个行业的话语权。在先进制造领域,全球顶级品牌的缺乏是中国建设制造强国系统性约束的另一重要表现。

世界品牌实验室(World Brand Lab)依据市场占有率(Share of Market)、品牌忠诚度(Brand Loyalty)和全球领导力(Global Leadership)发布的2016年度(第十三届)"世界品牌500强"排行榜中,中国入选品牌数是36个,而美国入选数是227个,日本入选数是37个,德国入选数是26个。中国进入排行榜的36个品牌中仅8个品牌挤入前百位,且只有海尔、华为、联想3个品牌属于制造领域。在英国著名品牌评估机构Brand Finance发布的"2016年全球最具价值品牌500强榜"中,中国有47个品牌入围,其中15个品牌进入前100位,但15个品牌中只有华为(Huawei)一家属于制造领域。现阶段,世界先进制造领域的顶级品牌基本为制造强国所垄断,中国占有的席位很少。表3-12所列示的情况可以反映这一点。

表3-12　　　　　　先进制造领域全球著名品牌

计算机		汽车		工业机器人		生物制药	
品牌	国家	品牌	国家	品牌	国家	品牌	国家
苹果(Apple)	美国	通用(GM)	美国	发那科(FANUC)	日本	辉瑞(Pfizer)	美国
联想(Lenovo-IBM)	中国	福特(Ford)	美国	库卡(KUKA)	德国	罗氏(Roche)	瑞士
惠普(HP)	美国	克莱斯特(Chrysler)	美国	那智不二越(NACHI)	日本	默克(Merck)	美国
戴尔(DELL)	美国	丰田(TOYOTA)	日本	川崎(Kawasaki)	日本	强生(Johnson & Johnson)	美国
华硕(ASUS)	中国	大众(Volkswagen)	德国	ABB-Robatics	瑞典	诺华(Novartis)	瑞士

续表

计算机		汽车		工业机器人		生物制药	
品牌	国家	品牌	国家	品牌	国家	品牌	国家
宏碁（Acer）	中国	本田（HONDA）	日本	史陶比尔（Staubli）	瑞士	安进（Amgen）	美国
三星（SAMSUNG）	韩国	雷诺（Renault）	法国	柯马（COMAU）	意大利	吉利德科学（Gilead Sciences）	美国
东芝（TOSHIBA）	日本	标致雪铁龙（PEUGEOT）	法国	爱普生（DENSO EPSON）	日本	诺和诺德（Novo Nordisk）	丹麦
神舟（Hasee）	中国	菲亚特	意大利	日本安川（Yaskawa Electric）	日本	阿斯利康（AstraZeneca）	英国
…	…	宝马（BMA）	德国	新松	中国	葛兰素史克（GlaxoSmithKline）	英国

飞机		工程机械		造船		无人机	
品牌	国家	品牌	国家	品牌	国家	品牌	国家
波音公司（Boeing）	美国	卡特彼勒（Caterpillar）	美国	现代重工	韩国	全球鹰	美国
洛克希德公司（Lockheed）	美国	小松（KOMATSU）	日本	三菱重工	日本	雷电之神（Taranis）	英国
联合航空制造公司（OAK）	俄罗斯	日立建机（HITACH）	日本	大宇造船	韩国	MQ-1 捕食者	美国
空中客车公司（Airbus）	法国	沃尔沃建筑设备（VOLVO）	瑞典	Huntingfon Ingalls	美国	苍鹭	以色列
达索（AMD-BA）	法国	利勃海尔（LIEBHERR）	德国	中船重工	中国	哈比	以色列
法国航空（Air France）	法国	三一重工	中国	三星重工	韩国	火力侦察兵（MQ-8B）	美国
庞巴迪宇航（Bombardier Aerospace）	加拿大	中联重工	中国	中船集团	中国	翼龙	中国

续表

飞机		工程机械		造船		无人机	
品牌	国家	品牌	国家	品牌	国家	品牌	国家
巴西航空（Embraer S. A.）	巴西	特雷克斯（Terex）	美国	胜科海事（Sembcorp Marine）	新加坡	彩虹-4	中国
德哈维兰公司（de Havilland）	英国	阿特拉斯·科普柯（Atlas Copco）	瑞典	今治造船	日本	…	…
英国宇航（British Aerospace）	英国	山特维克（Sandvik）	瑞典	韩进重工	韩国	…	…

注：表中个别品牌未提供英文名是因为原始资料没有英文名，"…"表示数据缺失。

资料来源：英国品牌价值咨询公司网站（http://brandfinance.com）；世界品牌实验室网站（http://www.worldbrandlab.com）；中国先进制造网（http://www.amdaily.com）。数据所属时间为2017年；笔者加工整理。

同样地，在重要制造产品的市场占有份额方面，中国也与制造强国存在差距。2016年，《日本经济新闻》发布过2015年55个品类产品全球市场份额，其中美国企业有18个品类居全球第一，日本企业有11个品类居全球第一，中国企业和韩国企业分别有8个品类产品居全球第一。具体品类产品见表3-13。

表3-13　　　　　　全球市场份额居全球第一品类比较

	品类数	居全球第一的产品品类
美国	18	平板电脑、服务器、路由器、存储器、硬盘驱动器（HDD）、半导体制造设备、智能手机、操作系统、杀毒软件、搜索引擎、互联网广告、喷墨打印机、多功能一体机与复印机、音乐软件、纸尿裤、超声波诊断装置、碳酸饮料、并购顾问、信用卡
日本	11	中小型液晶面板、CMOS图像传感器、微处理器、白色LED、数码相机、可换镜头式相机、碳纤维、锂电池隔离膜、汽车、轮胎、工业机器人
中国	8	个人电脑、监控摄像头、风力发电机、光伏电池、洗衣机、冰箱、家用空调、香烟

续表

	品类数	居全球第一的产品品类
韩国	8	大型液晶面板、DRAM 动态随机存储器、NAND 型闪存、锂离子电池、智能手机有机 EL 面板、智能手机、平板电视、造船
欧洲	9	化妆品、啤酒类饮料、服装、人才服务、轴承、粗钢、CT 机、MRI 核磁共振成像、医疗药品

资料来源：中国贸易促进委员会网站（http://www.ccpit.org/Contents/），资料所属时间为 2015 年。

由表 3-12 和表 3-13 可知，在汽车、无人机、大飞机、生物制药等方面，中国没有全球顶级品牌；在计算机、汽车、工业机器人、飞机、工程机械、造船、生物制药等先进制造领域，中国的顶级品牌也不多。品牌意味着产品的质量和产品的技术，反映的是消费群体对产品的情感需求，体现着产品的信誉、市场占有率以及忠诚的消费者群体，没有顶级品牌就意味着没有顶级技术和顶级的产品质量。中国在先进制造领域顶级品牌缺乏的状况是建设制造强国绝对不能忽视的重要约束因素。

第四节 建设制造强国的结构性矛盾

中国建设制造强国有着系统性约束，也存在着结构性矛盾，这种矛盾主要体现为经济增长的需求与制造业生产资源分布上的严重非均衡、人才培养与经济发展水平的非均衡。一方面，经济欠发达的地区迫切需要制造业资源的集聚；而另一方面，制造业资源的集聚又需要经济水平、人力资源的支撑。

一 经济水平与制造业资源的非均衡

（一）经济发展水平的非均衡

长期以来，由于地理环境、自然资源、人口分布、交通条件、劳动力素质以及一些历史等方面的原因，中国东、中、西部的经济发展水平存在巨大差异。表 3-14 的分析指标可以从一个侧面反映这一差异程度。

表 3-14 东、中、西部地区经济发展水平与资源分布情况①

		东部地区	中部地区	西部地区
人均可支配收入（元）（2015年）	城镇	36691	26810	26473
	农村	14297	10919	9093
国家级市、区（个）	中心城市	10	2	3
	经济技术开发区	10	2	6
	创新示范园区	11	3	3
优质高校数（个）	"985" 高校数	26	6	12
	"211" 高校数（含"985"）	71	17	24
优质医院数（个）	三甲医院	561	380	295
	顶级医院 100 强	64	19	17
城镇化水平	人口城镇化率（%）	62.2	48.5	44.8
	中国百强市（个）	61	23	16
	贫困县数（个）	66	151	448

资料来源：《2016 中国统计年鉴》，中国统计出版社 2016 年版；《2016 中国卫生和计划生育统计年鉴》，协和医科大学出版社 2016 年版；国务院扶贫开发领导小组办公室官网（http://www.cpad.gov.cn）。除人均可支配收入外，其他数据所属时间为 2016 年；笔者加工整理。

表 3-14 列示了与制造业发展相关的部分分析指标。可以看出，中国东、中、西部地区的经济发展水平、教育资源、医疗卫生资源、城镇化水平以及与制造业发展相关的经济技术开发区、创新示范园区等都存在着差别。依据新经济地理理论，这些因素都影响着产业发展。

按照保罗·克鲁格曼（Paul Krugman）（1991）② 等人开创的新经济地理理论，产业的发展应该是遵从"报酬递增规律"的，产业资源的集聚与市场、地理位置存在着密切的关系。企业只有建立在交通便捷、基础设施齐全、原材料供给充足的地区，比如城市，企业的生产效率才会提高，收益才会增加，从而实现"规模报酬递增"。否则，规模报酬就会递

---

① 东、中、西部地区按国家统一规定划分，西部地区包括四川、重庆、贵州、云南、西藏、陕西、甘肃、青海、宁夏、新疆、广西、内蒙古 12 个省区市；中部地区包括山西、吉林、黑龙江、安徽、江西、河南、湖北、湖南 8 个省；东部地区包括北京、天津、河北、辽宁、上海、江苏、浙江、福建、山东、广东和海南 11 个省市。

② P. Krugman, "Increasing Returns and Economic Geography", *Journal of Political Economy*, Vol. 99, No. 3, 1991.

减。保罗·克鲁格曼提供了一个简化的"核心—外围"模型来描述产业集聚的形成原因①。他假定：工业生产具有报酬递增特点，农业生产的规模报酬不变，资源不可流动，核心区是制造业，外围是农业。于是，随着时间的推移，生产要素就会向运输成本小的市场集聚。随着力量的累积，最初状态的地理区位就会改变；一旦某个区位形成行业的地理集中时，那么该地区的集聚经济就会迅速发展，并获得地区垄断竞争优势。经济的非均衡会引致产业的非均衡发展，这对制造强国是有较大影响的。

（二）制造业资源分布的非均衡

在研究资源分布的问题上，以 M. J. Melitz（2002）② 为代表的一些学者将异质性问题引入企业生产率差异、企业生产组织方式、贸易模式以及投资行为等领域，形成了所谓的"新"新经济地理学。该理论认为，新经济地理学所关注的是企业宏观上的非均质性差异问题。而事实上，位置的显示可以通过相同的人和企业的微观决策产生内源性，未来应该更深入地研究人与企业之间更精细的"微观异质性"，揭示两种异质性之间的相互作用是怎样影响集聚经济的存在和强度的。"新"新经济地理学理论强调，必须考虑企业在成本和效率等方面的异质性，因为这种异质性直接决定了企业的市场竞争力水平，是企业进行区位选择和集聚经济空间分布的重要微观要因。G. I. P. Ottaviano（2011）③ 还构建了一个两企业两区位的"新"新经济地理模型，这一模型包括两个企业、两个区位，能有效揭示异质性企业的区位选择机制，刻画集聚经济的微观机理。M. Lafourcade 和 G. Mion（2007）④ 则通过数据实证研究了美国地区制造业结构的趋势，他们还通过距离模式进行空间自相关分析发现，小企业有更大地进行产业集聚的倾向性。以上经济学家的研究发现及由之提出的理论，一定程度上验

---

① P. Krugman, "Scale Economies, Product Differentiation, and the Pattern of Trade", *American Economic Review*, Vol. 70, No. 5, 1980.

② M. J. Melitz, "The Impact of Trade on Intra-Industry Reallocations and Aggregate Industry Productivity", *Econometrica*, Vol. 71, No. 6, 2002.

③ G. I. P. Ottaviano, "'New' new economic geography: firm heterogeneity and agglomeration economies", *Journal of Economic Geography*, Vol. 11, No. 2, 2011.

④ M. Lafourcade, G. Mion, "Concentration, agglomeration and the size of plants", *Regional Science & Urban Economics*, Vol. 37, No. 1, 2007.

证了中国现阶段制造业的分布状态，相关情况如表 3 - 15 所示。

表 3 - 15　　　　　　　　中国大区制造业资源分布情况

	制造企业数		资产总计		利润总额		应缴税金总额		工业总产值	
	绝对量（家）	占比（%）	绝对量（百亿元）	占比（%）	绝对量（百亿元）	占比（%）	绝对量（百亿元）	占比（%）	绝对量（百亿元）	占比（%）
东北	22208	6.92	482.75	7.64	40.17	7.37	24.50	7.38	747.18	8.43
华东	155794	48.54	2713.77	42.97	247.40	45.36	148.61	44.78	3906.66	44.06
华南	42353	13.20	782.05	12.38	65.53	12.01	43.87	13.22	1172.56	13.22
华中	48990	15.26	829.57	13.14	94.41	17.31	50.39	15.19	1337.95	15.09
华北	24607	7.67	788.71	12.49	50.46	9.18	31.00	9.34	907.21	10.23
西北	7468	2.33	265.74	4.21	11.04	2.02	7.91	2.38	246.91	2.78
西南	19551	6.09	452.74	7.17	36.81	6.75	25.56	7.70	547.98	6.18
总计	320971	100	6315.34	100	545.42	100	331.85	100	8866.45	100

注：表中应缴税金总额 = 应缴所得税 + 应缴增值税；工业总产值是制造业的工业总产值。

资料来源：中国工业企业数据库，2013 年中国工业企业数据。根据《国民经济行业分类》筛选制造业企业（行业代码前两位：13—42）[1]。资料所属时间为 2013 年；笔者加工计算整理。

表 3 - 15 中，东北地区包括辽宁、吉林、黑龙江 3 省；华东地区包括山东、江苏、安徽、浙江、福建、上海 6 省市；华南地区包括广东、广西、海南 3 省区；华中地区包括湖北、湖南、河南、江西 4 省；华北地区

---

[1] 根据《国民经济行业分类》（GB/T 4754—2011），制造业大类代码为 13—42，具体代码所指行业为：13：农副食品加工；14：食品制造业；15：酒、饮料和精制茶制造业；16：烟草制品业；17：纺织业；18：纺织服装、服饰业；19：皮革、毛皮、羽毛及其制品和制鞋业；20：木材加工和木、竹、藤、棕、草制品业；21：家具制造业；22：造纸和纸制品业；23：印刷和记录媒介复制业；24：文教、工美、体育和娱乐用品制造业；25：石油加工、炼焦和核燃料加工业；26：化学原料和化学制品制造业；27：医药制造业；28：化学纤维制造业；29：橡胶和塑料制品业；30：非金属矿物制品业；31：黑色金属冶炼和压延加工业；32：有色金属冶炼和压延加工业；33：金属制品业；34：通用设备制造业；35：专用设备制造业；36：汽车制造业；37：铁路、船舶、航空航天和其他运输设备制造业；38：电气机械和器材制造业；39：计算机、通信和其他电子设备制造业；40：仪器仪表制造业；41：其他制造业；42：废弃资源综合利用业。

包括北京、天津、河北、山西、内蒙古5省区市；西北地区包括宁夏、新疆、青海、陕西、甘肃5省区；西南地区包括四川、云南、贵州、西藏、重庆5省区市。由表3-14可以发现，华东地区虽然地域面积不大，但集聚的制造企业、制造资产以及总产值都占有相当大的比重。相比之下，西北、西南地区的制造业资源显著偏少。图3-1可清楚地反映其间制造业资源分布的结构性偏差。

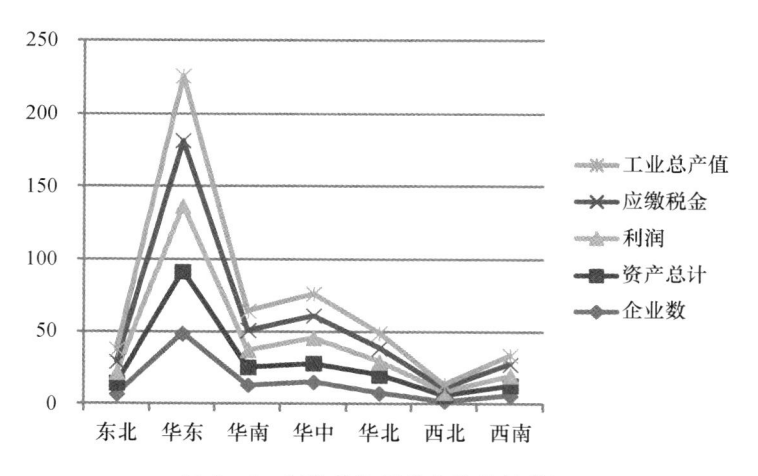

图3-1　制造业资源分布结构性差距

资料来源：中国工业企业数据库，2013年中国工业企业数据。

在省区市层面上，也可进一步反映制造业资源集聚的结构性偏差（见表3-16）。由表3-16的数据可以发现，集聚的制造企业数量、制造业资产、工业总产值、利润总额、应缴税金总额最多的是江苏、广东、山东、浙江等省；其次是辽宁、河北、上海、天津等省市；而西部地区的西藏、青海、宁夏、甘肃、新疆等集聚的制造业资源则与之存在巨大反差。中国区域经济发展状况和制造业资源集聚状况似乎形成了一个悖论：经济的发展需要制造业的支撑，而制造业的发展又反过来依赖经济的发展水平。中国西北、西南以及东北地区经济发展水平不高，很难有效集聚制造业资源，而没有制造业资源，这些地区的经济发展又很难有突破性发展。这种结构性矛盾有着极其复杂的成因，故而解决起来十分困难。

表 3-16　　　　　　　中国制造业资源的地域分布结构

	企业数量		资产总计		利润总额		工业总产值		应缴税金总额	
	绝对量（家）	占比（%）	绝对量（百亿元）	占比（%）	绝对量（百亿元）	占比（%）	绝对量（百亿元）	占比（%）	绝对量（百亿元）	占比（%）
北京	3349	1.04	142.38	2.25	8.50	1.56	118.85	1.34	5.38	1.62
天津	4838	1.51	163.85	2.59	14.72	2.70	217.97	2.46	10.68	3.22
河北	11630	3.62	284.55	4.51	18.93	3.47	383.27	4.32	9.67	2.91
山西	2012	0.63	97.87	1.55	1.18	0.22	77.14	0.87	1.79	0.54
内蒙古	2778	0.87	100.07	1.58	6.74	1.24	109.99	1.24	3.48	1.05
辽宁	14193	4.42	291.85	4.62	24.49	4.49	456.81	5.15	14.22	4.29
吉林	4582	1.43	116.71	1.85	11.79	2.16	196.22	2.21	7.28	2.19
黑龙江	3433	1.07	74.19	1.17	3.89	0.71	94.15	1.06	3.00	0.90
上海	8966	2.79	291.65	4.62	22.76	4.17	301.63	3.40	12.36	3.73
江苏	44946	14.00	835.03	13.22	77.62	14.23	1257.51	14.18	52.67	15.87
浙江	35931	11.19	535.78	8.48	32.10	5.89	570.90	6.44	19.88	5.99
安徽	14608	4.55	189.35	3.00	18.67	3.42	292.38	3.30	10.24	3.09
福建	14577	4.54	205.28	3.25	19.99	3.67	306.67	3.46	10.63	3.20
江西	7016	2.19	110.50	1.75	16.05	2.94	214.16	2.42	8.66	2.61
山东	36766	11.45	656.68	10.40	76.25	13.98	1177.58	13.28	42.84	12.91
河南	18080	5.63	317.97	5.03	39.62	7.26	494.85	5.58	17.01	5.13
湖北	12961	4.04	247.39	3.92	21.75	3.99	354.08	3.99	12.47	3.76
湖南	10933	3.41	153.70	2.43	16.98	3.11	274.86	3.10	12.25	3.69
广东	37554	11.70	668.32	10.58	55.92	10.25	1000.93	11.29	37.82	11.40
广西	4496	1.40	96.21	1.52	8.73	1.60	156.48	1.76	5.40	1.63
海南	303	0.09	17.52	0.28	0.88	0.16	15.15	0.17	0.65	0.20
重庆	4643	1.45	102.18	1.62	9.01	1.65	139.64	1.57	5.93	1.79
四川	10609	3.31	227.73	3.61	18.37	3.37	292.22	3.30	12.94	3.90
贵州	2017	0.63	48.47	0.77	4.70	0.86	46.02	0.52	2.84	0.86
云南	2241	0.70	73.28	1.16	4.59	0.84	69.79	0.79	3.78	1.14
西藏	41	0.01	1.07	0.02	0.13	0.02	0.31	0.00	0.07	0.02
陕西	3372	1.05	98.94	1.57	7.01	1.29	110.38	1.24	4.53	1.37
甘肃	1371	0.43	50.26	0.80	0.87	0.16	51.07	0.58	1.14	0.34
青海	326	0.10	22.36	0.35	0.49	0.09	12.41	0.14	0.33	0.10

续表

	企业数量		资产总计		利润总额		工业总产值		应缴税金总额	
	绝对量（家）	占比（%）	绝对量（百亿元）	占比（%）	绝对量（百亿元）	占比（%）	绝对量（百亿元）	占比（%）	绝对量（百亿元）	占比（%）
宁夏	811	0.25	25.02	0.40	0.72	0.13	20.04	0.23	0.51	0.15
新疆	1588	0.49	69.16	1.10	1.95	0.36	53.01	0.60	1.40	0.42
总计	320971	100	6315.34	100	545.42	100	8866.45	100	331.85	100

资料来源：中国工业企业数据库，2013年中国工业企业数据；笔者加工计算。

新经济地理理论认为[①]，产业实现空间集聚，其主要的动力是地区经济发展的外部诱因、产业之间的关联效应以及规模经济效应等，而产业资源出现扩散，则主要是因为地区资源的拥挤状态；当产业空间集聚力量与扩散力量彼此作用发展到势均力敌，达到了一定程度的均衡时，就会产生集聚经济，形成产业资源在不同空间上的异质分布状态。但是，向高集聚性区域转移的企业，其自身的劳动生产率水平是较高的，一般会高于企业的平均水平，这就决定了企业进行空间迁移时既会考虑规模效益、集聚经济效益，也会考虑集聚区企业的劳动生产率水平、市场占有率以及综合竞争实力等因素。

追溯宏观经济学的演化历史，从亚当·斯密社会经济发展阶段论，到凯恩斯的宏观经济学体系、瓦尔拉斯的一般均衡论，再到弗里德曼的货币理论、永久收入的消费理论，及至卢卡斯的理性预期革命以及"新"新经济地理，都有一个基本假设，那就是市场作为配置资源的最有效方式是天然存在和自动有效运作的。但事实上，现实社会的发展显示，市场并不是天然存在的。市场是一个公共品，是由社会和集体的力量创造出来的。市场的三大基石是政治稳定、社会信任和基础设施，这些因素决定了市场的规模和形态。市场的影响因素必须依靠强大的国家力量和社会力量。市场不会自动有效运作，它需要强大的外部规范和监管。因此，中国不同区域经济增长需求与制造业资源分布严重非均衡的矛盾单靠市场的力量是无法解决的，还必须依靠有效的制度和政府的政策力量。

---

① Miren Lafourcade, "Giordano Mion. Spatial Clustering and the Size of Plants: Disentangling the Sources of Co-Location Externalities", *Core Discussion Papers*, Vol. 116, No. 3, 2003.

二 经济水平与教育资源的非均衡

社会发展的实践表明,教育的发展资金主要源于国家的投资,而不可能来自学校自身创造的财富。人类通过生产活动,促进经济发展为教育提供人力和财力支撑。因此,经济的发展水平决定着教育的基础性设施条件,而教育的发展也不能超出经济发展所能提供的水平。改革开放40年中国教育的发展是与经济的发展相生相伴的,经济成果促进了教育的发展,反过来教育的成就也推动了经济的发展。40年间,中国教育累计投入36.26万亿元[1],其中财政性教育经费累计投入27.82万亿元,年均增长16.5%;2017年中国教育投入总量达4.26万亿元,其中国家财政性教育经费投入3.42万亿元,是1978年94亿元的453倍,年均增长17.1%。1978年中国人均教育经费从不足9.8元,至2017年增加到3000余元,增长306倍。截至2017年国家财政性教育经费占GDP比例已连续6年保持在4%以上。但是,教育与经济的发展存在明显的非均衡性,有些时期这种非均衡性还较严重。因此,在研究分析了中国教育发展的规模和结构后,有必要测度改革开放40年间中国教育与经济发展的非均衡状况。

(一)经济与教育资源的非均衡发展

比照前文的研究思路,此处我们以1978—2017年中国国内生产总值GDP的环比发展速度反映经济发展状况,将其与同期的普通高校数环比发展速度、普通高校专任教师数环比发展速度、普通高中教师数环比发展速度进行比较,以此测度经济与教育资源发展非均衡状况。

依据《中国统计摘要2018》,可以整理计算出1978—2017年中国国内生产总值(GDP)的环比发展速度、普通高校数环比发展速度、普通高校专任教师数环比发展速度、普通高中教师数环比发展速度,据此绘制中国教育资源与经济非均衡发展测度图如下(见图3-2)。

由图3-2可以看出:改革开放40年间中国经济一直有较好的发展速率,教育资源增长速率与经济发展有较好的匹配度。但在几个阶段也存在发展的不均衡性。1978—1988年,中国大力发展高等教育,普通高校专任教师的增长速率较高,个别年份普通高校专任教师的发展速率超过了经

---

[1] 参引自朱永新《中国教育改革40年的成就与经验》,https://www.sohu.com/a/254935739_568853;庆祝改革开放40年特刊《中国教育报》2018年12月18日第6版。

济发展速率,如 1982 年,普通高校专任教师的增长率为 14.8%,而经济的增长速率为 9%。但这段时期,普通高中教师的发展速度一直低于经济发展速度。1988—1998 年,中国教育发展速率一直低于经济增长速率,普通高校数、普通高校专任教师数、普通高中教师数的发展速度均低于经济发展速度。特别是 1990—1992 年,中国普通高校机构数均呈零增长,普通高校专任教师数 3 年的环比增长率分别为 -0.50%、-0.01% 和 -0.007%,但 3 年里国内生产总值(GDP)的增长速率却是 3.9%、9.3% 和 14.2%,表现出明显的非均衡性。从 2005 年以后,中国经济的发展速度一直快于教育资源的发展速度,财政性教育经费一直不足。2012 年,中国财政性教育经费突破 2 万亿元,占 GDP 比例首次超过 4%,处于世界低收入国家财政教育经费投入的基本标准。中国财政性教育经费占 GDP 比例突破 4% 后,短期财政教育经费占 GDP 比例难以有明显提升,2012—2016 年中国财政性教育经费占 GDP 比例一直维持在 4% 的水平,始终未能达到 GDP 的增速,中国在基础教育领域的教育投资依然处于低水平阶段,教育的发展与经济发展在不同的时期存在明显不均衡。

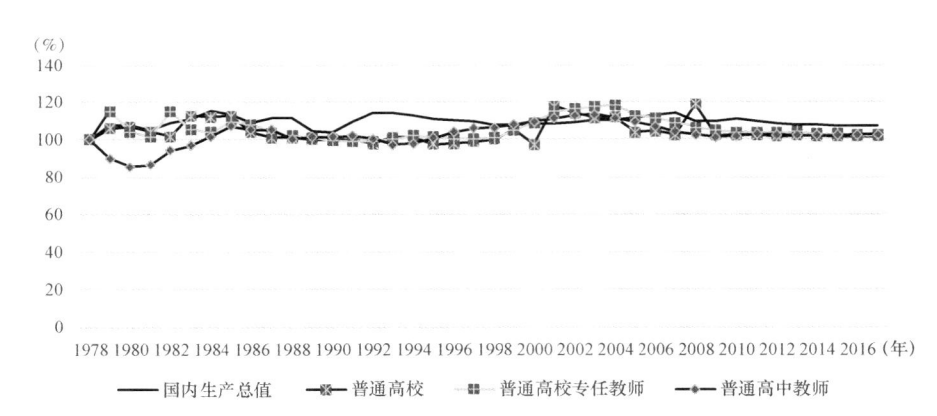

图 3-2 教育资源与经济非均衡发展测度

资料来源:国家统计局《中国统计摘要 2018》,中国统计出版社 2018 年版。

(二)经济与教育活动的非均衡发展

继续运用同样的方法,以普通本专科招生数环比发展速度、普通本专科在校学生数测度教育活动与经济发展非均衡状况。仍然依据《中国统计摘要 2018》,可以整理计算出 1978—2017 年中国国内生产总值(GDP)

的环比发展速度、普通本专科学生招收环比发展速度、本专科在校学生的环比发展速度，可绘制出中国教育活动与经济非均衡发展测度图如下（见图3-3）。

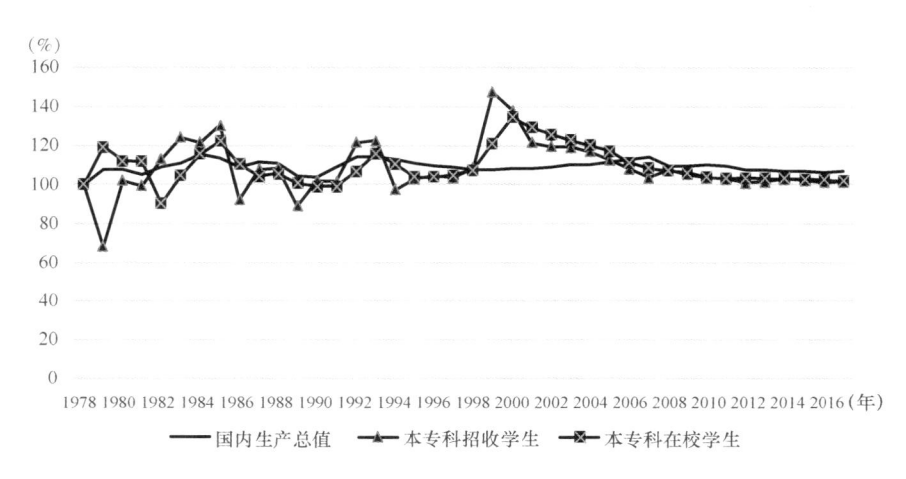

图3-3 教育活动与经济非均衡发展测度

资料来源：国家统计局《中国统计摘要2018》，中国统计出版社2018年版。

由图3-3可以看出，1978—1998年，中国教育活动发展速度与中国经济发展明显不同步，本专科招收学生数、本专科在校学生数的发展速率一直围绕GDP的发展速率上下波动。1998—2004年，本专科招收学生数发展速度、本专科在校学生数发展速度一直高于GDP发展速度，而2004年以后，GDP的发展速度则一直高于本专科招收学生数发展速度、本专科在校学生数发展速度。改革开放的后20年，中国经济发展速度较快，但对教育的投入增速不快。分析数据显示，2000年中国GDP为8.94万亿元，国家财政性教育经费占GDP比重为2.87%，处于世界低收入国家财政教育经费投入的基本标准；2005年中国GDP为18.31万亿元，国家财政性教育经费占GDP的比重为2.82%，仍未达到世界低收入国家财政教育经费投入的基本标准，虽然国家在教育投入方面的总量在增长，财政性教育经费占GDP的比重也在增长，但预算内教育经费占财政支出比重却在下降；2010年中国GDP为40.12万亿元，国家财政性教育经费占GDP比重为3.66%，仍低于4%的水平。而且全国有22个省、自治区、直辖市公共财政预算教育经费占公共财政支出比例比上年有不同程度的下降。

2016年，中国小学生、初中生和高中生人均财政预算教育事业经费分别为0.94万元、1.34万元和1.23万元。但根据经济合作与发展组织的数据，全球创新指数排名前20位国家2012年生均教育经费投入水平为1.29万美元，折合人民币约8万元，美国为1.55万美元，折合人民币约9.5万元，中国与创新国家的差距明显。教育活动与经济发展也存在明显的不均衡性。

（三）经济与教育成就的非均衡发展

同样地，此处以普通本专科毕业生环比发展速度、研究生招生环比发展速度、留学生学成回国环比发展速度测度教育成就与经济发展的非均衡状况。运用同样的方法，依据《中国统计摘要2018》，可以整理计算出1978—2017年中国GDP的环比发展速度、普通本专科毕业生环比发展速度、研究生招生的环比发展速度，留学生学成回国环比发展速度可绘制中国教育成就与经济非均衡发展测度图如下（见图3-4）。

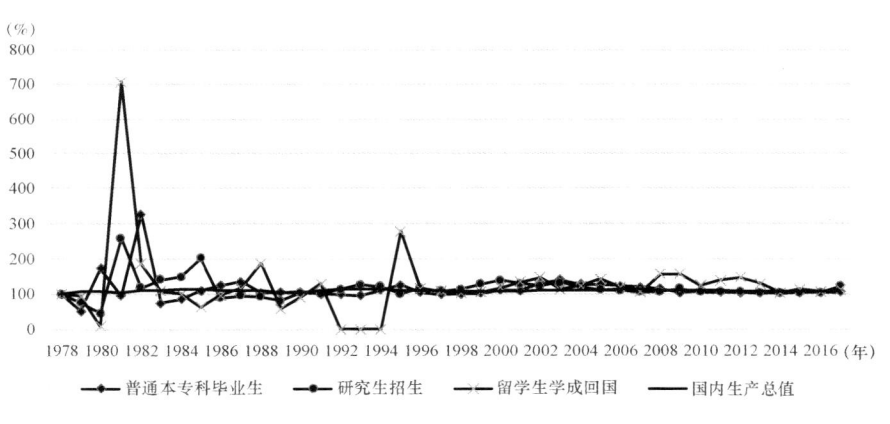

图3-4 教育成就与经济非均衡发展测度

资料来源：国家统计局《中国统计摘要2018》，中国统计出版社2018年版。

由图3-4可以发现：1978—1996年，中国普通本专科毕业生、研究生招生、留学生学成回国数量增速幅率基本上是围绕GDP增速幅率上下波动，增速不同步。特别是留学生学成回国数量，起伏波动较大。1984—1986年，留学生学成回国出现负增长，发展速度分别为99.44%、62.18%、97.47%，而同期GDP的发展速度则为115.2%、113.4%、108.9%。1992—1994年，留学生学成回国数出现缺值。值得注意的是，留学生学成回国数环比发展速度存在 2 个极端值，即 1981 年环比发展速度达到 705.56%，1995 年达到 277.91%。

1996 年以后，普通本专科毕业生数、研究生招生数、留学生学成回国数 3 个指标的平均发展速度基本与 GDP 发展速度同步，不过在 2006—2014 年，留学生学成回国的增长率明显高于 GDP 的增长率。新中国成立之前，一些中国学者开始出国学习西方的先进技术。新中国成立之后，许多留学海外的中国学者回国后利用所学为建设自己的国家、为国家的强大贡献力量。改革开放以后，大批中国人出国留学深造，早先主要是"精英留学"，留学生选择出国留学的目标主要是攻读研究生。改革开放后的 20 年，出国留学群体发生重大变化，出现了精英留学和大众化留学并存的局面。国家制定各项优惠政策，如落户、购置免税车、子女入学等，吸引学成人员回国创业。2017 年，中国出国留学的人数已经达到 60 万人，同比增长 11.11%；留学人员学成回国率达到 80%，同比增长 11.19%。学成回国的增长之势显然得益于中国经济发展状况。

研究生教育发展也是与经济发展高度相关的。改革开放时期，全球科学技术飞速发展，日益成为经济社会发展的主要驱动力，科技竞争在综合国力竞争中的地位愈加突出。所以，建设自主创新型国家，建设制造强国，必须大力培养高科技人才，发展研究生教育，培养大批学术型人才和大批应用型高级专门人才。改革开放 40 年间，中国研究生教育整体上规模平缓扩张，增量显著减少。2017 年，中国招收研究生 80.61 万人，在校研究生 263.96 万人，毕业研究生 57.80 万人，与前期相比均有增长。从与经济发展的均衡性上看，1978—1995 年，研究生教育与经济发展速率是不匹配的、非均衡的，而 1996 年以后研究生教育与经济发展表现出了较好的一致性。

综上，中国经济发展与教育发展也呈非均衡状态，而且这种状况还没有明显的改善，与其他非均衡因素一样，此种非均衡也会影响中国制造强国建设的进程。

第四章　建设制造强国的行业企业

在建设制造强国的实践中，先进制造行业和企业的发展状况有着举足轻重的作用，其结构、分布、生产情况直接影响建设制造强国的进程。先进制造业是生产技术和生产模式先进，产品附加值高，市场竞争力强，发展前景好，生产过程系统化、集成化、信息化的制造产业。建设制造强国需要大力发展先进制造业，保证复杂技术产品、前沿技术产品、品牌主导产品在全球价值链上的升级；要开展制造领域的国际合作，实现前沿尖端制造技术的重点突破。要培育和发展众多的冠军企业和独角兽企业，支持冠军企业、独角兽企业"走出去"，创造出国际知名品牌。

第一节　先进制造行业

先进制造业具有较高技术含量和较高附加值。中国先进制造业在生产效率、生产能力以及创新驱动能力方面还落后于世界制造强国。新工业革命时代，制造模式正发生革命性变化，创新和竞争成为未来制造业发展的大势。中国建设制造强国必须加快发展先进制造业，必须科学配置产业资源，有序进行先进制造业的转移和空间布局。

一　先进制造业发展战略

先进制造业是一个动态相对的概念。从先进制造业演化过程看，先进制造业大致可分为两类，一类是由传统制造业引入信息技术、智能技术和其他高新技术后升级而成，如航空航天装备制造、数控机床制造、交通运输装备制造等；另一类是由新兴技术成果产业化，进而形成的具有基础性和引领性的新兴产业，如3D打印制造、精密与超精密加工技术制造、生物制造、纳米制造等。在新工业革命时代,未来几十年全球工业革命的业态将是智能制造、互联网制造、定制制造和绿色制造,人工智能技术、3D 打印技术等①将成为许多生产零件和产品的主流生产方式。

前三次工业革命,只是一部分技术引起了制造业的变化,其影响也仅限于发达经济体。现在,人类正进入新工业革命时代。新工业革命时代的"新"着重体现于,产品的制造地不再集中,而是遍布全球;工业革命的影响也不再仅限于发达国家,而是遍及全球,如中国、印度、巴西、俄罗斯等;越来越多的制造商正将制造业链条混合嵌入于发达国家和发展中国家;电气、网络、生物、激光等技术广泛应用于制造业,制造业的"外包""众筹""互联"技术数量正大大增加;绿色制造、可持续制造的理念正为全球所普遍接受,人类更关注将制造业改造成对环境破坏较小的产业,而科技的专门化、生产营销网络、生产方式的细分,会衍生出众多的静脉行业,并且为利基产业②提供发展的基础。新工业革命时代是一个真正意义上的工业民主化时代。为面对新工业革命的变化,世界上一些国家出台了一系列振兴先进制造业的战略、规划、法案,有代表性的国家制造战略的内容如表 4–1 所示。

表 4–1　　　　　　　　　重要国家先进制造业发展战略比较

	战略	核心目标	重要措施
中国	《中国制造 2025》(2015 年 2 月);"1 + X" 规划体系(2017 年 2 月)等	掌握一批高端装备设计制造关键核心及共性技术,自主研发、设计、制造及系统集成能力大幅提升,产业竞争力进入世界先进行列;总体技术水平迈入国际先进行列,部分产品取得原始创新突破,基本满足国民经济重点领域和国防建设的需求	实施制造业创新能力建设工程,信息产业核心技术能力提升工程,高端装备创新工程,工业强基工程,智能制造工程,绿色制造工程,创建制造业创新建设中心;建立具有国际竞争力、安全可控的信息产业生态体系;发展先进的生产性服务业,建设高水平创新载体和服务平台;推进制造业人才供给结构改革,精准对接重点领域人才需求

---

① 3D 打印技术也叫增材制造,是快速成型技术的一种,它以数字模型文件为基础,运用粉末状金属或塑料等可黏合材料,通过逐层打印的方式来构造物体。该技术已在珠宝、鞋类、工业设计、建筑、工程、汽车、航空航天、医疗、地理信息、土木工程等领域有应用。

② 利基产业,指通过对市场的细分,企业集中力量于某个特定的目标市场,或严格针对一个细分市场,或重点经营一个产品和服务,创造出产品和服务优势,获取利益。

续表

	战略	核心目标	重要措施
美国	《先进制造业国家战略计划》（2012年2月）	增加先进制造业技术投资；培养先进制造业增长所需技术工人；建立政府、企业、专业机构的合作关系；优化联邦在先进制造业技术的投资；增加先进制造业研发投资	建立"国家3D打印制造创新研究所"；建设全国性制造创新网络；打造世界先进技术服务中心；关注制造业技术创新，并将技术转化为面向市场的生产制造项目
英国	《制造业的未来：英国面临的机遇与挑战》（2013年10月）	采用新科技，快速响应消费者需求产品；把握新的市场机遇；实行可持续发展的制造业；培养高素质的劳动力，更多依赖技术工人	帮助制造业企业削减成本；保证制造业发展质量；在基础设施投资、高技术人才培养和新兴市场开发上为制造业服务；占据全球高端产业价值链，加快技术转化生产力
德国	工业4.0（2013年4月）	提高德国制造业竞争力，在新一轮工业革命和科技竞争中占领先机	实现技术标准化和开放标准的参考体系；提供一套综合的工业宽带基础设施；注重培训和持续的职业发展；提升资源效率
日本	《机器人新战略》（2015年1月）	建立制造业标准化生产模式；建立物联网和信息物理系统（CPS）；实现智能化生产	成立日本机器人革命促进会；设立"物联网升级制造模式工作组"建设机器人应用实验场地；研究举办机器人奥运会
韩国	《制造业创新3.0战略》（2014年6月）	制造业与信息技术融合；实行"渐进式"策略；政府搭台，企业成为"主力军"；占领制造技术"制高点"	发展无人机、智能汽车、机器人、智能医疗等13个新兴产业；打造1万个智能生产工厂；研发3D打印、大数据、物联网等8项核心智能制造技术
法国	《新工业法国》（2013年9月）	通过创新重塑工业实力，使法国处于全球工业竞争力第一梯队	发展无人机、搭载氢燃料电池的雷诺kangoo电动汽车、外骨骼机器人、智能仿生腿、联网T恤、新型电动飞机等

续表

	战略	核心目标	重要措施
俄罗斯	"国家技术计划"（2015年10月）	培育新兴高技术市场和有国际影响力的技术型大企业，提高俄罗斯在全球技术革命中的竞争力	确定航空、汽车、能源、金融、食品、健康、海洋、神经和安全九大市场网络；确定数字建模、新材料、增量制造、量子通信、生物技术、大数据、新能源等13个优先技术方向
印度	"印度制造"计划（2014年9月）	发展基础设施和劳动密集型制造业，把印度打造为具有国际竞争力的全球制造业中心，转变目前服务业驱动型的增长模式	改善基础设施建设，启动高速铁路建设；设立国家投资和基础设施基金；在北方8个城市建立电子产品制造中心；加大对外资、技术的引进力度

资料来源：中国经济网（http://www.ce.cn），中国战略性新兴产业网（http://www.chinasei.com.cn）等；笔者加工整理制表。

由表4-1可知，近年来为培育本国经济增长点，抢占国际竞争制高点，世界重要国家都不约而同地将发展先进制造业作为政策的着力点和战略目标，掀起了新工业革命浪潮。这些战略的主要特征表现在四个方面。

第一，创新和竞争构成制造业发展的大背景。美、日、德等制造强国都将创新作为发展先进制造业的着力点，如美国的《先进制造业国家战略计划》认为美国制造业正面临着巨大挑战和风险，尤其是在创新方面，美国要确保制造业在全球的领导地位，就需要完善先进制造业创新政策。因此，2013年，美国出台了一个"制造业创新网络计划"，旨在建设一个全国性的制造创新网络，这一网络将包括45个制造创新中心和一个协调性网络，重点研发3D打印和其他颠覆性制造技术。法国的《新工业法国》确定了34个优先发展的创新性工业项目，包括工业生产向数字制造、智能制造转型，大数据经济、环保汽车、新资源开发、现代化物流、新型医药、可持续发展城市、物联网、宽带网络与信息安全、智能电网等，力图通过创新重塑法国的工业实力，使法国重回全球工业第一梯队。印度为配合"印度制造"计划，于2016年1月启动了"印度创业，印度崛起"计划，鼓励和支持民众的创新创业活动，激发民众的企业家精神。印度还专门成立4000亿卢比的政府基金，支持投资初创企业。毫无疑问，创新和竞争是未来制造业发展的大格局、大背景。

第二，新的生产制造模式应运而生。新工业革命下，制造生产将采用新的生产模式，如德国工业4.0就提出要设计一个信息物理系统（Cyber Physical Systems，CPS），使生产资源、制造信息、生产品和生产者互联，实行制造的智能化和网络化。2016年5月，欧盟推出的《欧洲工业数字化战略》就计划整合成员国的工业数字化战略，加快欧洲工业数字化进程，并投资5亿欧元建设泛欧数字化创新中心网络，实现物联网、先进制造、智能城市、智能家庭、无人驾驶、移动医疗服务等方面的智能化。韩国的《制造业创新3.0战略行动方案》提出要积极发动民间资本参与，投入总计约230亿美元资金，实现中小制造企业的"智能化改造"，至2017年培育出10万家中小型出口企业和400家出口额达1亿美元的中坚企业。

第三，生产制造领域出现全球性沟通、合作。制造业创新和竞争是大势，但沟通和合作也是全球制造业发展的重要特征。美国《先进制造业国家战略计划》强调，要通过制造业创新网络计划，促使产业界、学术界和政府结成合作伙伴，利用现有的资源进行协作和合作投资。印度政府提出要加快全球化步伐，积极主动地参与双边、多边经济合作，吸引外国投资和印度侨资。欧盟的《欧洲工业数字化战略》也阐明要组织欧盟有关国家和地区就工业数字化战略展开对话，协调各方工业数字化战略步伐。《新工业革命行动计划》也特别强调，鼓励二十国集团成员和其他发展中国家的企业、研究机构和大学在新工业革命相关的技术领域自愿建立伙伴关系；为了更好地应对当代社会的各类挑战，各国要建立多利益攸关方机制、利益平衡机制和合作机制，特别是二十国集团成员要增强沟通协作，这些协作包括技术标准、知识产权保护，所有成员国所面临的政策、技术、标准制定、投资、贸易、民生等领域的共同问题。

第四，人才培养、生产者技能提高受到高度重视。新工业革命强调要培养面向未来制造业革命的高素质劳动者。美国曾数度发布《美国创新战略》[1]，2015年10月又再次对战略进行修订发布，特别强调要为制造业

---

[1] 《美国创新战略》由美国国家经济委员会和科技政策办公室联合制定，最初于2009年9月21日发布，后经修订于2011年2月4日第二次发布。此后，美国再次修订，于2015年10月21日第三次发布。《美国创新战略》较清晰地昭示了美国确保赢得未来的战略意图和行动目标。

的创新发展建设全球一流的科研基础设施，并且要培养出全世界杰出的科学家、工程师。《美国创新战略》还进一步破除高技术人才引进的各类限制，通过各种细则，力图聚集全球最优秀、最有能力的企业家、科学家、工程师到美国工作，为美国的创新战略目标服务，促进美国先进制造业的发展。同样地，英国成立了制造和材料生产与供应国家技能院校，并推出了一个"学徒培训计划"，与产业界一起设立基础学位，在工作场所培训高技能生产者。德国实施了"精英计划""高等教育规划""科研和创新条例""2020年高等教育规划"等，并进一步完善了共同项目方案、优秀人才计划和研究与创新公约，用以培养杰出人才，提高人才知名度和声誉，使德国更具吸引力。《新工业革命行动计划》也特别强调要加强劳动力技能培训，提升劳动力素质，使劳动者的能力和技能适应新工业革命的需求。因此，人才培养、人才竞争也是未来新工业革命的重要特征。

中国紧跟时代潮流，推行了《"中国制造2025"分省市指南》，国家工信部和相关部门陆续编制了"1+X"规划体系；同时，中国还启动实施了国家新型工业化产业示范基地卓越提升计划和"中国制造2025"卓越提升试点示范基地建设行动，并选择了20多个基础条件好、示范带动力强的城市先行先试，进一步推动城市和城市群的试点示范工程，有步骤地、因地制宜地发展特色明显的地区先进制造业，逐步形成了制造业东部转向高端装备制造、中部制造产业升级、西部优势产业突出的"新三极"的格局。

二 先进制造业发展行动

从2016年起，中国建设制造强国的战略进入全面实施阶段，一些重大工程和行动计划得以在实践中铺开，这些工程和行动主要包括实施制造业创新中心建设工程、智能制造工程、工业强基工程、绿色制造工程、高端装备创新工程五大工程。选择宁波等一批城市进行制造业转型升级的新模式、新路径探索，开展以城市和城市群为依托的"中国制造2025"试点示范工作，以此总结经验，推动全国各地区和城市制造业的大发展，促进各地制造业由大变强。支持制造行业共性技术公共服务平台及设施建设，设计一些重点领域关键问题的解决方案。开始实施17个工业转型升级重点项目，即制造业创新能力建设项目、通信产业链配套完善项目、信息产业核心技术能力提升项目、智能产业基础支撑能力提升项目、面向行业的大型制造企业"双创"服务平台应用推广项目、工业云和大数据公共服务平台建设及应用项目、行业系统解决方案及应用项目、信息物理系统测试验证解决方案应用推广项目、儿童用品有效供给能力提升项目、工业互联体系架构综合创新平台建设项目、工业互联网标识解析系统集成创新应用项目、工业互联网网络化改造和集成应用项目、工业互联网管理支撑平台项目、中药质量提升和保障基地建设项目、中药材供应保障公共服务平台项目、质量品牌公共服务平台建设方向项目、行业非竞争性共性质量技术问题解决方案推广应用方向项目。开展了服务型制造专项行动，促进装备制造业质量品牌提升专项行动。建立了国家动力电池创新中心，这是中国首个制造业创新中心，另有一批计划中的创新中心也正陆续成立，84个示范项目在工业强基工程中得以全面落实。

现阶段，新一轮科学技术与产业正在发生深刻变化，一些重要产业竞争格局正在发生重大调整，信息、大数据、数字仿真等高技术在先进制造领域的研发设计中的作用不断增强。中国在进行工业强基、前沿技术突破的同时，还注重培育领军企业，优先发展新材料、新一代信息技术、新一代人工智能、高端智能再制造、增材制造等重点行业。同时，开展了"中国制造2025"试点示范城市、智能制造示范项目、先进制造集聚区的培育行动。可将近年出台的有关先进制造企业、行业、地域发展情况的政策规划及行动列示如表4-2所示。

表4-2　　　　　　　　先进制造发展政策规划及行动

政策规划		行动	
时间	名称	时间	名称
2016.12.30	《新材料产业发展指南》	2016.8.24	确定宁波为"中国制造2025"首个试点示范城市
2017.1.6	《新能源汽车生产企业及产品准入管理规定》	2016.6.30	首个制造业创新中心——国家动力电池创新中心正式成立
2017.1.16	《信息产业发展指南》	2017.1.12	武汉、泉州、成都等被扩大确定为"中国制造2025"试点示范城市
2017.3.11	《国务院办公厅关于促进医药产业健康发展的指导意见》	2017.1.23	确定第一批104家制造业单项冠军示范（培育）企业名单

续表

政策规划		行动	
时间	名称	时间	名称
2017.6.13	《"十三五"卫生与健康科技创新专项规划》	2017.6.22	确定2017年服务型制造示范企业（项目、平台）
2017.9.25	《工业电子商务发展三年行动计划》	2017.10.16	确定2017年智能制造试点示范项目
2017.11.9	《高端智能再制造行动计划（2018—2020年）》	2017.11.27	确定第二批制造业单项冠军企业和单项冠军产品名单
2017.12.13	《增材制造产业发展行动计划（2017—2020年）》	2017.12.19	国家重点研发计划2018年新启动40个重点专项
2017.12.14	《促进新一代人工智能产业发展三年行动计划（2018—2020年）》	2018.2.23	公布2018年新一代信息基础设施建设工程拟支持项目
2018.1.5	《海洋工程装备制造业持续健康发展行动计划（2017—2020年）》		
2018.2.9	《中国制造2005国家级示范园区评估指南（暂行）》		

资料来源：国家工信部网站（http://www.miit.gov.cn/），国家发改委网站（http://www.ndrc.gov.cn/），国家科技部网站（http://www.most.gov.cn/），中华人民共和国中央人民政府网站（http://www.gov.cn/），先进制造业网站（http://www.amdaily.com/）；笔者加工整理。

表4-2显示，中国将优先发展的先进制造领域锁定在新材料、信息、新能源汽车、生物医药、海洋工程装备等行业。新材料具有优异性能或特殊功能，其发现、发明和应用推广对制造技术、制造品质量有着极其重要的影响。近年，中国将新材料的发展重点集中在先进基础材料、关键战略材料、前沿新材料三大领域。先进基础材料主要是基础零部件用钢、高性能海工用钢，高强铝合金、高强韧钛合金、镁合金，高端聚烯烃、特种合成橡胶及工程塑料等；关键战略材料主要是耐高温及耐蚀合金、高强轻型合金，高性能碳纤维、反渗透膜、全芳纶纤维，高

效发光、高性能永磁、高端催化，新型显示材料、宽禁带半导体材料等；前沿新材料主要是形状记忆合金、液态金属、石墨烯、金属及高分子增材制造材料、自修复材料、新型低温超导及低成本高温超导材料、智能仿生与超材料等。

中国的信息产业基础薄弱，尤其是核心芯片和基础软件还主要依赖进口，严重制约了信息技术与先进制造业的深度融合。在制造强国的建设过程中，中国十分注重信息产业与先进制造业的融合，重点发展网络、量子计算、平流层通信、卫星通信、可见光通信、车联网、地海空天一体化网络、人工智能、类脑计算等领域。信息产业发展的主要行动是集中优势资源进行信息技术的原始创新和集成创新；在集成电路、基础软件、大数据、云计算、物联网、工业互联网等战略性核心领域开始布局或建设若干创新中心，以进行关键共性技术的研发；实行三网融合、物联网、移动互联网、工业互联网、云计算和新一代信息网络的信息安全技术研发应用；进行安全芯片、安全核心信息设备、安全操作系统、安全数据库以及安全中间件的研发，开发移动智能终端芯片、数字电视芯片、网络通信芯片、智能可穿戴设备芯片等。

医药产业直接关系到人民群众的健康需求，是关系国计民生的重要产业。制造强国建设行动中，医药产业发展的重点行动是：推动重大药物产业化，进行新药创制和开发手性合成，研发结晶控制、酶催化等化学药制备技术，提升长效、缓控释、靶向等新型制剂技术水平；开发数字化探测器、超导磁体、高热容量 X 射线管等关键部件，实行手术的精准定位和导航，达到医疗设备和医疗器械的转型升级；开展中药材良种的繁育，推广现代中药材种植（养殖）技术，推进中医药现代化。

在优先发展关系国计民生、具有战略意义的先进制造业的同时，中国也开展了制造试点示范城市以及示范园区的建设。宁波因为地缘交通便利，加之经济基础良好，先进制造业产业基础扎实，战略定位清晰，特别是因为在新材料、核心零部件等方面形成的独特优势，在 2016 年被确定为"中国制造 2025"试点示范城市，随后武汉、泉州、成都等在 2017 年也被扩大确定为"中国制造 2025"试点示范城市。中国政府还从先进制造业体系、区域协同创新、人才引进培养、政策保障和制造业重点工作推进体系等方面设计指标，对一些国家级示范园区进行创新驱动、产品质量、绿色发展、结构优化、人才培养以及规模以上工业企业研发人员占工业从业人员比重等进行考核，全方位推动制造示范园区的建设。2017年，国家确定了97个智能制造试点示范项目。据《2016—2017中国智能制造年度发展报告》① 显示，2016年中国在建或者已经建成的智能制造产业园区的数量达158个，正在建设或已经建成的机器人产业园超过40个，中国正在逐步形成长三角、珠三角、环渤海和中西部四大产业集聚区，环渤海、长三角为装备制造主要集聚区，京、沪、粤、苏成为工业机器人集聚区②。

作为制造强国的行动成果，2017年国家公布了第一批104家制造业单项冠军示范（培育）企业名单③，政府将加强对单项冠军示范（培育）企业的指导和服务，引导和支持企业专注于细分产品领域的创新、产品质量提升和品牌培育，努力打造国际知名品牌。同时，国家确定在22个领域布局建设国家制造创新中心，这些领域是新一代信息光电子、印刷及柔性显示、机器人、轻量化材料及成型技术与装备、燃气轮机、高档数控机床、稀土功能材料、传感器、集成电路先进工艺、工业信息安全、先进复合材料、智能语音、石墨烯、深远海海洋工程装备、数字化设计与制造、智能网联汽车、工业云制造、工业大数据、高性能医疗器械、资源循环利用、医药高端制剂与绿色制药、先进功能纤维等。中国在企业、行业、地域制造业发展方面的行动取得重大进展。

三　先进制造业发展能力

2010年9月，中国政府决定重点发展节能环保、新一代信息技术、生物、高端装备制造、新能源、新材料、新能源汽车七个战略性新兴产业。2015年5月，《中国制造2025》提出要发展新一代信息技术产业、高档数控机床和机器人、航空航天装备、海洋工程装备及高技术船舶、先进轨道交通装备、节能与新能源汽车、电力装备、农机装备、新材料、生物医药及高性能医疗器械等产业，经过10年努力，中国制造能力大幅提升，进入世界制造强国行列。显然，中国战略性新兴产业和《中国制造2025》

---

① 新华网：《2016—2017中国智能制造年度发展报告》，http：//www.js.xinhuanet.com/2017-05/21/c_1121009068.htm。
② 米果：《四大产业集聚区撑起"中国智造"》，《中国企业报》2018年2月28日。
③ 搜狐财经：《工信部公布104家制造业单项冠军企业》，http：//business.sohu.com/201702 12/n480521043.shtml。

重点发展的行业均是先进制造业。现在，中国先进制造业的水平与世界制造强国还存在一定差距，特别是表现在尖端制造技术、顶级企业或品牌、科技人才、创新驱动力等方面，值得高度关注。

（一）生产能力与效率

在生产效率与生产能力方面，中国现阶段的先进制造水平与制造强国存在明显差距，相关数据如表4-3所示。

表4-3　　　　　　　　先进制造业竞争力相关指标比较

	中国	美国	德国	日本	韩国
制造业增加值占GDP比重（％）（2013）	29.9	12.3	22.2	18.8	31.1
劳动力成本（美元/小时）（2015）	3.3	38.0	40.5	24.0	20.7
制造业出口商品占总出口比（％）（2014）	93.8	63.7	82.6	87.4	86.2
企业有效税率（％）（2015）	25.0	39.5	33.0	33.1	24.5
每百万人中研究人员数量（人/百万）（2013）	1089	4019	4472	5201	6457
极具竞争力人才指数（％）（2015）	33	66	73	67	47
全球创新企业百强数（家）（2015）	0	35	4	40	3

资料来源：德勤有限公司和美国竞争力委员会，《2016全球制造业竞争力指数》，http://www2.deloitte.com。

表4-3列示了中国先进制造业与制造强国在制造业增加值占GDP比重、每百万人中研究人员数量、极具竞争力人才指数、全球创新企业百强数的差距。在前沿技术、尖端制造领域，美国工人的劳动生产率超过中国的20倍以上。近10年里，中国制造业劳动生产率年均增长率达100％以上，美国只有5％，但美国生产率的增长幅度高于制造成本的增幅，中国则相反，生产率的增幅低于制造业工资成本的增幅。尽管中国制造业人工成本远低于美国制造业人工成本，但在2004—2013年，中国制造业小时人工成本年均增长率超过10％，而美国则不足3％，这显示中国制造业人力成本红利正在加速消失。而企业纳税方面，中国制造企业的有效税率明显[1]低于制造强国，这也反映制造业对国家和社会的贡献度低

---

① 有效税率，是指纳税人缴纳的税款与总收入之比。

于制造强国。

制造业竞争力和可持续发展潜力方面，比技术更为重要的是科技人才和企业家高级管理人才。中国每百万人中研究人员数量为1089人，而韩国高达6457人，日本也达5201人；德国的极具竞争力人才指数高达73%，美国为66%，而中国则仅为33%，明显低于制造强国。汤森路透评选出的"2015年全球创新企业100强"[1]榜单里，日本和美国分别占40家和35家，而中国却没有企业上榜。

更进一步，中国所拥有的全球知名制造品牌和顶级品牌也明显不及制造强国，相关资料如表4-4所示。

表4-4　　　　　　　　　全球知名制造品牌实力比较

	中国	美国	德国	日本	韩国
全球十大科技公司	阿里巴巴、腾讯	苹果、微软、谷歌、Facebook、甲骨文、IBM、亚马逊			三星电子
全球著名制造品牌	联想（Lenovo）、海尔（Haier）、华为（Huawei）	Apple（苹果）、Intel（英特尔）、Ford（福特）、GE（通用电气）、Microsoft（微软）、HP（惠普）、AT&T（美国电话电报）、Allele（绿阳）、P&G（宝洁）、Wyeth（惠氏）、Aetna（安泰）、Johnson（强生）、Lilly（礼来）等	Benz（奔驰）、Bayernisher Motoren Werke（宝马）、Audi（奥迪）、Volkswagen（大众）、Porsche（保时捷）、Maybach（迈巴赫）、Leica（徕卡）、Infineon（亿能）、Schering（先灵）、Sibiono（赛百诺）、Bayer（拜耳）等	丰田（Toyota）、本田（Honda）、英菲尼迪（Infiniti）、三菱（Mitsubishi）、尼桑（Nissan）、Sony（索尼）、Panasonic（松下）、爱普生（Epson）、Sharp（夏普）、武田制药（Takeda）、参天制药（Santen）等	Samsung（三星）、LG（乐金）、Hyundai（现代）、SK（鲜京）等

[1]　全球百强创新企业排行，由汤森路透研制发布，评定内容包括企业专利总量、专利授权成功率、专利组合全球覆盖率、专利影响力等，汤森路透从2011年起开始发布该榜单。

续表

	中国	美国	德国	日本	韩国
领先领域	同步卫星、激光技术	军工、计算机、航空航天、医学技术、信息科学	汽车、生物、风电设备、机械制造	汽车、新材料、尖端机器人	造船、通信技术、半导体

资料来源：德勤有限公司和美国竞争力委员会，《2016全球制造业竞争力指数》，http://www2.deloitte.com。数据所属时间为2015年；笔者加工整理制表。

品牌是产品品质和特色的标志，也是企业的代号，代表着企业的经营特长和管理水准。企业的自主品牌，特别是全球顶级品牌，意味着技术质量、信誉，意味着市场、利润和行业的话语权，是制造业实力的直接体现。世界制造强国一般都有全球顶级品牌，特别是超级跨国公司，表4-4的资料显示，在先进制造领域，中国的世界知名品牌也明显少于制造强国，特别是顶级制造品牌更是缺乏。

（二）创新驱动能力

建设制造强国，需要创新驱动。德勤有限公司[①]与美国竞争力委员会联合发布《2016全球制造业竞争力指数》，从科技人才、创新政策和基础设施、成本竞争力、能源政策、物质基础设施、法律监管环境六个方面，通过对全球500名制造业高管的调查反馈，比较研究得出了各国的制造业竞争实力。中国与世界制造强国在关键竞争力驱动因素方面的表现情况如表4-5所示。

表4-5　　　　　先进制造业关键竞争力驱动因素表现指数

	中国	美国	德国	日本	韩国
科技人才	55.5	89.5	97.4	88.7	64.9
创新政策和基础设施	47.1	98.7	93.9	87.8	65.4
成本竞争力	96.3	39.3	37.2	38.1	59.5
能源政策	40.3	68.9	66.0	62.3	50.1

---

① 德勤有限公司（Deloitte）由多家成员公司组成，每一家成员公司均是具有独立法律地位的专业咨询服务公司，主要向客户提供审计、企业管理咨询、财务咨询、企业风险管理、税务等相关服务，成员公司遍布全球150多个国家和地区。

续表

	中国	美国	德国	日本	韩国
物质基础设施	55.7	90.8	100.0	89.9	69.2
法律监管环境	24.7	88.3	89.3	78.9	57.2

资料来源：德勤有限公司和美国竞争力委员会，《2016 全球制造业竞争力指数》，http://www2.deloitte.com；笔者加工整理制表。

由表 4 - 5 可知，除成本竞争力外，中国在科技人才、创新政策和基础设施、能源政策、物质基础设施以及法律监管环境方面都明显不及制造强国。有具体资料显示[①]：美国的大学集聚了全球 70% 以上的诺贝尔奖获得者，紧随其后的是日本、英国；在全球最好的 200 所大学中，美国占据 75 所，英国占据 32 所，日本则居第 3 位，远远超过其他国家；制造业专利数上，美、日、英、德稳居世界前列。故而有专家将全球制造业的科技实力分为三个梯队，第一梯队是美国，领军全球科技创新和尖端制造业；第二梯队是英国、德国、法国、日本、韩国等发达国家，处于高端制造水平；第三梯队是中国、芬兰、俄罗斯、意大利、以色列、加拿大、澳大利亚、挪威、捷克等国，处于中低端制造水平。在新工业革命背景下，各国在制造领域的比较优势会逐步转化，全球制造业领先版图会被重塑。但可预见的是，美国作为全球科技创新中心在制造业基础及最前沿科技创新方面仍将持续处于领先地位，而德、日、英等国在科技创新和制造业的地位基本不会发生改变，不过一些具备一定竞争实力的第三梯队国家有望通过技术突破、人才积累、产业升级跻身进入第二梯队。在第三梯队中，大量的新兴经济体可望通过要素成本优势、国际产业分工、产业价值链嵌入，逐步融入全球制造业体系。

四 先进制造业生产景气状况

按照先进制造业的这一内涵，参照中国制造业的细分类，并考虑数据的可得性，确定此处所研究的先进制造业主要包括 10 个行业：化学原料和化学制品制造业，医药制造业，化学纤维制造业，通用设备制造业，专

---

① 参引自 2015 年 11 月 8 日，中国工信部部长苗圩在全国政协十二届常委会第十三次会议上对《中国制造 2025》的全面解读，http://www.eepw.com.cn/article/201601/285261.htm。

用设备制造业，汽车制造业，铁路、船舶、航空航天和其他运输设备制造业，电气机械和器材制造业，通信设备、计算机和其他电子设备制造业，仪器仪表制造业等。

(一) 企业与亏损企业规模

关于生产景气问题，弗里德里希·哈耶克（Friedrich von Hayek）提出过著名的景气循环理论，这被广泛认为是他对经济学最重要的贡献之一。哈耶克认为，中央银行通过通货膨胀的信用扩张就可能在一定时间形成景气循环，故意压低利率，或者扩大货币发行量，或者推出其他政策，都可能使得市场上的资本发生错配。由此出发，哈耶克发展出了"奥地利经济学派景气循环理论"。另外，Jeffrey M. Pertoff[①] 指出：企业是将劳动、原材料、能源和资本这样的投入转化为产出的组织。企业所有者必须进行决策，决定生产方式，提高生产效率，运用技术或生产工艺将资本、劳动、原材料等转化为产出。企业所有者的目标是尽可能使生产利润最大化，达到有效生产。在技术和生产组织不变的情况下，如果企业无法用更少的投入生产出同样的产出，则企业就是有效生产或者实现了技术效率。同样地，在投入要素既定的情况下，如果利用已有知识不能使产出增加，也可以说企业在有效生产。若企业不能有效生产，也就不可能使利润最大化，即便企业实现了有效生产，但产出过高或过低，或者使用了较多的投入，也不可能使利润最大化。因此，企业的亏损状况、收入情况等是进行生产景气分析的重要指标。据此，我们选取先进制造业的亏损企业数、主营业务收入、利润以及存货情况作为生产景气分析的测度指标。根据以上理论，可以将反映先进制造业近年生产情况的相关指标整理列示如下（表 4 - 6）。

从表 4 - 6 可以看出，2012—2017 年中国先进制造业的企业数呈小幅增长态势，但 6 年间，每个行业都有 12% 左右的亏损企业。而且，6 年间亏损企业一直呈上升趋势，其中增长幅度较高的行业是仪器仪表制造业、医药制造业和汽车制造业，亏损企业的平均增长率分别达到 7.64%、7.22% 和 6.15%。2015 年开始建设制造强国以后，亏损企业增长的数量仍没有根本性的逆转，继续呈增加之势。

---

① ［美］Jeffrey M. Pertoff：《中级微观经济学》，谷宏伟、章爱民等译，机械工业出版社 2009 年版。

表 4-6　中国先进制造业生产景气分析

先进制造业代号	2012 年 企业数（家）	2012 年 亏损企业数（家）	2013 年 企业数（家）	2013 年 亏损企业数（家）	2014 年 企业数（家）	2014 年 亏损企业数（家）	2015 年 企业数（家）	2015 年 亏损企业数（家）	2016 年 企业数（家）	2016 年 亏损企业数（家）	2017 年 企业数（家）	2017 年 亏损企业数（家）	平均增长率（%）企业数（家）	平均增长率（%）亏损企业（家）
(1)	23082	2764	24211	2826	24522	2878	24968	3271	24941	3155	24869	2988	1.5	1.57
(2)	6075	571	6525	646	6797	651	7116	742	7449	757	7697	809	4.85	7.22
(3)	1796	408	1904	331	1938	349	1926	383	1887	307	1851	241	0.61	-9.99
(4)	20943	2166	22495	2389	23301	2467	24208	3122	23783	2907	23849	2632	2.63	3.97
(5)	14361	1571	15374	1677	16331	1823	17091	2237	17522	2205	17844	2036	4.44	5.32
(6)	10569	1373	11599	1358	12407	1402	13431	1751	14133	1584	14766	1850	6.92	6.15
(7)	4703	683	4859	672	4648	585	4807	691	4899	658	4911	677	0.87	-0.17
(8)	20350	2597	21368	2712	21999	2699	22917	3118	23413	2889	23952	3174	3.31	4.09
(9)	11735	2334	12669	2424	13218	2292	13961	2579	14686	2423	15759	2592	6.07	2.12
(10)	3610	344	3866	414	3939	412	4133	509	4183	515	4358	497	3.84	7.64
总计	117224	14811	124870	15449	129100	15558	134558	18403	136896	17400	139856	17496	—	—
亏损企业占比（%）	100	12.63	100	12.37	100	12.05	100	13.67	100	12.71	100	12.51	—	—

注：表中数据为年末数据；先进制造业行业代号具体为：（1）化学原料和化学制品业；（2）医药制造业；（3）化学纤维制造业；（4）通用设备制造业；（5）专用设备制造业；（6）汽车制造业；（7）铁路、船舶、航空航天和其他运输设备制造业；（8）电气机械和器材制造业；（9）通信设备、计算机和其他电子设备制造业；（10）仪器仪表制造业。

资料来源：中商上市公司数据库。笔者计算整理。

进一步,借用方差分析原理,根据表 4 – 6 中的数据,可对亏损企业数进行方差分析,以判定亏损企业数在时间和行业分布上是否存在显著性差异。按照方差分析理论,在已知观测值的前提下,有全部观测值 x_{ij} 对总平均数 $\bar{x}$ 的离差平方和 Q 可分解为 Q_e、Q_A、Q_B 三个部分,即:$Q = \sum_{i=1}^{p}\sum_{j=1}^{m}(x_{ij}-\bar{x})^2 = \sum_{i=1}^{p}\sum_{j=1}^{m}(x_{ij}-\bar{x}_{i.}-\bar{x}_{.j}+\bar{x})^2 + m\sum_{i=1}^{p}(\bar{x}_{i.}-\bar{x})^2 + p\sum_{j=1}^{m}(\bar{x}_{.j}-\bar{x})^2$

各离差平方和的计算式为:

$$Q = \sum_{i=1}^{p}\sum_{j=1}^{m}(x_{ij}-\bar{x})^2 = \sum_{i=1}^{p}\sum_{j=1}^{m}x_{ij}^2 - \frac{T^2}{n}$$

$$Q_A = m\sum_{i=1}^{p}(\bar{x}_{i.}-\bar{x})^2 = \frac{1}{m}\sum_{i=1}^{p}T_{i.}^2 - \frac{T^2}{n}$$

$$Q_B = p\sum_{j=1}^{m}(\bar{x}_{.j}-\bar{x})^2 = \frac{1}{p}\sum_{j=1}^{m}T_{.j}^2 - \frac{T^2}{n}$$

$$Q_e = \sum_{i=1}^{p}\sum_{j=1}^{m}x_{ij}^2 - \frac{1}{m}\sum_{i=1}^{p}T_{i.}^2 - \frac{1}{p}\sum_{j=1}^{m}T_{.j}^2 + \frac{T}{n}$$

各离差平方和的自由度及 F 统计量分别为:

Q 的自由度 $v = pm - 1 = n - 1$, Q_e 的自由度数 $= (p-1)(m-1)$

Q_A 的自由度 $v_A = p - 1$ $\qquad F_A = \dfrac{S_A^2}{S_e^2}$

Q_B 的自由度 $v_B = m - 1$ $\qquad F_B = \dfrac{S_B^2}{S_e^2}$

据此,运用表 4 – 6 中亏损企业数进行双因子方差分析,得出的分析结果如表 4 – 7 所示。

表 4 – 7　　　　先进制造业亏损企业数双因子方差分析结果

方差来源	平方和	自由度	均方	F 统计量	P 值	临界值
行	41969322.44	8	5246165.31	313.662559	0.000000	2.244396
列	567352.58	4	141838.14	8.480349	0.000088	2.668437
误差	535216.22	32	16725.51			
总计	43071891.24	44				

表 4-7 中方差分析的结果显示，应拒绝中国先进制造业的亏损企业在时间和行业上不存在显著性差异的零假设，接受备择假设。认为中国先进制造业的亏损企业在时间和行业上存在显著性差异。

（二）企业收入与存货

亏损企业多少只能从一个侧面反映企业生产景气情况，但一个企业是否停止经营看的并不是亏损多少或盈利多少，而是应该判断继续经营与关门倒闭哪一个亏损得多，即倒闭后的机会成本是否高于持续经营。如果一个企业始终有足够或稳定的现金流来支持企业的经营，在此情况下，企业理所当然不会走上倒闭的路。从市场角度来看，如果产品或企业具有很好的社会认可度，其必然会得到来自社会或政府的支持，在政策导向或市场导向的投资中，这些企业自然不会倒闭，即便现在亏损也会有重新兴旺之日。据此，此处选择主营业务收入、利润、存货三个指标进一步分析中国先进制造业的生产景气情况。

仍然利用中商上市公司数据库的数据可以将 2012—2017 年先进制造业的主营业务收入、利润和存货变动情况绘制图如下（图 4-1—图 4-3）。

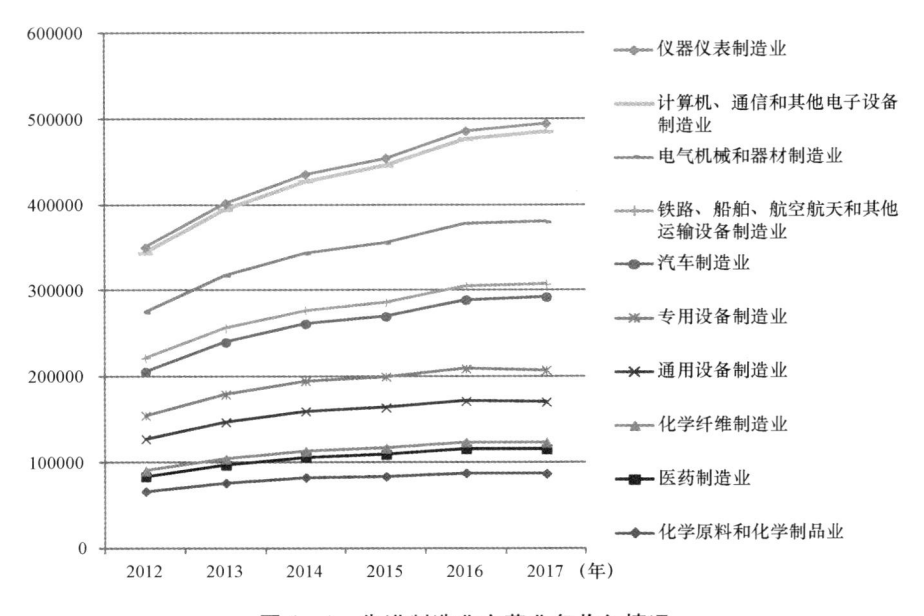

图 4-1　先进制造业主营业务收入情况

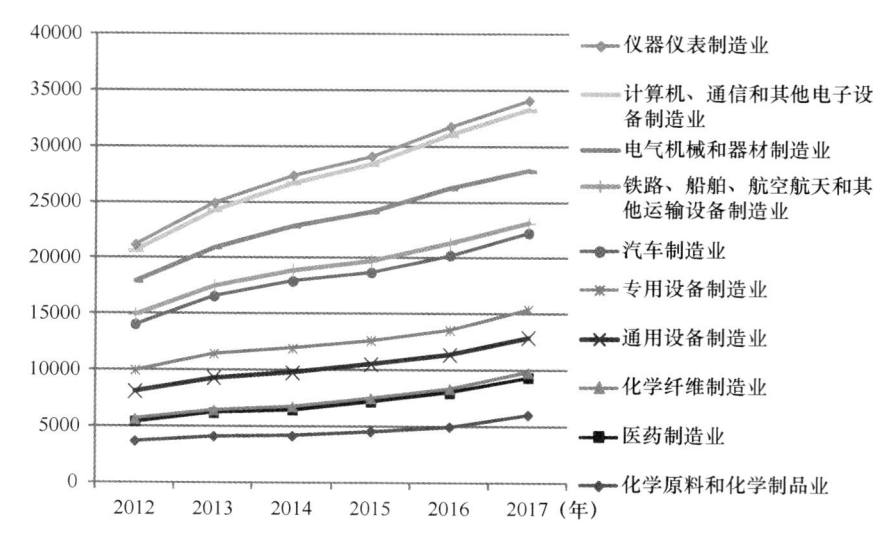

图 4-2 先进制造业利润总额变动情况

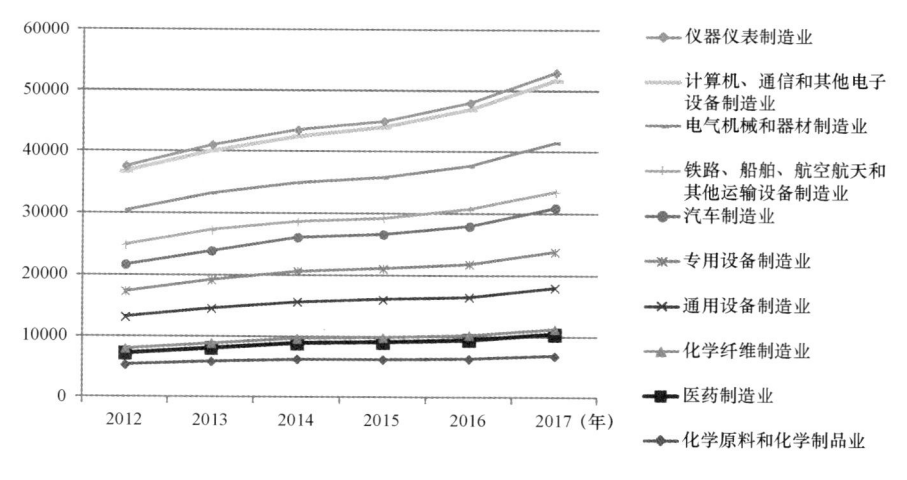

图 4-3 先进制造业存货变动情况

由图 4-1—图 4-3 可知，2012—2017 年中国先进制造业的主营业务收入呈缓慢增长态势。根据中商上市公司数据库的数据，可具体计算出各先进制造业主营业务收入的平均增长率，即化学原料和化学制品业的平均增长率为 5.49%，医药制造业为 10.53%，化学纤维制造业为 3.24%，通用设备制造业为4.93%，专用设备制造业为6.08%，汽车制造业为11.05%，铁路、船舶、航空航天和其他运输设备制造业为-1.83%，电气机械和器材制造业为6.58%，计算机、通信和其他电子设备制造业为8.82%，仪器仪表制造业为7.91%。可见，这6年中国先进制造业除铁路、船舶、航空航天和其他运输设备制造行业以外，其他行业的主营业务收入都呈现出增长趋势。其中，平均增长率较高的是汽车制造业和医药制造业；平均增长率较低的是化学纤维制造业和通用设备制造业。

同样地，可计算出各先进制造业利润额的平均增长率：化学原料和化学制品业为0.41%，医药制造业为13.86%，化学纤维制造业为14.58%，通用设备制造业为4.96%，专用设备制造业为5.73%，汽车制造业为10.94%，铁路、船舶、航空航天和其他运输设备制造业为0，电气机械和器材制造业为9.43%，计算机、通信和其他电子设备制造业为14.65%，仪器仪表制造业为9.88%。这显示，这6年中国先进制造业利润额与主营业务收入一样，呈平缓增长态势。其中平均增长速率较高的是计算机、通信和其他电子设备制造业，化学纤维制造业和医药制造业；平均增长速率较低的是通用设备制造业和专用设备制造业，而铁路、船舶、航空航天和其他运输设备制造业没有增长，呈平稳态势。

存货是指企业在生产经营过程中为销售或者耗用而储备的物资，它是流动资产中所占比例最大的项目，包括各种原材料、产成品、自制半成品、低值易耗品等。在企业生产运营中，一些商品已经出售但却不能及时出库，有时候还会长期存放，严重占用储备资源，导致存量增加、库房管理混乱，甚至可能引发存货清点误差，虚增收入等问题。所以，制造企业存货管理的目标就是要改善企业存货的数量、质量和结构，达到存货成本与运营效益之间做出权衡，这对一个企业的长期经营管理是有着重要现实意义的。据此，仍然利用中商上市公司数据库的数据可进一步计算出各先进制造业存货的平均增长率如下：化学原料和化学制品业为5.17%，医药制造业为13.12%，化学纤维制造业为2.83%，通用设备制造业为5.68%，专用设备制造业为6.73%；汽车制造业为10.54%，铁路、船舶、航空航天和其他运输设备制造业为-4.51%，电气机械和器材制造业为7.63%，计算机、通信和其他电子设备制造业为10.23%，仪器仪表制造业为7.55%。不难发现，存货增长率较高的行业是医药制造业和汽车制造业；存货增长较慢的是化学纤维制造业、通用设备制造业；铁路、船舶、航空航天和其他运输设备制造业的存货呈负增长。

五 先进制造业运营景气状况

(一) 资产与负债

新制度经济学的创始人罗纳德·哈里·科斯 (Ronald H. Coase) 曾深刻论述过企业的本质属性。他认为，企业是市场机制或价格机制的替代物，其本质或显著特征之一就是节约市场交易成本。同时，他发现了交换成本和产权这两个重要的经济学概念，阐释了其在经济组织和制度结构中的重要作用，论述了其对经济活动的重要影响。他认为，在完全竞争条件下，私人成本等于社会成本。而奥地利学派的观点是，个人在已知的自然法则下应该善加利用已拥有的资源；当企业掌握了生产所需要的生产要素和生产技术以后，重要的任务之一就是要降低生产成本，即生产费用。在各种商品的市场价格都明确的前提下，所谓的生产效率也就是生产利润的极大化。如果企业的生产技术能够程式化，则由此与之相关的问题便可以利用数学规划来解决，或通过作业研究来解决。

而按照微观经济学的原理，企业要有效地生产既定数量的产品，先要确定哪个生产过程具有技术效率，以便用最少的投入生产出既定的产出。而且，企业家还要从这些具有技术效率的生产过程中，使生产一定量产品的成本达到最小化。以这些理论为依据，此处选择先进制造业的总资产、总负债来对其进行运营景气状况分析。反映运营景气的分析数据如表4-8所示。

表4-8 中国先进制造业运营景气分析

先进制造业代号		(1)	(2)	(3)	(4)	(5)	(6)	(7)	(8)	(9)	(10)
2012	资产总计	50785	15419	5664	29915	24518	39448	18894	40695	45111	5563
	负债总计	28618	6720	3568	16569	13518	22175	12681	23685	26450	2687
2013	资产总计	59605	18480	6249	35103	29609	46788	20026	46375	50769	6509
	负债总计	34213	8107	4011	19144	16417	26719	12992	26757	29522	3088
2014	资产总计	66586	21467	6455	37637	32970	52144	14909	51634	58169	6924
	负债总计	38365	9240	3994	20048	17728	29472	9380	29587	33901	3179
2015	资产总计	71648	24545	6767	41206	34346	57882	16321	56982	65153	7794
	负债总计	40712	10123	4115	21374	18116	33015	10034	32298	37113	3445

续表

先进制造业代号		(1)	(2)	(3)	(4)	(5)	(6)	(7)	(8)	(9)	(10)
2016	资产总计	75680	28548	7045	42933	37287	67310	16907	63002	76649	8542
	负债总计	42198	11467	4014	22184	19593	39125	10112	35044	44132	3718
2017	资产总计	78808	31053	7381	44076	39446	75058	17088	67826	86650	9271
	负债总计	43079	12551	4234	22886	20910	44283	10059	38117	49620	4096
平均增长率	资产	9.18	15.03	5.44	8.06	9.98	13.73	-1.99	10.76	13.95	10.76
	负债	8.52	13.31	3.48	6.67	9.12	14.84	-4.53	9.98	13.41	8.80

注：表中数据为年末数据。先进制造业代号同表4-6，即先进制造业行业代号具体为：（1）化学原料和化学制品业；（2）医药制造业；（3）化学纤维制造业；（4）通用设备制造业；（5）专用设备制造业；（6）汽车制造业；（7）铁路、船舶、航空航天和其他运输设备制造业；（8）电气机械和器材制造业；（9）计算机、通信和其他电子设备制造业；（10）仪器仪表制造业。

资料来源：中商上市公司数据库。笔者计算整理。

由表4-8可知，十个先进制造业中有九个行业的资产和负债都在同时增长。资产增长率较高的行业是医药制造业，计算机、通信和其他电子设备制造业；增长率较低的行业是化学纤维制造业和通用设备制造业；铁路、船舶、航空航天和其他运输设备制造业的资产呈负增长。负债增长率较高的行业是汽车制造业，计算机、通信和其他电子设备制造业；增长率较低的行业是化学纤维制造业、通用设备制造业；铁路、船舶、航空航天和其他运输设备制造业的负债呈负增长。

比照前文的分析步骤，依据表4-8中先进制造业负债额数据进行时间、行业上的双因子方差分析，得结果如表4-9所示。

表4-9　　　　　　　先进制造业负债情况双因子方差分析结果

方差来源	平方和	自由度	均方	统计量	P值	临界值
	SS	df	MS	F		F-crit
行	575536496.40	5	115107299.30	9.68	0.000003	2.422085
列	9608943671.00	9	1067660408.00	89.81	0.000000	2.095755
误差	534978596.80	45	11888413.26			
总计	10719458764.00	59				

表4-9中方差分析的结果显示，应拒绝中国先进制造业企业负债额在时间和行业上不存在显著性差异的零假设，接受备择假设，认为中国先进制造业的负债在时间和行业上存在显著性差异。

（二）运营成本与应收账款

企业运营成本、应收账款是先进制造业运营景气状况的重要内容，我们将反映先进制造业主营业务成本、应收账款变动情况绘制成图如下（图4-4—图4-5）。

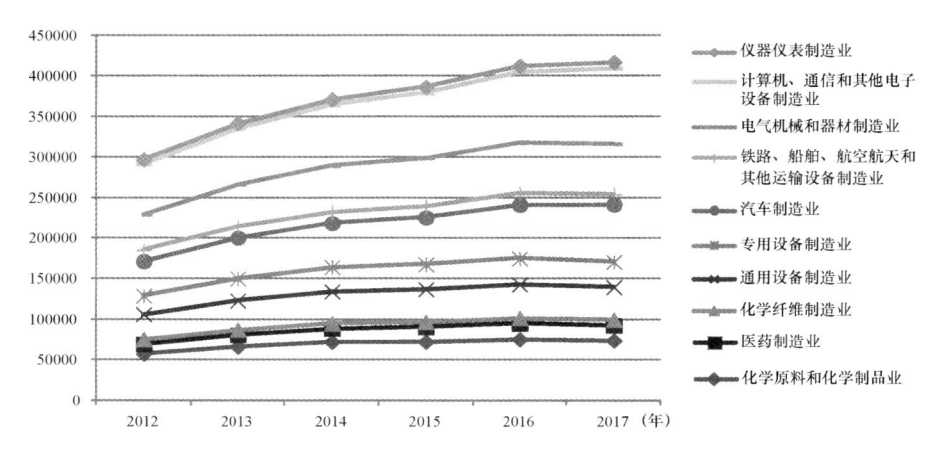

图4-4 制造业主营业务成本变动

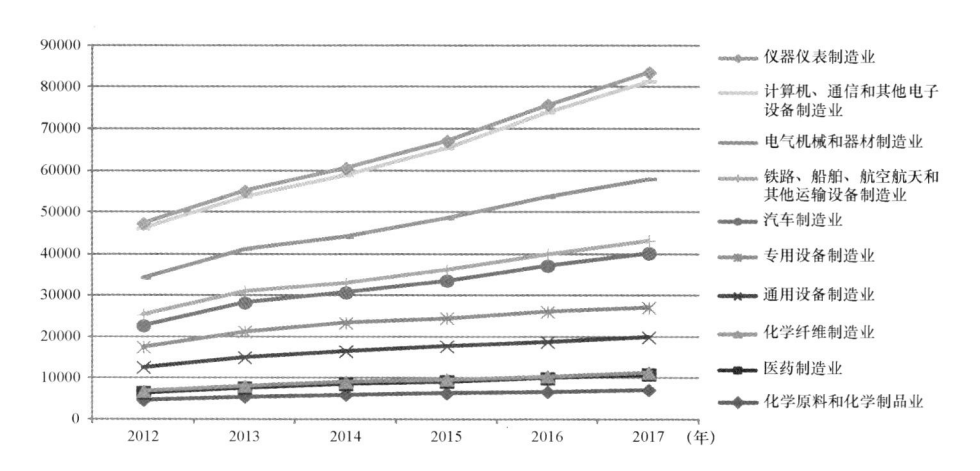

图4-5 先进制造业应收账款变动

由图4-4、图4-5可以看出，中国先进制造业主营业务成本和应收账款均呈上升趋势。仍然依据中商上市公司数据库的数据，可进一步计算出2012—2017年，各先进制造业主营业务成本平均增长率是：化学原料和化学制品业为5.23%，医药制造业为9.63%，化学纤维制造业为2.56%，通用设备制造业为5.13%，专用设备制造业为6.2%，汽车制造业为11.35%，电气机械和器材制造业为6.56%，计算机、通信和其他电子设备制造业为8.49%，仪器仪表制造业为7.91%。这其中，平均增长率最高的是汽车制造业、医药制造业；平均增长率较低的是化学纤维制造业、通用设备制造业；铁路、船舶、航空航天和其他运输设备制造业的增长率为-2%。

应收账款是企业在生产经营过程中因销售商品或提供劳务而应向购货单位或接受劳务单位收取的款项，是企业由于采用赊销方式销售商品或提供劳务而享有的向顾客收取款项的权利。应收账款的基础是商业信用，其表现形式是各类商业书面文件，如发票、商品出库单、购销合同、发运单等。一般情况下，应收账款是按照历史成本计价原则，依据实际发生的交易价格进行登录入账的，主要科目是增值税、发票销售价格、代垫运杂费以及现金折扣等。在生产经营活动中，企业需要通过各种措施及时收回应收账款，对于符合坏账条件但确实无法收回的应收账款应作坏账处理，最大限度地降低应收账款的风险，保证应收账款的安全性，以弥补企业在生产经营过程中的各种耗费，保证企业持续经营。由此，可进一步计算出2012—2017年，各先进制造业应收款项平均增长率如下：化学原料和化学制品业为9.15%，医药制造业为15.50%，化学纤维制造业为6.88%，通用设备制造业为7.88%，专用设备制造业为8.21%，汽车制造业为20.43%，铁路、船舶、航空航天和其他运输设备制造业为21.57%，电气机械和器材制造业为10.6%，计算机、通信和其他电子设备制造业为14.83%，仪器仪表制造业为11.28%。可见，应收款项的增长率普遍高于利润的增长率，其中平均增长率最高的两个行业是铁路、船舶、航空航天和其他运输设备制造业及汽车制造业，分别达到21.57%和20.43%；平均增长率最低的两个行业是通用设备制造业和化学纤维制造业，也分别达到7.88%和6.88%。这反映了2012—2017年中国先进制造业的运营景气情况并不乐观。

中国高端制造生产成本的上升是多方面的原因所致。有数据显示[①]，2007年前后，中国制造业的平均工资是4.35美元/小时，而2017年前后，制造业平均工资上升至12.47美元/小时，增长率为187%。而比较时期，美国制造业的平均工资为17.54美元/小时和22.32美元/小时，增长率为27%。2004—2017年，中国工业用电成本增加了约66%，天然气成本则增长了约138%。由于近十年房价飞涨，工厂租地成本也持续上升，加之物价和通货膨胀，多种因素叠加，导致先进制造业在国际产业链分工中处于依靠劳动力成本优势的低端位置。有研究成果作过比较[②]，中国的工业用电为1美元/度左右，美国为0.5美元/度；中国的物流成本是美国的150%—200%，天然气成本是美国的700%；中国平均工业用地每平方米102美元左右，而美国中西部则只有每平方米13—20美元。整体上与美国相比，中国除人工成本外，其他成本已无任何优势可言。

营商环境是影响企业成本的另一个重要方面，它表现为本土企业和外国企业在从事生产经营活动时所面临的政策法规约束条件、社会文化开放程度，以及要遵循法律法规时所需要支付的时间和金钱成本等。按照世界银行发布的《2014年全球营商环境报告》，在参与测评排名的189个国家里，中国排名第96位。现阶段，中国利率一直维持着全球较高的水平，且尚未完全实现市场化。实践中，一些更有偿付能力的企业，特别是中小企业和民营企业常常很难获得贷款。中国中小企业的融资成本高达20%—50%，而美国的仅为10%；中国大型企业的融资成本多为6.5%，而美国则为2%左右。

第二节　生产性服务行业

生产性服务行业或生产性服务业是随现代产业的不断细化和发展，从制造业内部分化出来的新兴产业，通常与制造业直接相关配套，本身并不向消费者提供直接的、独立的服务效用。在企业生产的全部环节，生产性

---

① 中国经营网：《中国制造业为何危机重重？困境远比想象的艰难》，http://www.cb.com.cn/chanyejingji/2016_1118/1172264.html。

② 《十年后，谁来拯救中国制造业？》，http://www.360doc.com/content/17/0602/13/6943848_659267831.shtml。

服务业都相依相伴，它以资本和知识为介质嵌入生产企业的全部过程，成为推进第二、第三产业加速融合的关键因素。在新工业革命不断深入、制造强国在全球进行产业大布局的背景下，生产性服务业成为各国投资的重点，是全球经济增长速率最快的行业，也是中国建设制造强国的重要因素。

一　生产性服务业规模结构

生产性服务业（Producer Services）这一概念最早由美国经济学家布朗宁（Browning）和辛格曼（Singelman）在1975年合作的著作中提出，他们把服务业分为四大类，并认为生产性服务业应当是知识密集型的产业。尽管学界对生产性服务业的概念、范围等有过讨论，但普遍的认知是，生产性服务业是为生产直接提供服务的行业，其目标是保持生产过程的连续性，提高生产效率，促进技术进步。根据生产性服务业的发展现实，国家统计局于2019年4月发布了《生产性服务业统计分类（2019）》。这份文件划定生产性服务业的范围是：为生产活动提供研发设计与其他技术服务，货物运输、通用航空生产、仓储和邮政快递服务，信息服务，金融服务，节能与环保服务，生产性租赁服务，商务服务，人力资源管理与职业教育培训服务，批发与贸易经纪代理服务，生产性支持服务等。这个分类是以《国民经济行业分类》（GB/T 4754—2017）为基础，对国民经济行业分类中符合生产性服务业特征有关活动的再分类。国家统计局对生产性服务业的界定和分类，对核算生产性服务业发展成果具有现实的指导意义。但事实上，中国还没有建立起专门的生产性服务业统计体系，大量的生产性服务业数据还包含在综合性年鉴中，如《中国统计年鉴》《中国第三产业统计年鉴》等，这就使得生产性服务业的分析数据无法严格地与国家统计局发布的生产性服务业分类相对应。此处，我们依据国家统计局《中国第三产业统计年鉴》，从中剥离出生产性服务业数据进行生产性服务业的规模结构分析。

从《中国第三产业统计年鉴》中只能整理出生产性服务部分行业数据或者门类数据，不过这部分行业占了全部生产性服务行业的较大比重，且属于生产性服务业的主要构成部分，已明确列入专门统计范围且有统计数据的行业为重要生产性服务业，这部分行业的状况可以基本反映中国生产性服务业发展现状。因此，后文即以这些行业的数据进行分析。

从业人员、固定资产投资是反映产业规模结构的重要指标,此处也选取从业人员、固定资产投资这两个指标刻画生产性服务业的规模结构。现将重要生产性服务业城镇单位从业人员分析指标列示如下(见表4-10)。

表4-10　　　重要生产性服务业城镇单位从业人员分析指标

	全部单位人员		国有单位		城镇集体		其他单位	
	总量(万人)	占比(%)	总量(万人)	占比(%)	总量(万人)	占比(%)	总量(万人)	占比(%)
批发业	375.10	11	187.50	15	8.80	5	311.90	14
铁路运输业	184.80	5	167.50	14	0.40	…	16.90	1
道路运输业	384.60	11	91.30	7	6.70	4	286.60	13
水上运输业	44.10	1	6.00	…	1.40	1	36.70	2
航空运输业	62.40	2	6.60	1	55.80	34	0.00	…
管道运输业	3.70	…	0.60	…	3.10	2	0.00	…
装卸搬运和运输代理	42.80	1	2.00	…	2.80	2	38.10	2
仓储业	30.30	1	11.40	1	0.50	…	18.50	1
邮政业	91.10	3	67.70	6	0.50	…	23.00	1
电信、广播电视和卫星传输服务业	171.40	5	23.00	2	0.40	…	148.10	7
互联网和相关服务业	36.10	1	1.20	…	0.10	…	34.90	2
软件和信息技术服务业	187.90	5	2.70	…	0.40	…	184.80	8
货币金融服务业	360.30	10	105.40	9	40.80	25	214.10	10
资本市场服务业	25.00	…	3.20	…	0.10	…	21.70	1
保险业	288.80	8	33.40	3	1.00	1	254.40	11
租赁业	12.70	…	1.00	…	0.20	…	11.50	1
商务服务业	509.80	15	115.80	9	27.50	17	366.60	16
研究和试验发展业	83.80	2	62.30	5	0.40	…	21.10	1
专业技术服务业	268.20	8	115.70	9	2.90	2	149.60	7
科技推广和应用服务业	68.30	2	28.20	2	0.90	1	39.30	2
水利管理业	44.60	1	41.00	3	0.90	1	2.70	…
生态保护和环境治理业	12.60	…	7.90	1	0.20	…	4.50	…

续表

	全部单位人员		国有单位		城镇集体		其他单位	
	总量（万人）	占比（%）	总量（万人）	占比（%）	总量（万人）	占比（%）	总量（万人）	占比（%）
公共设施管理业	211.30	6	147.00	12	8.90	5	55.40	2
合计	3499.70	100	1228.40	100	164.70	100	2240.40	100
标准差	144.08	—	58.36	—	14.12	—	113.34	—

注："…"表示因为四舍五入后数值太小，无法显示。"—"表示无法统计。

资料来源：国家统计局《中国第三产业统计年鉴2018》，中国统计出版社2019年版。指标所属时间为2017年。

由表4-10可以看出，中国重要生产性服务业中的全部单位从业人员主要集聚在批发、道路运输、货币金融服务、商务服务等行业，这些行业的规模较大。在从业人员中，国有单位的从业人员主要集中在批发业、铁路运输业、公共设施管理业；城镇集体从业人员主要集中在航空运输业、货币金融服务业、商务服务业；其他性质单位的从业人员则主要集中在商务服务业、批发业、货币金融服务业。整体而言，管道运输业，装卸搬运和运输代理业，电信、广播电视和卫星传输服务业，互联网和相关服务业，软件和信息技术服务业，租赁业，研究和试验发展业，专业技术服务业，科技推广和应用服务业，水利管理业，生态保护和环境治理业，公共设施管理业等发展速度较慢，规模不大。这里需要说明的是，此处用从业人员反映生产性服务业发展规模，客观地说只是从一个方面而言，但由于数据和篇幅所限，无法从多个方面来进行发展规模的测度。当然，有时也没有必要，因为测度的结果不会有太大的出入。

从生产性服务业固定资产投资动态情况看，中国有些生产性服务行业增长率较高，而有些行业增长率较低，还有些行业表现出了负增长。由于现有官方数据只提供了按门类划分的服务业的固定资产投资数据。所以，我们只能从中剥离出生产性服务业按门类划分的固定资产投资数据。根据《中国第三产业统计年鉴2019》提供的资料，可以绘制分析图如下（图4-6）。

综合表4-10和图4-6可以看出：

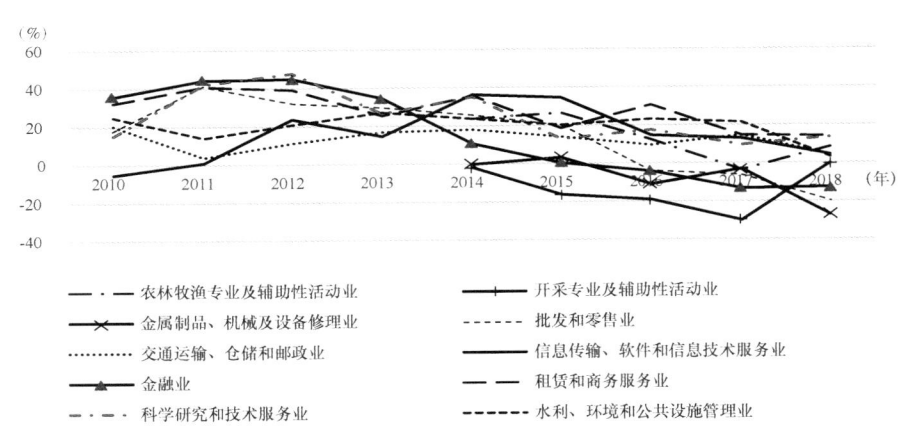

(图表)

图 4-6 重要生产性服务业门类固定资产投资增长率变动

资料来源：国家统计局《中国第三产业统计年鉴 2019》，中国统计出版社 2020 年版。

第一，中国重要生产性服务业发展速度缓慢，规模总量还有提升空间。以固定资产投资为例，2010—2018 年，中国生产性服务业并没有表现出持续增长趋势，而是波浪式的变动，有些行业还出现了负增长。农林牧渔专业及辅助性活动业，交通运输、仓储和邮政业，信息传输、软件和信息技术服务业，租赁和商务服务业，科学研究和技术服务业，水利、环境和公共设施管理业等有较好的增长；而批发和零售业、金融业前期增长较好，而后期则表现出负增长。特别是开采专业及辅助性活动业和金属制品、机械及设备修理业，固定资产投资一直呈负增长。这表明这些行业近时期呈收缩状态。

根据《中国第三产业统计年鉴 2019》提供的数据，中国第三产业增加值占 GDP 的比重一直是呈增长趋势的，1978—1986 年，第三产业增加值占 GDP 比重在 25% 左右，1986 年达到 29.8%；1987—2000 年，第三产业增加值占 GDP 比重在 35% 左右，2000 年达到 39.8%；2001—2014 年，第三产业增加值占 GDP 比重在 45% 左右，2014 年达到 48%；2015—2017 年，第三产业增加值占 GDP 比重在 51% 左右，2018 年达到 52.2%。从生产性服务业固定资产投资上看，生产性服务业的投资增长率是显著地低于第三产业增加值在 GDP 中占比增长率的。相同类型的数据显示，1978 年第三产业对国内生产总值的拉动率为 3.3 个百分点，1980 年为 1.5 个百分点，1990 年为 0.8 个百分点，2000 年为 3.1 个百分点，2010

年为4.2个百分点，2018年为3.9个百分点。这反映，在全部服务业对GDP的贡献率增长的情景下，服务业对GDP增长的拉动率并没有显著性提高，同样地生产性服务业对GDP增长的影响力也不显著。这种状况产生的原因是中国产业政策和产业发展阶段的影响。中国是一个农业大国，中华人民共和国成立之初，产业发展的战略目标是建设工业化国家，发展重点在工业，特别是制造业。改革开放以后，中国才顺应全球产业发展大势和全球产业布局新动向，将产业发展重心逐步转移到服务业和生产性服务业上，而且制造业的中心地位也一直没有动摇过。在较长一段时间里，这种状况还不会有重大转变。可见，中国重要生产性服务业的规模总量还有较大提升空间。

第二，重要生产性服务行业发展很不均衡。近些年，中国重要生产性服务业发展很不均衡。从从业人员上看，全部重要的生产性服务业中，不同行业从业人员的差别相当大，有些行业拥有的从业人员很多，有些行业拥有的从业人员很少。相对而言，国有单位从业人员在行业间的分布差距相对较小，而城镇集体单位和其他单位从业人员在行业间的分布差别很大。生产性服务业中，有些行业的规模较大，发展态势良好如农、林、牧、渔产品的批发业，医药及医疗器材批发业，矿产品、建材及化工产品批发业，机械设备、五金产品及电子产品批发业，互联网批发业，商业银行服务，信用合作社、财务公司、小额贷款公司、网络借贷的服务，银行监管、期货市场、资本投资服务，投资与资产管理，资源与产权交易服务，单位后勤管理服务，农村集体经济组织管理，商业综合体管理服务等。但有些行业则发展规模小，发展速度缓慢，如水运业，各类管道业，为生产人员提供的交通服务，生产性汽车租赁、农业机械经营租赁、建筑工程机械与设备经营租赁、计算机及通信设备经营租赁、医疗设备经营租赁，节能技术和产品推广服务、节能咨询服务、环境与污染治理服务、生产性环境保护监测、环保技术推广服务，生产性污水处理和水污染治理，生产性大气污染治理、生产性固体废物治理、生产性危险废物治理、生产性放射性废物治理、生产性其他污染治理、回收与利用服务、再生物资回收与批发等。

第三，支撑先进制造业快速发展的生产性服务业发展滞后。实践中，有些生产性服务业直接支撑先进制造业的发展，发展规模和发展水平直接影响到制造强国的建设，但其发展水平还不高、规模也不大，这些行业有工程技术研究和试验发展、生产性医学研究和试验发展、工业设计服务，生物技术推广服务、新材料技术推广服务、新能源技术推广服务、质检技术服务等。特别是信息传输服务和信息技术服务中的生产性固定电信服务、生产性移动电信服务、其他生产活动电信服务，生产性互联网接入及相关服务、生产性互联网信息服务、软件开发、信息技术咨询服务等明显与先进制造业发展的需求不相匹配，与国际先进水平存在差距。中国企业联合会发布的《中国500强企业发展报告2019》显示，2019年中国500强企业中的互联网软硬件支持企业平均收入净利润率为2.03%，美国则为12.89%；平均资产净利润为2.46%，美国则为9.63%。同年的500强企业中，互联网应用企业平均收入净利润率中国为7.53%，美国则为15.02%；平均资产净利润为4.42%，美国则为8.56%，平均净资产收益率为2.51%，美国则为39.27%；每万人的平均员工为4.86人，美国则为11.05人。可见，在信息技术服务发展领域，中国与美国还存在较大的差距，而这一行业是支撑先进制造业发展的最为重要的生产性服务业之一，值得高度重视。支撑先进制造业快速发展的生产性服务业发展滞后，重要的原因之一是先进制造业发展政策和支撑先进制造业发展的生产性服务业政策效应的滞后。中国推进实施《中国制造2025》，大力发展先进制造业的实践时间还不长，建设制造强国战略的实施效果还在逐步显现。随着建设制造强国进程的不断推进，支撑先进制造业快速发展的生产性服务业发展滞后的状况会有改变。

二　生产性服务业地域布局

生产性服务业是满足中间需求而非最终需求、专业性强、知识性密集的产业。从经济学原理出发，生产性服务业的产生和发展是专业化分工的表现，是延伸性的企业外包活动，其目标取向是成本优势。为了完成生产活动，企业一方面要组织土地、资本、技术、劳动力等多种要素进行生产，以此创造产品或者提供服务；另一方面企业又必须谋求生产成本的最小化和利润的最大化，进而创造市场优势。从效率的角度考虑，企业需要借助外部的力量完成与生产相关的活动，以达到优化成本结构，提高生产效率，增加企业利润的目标。于是与生产活动密切相关的生产性服务业就应运而生了。生产活动的实践证实，生产性服务业与制造业之间有着密切的互动关系，制造企业的活动必定催生外部的生产性服务市场，一旦这个市场形成，制造企业的内部活动就会渐次外部化，并且外部化的生产性服务企业也会产生竞争。日趋激烈的市场竞争，会更加细化生产性服务业市场，促使企业提供水平更高的创新型服务、专业化服务、标准化服务和定制化服务，无论是对知识密集型的制造企业还是对一般型的制造企业，生产性服务业都正产生着越来越大的影响。在信息时代，生产性服务业与制造业的关系日益紧密，服务活动为制造业生产而发展，制造业的活动又为某种服务活动提供了需求；服务业的活动推动了制造业的技术变革、产品创新，服务业的供给又影响着制造业的技术进步和产品开发方向。现在，一些信息产品已可以像制造业一样批量生产。随着计算技术、通信技术的深化应用，传统服务业与制造业之间的界限已不再清晰，二者将会互动融合发展。

生产性服务业与制造企业生产活动如此之紧密，生产性服务业的集聚或空间分布状况对制造业无疑有着重要影响。通常而言，生产性服务业的内部结构与城市的属性、功能定位和规模结构是有关系的，附加值高、知识密集度高的新兴生产性服务行业多集中于规模较大的城市，而城市化进程相对迟缓、工业布局相对分散的中小城市，其对生产性服务的中间需求也较弱，这也使得生产性服务业资源分布相对分散、业态种类较少、集聚程度偏低。这种情况可延伸至更大空间的地域范围。中国地域辽阔，各地区城市发展水平、自然资源环境差别巨大，生产性服务业的分布情况也有明显不同。由于数据的可得性，此处我们选取生产性服务企业数进行这一行业的地域分布分析。

同样依据《中国第三产业统计年鉴2018》提供的数据，可以将中国生产性服务业地域分布情况分析指标列示如下（见表4-11）。

表4-11　　　　　　生产性服务企业地域分布情况

	企业数		东部		中部		西部		东北	
	总量（万家）	占比（%）	总量（万家）	占比（%）	总量（万家）	占比（%）	总量（万家）	占比（%）	总量（万家）	占比（%）
农、林、牧、渔服务业	25.60	2.92	8.48	1.60	8.02	4.92	5.56	4.16	3.54	7.26
开采辅助活动	0.44	0.05	0.05	0.01	0.06	0.04	0.29	0.21	0.04	0.08
金属制品、机械和设备修理业	2.28	0.26	1.42	0.27	0.36	0.22	0.30	0.22	0.20	0.41

续表

	企业数		东部		中部		西部		东北	
	总量(万家)	占比(%)	总量(万家)	占比(%)	总量(万家)	占比(%)	总量(万家)	占比(%)	总量(万家)	占比(%)
批发业	367.32	41.96	237.95	44.88	58.66	35.99	50.56	37.85	20.15	41.34
铁路运输业	0.36	0.04	0.14	0.03	0.09	0.06	0.09	0.06	0.05	0.10
道路运输业	31.70	3.62	16.04	3.03	7.76	4.76	5.84	4.37	2.05	4.20
水上运输业	1.53	0.17	0.95	0.18	0.34	0.21	0.17	0.13	0.06	0.13
航空运输业	0.25	0.03	0.12	0.02	0.04	0.02	0.07	0.05	0.02	0.04
管道运输业	0.04	0.00	0.02	0.00	0.01	0.01	0.01	0.01	0.00	0.01
装卸搬运和运输代理业	13.42	1.53	9.34	1.76	1.69	1.03	1.70	1.27	0.70	1.44
仓储业	4.25	0.49	2.21	0.42	0.82	0.51	0.71	0.53	0.51	1.04
邮政业	2.55	0.29	1.01	0.19	0.66	0.41	0.69	0.52	0.18	0.37
电信、广播电视和卫星传输服务业	2.27	0.26	0.87	0.17	0.58	0.35	0.59	0.44	0.23	0.48
互联网和相关服务业	9.14	1.04	4.91	0.93	2.19	1.34	1.65	1.24	0.39	0.79
软件和信息技术服务业	60.51	6.91	36.07	6.80	12.81	7.86	8.53	6.38	3.10	6.37
货币金融服务业	4.47	0.51	1.76	0.33	0.96	0.59	1.36	1.02	0.39	0.80
资本市场服务业	4.71	0.54	2.79	0.53	0.72	0.44	1.01	0.75	0.20	0.40
保险服务业	2.31	0.26	1.09	0.20	0.51	0.31	0.54	0.40	0.17	0.35
租赁业	16.95	1.94	8.09	1.53	4.10	2.51	3.71	2.78	1.05	2.15
商务服务业	207.26	23.67	124.62	23.51	40.23	24.68	32.85	24.59	9.55	19.59
研究和试验发展业	16.20	1.85	11.99	2.26	2.10	1.29	1.07	0.80	1.05	2.16
专业技术服务业	40.02	4.57	23.11	4.36	7.77	4.77	7.09	5.31	2.05	4.20
科技推广和应用服务业	47.29	5.40	30.76	5.80	8.72	5.35	5.69	4.26	2.12	4.35
水利管理业	2.89	0.33	0.89	0.17	0.88	0.54	0.86	0.65	0.26	0.54

续表

企业数	东部		中部		西部		东北	
	总量（万家）	占比（%）	总量（万家）	占比（%）	总量（万家）	占比（%）	总量（万家）	占比（%）
生态保护和环境治理业	1.80	0.21	0.80	0.15	0.45	0.28	0.44	0.33	0.10	0.21
公共设施管理业	9.94	1.14	4.71	0.89	2.48	1.52	2.19	1.64	0.57	1.17
合计	875.49	100	530.17	100	163	100	133.58	100	48.75	100
标准差	78.10	—	49.93	—	13.16	—	11.1	—	4.14	0.08

资料来源：国家统计局《中国第三产业统计年鉴2018》，中国统计出版社2019年版。数据所属时间为2017年。

由表4-11可以看出，中国重要生产性服务行业在不同地域的分布存在较大差别。东部、中部、西部、东北地区集聚的批发业，商务服务业，农、林、牧、渔服务业，科技推广和应用服务业，专业技术服务业企业都较多；而管道运输业，金属制品、机械和设备修理业，水利管理业，生态保护和环境治理业，公共设施管理业等企业则集聚的不多。在行业上，农、林、牧、渔服务业，东中部地区较多，东北地区较少；开采辅助活动，西部地区较多，而东部、东北地区较少；金属制品、机械和设备修理业，东部地区较多，西部和东北地区较少；而道路运输业、水上运输业，东部、中部地区集聚的企业较多，西部、东北地区集聚的企业较少。比较而言，货币金融服务业、保险服务业、租赁业等，东部、中部、西部、东北地区集聚的企业差距较小。

显然地，中国重要的生产性服务行业的分布与其他产业分布有相似特征，企业集聚状况与资源特色、经济发展水平有密切的关系。经济发展水平越高，生产资源要素越丰富，集聚的生产性服务企业也就越多。东部、中部地区，城镇化水平高，特别是随着中心城市在区域范围内集聚的人才、资金、技术、信息等生产要素大幅提升，使得这些地域产业的发展对生产性服务业的需求不断增加，从而造成生产性服务业向这些区域集聚，东部、中部、西部、东北地区的生产性服务业分布不均衡。

进一步，可以将中国六大区域按门类划分的重要生产性服务业的城镇单位从业人员分布情况指标列示如下（见表4-12）。

表 4-12　重要生产性服务业城镇单位从业人员分布情况　单位：万人

		批发和零售业	交通运输、仓储和邮政业	信息传输、软件和信息技术服务业	金融业	租赁和商务服务业	科学研究和技术服务业	水利、环境和公共设施管理业
华北地区	北京	73.6	60.2	84	54.7	81.3	71.7	12.2
	天津	19.2	13.2	6.4	17.1	13.2	10.8	3.3
	河北	19	24.6	8.4	36.1	10.7	15.9	12.2
	山西	15.7	21.4	4.9	20.8	8.6	7.3	9
	内蒙古	8.3	20.1	4.9	14.5	5	5.6	8.2
东北地区	辽宁	20.2	33	12.8	28.5	12	10.4	10
	吉林	11.2	14.9	5.8	13.4	6.6	7.3	7.2
	黑龙江	15.7	25	8	21.7	10.8	9.2	10.4
华东地区	上海	84.5	50.6	35.6	33.4	57.9	26.9	9.3
	江苏	55.6	46	32	39.4	33.5	21.8	12.2
	浙江	36.8	30.1	21.8	45	29.1	16.6	10.1
	安徽	23	24.5	9.3	24.1	8.8	9.3	6.1
	福建	29.5	23	12.3	20	18.6	7.7	5.7
	江西	15.2	19	5.5	14.4	5.8	6.1	5.8
	山东	19.9	47.6	18	46.5	17.7	17.3	20.4
华中地区	河南	36.7	39.3	12.8	28.2	16.4	14	13.4
	湖北	36.8	34.8	13.5	19.9	13.4	15.8	11.5
	湖南	20.2	21.9	6.8	27.6	9.8	11.2	8.3
	广东	107.8	86.4	60.8	61.3	18.8	37.8	18.6
	广西	12.5	18.8	4.9	15.6	11.8	7.1	7.1
	海南	5.5	7.6	2.2	5	2	2	3.6
西南地区	重庆	19.4	22.5	4.9	14.1	14.3	8.2	5.8
	四川	27.5	37.4	19.3	32.4	18.5	20.4	11.4
	贵州	12	11.9	3.5	8.8	7.4	6.7	5.1
	云南	23.6	17.1	4.9	10.5	12.3	9.9	7.2
	西藏	0.9	1	0.4	1	0.7	0.8	0.5

续表

		批发和零售业	交通运输、仓储和邮政业	信息传输、软件和信息技术服务业	金融业	租赁和商务服务业	科学研究和技术服务业	水利、环境和公共设施管理业
西北地区	陕西	22.7	27.3	12.7	21.6	8.5	17	10.2
	甘肃	7	14.6	3	7.7	3.4	6.5	6.4
	青海	2	4.6	0.9	2.3	0.7	2.2	1.1
	宁夏	2.4	3.9	0.8	4.1	1.8	1.3	2
	新疆	8.7	16.7	3.1	9.5	10	6.5	5.9

资料来源：国家统计局《中国第三产业统计年鉴2019》，中国统计出版社2020年版。数据所属时间为2018年。

根据表4-12，可以绘制出六大区域重要生产性服务业从业人员分布状况图如下（见图4-7）。

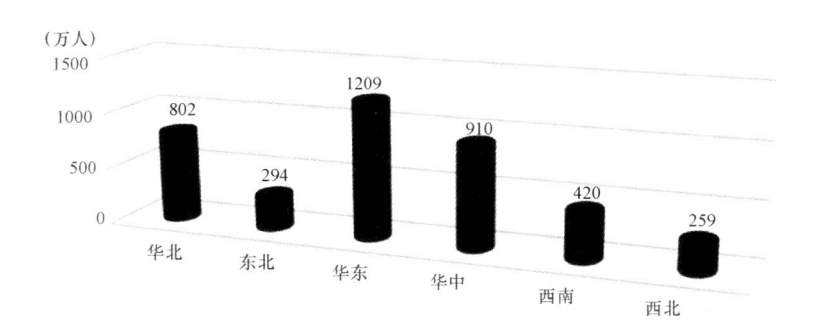

图4-7 六大区域重要生产性服务业从业人员分布

资料来源：国家统计局《中国第三产业统计年鉴2019》，中国统计出版社2020年版。

综合表4-12和图4-7，可以看出中国重要生产性服务业从业人员主要集中在华东、华中和华北地区，西北、东北地区重要生产性服务业的从业人员相对较少。在省市级层面，批发和零售从业人员较集中的省市是广东、上海、北京、江苏、浙江、河南等；交通运输、仓储和邮政业从人员较集中的省份是广东、上海、北京、山东、四川等；信息传输、软件和信息技术服务业从业人员较集中的省市是北京、广东、上海、江苏、浙江、四川等；金融业从业人员较集中的省市是广东、北京、山东、浙江、江苏等；租赁和商务服务业从业人员较集中的省市是北京、上海、江苏、浙江、广东、福建等；科学研究和技术服务业从业人员较集中的是北京、上海、广东、江苏、四川等；水利、环境和公共设施管理业从业人员较集中的是山东、广东、河南、河北、北京、江苏等。总体上看，经济发达的地区，生产性服务业从业人员集聚度就高，反之则低。值得注意的是，批发和零售业，交通运输、仓储和邮政业，信息传输、软件和信息技术服务业在不同地区分布的离差较大，有些地区集聚的从业人员极多，有的地区集聚的从业人员则极少；水利、环境和公共设施管理业从业人员在不同地区分布的离差则较小，这些行业的从业人员在不同地区分布相对较为均衡。

值得关注的是，批发业成为中国生产性服务业的支柱，其体量占了较大份额，地域分布上也存在差异。批发业是现代化大生产过程中的重要环节，它是向零售单位销售用于转卖，或者向其他企业、事业、机关批量销售生产资料和生活资料的活动，它与生产效率、经济运行、质量和效益有着密切的关系，是市场化程度最高、竞争最为激烈的行业之一。批发的商品用于转卖，可以是进出口贸易，也可以是贸易经纪与代理活动。实践中，批发商可以拥有批发货物的所有权，也可以不拥有货物的所有权，前者以批发企业的名义进行交易活动，后者以中介身份从事活动。批发业的发展受需求、供求关系、宏观经济政策和措施等诸多方面的影响，批发业的销售状况可以反映出国民经济中各物质生产部门的情况，也可以反映投资、出口等情况。批发业与制造业有着密切的关系，中国大部分制造企业的销售，都有赖于专门的销售公司，有些销售企业不仅仅从事"工业自销"业务，也同时从事大量的"社会销售"业务，还有一些批发商对采购或销售的商品有生产或生产干预权。因此，制造企业与批发企业是在相互渗透、交互发展，即制造企业向批发企业渗透，批发企业向制造企业渗透。中国东部地区、中部地区批发业规模大，集聚程度高，这从一个侧面说明了东、中部的经济发展水平和制造业的发展水平也较高，而西部和东北地区制造业发展水平还有较大的提升空间。

另外值得关注的行业是信息传输、软件和信息技术服务业，科学研究和技术服务业。这两个行业是新工业革命时代兴起的生产性服务业，对制造强国建设、现代产业发展有着重要影响。信息传输、软件和信息技术服务，主要为生产活动提供固定电信服务，制造业智能化、柔性化服务，以及知识库建设、信息技术集成实施、运行维护、测试评估、信息安全等服务。科学研究和技术服务业，是直接应用于生产活动的各类科学研究、工程和技术基础科学研究、农学研究、医学和药学研究，也包括独立于生产企业的工业产品和生产工艺设计，还包括新技术、新产品和新工艺推向市场进行的技术推广、转让活动，产学研用合作，创新成果产业化服务等。信息传输、软件和信息技术服务业，科学研究和技术服务业是技术含量较高、资本密集的新兴生产性服务业，这两类生产性服务业在中国的不同地域得到了较好的发展，不少省市都以此形成了产业集聚特色，如西安的计算机服务业、软件服务业、信息服务业等；重庆的信息技术服务、科技研发、商业及专业服务业等，对地区经济发展有着重要影响。可以预见的是，在制造强国建设的进程中，这两个生产性服务行业应有更好的发展空间。

第三节 先进制造企业

先进制造企业历来在制造业发展中起举足轻重的作用，是一国制造业核心竞争力最直接的体现，其结构、分布、效率等对中国制造业的水平和国际竞争力有着十分重要的影响。中国需要加快培育具有国际竞争力的先进制造企业，进一步提高制造企业的整体竞争力。

一 先进制造企业的地域分布

中国企业联合会、中国企业家协会于 2016 年 8 月联合发布了 2016 年"中国制造 500 强企业"榜单，这是两家机构依据国际通行做法，根据企业的营业收入、资产总额、利润总额、所有者权益、研发投入、从业人数等指标进行综合评分遴选出的。

入榜的这些企业均是中国制造业中有较强竞争力的企业。本书所讨论的先进制造企业即是指列入此榜单的企业。这些企业规模较大，营业收入、利润较高，从业人数也较多，是中国制造行业竞争实力的主体力量。

根据《中国 500 强企业发展报告 2016》，可整理中国制造 500 强企业在各省市区的地域分布数据，并据以计算结构占比列示如下（表 4 – 13）。由于海南、西藏没有企业进入中国制造 500 强，故表中没有显示这两个省区。根据表 4 – 13 的数据，再收集中国制造业的营业收入，可计算区位基尼系数，以反映先进制造企业地域分布状况。

表 4 – 13　　　　　　　　中国制造 500 强企业地域分布

	企业绝对量（个）	占比（％）		企业绝对量（个）	占比（％）		企业绝对量（个）	占比（％）
东北地区	22	4.4	浙江	93	18.6	重庆	13	2.6
黑龙江	3	0.6	福建	7	1.4	四川	14	2.8
吉林	2	0.4	广东	25	5.0	广西	9	1.8
辽宁	17	3.4	中部地区	69	13.8	贵州	2	0.4
东部地区	346	69.2	山西	3	0.6	云南	8	1.6
北京	34	6.8	河南	12	2.4	甘肃	3	0.6
上海	14	2.8	湖北	17	3.4	青海	2	0.4
天津	16	3.2	湖南	9	1.8	宁夏	2	0.4
河北	39	7.8	江西	13	2.6	新疆	4	0.8
山东	75	15	安徽	15	3.0	陕西	4	0.8
江苏	43	8.6	西部地区	63	12.6	内蒙古	2	0.4

资料来源：中国企业联合会、中国企业家协会《中国 500 强企业发展报告 2016》，企业管理出版社 2016 年版；数据所属时间为 2016 年；笔者计算整理制表。

基尼系数（Gini coefficient）由意大利经济学家 Corrado Gini 于 20 世纪 20 年代提出。该指标最初是用于测量居民收入分布不均等情况，后演变为国际上通行的用以综合测度居民内部收入分配公允程度的重要分析指标。其取值范围在 0 和 1 之间，值越小表明财富在社会成员之间的分配越均匀，反之则分配越不均匀。美国经济学家克鲁格曼（Paul R. Krugman）对基尼系数进行了改进，设计了"区位基尼系数"，并用以测度美国 3 位码制造业的地域分布状况。阿密替（Amiti）在 1998 年进一步改进完善了克鲁格曼的方法，并用改进的方法测度了欧盟国家不同行业的区位分布。

与基尼系数一样,产业区位基尼系数用来刻画出产业空间分布的不均衡程度,其值越大,表明产业在空间的分布越不均匀,产业的空间集聚程度越高。反之,产业的空间集聚程度就越低。

基尼系数计算的基本思想源自洛伦兹曲线与 45 度线之间的面积 B 和洛伦兹曲线之上的面积 A。设基尼系数为 G,由于 $A + B = 1/2$,于是有:

$$G = \frac{B}{A+B} = 2B$$

再设定全部行业的结构相对数为:$\alpha_i = \frac{E_i}{\sum E_i}$,单个行业的结构相对数为:$\beta_i = \frac{F_i}{\sum F_i}$,$E$、$F$ 为行业分析指标。则有:

$$A = \frac{1}{2} \sum_{i=0}^{n-1} (\alpha_{i+1} + \alpha_i)(\beta_{i+1} - \beta_i)$$

即:$G = 2B = 1 - 2A$

$$= 1 - \sum_{i=0}^{n-1} (\alpha_{i+1} + \alpha_i)(\beta_{i+1} - \beta_i)$$

由于 $\alpha_0 = \beta_0 = 0$;$\alpha_n = \beta_n = 1$,对上式进行整理,则可得基尼系数的计算公式为:

$$G = \sum_{i=1}^{n-1} (\alpha_{i+1}\beta_i - \alpha_i\beta_{i+1})$$

根据基尼系数的计算公式,收集中国先进制造企业的区位基尼系数的相关数据如下(见表 4-14)。

表 4-14　　　　　　中国制造业区位基尼系数计算

	500 强营业收入 总量(亿元)	500 强营业收入 占比(%)	全部制造业主营业收入 总量(亿元)	全部制造业主营业收入 占比(%)		500 强营业收入 总量(亿元)	500 强营业收入 占比(%)	全部制造业主营业收入 总量(亿元)	全部制造业主营业收入 占比(%)
北京	72387.6	27.30	56405.6	1.36	湖北	10708.9	4.04	266233.5	6.43
上海	15904.7	6.00	104748.2	2.53	江西	4839.4	1.82	162034.1	3.91
天津	7870.8	2.97	161284.6	3.89	浙江	25660.4	9.68	123969.0	2.99

续表

	500强营业收入		全部制造业主营业收入			500强营业收入		全部制造业主营业收入	
	总量（亿元）	占比（%）	总量（亿元）	占比（%）		总量（亿元）	占比（%）	总量（亿元）	占比（%）
重庆	2856.8	1.08	29054.5	0.70	广东	18870.2	7.12	444325.2	10.72
黑龙江	528.2	0.20	46072.9	1.11	四川	5547.2	2.09	72384.6	1.75
吉林	4349.9	1.64	161838.4	3.91	福建	1915.2	0.72	77257.1	1.86
辽宁	5704.7	2.15	87375.8	2.11	广西	1974.7	0.74	142338.6	3.44
河北	11993.6	4.52	32598.1	0.79	贵州	731.1	0.28	26972.2	0.65
河南	3748.6	1.41	138890.6	3.35	云南	3669.8	1.38	32074.6	0.77
山东	28712.8	10.83	616249.6	14.87	甘肃	3761.7	1.42	53286.2	1.29
山西	1133.1	0.43	240617.2	5.81	青海	439.5	0.17	28603.9	0.69
陕西	2380.9	0.90	145402.4	3.51	宁夏	782.1	0.29	5742.0	0.14
安徽	4715.9	1.78	155406.8	3.75	新疆	1185.5	0.45	9760.8	0.24
江苏	19059.3	7.19	117210.6	2.83	内蒙古	926.5	0.35	21635.9	0.52
湖南	2829.4	1.07	583705.4	14.09	全国	265188.6	100	4143478.4	100

资料来源：中国企业联合会、中国企业家协会《中国500强企业发展报告2016》，企业管理出版社2016年版；国家统计局"中国工业企业数据库"。

根据表4-14中的制造500强营业收入占比和全部制造业营业收入占比，可求出 $\frac{\alpha_i}{\beta_i}$；对 $\frac{\alpha_i}{\beta_i}$ 进行降序排列，利用排序后的数据，在横轴刻画 $\frac{E_i}{\sum E_i}$ 的累计分布，纵轴上刻画 $\frac{F_i}{\sum F_i}$ 的累计分布，代入基尼系数的计算公式可得，$G = \sum_{i=1}^{n-1}(\alpha_{i+1}\beta_i - \alpha_i\beta_{i+1}) = 0.4738$。

由表4-13和表4-14的运算结果，可以发现：

第一，中国先进制造企业主要集中在经济发达的东部地区。结果显示，浙江、山东、河北是先进制造企业的集聚大省，集中了全部先进制造企业的41%；西部地区由于经济发展水平、人才、资源环境等多方面的因素，12个省级行政区域集聚的先进制造企业仅63家，占比12.6%；海南、西藏还没有先进制造企业。中国先进制造企业分布很不均衡，这种不均衡既表现在企业的数量上,也表现在企业主营业收入、资产总额和利润等效益指标方面。由企业主营业收入计算出的区位基尼系数达 0.4738 即能说明这一点。

第二,先进制造企业的营业收入占比差距也较大。先进制造企业在营业收入方面,北京、山东、浙江分别位于前三甲,其占强势企业营业总收入的比例分别为 27.30%、10.83% 和 9.68%。相反,一些省份先进制造企业营业收入占比则很低,如黑龙江为 0.20%、贵州为 0.28%、宁夏为 0.29%。但是,从全部制造业主营业收入的占比看,处于前三位的分别是山东、湖南、广东,其营业收入占比分别为 14.87%、14.09% 和 10.72%,这说明全部制造业营业收入份额较大的省份,其先进制造企业营业收入份额并不一定大。其他省份两个占比的数字也能说明这一点。

第三,东、中、西部制造业发展水平差异很大。根据"中国工业企业数据库"提供的数据整理分析发现,2015 年东部地区制造业营业收入、利润总额、资产总额、纳税总额、从业人数分别为 202375 亿元、5050 亿元、221327 亿元、172579 亿元和 974 万人;中部地区制造业的营业收入、利润总额、资产总额、纳税总额、从业人数分别为 27975 亿元、251 亿元、26788 亿元、1722 亿元和 140 万人;西部地区制造业的营业收入、利润总额、资产总额、纳税总额、从业人数分别为 24256 亿元、355 亿元、29682 亿元、2448 亿元和 130 万人;东北地区制造业的营业收入、利润总额、资产总额、纳税总额、从业人数分别为 10583 亿元、35 亿元、13555 亿元、1023 亿元和 67 万人。由此可见,东部、中部、西部以及东北地区中国制造企业的整体效益、规模也存在较大差异,这反映中国制造业在地域发展态势上的基本格局,也构成先进制造企业发展的基础背景。

二 先进制造企业的行业结构

在测度分析了中国先进制造企业的地域分布情况后,可进一步测度其行业结构状况。根据《中国 500 强企业发展报告 2016》提供的数据,中国的先进制造企业主要集中在黑色冶金及压延加工业,化学原料及化学制品制造业,一般有色冶金及压延加工业,电力、电气设备、机械、元器件及光伏、电池、线缆制造业等。本书选取先进制造企业 2015 年的企业数、从业人数、资产总额以及营业收入,计算其行业集中度指标进行分析。

行业集中度（Concentration Ratio）即行业集中率，它是行业的相关市场内前 N 家（通常是 4 家或 8 家等）最大的企业所占市场份额，而份额指标可以是总产值、营销总量、从业总人数、资产总额等。行业集中度指数的计算公式为：

$$CR_n = \frac{\sum (y_i)_n}{\sum (y_i)_N} \quad 此处：N > n$$

此处：CR_n 为规模最大的前几家企业的行业集中度；y_i 表示第 i 家企业的市场份额指标；n 是产业内规模最大的前几家企业数；N 为产业内的企业总数。当 $n=4$ 或者 $n=8$ 时，行业集中度就分别表示产业内规模最大的前 4 家或者前 8 家企业的集中度。美国经济学家贝恩（Joe S. Bain）确定了一个产业集中度的划分标准，如果 $CR_8 \geqslant 40\%$，则产业市场结构为寡占型，当 $CR_8 \geqslant 70\%$ 时，市场结构为极高寡占型；若 $CR_8 < 40\%$，则产业市场结构为竞争型。

根据行业集中度的运算公式和《中国 500 强企业发展报告 2016》数据，计算得到中国先进制造企业各行业的集中度结果（见表 4-15）。

表 4-15　　　　　　　　先进制造企业行业分布状况

	企业数（家）	从业人数（万人）	资产总额（亿元）	营业收入（亿元）	行业集中度 CR_4
黑色冶金及压延加工业	73	178.7	44423.9	36129.6	25.60
化学原料及化学制品制造业	42	55.7	14418.3	12577.7	40.77
一般有色冶金及压延加工业	34	61.7	18202.9	22556.3	42.46
电力、电气设备、机械、元器件及光伏、电池、线缆制造业	30	36.6	6021.5	8499.6	36.98
汽车及零配件制造业	29	114.5	28646.2	32071.4	60.21
石化产品、炼焦及其他燃料生产加工业	23	96.4	24829.7	23997.3	83.26
综合制造业（以制造业为主含服务）	22	64.4	13000.8	9055.7	46.46
医药、医疗设备制造业	18	31.4	8768.9	5544.8	48.03
农副食品及农产品加工业	16	32.0	3094.9	5141.8	43.12
金属制品、加工工具、工业辅助产品加工制造业	16	10.3	2010.1	2407.8	38.10

续表

	企业数（家）	从业人数（万人）	资产总额（亿元）	营业收入（亿元）	行业集中度 CR_4
建筑材料及玻璃等制造业	15	47.3	11077.9	6206.2	66.47
家用电器及零配件制造业	15	57.0	10069.3	9419.2	56.61
纺织、印染业	13	25.0	3798.0	6444.1	74.21
纺织品、服装、鞋帽、服饰加工业	13	26.1	3334.1	3595.6	60.04
烟草加工业	12	9.2	6037.2	6031.9	67.43
化学纤维制造业	12	16.4	3596.6	6286.4	72.20
工业机械、设备及零配件制造业	11	14.8	2695.5	1921.4	63.26
食品加工制造业	10	22.9	4030.8	3413.0	77.20
工程机械、设备及零配件制造业	9	11.3	3854.0	2769.5	79.15
电子元器件与仪器仪表、自动化控制设备制造业	9	35.9	6440.5	4798.6	88.16
酿酒制造业	7	16.9	4111.6	2152.4	—
造纸及纸制品加工业	7	7.7	3085.7	3322.6	—
橡胶制品业	6	7.6	1208.8	1746.3	—
通信器材及设备、元器件制造业	6	34.9	6533.3	6687.8	—
动力、电力生产等装备、设备制造业	6	19.4	4955.8	3234.0	—
饮料加工业	5	6.5	798.5	1084.0	—
办公、影像等电子设备、元器件制造业	5	10.7	727.8	749.6	—
航空航天及国防军工业	5	137.3	22582.7	15734.4	—
黄金冶炼及压延加工业	4	11.6	3033.4	2987.3	—
计算机及零部件制造业	4	21.9	8626.2	5095.0	—
肉食品加工业	3	11.7	1159.9	1626.7	—
生活用品（含文体、玩具、工艺品）等轻工品业	3	6.9	1101.2	1592.1	—
塑料制品业	3	0.8	188.3	348.2	—
摩托车及零配件制造业	3	4.6	1225.4	889.0	—
船舶工业	3	25.4	7891.4	4437.4	—
木材、藤、竹、家具等加工及木制品、纸制品业	2	4.7	520.4	346.6	—
农林机械、设备及零配件制造业	2	2.9	156.0	423.3	—

续表

	企业数（家）	从业人数（万人）	资产总额（亿元）	营业收入（亿元）	行业集中度 CR_4
电梯及运输、仓储设备与设施制造业	2	7.2	1417.5	822.9	—
乳制品加工业	1	5.8	396.3	603.6	—
轨道交通设备及零部件制造业	1	18.9	3281.0	2437.3	—
全国	500	1311.0	291352.6	265188.6	—

注："—"表示无法统计。由于一些行业的先进制造企业较少（如在9家以下），故没有必要计算其行业集中度指数或者计算出来后意义不大。因此，第5列部分行业就没有 CR_4 数据。

资料来源：中国企业联合会、中国企业家协会编《中国500强企业发展报告2016》，企业管理出版社2016年版。

依据表4-13的数据，借用赫芬达尔—赫希曼指数的原理，还可进一步分析中国先进制造企业的比较集中度。赫芬达尔—赫希曼指数，通常简称赫芬达尔指数（Herfindahl-Hirschman Index，HHI），以某特定市场上各企业的市场份额的平方和来表示。市场份额可以用行业收入计算，也可以由资产来计算。HHI用来测量一个产业的集中度，反映竞争主体市场份额的变化程度，HHI值越大，表明市场集中度越高；反之，市场集中度就低。其计算公式如下：

$$HHI = \sum_{i=1}^{n} \left(\frac{x_i}{\sum x_i} \right)^2$$

式中的 x_i 是行业中市场竞争主体的竞争性指标。HHI可从另一个侧面综合反映市场上企业数量的相对规模，反映行业集中度所无法反映的集中度的差异。从计算式中可以发现，当市场为一家企业所独占时，即 $x_i = \sum x_i$ 时，HHI = 1；当全部的企业规模相同时，即 $x_1 = x_2 = x_3 = \cdots = x_n$ 时，HHI = 1/n。显然地，产业内企业的规模越是接近，且企业数越多，HHI就越接近于0。故而，HHI还可以在一定程度上反映企业在市场上的表现力和市场中企业规模的差距大小，刻画市场结构，并在一定程度上揭示企业市场支配力的变化。这里，我们将HHI的计算原理借用于先进制造企业的集中度测度中。需要特别说明的是，此处的分析是将先进制造企业视作研究的总体，测度的是先进制造企业的市场集中度。

对表 4-15 中的行业从业人数、行业资产总额、行业营业收入计算占比，而后计算占比的平方和，则可得出三个 HHI，分别为：以从业人员数计算的 $HHI=0.0588$；以行业资产总额计算的 $HHI=0.0635$；以行业营业收入计算的 $HHI=0.0638$。

至此，由表 4-15 中的行业集中度 CR_4 和 HHI 可以发现：

第一，中国的先进制造企业分布很不均衡。这些先进制造企业集中的行业和处于前 4 位的企业分别为：黑色冶金及压延加工业，其前 4 位代表性企业是河钢集团、宝钢集团、沙钢集团、新兴际华集团等；化学原料及化学制品制造业，其前 4 位代表性企业是中国化工集团公司、天津渤海化工集团、湖北宜化集团、上海华谊集团等；一般有色冶金及压延加工业，其前 4 位代表性企业是正威国际集团、中国铝业公司、金川集团、江西铜业集团公司等；电力、电气设备、机械、元器件及光伏、电池、线缆制造业，其前 4 位代表性企业是天津百利机械装备集团、超威电源、天能电池、新疆特变电工集团等；汽车及零配件制造业，其前 4 位代表性企业是上海汽车集团、东风汽车公司、中国第一汽车集团、广州汽车工业集团等；石化产品、炼焦及其他燃料生产加工业，其前 4 位代表性企业是中国石油化工集团、山东京博控股、利华益集团、山东海科化工集团等；综合制造业（以制造业为主含服务），其前 4 位代表性企业是中国五矿集团、比亚迪股份有限公司、协鑫（集团）控股有限公司、新华联集团有限公司等。这些行业是中国先进制造企业的密集行业，各行业中居前 4 位的企业占有较大的资产份额、营业收入份额或从业人员份额，也是中国制造企业的巨头。

第二，先进制造业中有一些寡占型的行业，甚至还有一些极高寡占型的行业。若以先进制造企业作为被研究总体，其分布的 40 个行业中 $CR_4 \geqslant 50\%$ 的行业就有 12 个，这些行业显著的是寡占型行业，有些行业还是极高寡占型行业，如电子元器件与仪器仪表、自动化控制设备制造业，石化产品、炼焦及其他燃料生产加工业，工程机械、设备及零配件制造业，食品加工制造业，化学纤维制造业等。特别是电子元器件与仪器仪表、自动化控制设备制造业的 CR_4 高达 88.16%，足见其行业寡占程度。这说明在社会化大生产过程中，这些行业的生产要素资源被很少量的企业所占有，行业具有较大的垄断性，少部分企业拥有相当强的市场支配力，特别是价格支配力，产品的市场竞争性较低。不过，在市场潜在的供给弹性足够大时，集中度高并不意味着产品市场的竞争性弱，尤其是在新工业革命、全球经济一体化竞争的大环境下，企业的垄断势力会大大削减，行业的高集中度也可能与激烈的竞争并存。

第三，先进制造企业主要集中在重化工行业，一些重要的处于技术前沿的先进制造行业的先进制造企业却不多。制造强国的重要标志之一是拥有先进制造技术。在现代，信息技术、航空航天装备、海洋工程装备、3D制造、微纳制造、精密数控机床等行业都是制造强国标志性行业，也是现代产业革命的标志。而恰恰是在这些行业，中国先进制造企业却不多，如工程机械、设备及零配件制造业的先进制造企业是11家，计算机及零部件制造业是4家，通信器材及设备、元器件制造业是6家，航空航天及国防军工制造业是5家，工程机械、设备及零配件制造业是9家，特别是轨道交通设备及零部件制造业仅有1家，农林机械、设备及零配件制造业只有2家。这从一个侧面反映了中国制造业在先进制造领域的短板。

第四节　冠军企业与独角兽企业

冠军企业与独角兽企业在建设制造强国中能发挥重要作用。中国制造单项冠军企业主要集中在东部沿海地区，经济发达的地区培育了冠军企业，冠军企业也促进了地区经济发展；在先进制造细分领域，单项制造冠军企业还较欠缺。独角兽企业主要集中于电子商务、互联网金融、大健康、文化娱乐、物流、交通出行等新兴行业；创新性资源集中的地区是独角兽企业的主要集聚区。要精准服务，保护冠军企业、独角兽企业的知识产权；要培育民营冠军企业、独角兽企业，支持中、西部地区培育发展冠军企业和独角兽企业。

一　冠军企业与独角兽企业概念阐释

建设制造强国不仅需要上下协力，还需要多管齐下、通过复合路径来推进，如发展先进制造业，优化制造业结构；进行生产方式的革新改造，提高制造业生产效率，进行重要领域核心技术的攻关；培育先进制造领域的全球顶级品牌和知名品牌，推动中国制造标准的国际化，培养引进全球优秀的制造技术人才和管理人才；营造良好的创新创业环境，建设先进制造企业文化体系。同时，建设制造强国还需要发掘和培育冠军企业与具有创新性的独角兽企业。

德国著名的管理学家赫尔曼·西蒙（Hermann Simon），曾对德国400多家中小企业进行过深入的研究，发现一些卓越的中小企业长期专注于细分领域，在利基市场①取得了巨大成就，有的甚至占据了全球95%的市场份额，其技术创新也远胜于同行。由于这些企业执业专注，风格低调，加之所从事的行业相对生僻，其产品也往往不是直接用于消费的最终产品，故而常不为大众知晓，他将此类企业称为"隐形冠军"企业（Hidden Champion）。西蒙总结了"隐形冠军"企业的三个主要特征，即始终致力于某一领域的技术和产品，有着独特的竞争策略；通常不为外界关注，知名度不高；在其细分行业占有绝对的支配地位，有很高的市场占有份额。所以，"隐形"是指这些企业几乎不为外界或大众所熟知；而"冠军"则是指这些企业几乎完全主宰着各自所在的市场，拥有很大的市场份额。

美国著名投资公司牛仔冒险（Cowboy Venture）投资人 Aileen Lee 在2013提出了一个新名词——独角兽企业。他将市场估值超过10亿美元，且成立时间较短的创新创业公司叫作独角兽②企业。独角兽企业往往出现在原创性的全新行业，具有较明显的创新性，常常被视为代表了一个新行业或新领域的兴起，是新经济发展的一个风向标。

冠军企业、独角兽企业作为新经济名词出现后，很快受到学界的关注。一些学者进行了相关问题的研究。宁波市信息中心经济预测部课题组③以"中国制造2025"首个试点示范城市宁波市的制造业单项冠军企业、"隐形冠军"企业为案例进行了分析，总结了其发展经验和启示，研究了现阶段中国企业面临的共性问题，提出了引领企业走"专精特新"发展道路的建议。严锋、朱晟、徐扬④对话管理学大师赫尔曼·西蒙，分

---

① 利基市场，指高度专门化的细分市场。
② 独角兽，为神话传说中的一种虚构生物，额前长有一个螺旋角，代表高贵、纯洁。
③ 课题组：《秉持核心竞争力走"专精特新"发展道路，牢牢掌控本行业的"领导力"和"话语权"——宁波单项冠军企业及隐形冠军企业发展模式分析》，《三江论坛》2018年第3期。
④ 严锋、朱晟、徐扬：《德国"隐形冠军"牢牢把控全球细分市场——对话"隐形冠军之父"、著名管理学大师赫尔曼·西蒙教授》，《经济参考报》2018年4月24日第8版。

析了德国"隐形冠军"企业的成功经验，发现德国冠军企业的目标不只是出口，而是组建全球化的公司；大多数"隐形冠军"企业从事的都是复杂产品和系统的制造与研发，这需要有受过良好教育的科学家、工程师，还需要有一流的运营操作方面的管理人才，以保证其产品和服务的品质；德国企业之所以能牢牢地把握全球细分市场，重要的原因是德意志民族拥有悠久的手工业传统，养成了职业的专注精神。同时，德国教育和训练并重的双轨职业教育体系发挥了重要的作用。中国要培育自己的冠军企业，就需要专注于自己的核心竞争力，不断进取，企业要创造条件留住人才，持续不断地创新。

一些专家学者还研究了中国培育制造业"隐形冠军"企业的路径。程楠[1]认为，中国需要培养一批"隐形冠军"企业，让其带动并引领制造业向"专注""创新""标准""高质"等方向发展，从而树立起中国产品质量过硬的新品牌形象。现在，中国冠军企业发展存在三个难题，即难以专注，未做强即做大，支撑企业成长的人才不足。由此中国需要营造鼓励制造企业向"隐形冠军"方向发展的社会氛围，加大力度培养"隐形冠军"企业所需的人才，简政放权，营造适合于"隐形冠军"企业成长的宽松市场环境。王晓燕、陈开元、赵晶[2]分析了宁波若干可能成为"隐形冠军"的企业，探讨了这些企业的国际化道路，提出中国中小企业必须重视国际化的战略，确定可合作的细分市场领域的外国"隐形冠军"，分析其市场地位，不断创新，以图获取更大的全球市场份额。金石[3]分析了日本典型冠军企业的成功经验，即技术上率先掌握核心技术，市场上专注全球利基市场，运营上实行核心价值工程的黑匣子化，产品上实行集约多样化，组织上实行日本式创业。中国要培育冠军企业，重要的是掌握核心技术，使之成为企业成长的中心轴；必须选择和推行独特的竞争策略；组建相对灵活的组织与人事体系推进战略的实施。李超[4]认为，"隐形冠军"企业是一个国家制造业国际竞争力和经济原动力所在，它专注产品

---

[1] 程楠：《培育中国"隐形冠军"需跨越三道坎》，《中国装备》2016年第10期。
[2] 王晓燕、陈开元、赵晶：《中国隐形冠军企业国际化的进入模式与绩效关系——基于知识整合的视角》，《中国集体经济》2017年第27期。
[3] 金石：《日本"隐形冠军"企业的成功因素及启示》，《浙江万里学院学报》2012年第3期。
[4] 李超：《中国应如何培育"隐形冠军"》，《中国青年报》2017年11月14日第10版。

质量提升和品牌培育，能够引导整个产业链更趋完善，引导大量企业进行创新性发展。中国经济发展正处于建设制造强国，提升产品质量，增加生产效率，转换发展动能的重要时期。中国需要众多的主导细分市场、细分行业的"隐形冠军"企业，中国的企业不要受外界短期利益所左右，要专心致志于自己的本业，在自己的领域作出巨大成就。

在实践上，为推动中国制造强国的建设，中国政府开展了单项冠军企业、独角兽企业的培育。2017年1月，中国工业和信息化部、中国工业经济联合会公布了第一批制造业单项冠军示范企业和培育企业名单，2017年12月又发布了第二批制造业单项冠军企业和单项冠军产品名单。2018年3月，中国工业和信息化部又发出通知准备遴选第三批冠军企业，并同时出台了培育支持制造业单项冠军企业的政策措施。作为建设制造强国的行动，东部沿海的一些省市也陆续出台培育冠军企业方案，遴选本地区的冠军企业。在独角兽企业培养方面，中国科技部火炬中心、长城战略咨询于2018年3月在北京发布了《2017中国独角兽企业发展报告》，认定中国在18个领域存在164家独角兽企业。2018年6月，杭州市余杭区建立了中国首个独角兽企业园和独角兽企业孵化园，以图打造中国独角兽企业成长乐园。余杭区还同步出台了《关于加快独角兽、准独角兽企业培育的若干政策意见》，计划在2020年年底，培育10家以上独角兽企业和50家以上准独角兽企业，并且承诺从科研收入、营销推广、产品应用、金融支持、人才配套、贡献奖励、知识产权保护等方面为独角兽和准独角兽企业成长、壮大服务。

二 冠军企业

赫尔曼·西蒙于1990年提出了"隐形冠军"企业一词。1996年，他发表了《隐形冠军：全球最佳500名公司的成功之道》[1]，该书从目标、市场、外销、客户、创新、竞争、伙伴、团队、领导、成长等方面描述了"隐形冠军"企业的特征。该书指出，能够主导占领市场的并不仅仅是那些大公司，行动迅速、灵敏度高、反应快、高度专业化的公司同样能够将其谋划付诸实施，最大可能地赢得客户，从而取得市场的优先地位。该书

---

[1] Simon, Hermann, *Hidden champions: lessons from 500 of the world's best unknown companies*, Harvard Business School Press, 1996.

认为，20多年的市场实践表明，全球"隐形冠军"企业正以约10%的平均增速持续增长，其营业收入也已是20年前的5、6倍，"隐形冠军"企业已成为真正的全球化运营企业；"隐形冠军"企业极大地增加了创新活动。非隐形的或者说知名的冠军企业，市场非常庞大，但"隐形冠军"却占据了其余98%的小市场或利基市场。"隐形冠军"企业在行业发展中占有重要地位，对一国产业发展影响重大。

2016年3月，中国工业和信息化部印发了《制造业单项冠军企业培育提升专项行动实施方案》，该方案确定了冠军企业的定义、特征。制造业冠军企业，是指长期专注于制造业某些特定细分产品市场，生产技术或工艺国际领先，单项产品市场占有率位居全球前列的企业。其主要的特征是：主要从事1—2个特定的制造业细分产品市场，且特定细分产品销售收入占企业全部业务收入的比重在70%以上；在相关细分产品市场中，所生产的产品拥有很高的市场份额，具备强大的市场地位，单项产品市场占有率位居全球前3位；企业持续创新能力强，生产技术、工艺国际领先，产品质量精良，关键性能指标处于国际同类产品的领先水平；重视并实施国际化经营战略，市场前景好，企业经营业绩优秀，利润率超过同期同行业企业的总体水平；长期专注于所瞄准的特定细分产品市场，从事相关业务领域的时间达到10年或以上，或从事新产品生产经营的时间达到3年或以上；符合工业强基工程等重点方向，从事细分产品市场属于制造业关键基础材料、核心零部件、专用高端产品；制定并实施品牌战略，建立了完善的品牌培育管理体系并取得良好绩效；实行绿色生产，近3年无环境违法记录，企业产品能耗达到能耗限额标准先进值；具有独立法人资格，具有健全的财务、知识产权、技术标准和质量保证等管理制度[①]。

按照如上标准，工信部遴选出了两批制造业单项冠军企业[②]，第一批54家企业入选，第二批有71家入选，共计125家，其地域和细分产品分布见表4-16。

---

① 单项冠军企业的标准由工信部的《制造业单项冠军企业培育提升专项行动实施方案》确定。

② 制造业单项冠军企业分为示范企业和培育企业两种，本书所指冠军企业是示范企业，不包括培育企业。

表 4-16　　制造业单项冠军企业地域与主营细分领域产品分布　　单位：家

	企业数	主营细分领域产品
山东	24	衣康酸及其衍生物，二苯基甲烷二异氰酸酯（MDI）系列，聚全氟乙丙烯、聚偏氟乙烯，橡胶促进剂，纤维增强塑料输油管，钻夹头，水环真空泵，二通插装阀，轮式装载机，硫化轮胎用囊式模具，谷物联合收获机械，微型电声器件，氯化亚砜，海藻酸盐，可锻性铸铁及铸钢管子附件，可调手动扳手及扳钳，体育器材，纯毛机织物，色织布，合成纤维制经编织物，丝绸面料，棉纺粗纱机，半潜式钻井平台，钓鱼竿
浙江	20	无碱玻璃纤维、无捻粗纱，工业链条，船舶推进系统，塑料注射成型机，缝纫机旋梭，汽车万向节总成，精密光电薄膜元器件，手机摄像模组，视频监控产品，液晶显示模组，铝合金轮毂，机动车辆齿轮，粉末冶金零件，工业用不锈钢管，聚氨酯鞋底原液，工业用缝纫机，涤纶长丝，粗梳羊绒纱线，电脑针织横机
江苏	15	金属丝绳、缆，汽轮机叶片，轮式起重机，全液压转向器，风电用齿轮箱，旋挖钻机，双针床经编机，光伏组件，太阳能级多晶硅，显示用光学膜，精密轴承钢球，预应力混凝土用钢棒，聚氨酯硬泡组合聚醚，水泥回转窑，减水剂
广东	9	钢琴，印制电路板用精密微型钻头，叠层式片式电感器，工业控制计算机，光纤陶瓷插芯，自动柜员机，液压自动压砖机，铝合金建筑型材，自升式海洋工程平台升降锁紧系统
福建	8	关节轴承，全自动混凝土砌块成型智能生产线，控制继电器，薄膜电容器，转账POS机，除尘设备，汽车安全玻璃，锦纶长丝
河南	7	人造金刚石，矿物磨机，大中型拖拉机，大中型客车，全断面隧道掘进机，振动筛，通用桥式起重机
辽宁	5	离心压缩机，瓷绝缘子，百万千瓦核反应堆压力容器，非织造布生产线联合机，工业铝挤压材
安徽	5	橡胶密封件，辊压机，特种耐高温铜基电磁线，吡啶碱，聚氨酯合成革
北京	4	手机、平板电脑显示器件，货物与车辆安检设备，刺绣机电脑控制系统，纸面石膏板
上海	4	基带芯片，高强度紧固件，海岛型超纤非织造基布，船用低速柴油机
湖北	4	牙轮钻头，光纤光缆，光纤接入用光电子器件与模块，固井压裂设备
河北	3	轧辊，铝合金轮毂，食品着色剂

续表

	企业数	主营细分领域产品
陕西	3	单晶硅片，重型汽车变速箱，真空开关管
湖南	2	电池炭棒，硬质合金
新疆	2	直驱永磁风力发电机组，农用硫酸钾
天津	2	乘用车覆盖件冲压模具，立式辊磨机
四川	2	高铝超薄触控屏保护玻璃，管线球阀
山西	1	铸造起重机
内蒙古	1	非公路矿用自卸车
江西	1	冰箱压缩机
重庆	1	锰酸盐、高锰酸钾盐
贵州	1	钢丝绳
黑龙江	1	铝合金添加剂

资料来源：中华人民共和国工业和信息化部网站（http://www.miit.gov.cn）。数据所属时间为2017年；笔者加工整理。

由表4-16可以做出如下分析：

第一，中国的制造单项冠军企业主要集中在东部沿海地区，经济发达的地区培育了冠军企业，冠军企业也促进了地区经济发展。研究资料显示，制造业冠军企业也多集中于长三角①、珠三角、环渤海、长江经济

---

① 根据2016年5月国务院批准的《长江三角洲城市群发展规划》，长三角城市群包括：上海，江苏省的南京、无锡、常州、苏州、南通、盐城、扬州、镇江、泰州，浙江省的杭州、宁波、嘉兴、湖州、绍兴、金华、舟山、台州，安徽省的合肥、芜湖、马鞍山、铜陵、安庆、滁州、池州、宣城26市。

珠三角经济区分为狭义和大珠三角两种，狭义的珠三角包括广州、深圳、佛山、东莞、惠州、中山、珠海、江门、肇庆等市；大珠三角还包括香港、澳门特别行政区。本书是用大珠三角的范围。

环渤海地区是以京津冀为核心、以辽东半岛和山东半岛为两翼的环渤海经济区域，主要包括北京、天津、河北、山东、辽宁。

长江经济带覆盖上海、江苏、浙江、安徽、江西、湖北、湖南、重庆、四川、云南、贵州11省市。沿线主要城市主要有上海（1个）；江苏（8个）的南京、扬州、镇江、苏州、无锡、常州、南通、泰州；浙江（6个）的杭州、嘉兴、湖州、宁波、绍兴、舟山；安徽（7个）的合肥、马鞍山、安庆、铜陵、池州、芜湖；江西（2个）的九江、南昌；湖北（8个）的黄石、鄂州、武汉、荆州、宜昌、黄冈、咸宁、恩施；湖南（1个）的岳阳；重庆（1个），含涪陵、万州；四川（4个）的泸州、攀枝花、成都、宜宾；云南（1个）的水富。

带，由表4-16数据整理绘制的冠军企业分布图可说明这一点（如图4-8所示）。

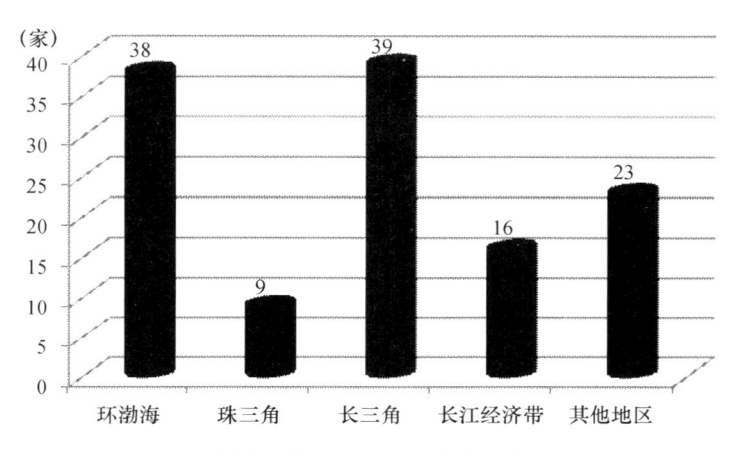

图4-8 制造业单项冠军企业地域分布（2017）

山东、浙江、江苏、福建等东部沿海地区是中国经济发达地区，也是中国制造业的集聚区，仅鲁、苏、浙三省就集中了冠军企业59家，占全部冠军企业总量的近半数，这反映出中国制造冠军企业分布的严重不均衡。中国全部冠军企业分布在23个省区市，甘肃、宁夏、云南等省区没有冠军企业，表明制造业不发达的地区，也难以诞生冠军企业。冠军企业与制造业资源集聚度是高度相关的。

第二，冠军企业中集中了众多民营企业、上市公司和创新型企业。分析冠军企业的结构可以发现，中国制造冠军企业集中了众多民营企业、股份制企业，如淄博水环真空泵厂有限公司、福建泉工股份有限公司、万华化学集团股份有限公司、杭州东华链条集团有限公司、红宝丽集团股份有限公司、宁波德鹰精密机械有限公司、华意压缩机股份有限公司等。同时，冠军企业也有众多创新型企业，如京东方科技集团股份有限公司、展讯通信（上海）有限公司、青岛科海生物有限公司、同方威视技术股份有限公司、万丰奥特控股集团、武汉光迅科技股份有限公司等。这表明，民营中小企业长期致力于某一领域、某一产品的研究，完全可能拥有较大的国际国内市场份额，创造出国际国内知名品牌。在单项制造领域，民营企业、股份制企业、创新型企业可以有效地发挥作用。

第三，在先进制造细分领域，单项制造冠军企业还较欠缺。表 4-16 显示，具备冠军企业条件的企业，其主要产品细分领域多是传统制造产品，如钢丝绳、非公路矿用自卸车、农用硫酸钾、电池炭棒、真空开关管等，而技术含量高、涉及先进制造关键领域的单项冠军还较少，特别是一些前沿技术产品，如电信核心技术产品、新材料产品、数控机械产品、先进机械设备产品、汽车电子产品、汽车自动化产品、塑机产品、无缝钢管、仪器仪表、生物医药产品、调节阀门、挖掘机产品、船用配套设备、激光产品、集成电路产品、氟聚合物产品、高温电缆、微生态制剂、生物燃料产品、环保产品等。这也从一个侧面反映出中国在先进制造领域与世界制造强国技术水平的差距。

三 独角兽企业

Aileen Lee 提出独角兽企业这一概念后，包括中国在内的一些国家也开始发掘独角兽企业，重视独角兽企业的培育。2018 年 3 月，中国科技部火炬中心、长城战略咨询发布了《2017 年中国独角兽企业发展报告》，认定中国在电子商务、互联网金融、大健康、文化娱乐、物流等 18 个领域存在 164 家独角兽企业。其地域和行业分布状况见表 4-17。

表 4-17　　　　中国独角兽企业地域、行业分布　　　　单位：家

	电子商务	互联网金融	大健康	文化娱乐	物流	交通出行	互联网教育	新能源汽车	云服务	人工智能	房产服务	新媒体	大数据	企业服务	智能硬件	旅游	软件应用	社交
北京	12	7	3	9	2	7	5	2	3	4	2	3	2	3	2	1	1	1
上海	10	4	5	1	3	0	3	2	2	1	2	1	0	0	0	1	2	0
杭州	5	4	1	1	0	1	0	1	1	0	0	0	2	1	0	0	0	0
深圳	1	3	1	0	1	0	0	0	1	1	1	0	0	0	2	0	0	1
武汉	1	0	1	1	0	1	1	0	0	0	0	0	0	0	1	0	0	0
香港	1	2	0	0	1	0	0	0	0	0	0	0	0	0	0	0	0	0
广州	0	0	1	0	0	0	1	0	0	0	0	0	0	0	0	1	0	0
南京	2	0	0	0	0	0	0	0	0	0	0	0	0	0	0	0	0	0

续表

	电子商务	互联网金融	大健康	文化娱乐	物流	交通出行	互联网教育	新能源汽车	云服务	人工智能	房产服务	新媒体	大数据	企业服务	智能硬件	旅游	软件应用	社交
天津	1	0	0	1	0	0	0	0	0	0	0	0	0	0	0	0	0	0
镇江	0	0	0	0	1	0	0	0	0	0	0	0	0	0	0	0	0	0
东莞	0	1	0	0	0	0	0	0	0	0	0	0	0	0	0	0	0	0
贵阳	0	0	0	0	1	0	0	0	0	0	0	0	0	0	0	0	0	0
宁波	0	0	0	0	0	0	0	1	0	0	0	0	0	0	0	0	0	0
宁德	0	0	0	0	0	0	0	1	0	0	0	0	0	0	0	0	0	0
沈阳	0	0	0	1	0	0	0	0	0	0	0	0	0	0	0	0	0	0
苏州	0	0	1	0	0	0	0	0	0	0	0	0	0	0	0	0	0	0
无锡	0	0	0	0	0	0	0	0	1	0	0	0	0	0	0	0	0	0
珠海	0	0	0	0	0	0	0	0	0	0	0	0	0	0	0	0	0	0
丹阳	0	0	0	0	1	0	0	0	0	0	0	0	0	0	0	0	0	0
合计	33	21	14	13	11	10	9	9	8	6	5	5	4	4	4	3	3	2

资料来源：科技部火炬中心、长城战略咨询《2017年中国独角兽企业发展报告》，http://www.sohu.com/a/226237317_618578，数据所属时间为2017年；笔者加工整理。

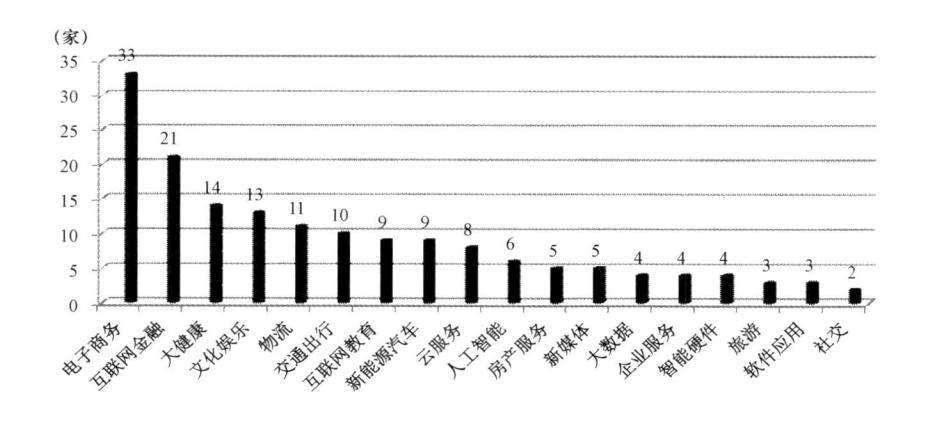

图4-9 独角兽企业行业分布状况

中国公布的独角兽企业，其标准是：在中国境内注册具有法人资格；成立时间不超过 10 年；获得过私募投资，且尚未上市。表 4-17 的数据和进一步的资料显示，现阶段中国独角兽企业的发展显示出如下特征：

第一，独角兽企业主要集中于电子商务、互联网金融、大健康、文化娱乐、物流、交通出行等新兴行业。由表 4-17 部分数据绘制的图 4-9 可以说明这一点。

进一步的数据显示，电子商务、互联网金融、大健康、文化娱乐、物流、交通出行 6 个领域集中了 102 家独角兽企业，占全部独角兽企业总数的 62% 以上。其中，电子商务 33 家，互联网金融 21 家，大健康 14 家，物流 11 家，交通出行 10 家。这说明，一些新兴行业是具有创新性的独角兽企业青睐的领域。也可以说，独角兽企业正在催生新的行业。

第二，北京、上海、杭州、深圳等经济发达、创新资源集中的地区是独角兽企业的重要集聚区。由表 4-14 部分数据绘制的图 4-10 可以说明这一点。

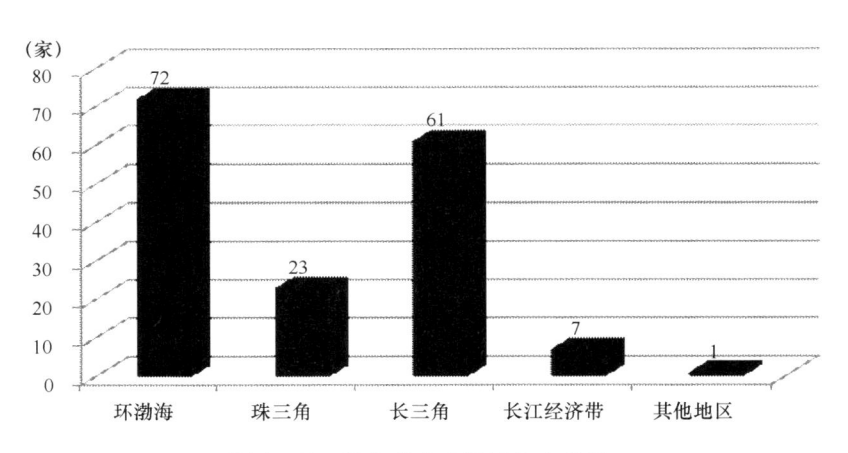

图 4-10 独角兽企业地域分布状况

资料显示，北京拥有电子商务、互联网金融、大健康、文化娱乐、物流、交通出行、互联网教育、新能源汽车、云服务、人工智能、房产服务、新媒体、大数据、企业服务、智能硬件、旅游、软件应用、社交全部 18 个行业共计 69 家独角兽企业；上海则拥有电子商务、互联网金融、大健康、文化娱乐、物流、互联网教育、新能源汽车、云服务、人工智能、房产服务、新媒体、旅游、软件应用 13 个行业的 37 家独角兽企业；杭州集中了电子商务、互联网金融、大健康、文化娱乐、交通出行、新能源汽车、云服务、大数据、企业服务 9 个行业的 17 家独角兽企业；深圳则集中了电子商务、互联网金融、大健康、物流、云服务、人工智能、房产服务、智能硬件、社交 9 个行业的 14 家独角兽企业。北京作为政治、文化中心，上海、深圳作为经济中心，杭州作为东部沿海经济发达地区成为独角兽企业的集中地。此外，二、三线的个别城市也出现了独角兽企业，如宁波、东莞、无锡、镇江等，不过这都是先进制造较发达的地区。西部地区的城市独角兽企业仅有 1 家。

进一步的资料表明，164 家独角兽企业中有 125 家是位于所在省市的高新园区内，占比达 75% 以上。可见，高新园区内的创新生态、丰富的创业资源是独角兽企业生长、成长的重要支撑。

第三，依托信息技术、计算机技术，独角兽企业催生了一些新兴行业或原创性新行业。这些新兴行业包括互联网教育、云服务、房产服务、新媒体、大数据、企业服务、旅游、软件应用、社交等。其中，互联网教育 9 家：米科技、tutorABC、猿辅导、朴新教育、作业帮、一起作业、网校、学霸君、直播优选。云服务 8 家：金山云、百望云、青云 QingCloud、UCloud 优刻得、七牛云、阿里云、腾讯云、华云数据。房产服务 5 家：自如、小猪短租、爱屋吉屋、魔方公寓、房多多。新媒体 5 家：今日头条、IMS 新媒体商业传媒、36 氪、界面、新潮传媒。大数据 4 家：腾云天下、Geo 集奥聚合、数梦工场、同盾科技。企业服务 4 家：优客工场、360 企业安全、DotC United Group、钉钉。旅游 3 家：途家网、驴妈妈、要出发。软件应用 3 家：麒麟合盛、触宝科技、WIFI 科技。社交 2 家：知乎、辣妈帮。这些独角兽企业，或者依靠平台支撑，或者依靠技术驱动，体现了现代共享经济的理念，展示了生产性服务业和现代服务业的新业态。这也使得独角兽企业具备了传统产业无法相比的优势。

第四，中国先进制造领域少有独角兽企业。从表 4-17 可知，中国当下的独角兽企业属于先进制造领域的有新能源汽车、智能硬件、人工智能。其中新能源汽车 9 家，包括北汽新能源、奇点汽车、蔚来汽车、时空电动、橙行智能、知豆汽车、宁德时代等。智能硬件 4 家，小米、智米科技、柔宇科技、奥比中光。人工智能 6 家，包括旷视科技、商汤科技、出门问问、寒武纪、依图等。显然，相比电子商务、互联网金融等，先进制造领域的独角兽企业明显缺乏。

第五章 建设制造强国的创新研发

建设制造强国需要依靠创新和研发活动。研发投入、创新型公司拥有量、前沿技术的掌握情况等，这些均是建设制造强国的核心要素。中国先进制造业的创新要素、创新活动及创新成果显著地集聚在东部，西部地区、东北地区集聚的创新要素、创新活动和创新成果明显偏少。中国企业正努力进行创新研发活动，约半数以上的企业制定了创新战略目标。不同规模、不同类型企业制定的创新战略目标存在着差异。中国要激发国有企业创新活力，推动国有企业创新活动向纵深延展；推动技术实质性国际协作，努力消除技术壁垒；要加快促进企业专利产业化，推动先进制造行业的重大创新，支持中小企业的四类创新。

第一节 创新研发要素

熊彼特认为，创新就是要把新的生产要素和新的生产条件引入到生产体系中，达到对生产要素的重新组合，从而提高生产效率。故而创新本质上就是建立一种新的生产函数。所谓的"经济发展"，就是指资本主义社会不断地出现这种新组合。实现这种"新组合"，也就是创新。创新是经济增长和发展的动力，创新作为生产过程的内生行动，必须是革命性的变化，必须能够创造出新的价值。

一 研发人员集聚分布

研发人员是重要的创新要素，主要包括研究人员、技术人员和辅助人员三类。其所从事的工作包括参与或管理企业研究开发项目；在研究人员的指导下参加研发活动，从事关键资料的收集整理，或者编制计算机程序，或者进行实验、测试和分析，或者为实验、测试和分析准备材料及设备，或者记录测量数据、进行计算和编制图表，或者从事统计调查，也有可能是直接协助研究开发项目等。

此处，我们设计一个集聚指数来反映地区或者行业创新资源的集聚或分布情况。集聚指数，是各地区或各行业拥有的资源数与全部资源总数之比。例如，东部地区研发人员数与全国研发人员总数之比就是东部地区研发人员的集聚指数，所以集聚指数本质上是一个结构相对数。据此定义，可以计算出六个先进制造业的研发人员集聚指数如表5-1所示。表5-1的分析指标列示了研发人员空间分布的状况。

表5-1　　　　　　　　　　研发人员集聚分布状况

行业代码	东部 绝对量（万人）	东部 集聚指数（%）	中部 绝对量（万人）	中部 集聚指数（%）	西部 绝对量（万人）	西部 集聚指数（%）	东北 绝对量（万人）	东北 集聚指数（%）	总计 绝对量（万人）	总计 相对量（%）
(1)	11.51	61.39	3.68	19.63	2.50	13.33	1.06	5.65	18.75	100
(2)	1.44	28.63	0.61	12.13	2.38	47.32	0.60	11.93	5.03	100
(3)	0.56	78.98	0.10	14.10	0.04	5.64	0.009	1.27	0.71	100
(4)	0.06	82.53	0.006	8.25	0.006	8.25	0.0007	0.96	0.07	100
(5)	8.88	75.70	1.44	12.28	1.00	8.53	0.41	3.50	11.73	100
(6)	0.82	55.78	0.38	25.85	0.25	17.01	0.02	1.36	1.47	100

注：由于表格容量的限制，各行业设计代码表示，每一代码表示的行业分别为：（1）医药制造业；（2）航空航天器及设备制造业；（3）电子及通信设备制造业；（4）计算机及办公设备制造业；（5）医疗仪器设备及仪器仪表制造业；（6）信息化学品制造业。后文全部表格行业代码意义相同。

表5-1中数据口径为年主营业务收入2000万元及以上的法人工业企业，数据所属时间为2016年。

资料来源：《中国高技术产业统计年鉴2017》，中国统计出版社2017年版。

需要说明的是，表5-1中的地域划分是依据官方确定的。考虑到数据的可得性和研究的需求，先进制造业的口径与高技术产业的口径一致。由表5-1可知，研发人员主要集聚在东部地区，其次是中部地区，西部地区和东北地区集聚的研发人员明显偏少。特别是计算机及办公设备制造业、电子及通信设备制造业、医疗仪器设备及仪器仪表制造业，其东部地区的集聚度更高，集聚指数分别达到 82.53%、78.98%、75.70%，即东部地区集聚了这三个研发人力资源的绝大比重。可见，中国研发人员在地域分布上是很不均衡的。

从行业的角度看，各行业研发人员的分布也很不均衡。更进一步的分析计算指标显示：医药制造业，集聚研发人员最多的 5 个省是山东、江苏、浙江、广东、湖北，研发人员集聚指数分别为 14.16%、12.44%、9.77%、6.84%、4.92%；集聚研发人员最少的 5 个省区是西藏、青海、新疆、宁夏、内蒙古，研发人员集聚指数分别为 0.04%、0.08%、0.14%、0.52% 和 0.67%。航空航天器及设备制造业，集聚研发人员最多的前 5 个省市是陕西、北京、贵州、四川、辽宁，其研发人员集聚指数分别为 33%、8%、7%、7%、6%；集聚研发人员最少的省区有 9 个，分别是西藏、青海、新疆、宁夏、内蒙古、甘肃、广西、海南、吉林，这些省区研发人员的集聚指数均为 0。电子及通信设备制造业，集聚研发人员最多的 5 个省是广东、江苏、浙江、福建、山东，研发人员集聚指数分别为 38.99%、14.5%、8.66%、4.40%、3.84%；集聚研发人员最少的 5 个省区为西藏、新疆、宁夏、青海、海南，前 3 个自治区的集聚指数为 0 或几近为 0，后两个省的集聚指数均为 0.02%。计算机及办公设备制造业，集聚研发人员最多的 5 个省市为广东、山东、福建、江苏、重庆，集聚指数分别为 24.71%、22.62%、12.17%、12.10%、4.14%；集聚研发人员最少的省区有 8 个，分别为西藏、青海、新疆、宁夏、甘肃、海南、吉林、贵州，集聚指数均为 0。医疗仪器设备及仪器仪表制造业，集聚研发人员最多的 5 个省市是江苏、广东、浙江、山东、北京，集聚指数分别为 25.60%、13.44%、13.38%、7.48%、4.85%，集聚研发人员最少的省区是西藏、海南、新疆、青海、内蒙古，集聚指数分别为 0、0、0.02%、0.07%、0.09%。信息化学品制造业，集聚研发人员最多的 5 个省份是江苏、湖北、河南、山东、河北，集聚指数分别为 24.50%、11.44%、8.23%、7.64%、6.94%；集聚研发人员最少的省区有 6 个，分别为西藏、甘肃、贵州、黑龙江、吉林、海南，集聚指数均为 0。

如上的计算分析指标可以较全面地反映作为重要创新要素的中国研发人员的集聚分布状况。

二 研发机构集聚分布

按照前文的集聚指数的定义,可计算中国研发机构的集聚指数,以反映研发机构的非均衡分布状态,结果如表 5-2 所示。

表 5-2　　　　　　　　　　研发机构集聚分布状况

产业代码	东部 绝对量(个)	东部 集聚指数(%)	中部 绝对量(个)	中部 集聚指数(%)	西部 绝对量(个)	西部 集聚指数(%)	东北 绝对量(个)	东北 集聚指数(%)	总计 绝对量(个)	总计 相对量(%)
(1)	1804	61.36	756	25.71	369	12.55	11	0.37	2940	100
(2)	86	43.00	23	11.50	76	38.00	15	7.50	200	100
(3)	5968	84.54	730	10.34	311	4.41	50	0.71	7059	100
(4)	702	89.66	47	6.00	32	4.09	2	0.26	783	100
(5)	2001	82.58	272	11.23	111	4.58	39	1.61	2423	100
(6)	170	72.96	39	16.74	24	10.30	0	0	233	100

注:表 5-2 中行业代码表示的先进制造行业与表 5-1 相同;数据口径范围为年主营业务收入 2000 万元及以上的法人工业企业,数据所属时间为 2016 年。

资料来源:《中国高技术产业统计年鉴 2017》,中国统计出版社 2017 年版。

与研发人员分布基本一致,6 个先进制造行业的研发机构也主要集中在东、中部,其中计算机及办公设备制造业、电子及通信设备制造业、医疗仪器设备及仪器仪表制造业的集聚指数最高,分别达到 89.66%、84.54% 和 82.58%,由此可见这 3 个研发机构在地域分布上的严重不均衡状况。

从行业的角度看,各行业研发机构的分布也很不均衡。更进一步的分析计算数据显示:医药制造业,集聚研发机构最多的 5 个省是江苏、浙江、山东、广东、安徽,集聚指数分别为 18.83%、10.71%、9.50%、9.37%、7.23%;集聚研发机构最少的 5 个省区是西藏、青海、新疆、宁夏、海南,集聚指数分别为 0.03%、0.23%、0.23%、0.30%、0.5%。航空航天器及设备制造业,研发机构的分布更是高度不均衡,集聚机构数最多的 5 个省市是江苏、陕西、四川、北京、贵州,集聚指数分别为 21.5%、20.5%、9.0%、8.5%、8.0%,其他省份则少有研发机构,有几个省区则完全没有研发机构,如西藏、青海、新疆、宁夏、甘肃、海南、吉林、贵州、福建、广西、云南等。电子及通信设备制造业,集聚研发机构最多的 5 个省是广东、江苏、浙江、安徽、山东,集聚指数分别为 37.71%、28.12%、9.02%、4.50%、3.20%;集聚研发机构最少的 5 个自治区是西藏、宁夏、广西、新疆、内蒙古,前两个自治区的集聚指数为 0,后 3 个自治区的集聚指数分别为 0.01%、0.02% 和 0.02%。计算机及办公设备制造业,集聚研发机构最多的 5 个省是广东、江苏、浙江、福建、安徽,集聚指数分别为 48.02%、25.42%、6.64%、3.58%、3.45%,而有些省区则完全没有研发机构,集聚指数为 0,这些省区包括西藏、宁夏、广西、新疆、海南、陕西、甘肃、青海、山西、辽宁、吉林等。医疗仪器设备及仪器仪表制造业,集聚研发机构最多的 5 个省市是江苏、广东、浙江、山东、北京,集聚指数分别为 38.30%、15.97%、14.53%、5.37% 和 3.67%;集聚研发机构最少的 5 个省区是甘肃、青海、海南、吉林、新疆,前 3 个省的集聚指数为 0,后 2 个省区的集聚指数分别为 0.04% 和 0.08%。信息化学品制造业,集聚研发机构最多的 5 个省是江苏、浙江、广东、山东、湖北,集聚指数分别为 45.49%、9.44%、6.44%、5.15%、4.72%;集聚研发机构最少的省区是辽宁、吉林、黑龙江、上海、广西、海南、贵州、西藏、甘肃,集聚指数均为 0。

如上的计算分析指标可以较全面地反映中国研发机构的非均衡分布状况。

三 研发经费集聚分布

按照同样的分析原理,可计算中国研发经费投入的集聚指数,以反映研发经费投入的非均衡状况,结果如表 5-3 所示。

表 5-3　　　　　　　研发经费投入集聚分布状况

产业代码	东部 绝对量(亿元)	东部 集聚指数(%)	中部 绝对量(亿元)	中部 集聚指数(%)	西部 绝对量(亿元)	西部 集聚指数(%)	东北 绝对量(亿元)	东北 集聚指数(%)	总计 绝对量(亿元)	总计 相对量(%)
(1)	100.02	70.77	20.64	14.60	15.20	10.76	5.47	3.87	141.33	100
(2)	58.72	32.56	18.20	10.09	68.15	37.79	35.25	19.55	180.32	100

续表

产业代码	东部 绝对量(亿元)	东部 集聚指数(%)	中部 绝对量(亿元)	中部 集聚指数(%)	西部 绝对量(亿元)	西部 集聚指数(%)	东北 绝对量(亿元)	东北 集聚指数(%)	总计 绝对量(亿元)	总计 相对量(%)
(3)	14.63	4.60	183.08	57.54	108.54	34.11	11.94	3.75	318.19	100
(4)	147.80	82.74	11.49	6.43	18.75	10.50	0.59	0.33	178.63	100
(5)	200.43	80.21	26.92	10.77	17.47	6.99	5.07	2.03	249.89	100
(6)	31.24	60.81	7.97	15.51	11.19	21.78	0.97	1.89	51.37	100

注：表5-3中行业代码表示的先进制造行业与表5-1相同；数据口径范围为年主营业务收入2000万元及以上的法人工业企业，数据所属时间为2016年。

资料来源：《中国高技术产业统计年鉴2017》，中国统计出版社2017年版。

由表5-3可知，6个先进制造行业的研发经费也主要集中在东、中部地区，但集聚的非均衡程度稍低于研发人员和研发机构。此处，集聚程度较高的行业是计算机及办公设备制造业、医疗仪器设备及仪器仪表制造业、医药制造业，研发经费的集聚指数分别为82.74%、80.21%、70.77%。同样，西部地区、东北地区集聚的研发经费资源很少，如东北地区计算机及办公设备制造业、信息化学品制造业、医疗仪器设备及仪器仪表制造业，集聚指数仅为0.33%、1.89%、2.03%。研发经费分布的非均衡态可见一斑。

从行业分布上看，各行业研发经费的分布也很不均衡。更进一步的分析计算数据显示：医药制造业，集聚研发经费最多的5个省市是山东、江苏、浙江、上海、北京，集聚指数分别为16.81%、14.63%、9.18%、6.59%、5.14%；集聚研发经费最少的5个省区是西藏、青海、新疆、宁夏、内蒙古，集聚指数分别为0.04%、0.04%、0.06%、0.25%和0.50%。航空航天器及设备制造业，集聚研发经费最多的5个省市是陕西、黑龙江、辽宁、北京、上海，集聚指数分别为24.08%、9.88%、9.77%、8.91%、7.67%；集聚研发经费最少的省区有9个，分别是内蒙古、吉林、广西、海南、西藏、甘肃、青海、宁夏、新疆，其集聚指数均为0。电子及通信设备制造业，集聚研发经费最多的5个省市是广东、江苏、浙江、上海、山东，集聚指数分别为45.65%、11.10%、7.59%、4.38%、4.28%；集聚研发经费最少的省区是西藏、新疆、宁夏、海南、云南，其中前3个省区的集聚指数几近为0，海南和云南的集聚指数也仅为0.02%、0.04%。计算机及办公设备制造业，集聚研发经费最多的5个省市是广东、山东、福建、北京、江苏，集聚指数分别为21.34%、17.46%、12.87%、11.28%、10.13%；集聚研发经费最少的省区有8个，分别是西藏、新疆、宁夏、海南、吉林、广西、贵州、甘肃，集聚指数均为0。医疗仪器设备及仪器仪表制造业，集聚研发经费最多的5个省市是江苏、广东、浙江、山东、北京，集聚指数分别为29.09%、12.71%、11.66%、8.06%、7.16%；集聚研发经费最少的5个省区是西藏、海南、青海、新疆、贵州，其中前3个省区的集聚指数为0，后2个省区的集聚指数分别为0.02%、0.04%。信息化学品制造业，集聚研发经费最多的5个省区是江苏、浙江、湖北、内蒙古、山东，集聚指数分别为34.50%、9.60%、7.27%、6.40%、6.35%；集聚研发经费最少的6个省区是吉林、黑龙江、海南、贵州、西藏、甘肃，集聚指数均为0。由此，可以反映出中国研发经费的非均衡分布状况。

四　创新型企业集聚分布

创新型企业是创新研发的重要元素，对创新活动和创新绩效有重要影响。对创新型企业的评鉴结果，最有影响的是全球著名的财经出版物之一《福布斯》杂志和波士顿咨询公司（BCG）所发布的创新型企业榜单。《福布斯》杂志从2011年起，首度发布"全球最具创新力企业100强"年度榜单，至2018年已有8年的年度报告。该榜单通过计算入围企业的创新溢价并作排序，而后确定创新型企业榜，创新溢价越高，则创新力越强。而所谓的创新溢价，指的是投资者由于预期公司将发布新产品、新服务和进入新市场而获取更多利润，进而赋予该企业一定的价值，也就是市场给予公司估值和公司净值之间的差价，这一指标是根据瑞士信贷投资管理平台HOLT的专有算法而设计的。上榜企业需要有7年以上的财务数据和100亿美元以上的市值。美国波士顿咨询公司（BCG）从2006年起开始发布"全球最具创新力企业50强"榜单，至2018年已有12年历史。该榜单主要从大数据分析状况、新技术引进速度、移动产品和功能、数字设计等方面设计指标来评价企业的数字化创新能力，它要求所有上榜企业必须进行数字化转型。这是在世界上具有重大影响的两个测评体系，其公布的测评结果具有较高的权威性。

2018年5月,《福布斯》杂志发布了2018年全球最具创新力企业100强榜单,中国有7家公司上榜,分别是:排名第25位的腾讯,创新溢价值56.77;排名第28位的携程,创新溢价值53.55;排名第43位的洛阳钼业,创新溢价值45.27;排名第45位的百度,创新溢价值45.15;排名第64位的恒瑞医药,创新溢价值41.12;排名第90位的海康威视,创新溢价值36.16;排名第91位的中国重工,创新溢价值36.09。美国有51家公司上榜,超过总数的50%,并且有力地占据了100强榜单的前7位,即排名第1位的ServiceNow、排名第2位的Workday、排名第3位的Salesforce、排名第4位的特斯拉、排名第5位的亚马逊、排名第6位的奈飞(Netflix)、排名第7位的Incyte,其创新溢价值分别为89.22、82.84、82.27、78.27、77.40、77.23和70.59。

从图5-1可以看出,2018年全球最具创新力的100强企业分布在19个国家,而且极差很大。其中,美国拥有的企业数高居榜首,比全球其他国家拥有的企业总数还多,这从一个侧面展示了其创新实力。2017年,中国有6家企业上榜,分别为上海莱士(第4位)、腾讯(第24位)、康得新(第47位)、携程(第55位)、百度(第60位)、恒瑞医药(第82位)。更早一点的时期,中国企业恒安国际、康师傅控股、牛奶国际、中国茅台、中国旺旺、河南双汇等也荣登过全球最具创新力企业100强榜。

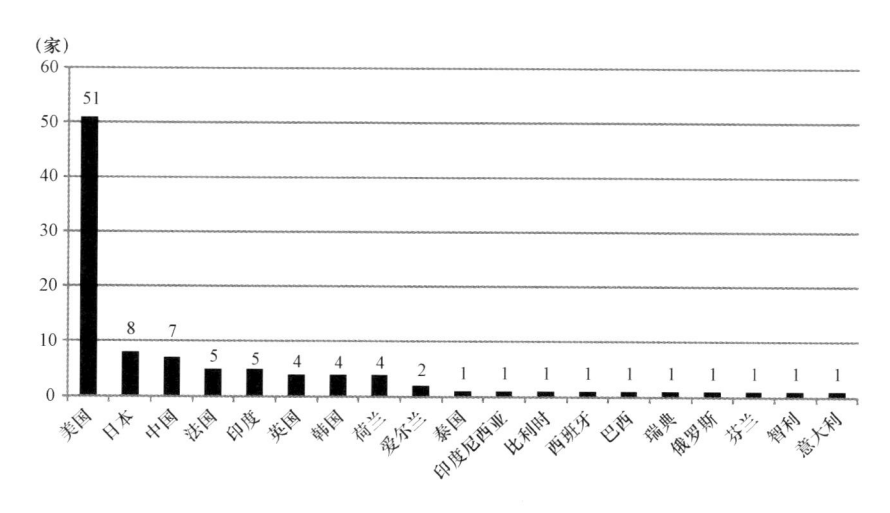

图5-1 2018年全球最具创新力企业100强分布情况

资料来源:福布斯中文网(http://www.forbeschina.com);笔者加工整理。

进一步分析创新型企业所属行业结构。可将《福布斯》杂志发布的2018年全球最具创新力企业100强榜单数据进行整理，见表5-4。

表5-4　　　　2018年全球创新型企业100强行业分布　　　　单位：家

行业	企业数	行业	企业数	行业	企业数
系统软件	2	生命科学工具和服务	1	有线电视和卫星广播	1
应用软件	6	酒店、度假村和游轮业务	1	酿酒	2
汽车制造	2	食品零售	1	蒸馏酿酒和葡萄酒酿制	3
互联网和直接营销零售	5	多种金属和矿业	2	包装食品和肉类	4
生物技术	5	半导体设备	1	制药	4
家用产品	6	数据处理和外包服务	5	医疗保健设备	4
互联网软件和服务	6	个人用品	4	医疗保健技术	1
软饮料	3	服装、配饰和奢侈品	2	空运和物流	1
个人产品	2	餐饮	3	建筑产品	1
药品分销	1	医疗保健用品	1	环境和设施服务	2
电气部件和设备	1	工业机械	2	船舶制造等	1
研究和咨询服务	3	电子设备和仪器	2	半导体	1
无线电信服务	1	专用化学品	1		

资料来源：福布斯中文网（http://www.forbeschina.com）；笔者加工整理。

由表5-4可知，全球创新型企业主要集中在家用产品、互联网软件和服务、应用软件等行业，其次是互联网和直接营销零售、生物技术等。中国上榜企业中，所属的行业分属于互联网软件和服务、互联网和直接营销零售、多种金属和矿业、制药、电子设备和仪器、船舶制造等。将2018年的数据与早先数据相比可知，中国的创新型企业已开始转向先进制造领域和现代科技领域。

2018年8月，美国著名财经媒体《财富》杂志发布了"2018年改变世界的57家企业"榜单，按照《财富》对企业评价的理念，一个企业能被确定为"改变世界"的企业，第一要件是必须具备创新性。该杂志从可衡量的社会影响、经营业绩、创新程度、企业整合程度四个方面对企业进行测度，以此判定企业是否能成为"改变世界的企业"。可衡量的社会影响，主要体现为公司对一个或多个具体社会问题的影响范围、影响性质和影响的持久性等；经营业绩，主要体现为具有社会影响力的工作给公司带来的益处，如盈利能力、股东价值的贡献等；创新程度，主要体现为公司比起业内同行的创新程度，以及其他公司是否效仿等；企业整合程度，主要体现为社会公益行动与公司整体战略的整合程度，以及该战略在各层级和其他地区的沟通情况等。评选特别强调，企业必须具备创新性，必须要将主要经营活动实现积极社会影响纳入核心战略。据此，《财富》杂志确定了全球57家企业为2018年"改变世界的公司"。2018年全球57家"改变世界的公司"在国家间的分布状况如图5-2所示。

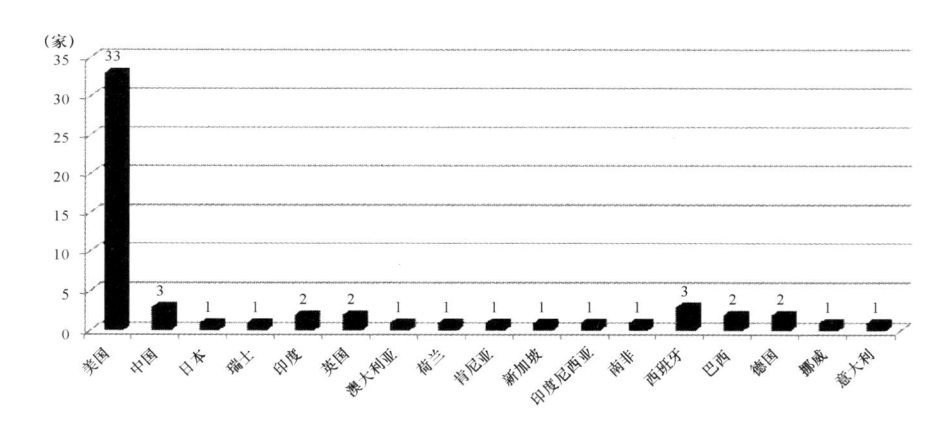

图 5-2　2018 年全球 57 家"改变世界的公司"国家分布
资料来源：财富中文网（http://www.fortunechina.com）；笔者加工整理。

进一步分析，可将2018年全球57家"改变世界的公司"在行业间的分布状况整理成如表5-5所示。

由表5-5可知，2018年中国有3家公司上榜"改变世界的公司"，分别是阿里巴巴（第5位）、京东（第45位）和滴滴出行（第53位），这3家公司均属于互联网服务行业。可见，中国在工业机械、计算软件、医疗器械和设备、制药等先进制造领域没有"改变世界的公司"。综合前文的分析数据，不难发现：

表 5-5　　2018 年全球 57 家"改变世界的公司"行业分布　　单位：家

行业	企业数	行业	企业数	行业	企业数
电信	3	金融数据服务	1	网络通信设备	2
制药	2	工业机械	4	食品生产	1
商业银行	5	食品：饮食服务业	1	食品店和杂货店	2
专业零售	3	商业服务	2	公用设施	2
互联网服务和零售	3	计算机软件	5	化学品	2
酒店、赌场、度假村	1	医疗器械和设备	2	批发：保健	1
服装	2	食品：消费产品	2	车辆与零部件	2
电子	1	多元化	1	人寿与健康保险	1
家居、个人用品	1	财产与意外保险	1	半导体	1
计算机、办公设备	1	综合商业	1	保险和管理医保	1

资料来源：财富中文网（http://www.fortunechina.com）；笔者加工整理。

第一，相对于非制造强国，中国创新型企业拥有量是较多的，但与制造强国美国相比却还存在很大差距。历史数据显示，中国创新型企业是从无到有，从个别到拥有若干个。华为曾经作为唯一的中国企业入选创新型企业榜单，而后有百度、腾讯，再后来又有携程、恒瑞医药、海康威视、中国重工等登上创新型企业榜单。现在，中国创新型企业拥有量基本处于全球第 2 位，但在拥有企业数的绝对量上与美国相比差距还相当大。

第二，与全球创新企业和"改变世界的企业"在行业分布一致，中国在先进制造领域里的创新型企业和"改变世界的企业"明显偏少。除前文的数据能说明这一点外，美国三大商业媒体之一的快公司（Fast Company）每年评选出全球具有颠覆性创新能力的企业领导者，在 2018 年的榜单上，苹果公司雄居第一。中国企业有 4 家入选 Top 50，分别是排名第 4 位的腾讯（Tencent），排名第 16 位的字节跳动公司（Byte dance），排名第 29 位的大米科技（VIP Kid），排名第 35 位的大疆公司（DJI）。这 4 家企业中，除生产无人机的大疆公司属于先进制造领域以外，其他企业基本都是互联网综合服务提供商。此前，华为作为先进制造领域的代表入选 2012 年、2014 年、2015 年及 2016 年的创新型企业榜单，但近两年却未能上榜。先进制造领域缺乏创新型企业，这是中国创新型企业发展的短板。

第二节　创新研发活动

建设制造强国进程中，数字化、网络化、智能化技术飞速发展，深度渗透于生产制造和服务等各个领域，新技术、新产品、新业态不断涌现。同时，建设制造强国要求企业必须顺应现代科技和产业发展大势，适应现代产业组织形式，革新生产过程，提高生产效率。因此，企业必须依靠创新研发驱动，以求在激烈的国际国内竞争中立足。创新研发活动，包括创新研发行为、创新研发投入和创新研发产出。企业是建设制造强国的重要主体，有必要着重考察企业的创新研发活动。

一　企业创新研发活动测度

麦肯锡全球研究院（McKinsey Global Institute）曾对企业的创新模式做过研究，认为创新有四种基本形式，一是效率驱动型创新，二是客户中心型创新，三是工程技术型创新，四是科学研究型创新。效率驱动型创新就是革新生产方式和生产流程，节约劳动时间，降低生产成本；客户中心型创新，就是从消费者需求出发，有针对性地开发新产品、改进服务方式和业务模式，充分满足消费者的需求，进而创立新市场机会；工程技术型创新，就是企业在自主创新的基础上，进行知识产权布局，保护新型专利，提高创新效率，将工程技术转化为商业价值；科学研究型创新，就是企业与科技研究人员面向市场将研究成果进行转化，以获取商业价值。

（一）开展创新研发活动的企业

新工业革命给现代企业发展既带来了机遇，也提出了挑战。实践中，创新体现在企业生产运营中的各个部门和环节，表现为技术、管理活动、营销模式、战略设计等。中国现行统计制度将企业的创新划定为四类，即产品创新、工艺创新、组织创新、营销创新。据此，可将反映2017年中国企业开展创新活动情况的指标列示如下（见表5-6）。

表 5-6　　　　　　　　开展创新活动的企业规模与结构

	开展创新活动的企业		实现创新的企业		同时实现四种创新的企业	
	总量（家）	占比（%）	总量（家）	占比（%）	总量（家）	占比（%）
采矿业	2581	23.4	2240	20.3	163	1.5
制造业	182523	52.1	165479	47.2	42570	12.2
电力、热力、燃气及水生产和供应业	3438	30.7	2994	26.7	95	0.8
建筑业	12700	28.8	12272	27.8	1571	3.6
批发和零售业	53411	26.5	52990	26.3	6405	3.2
交通运输、仓储和邮政业	9342	21.4	9201	21.1	938	2.1
信息传输、软件和信息技术服务业	13219	63.1	12292	58.6	3775	18.0
租赁和商务服务业	10345	27.1	10122	26.5	1351	3.5
科学研究和技术服务业	8873	40.9	8180	37.7	1622	7.5
水利、环境和公共设施管理业	1964	31.8	1900	30.8	283	4.6

注：表 5-6 中数据所属时间是 2017 年，所属对象是规模或限额以上企业。表中的"占比"，分别是指开展创新活动企业数、实现创新企业数、同时实现四种创新企业数占该行业全部企业的比重。

资料来源：《中国科技统计年鉴 2018》，中国统计出版社 2018 年版；笔者加工整理。

需要说明的是，表 5-6 中使用的是 2017 年规模或限额以上企业的截面数据[1]，反映中国企业在彼时期的创新研发情况。由于《中国科技统计年鉴 2018》提供的数据在行业上有限制，此处原样引用了其行业分类，如表 5-6 中的主词栏。另外，表 5-6 中的"同时实现四种创新"是指同时实现产品创新、工艺创新、组织创新、营销创新。产品创新，是指企业创造某种全新产品或者对某既有产品进行功能上的改进和完善，产品的

---

[1] 对于规模或限额以上企业，不同行业有不同标准，如工业规模的标准是年主营业务收入 2000 万元及以上；批发业（包括外贸企业）的限额是年商品销售总额在 2000 万元及以上，同时年末从业人员在 20 人以上。

创新应使产品在功能和用途上具有显著性变化，能进一步满足市场的需求。工艺创新，指企业运用新的生产流程、新的生产方式和规则体系等，提高产品质量和生产效率的活动，工艺创新体现在各种要素的结合方式上，可以是在工艺研发阶段，也可以是制造阶段；产品创新面向消费者，工艺创新则面向生产者。组织创新，是企业管理的重要内容，它是指为了实现管理目标变更企业既有的财产组织形式或法律形式，采用新的管理方式，对资源进行重组和重置，以便其能更好地适应企业未来发展和技术进步，创造更大的效益。营销创新，是指企业根据自身发展需要、市场环境变化进行营销要素和方式变革的行为和过程，营销创新是企业整合资源，提高市场占有率的重要路径。企业的四种创新是企业生存、可持续发展的根本保证，也是企业提升竞争力的关键路径。在新工业革命进程中，不同地域的企业、不同行业的企业、不同规模的企业都将创新作为生存发展之本。据此，可将 2017 年中国不同类型企业进行创新活动情况图示如下（图 5-3）。

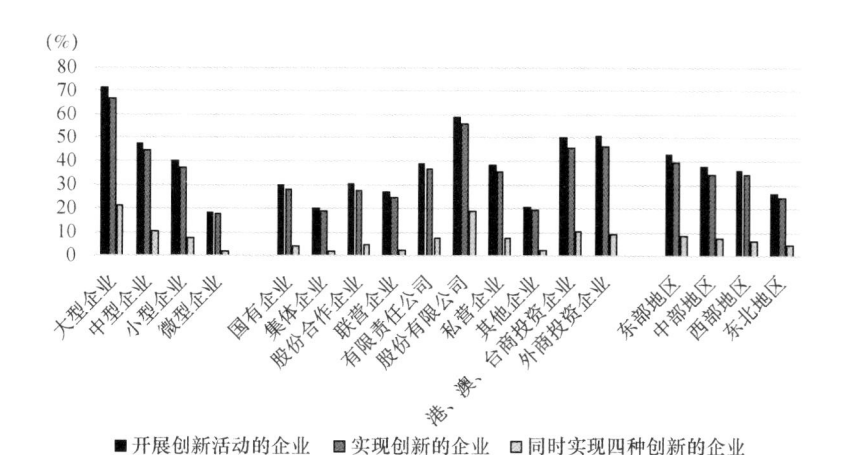

图 5-3 不同类型企业创新情况比较

注：数据所属时间是 2017 年，所属对象是规模或限额以上企业。
资料来源：《中国科技统计年鉴 2018》，中国统计出版社 2018 年版；笔者整理绘制。

由表 5-6 和图 5-3 可以发现：

第一，从事创新活动的企业的占比并不高，特别是实现创新和同时实现四项创新企业的占比更低。有较高技术含量的行业，如制造业，信息传输、软件和信息技术服务业，科学研究和技术服务业等，从事创新活动的企业所占比重较高；而采矿业，交通运输、仓储和邮政业，批发和零售业等，从事创新活动的企业占比较低，而且这些行业实现创新、同时实现四种创新企业所占的比重也较低。

而且，企业规模与企业创新活动开展情况以及实现创新情况呈正向相关关系，企业规模越大，从事创新活动和实现创新的比重就越高。大型企业开展创新和实现创新的企业较多，其次是中型企业，小型企业和微型企业开展创新和实现创新的企业较少。股份有限公司，港、澳、台商投资企业，外商投资企业开展创新活动和实现创新的企业较多，私营企业开展创新和实现创新的企业较多，集体企业、其他企业开展创新活动和实现创新的企业较少。在地域分布上[①]，东部地区开展创新和实现创新的企业较多，其次是中部地区、西部地区，最后是东北地区，当然这需要考虑地区拥有企业的总数。

第二，约50%的企业在创新活动中确定了创新战略目标。按照《中国科技统计年鉴2018》提供的数据计算分析指标发现，在有创新活动的企业中，约50%以上的企业制定了创新战略目标，这些目标包括"保持本领域的国际领先地位""超同行业国内领先企业""增加创新投入，提升企业竞争力""保持现有的技术水平和生产经营状况"以及其他目标等。其中，约22%的企业确定的创新目标是"超同行业国内领先企业"；约52%的企业确定的创新目标是"增加创新投入，提升企业竞争力"；约18%的企业确定的创新目标是"保持现有的技术水平和生产经营状况"；只有4%左右的企业确定的战略目标是"保持本领域的国际领先地位"。创新战略目标的层次，从一个侧面反映了中国企业的创新性水平，较大比重的企业将创新战略目标确定为提升企业竞争力，只有极少数企业将目标确定为保持本领域国际领先地位，这反映了中国企业整体的竞争力水平不强，创新活动水平也还不高。值得肯定的是，有技术创新活动的企业，其创新战略目标要高于没有技术创新活动的企业。例如，有技术创新活动并

---

① 按照《中国科技统计年鉴》的划分，东部地区包括：北京、天津、河北、上海、江苏、浙江、福建、山东、广东和海南10个省市；中部地区包括山西、安徽、江西、河南、湖北和湖南6个省；西部地区包括内蒙古、广西、重庆、四川、贵州、云南、西藏、陕西、甘肃、青海、宁夏、新疆12个省区市；东北地区包括辽宁、吉林、黑龙江3个省。

制定了战略目标的企业约占全部企业的83%，有技术创新活动并将创新战略目标确定为"保持本领域的国际领先地位"和"赶超同行业国际领先企业"的企业也有较大数量。

第三，不同规模、不同类型企业制定的创新战略目标存在着差异。基于同样出处的数据显示：大型企业制定创新战略目标的占比明显多于中小型企业和微型企业，企业越大，制定创新战略目标的企业数也就越多。在不同所有制企业中，制定创新战略目标的企业数依次是外商投资企业，港、澳、台商投资企业和内资企业，其占比分别为60%、56.6%和50%。而内资企业中，制定战略目标占比由高至低依次是股份有限公司、有限责任公司、私营企业、国有企业、股份合作企业、集体企业；从行业上看，制定战略目标由高到低的行业依次是信息传输、软件和信息技术服务业，制造业，科学研究和技术服务业，建筑业，水利、环境和公共设施管理业，电力、热力、燃气及水生产和供应业，租赁和商务服务业，批发和零售业，交通运输、仓储和邮政业，采矿业等。可见，技术含量较高的行业，其制定创新性战略目标的企业占比越高。

（二）高新技术企业的创新研发

美国学者埃弗雷特·罗杰斯（E. M. Rogers）于20世纪60年代提出了著名的创新扩散理论。该理论认为，创新是一种被个人或者组织视为新观念、新实践、新事物的活动；创新扩散是一种主观感受到的关于某个或某些新观念、新信息的传播过程，这一过程分为知晓、劝服、决定、应用、确定五个阶段。美国经济学家兰斯·戴维斯（Lance E. Davis）和道格拉斯·诺斯（Douglass C. North）发展了熊彼特（Joseph Alois Schumpeter）的创新理论，他们利用新古典经济学的均衡理论阐释了制度创新理论。他们认为，制度创新是既有现存制度的变革，目标指向是使创新者获得追加利益；制度创新是技术创新的保证，有效的技术创新需要与制度创新相结合。制度创新需要改革，技术创新需要加大投入。中国高新技术企业一直注重制度和技术方面的创新，不断吸纳研发技术人员，加大研发经费投入。可将2018年中国高新技术企业的创新研发活动情况列示如下（见图5-4）。

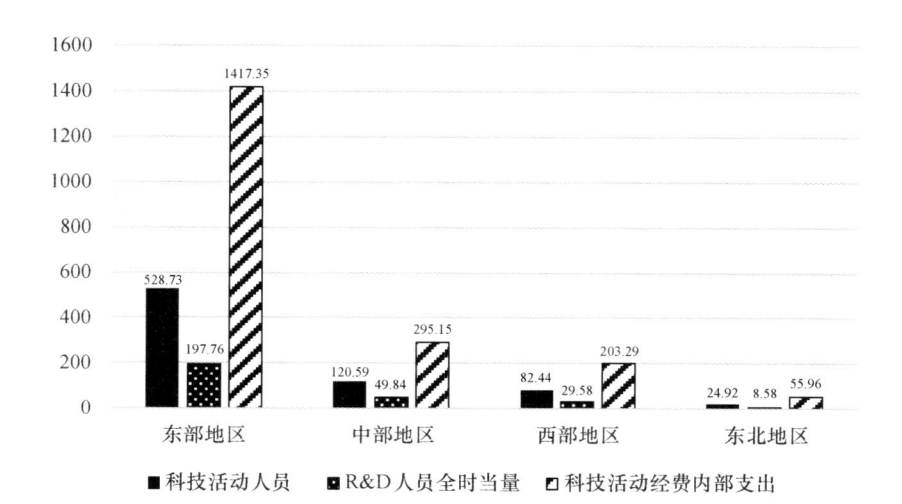

图 5-4 2018 年高新技术企业创新研发活动情况

注：科技活动人员的计量单位是"万人"；R&D 人员全时当量的计量单位是"万人年"；科技活动经费内部支出的计量单位是"十亿元"。

资料来源：《2019 中国火炬统计年鉴》，中国统计出版社 2019 年版。

由图 5-4 可以看出，2018 年中国高新技术企业的研发力量主要集中在东部地区，其次是中部地区和西部地区，东北地区集中的研发力量较少。

关于中国高新技术企业的研发情况，2019 年 12 月中国人民大学企业创新课题组发布了《2019 年中国企业创新能力百千万排行榜》，该排行榜依托全国 15 万家高新技术企业，运用专利数量和质量、创新价值扩散、创新网络宣传等指标对全国高新技术企业研发创新实力进行了测度排序。结果显示，入选《2019 中国企业创新能力 1000 强》[1] 的企业数是：广东 200 家、北京 150 家、江苏 114 家、上海 106 家、浙江 68 家、安徽 43 家、山东 43 家、湖北 30 家、四川 30 家、福建 29 家、河南 28 家、湖南 27 家、陕西 23 家、天津 20 家、辽宁 16 家、河北 15 家、重庆 11 家、黑龙江 10 家、山西 9 家、江西 8 家、广西 7 家、贵州 4 家、云南 3 家、甘肃 2

---

[1] 光明网：《2019 中国企业创新能力 1000 强》，http://economy.gmw.cn/xinxi/2019-2/25/content_ 33429464. htm。

家、吉林2家、宁夏1家、新疆1家。各省市区都拥有一些创新能力强、科研活动突出的、有代表性的高新技术企业，如广东的华为技术、中兴通讯、OPPO广东移动通信；北京的京东方、百度在线网络技术、小米移动软件；江苏的无锡小天鹅、国电南瑞科技、博众精工科技；上海的华虹宏力半导体制造、展讯通信、上海汽车；浙江的新华三技术、浙江吉利汽车、网易（杭州）网络；安徽的奇瑞汽车、江淮汽车、合肥国轩高科动力；山东的潍柴动力、浪潮电子信息、青岛海尔；湖北的武汉斗鱼网络科技、烽火通信科技、中国一冶集团；四川的长虹电器、中国核动力研究设计、迈普通信技术；福建的联迪商用设备、厦门建霖健康家居、宁德新能源科技；河南的郑州宇通客车、中航光电科技、许继集团；湖南的中联重科、株洲时代新材料科技、三一汽车制造；陕西的西安飞机设计、西安热工研究院、中国重型机械研究院；天津的中海油田服务、中国石油集团渤海钻探工程、鸿富锦精密电子（天津）；辽宁的东软集团、沈阳飞机工业集团、沈阳黎明航空发动机集团；河北的长城汽车股份、新奥科技发展、中信戴卡；重庆的长安汽车、力帆实业集团、中冶赛迪工程技术；黑龙江的哈尔滨汽轮机厂、哈尔滨飞机工业集团、哈尔滨电机厂；山西的太钢不锈钢、太原重工、山西天地煤机装备；江西的洪都航空工业集团、南昌欧菲光科技、晶科能源；广西的上汽通用五菱汽车、玉柴机器、田园生化；贵州的贵阳铝镁设计研究院、瓮福集团、贵州钢绳；云南的大红山管道、驰宏锌锗、昆船设计研究院；甘肃的兰州空间技术物理研究所、西北矿冶研究院；吉林的中车长春轨道客车；宁夏的共享智能装备；新疆的金风科技等。

值得关注的是，广州是中国高新技术企业研发实力最为突出的省会城市。2018年，广州拥有的高新技术企业总量超过1万家，科技创新型企业突破20万家，国家科技型中小企业备案入库数量居全国城市第一。[①] 高新技术企业的专利和发明专利授权量、技术合同成交额也在全国遥遥领先。

二 企业创新研发投入测度

创新研发投入表现为人力、物力、财力的支出。在创新研发过程中，

---

① 新浪财经：《广州：国家科技型中小企业备案入库数量居全国城市第一》，http://finance.sina.com.cn/roll/2019-01-15/doc-ihqfskcn7221760.shtml。

企业能集合多少创新研发人员、能筹措多少创新研发资金或设备,对企业创新研发能力都有着重要影响。一个企业能否掌握行业内的核心技术,能否在技术上有重大突破,能否将技术通过制造转化为产品,提供给消费者,能否通过有效地管理获取财务收益或提高生产效率,是企业创新研发能力的直接表现。显然,创新研发投入直接影响着企业创新研发能力。限于数据的可得性,此处选取企业创新研发经费结构数据展开研究。将2017年中国企业创新研发经费规模及结构指标列示如表5-7所示。

不同规模、不同类型、不同地域的企业其研发投入也是存在差别的。李长青、周伟铎、姚星[1]的研究显示:不同所有制企业差别很大,大多数行业的私营企业在技术创新投入中处于领先位置,而一些处于垄断地位的国有企业多在垄断竞争行业的研发投入处于领先位置;在企业技术创新效率方面,垄断竞争行业中不同所有制类型的企业技术创新效率的表现差别较大,国有企业在竞争性行业中的技术创新效率略低于私营企业,但私营企业的研发投入较多,新产品产值最大但其研发效率不高,有一定的技术追赶效应。

表 5-7　　　　　　企业创新研发投入支出规模与结构

	内部研发投入		外部研发投入		获取机器设备和软件投入		从外部获取相关技术投入	
	总量（亿元）	占比（%）	总量（亿元）	占比（%）	总量（亿元）	占比（%）	总量（亿元）	占比（%）
1. 采矿业	281.8	52.8	26.3	4.9	218.7	41	7	1.3
2. 制造业	11624.7	64	651.8	3.6	5312.4	29.2	582.6	3.2
石油加工、炼焦和核燃料加工业	146.6	38.5	7.2	1.9	218.8	57.4	8.4	2.2
化学原料和化学制品制造业	912.5	67.7	21.9	1.6	389.7	28.9	23.6	1.8
医药制造业	534.2	65.9	68.9	8.5	175.5	21.7	31.7	3.9
化学纤维制造业	106.1	64.4	1.6	1	55.3	33.6	1.8	1.1

---

[1] 李长青、周伟铎、姚星:《我国不同所有制企业技术创新能力的行业比较》,《科研管理》2014年第7期。

续表

	内部研发投入		外部研发投入		获取机器设备和软件投入		从外部获取相关技术投入	
	总量（亿元）	占比（%）	总量（亿元）	占比（%）	总量（亿元）	占比（%）	总量（亿元）	占比（%）
通用设备制造业	696.8	70.2	27.2	2.7	240.5	24.2	27.5	2.8
专用设备制造业	636.9	72.3	16	1.8	217.5	24.7	10.2	1.2
汽车制造业	1164.6	53.2	128.9	5.9	654.5	29.9	241	11
铁路、船舶、航空航天和其他运输设备制造业	428.8	60.6	72.2	10.2	189.5	26.8	17.2	2.4
电气机械和器材制造业	1242.4	71	41.4	2.4	436.7	25	29.6	1.7
计算机、通信和其他电子设备制造业	2002.8	65.2	172.9	5.6	802	26.1	91.9	3
仪器仪表制造业	210.2	73.1	9.4	3.3	65	22.6	3.1	1.1
3. 电力、热力、燃气及水生产和供应业	106.4	24.1	20.3	4.6	303.4	68.8	10.6	2.4

注：数据所属时间是2017年，所属对象是规模或限额以上企业。表中的"占比"，分别是指内部研发投入、外部研发投入、获取机器设备和软件投入、从外部获取相关技术投入占全部研发投入的比重，其总和约为100%。

资料来源：《中国科技统计年鉴2018》，中国统计出版社2018年版；笔者加工整理。

姚勤宇、李莉[1]的研究表明：不同地域的企业在研发投入、技术创新能力方面存在差异，企业的性质、行业结构、人力资本对区域技术创新效率是会产生影响的，中国四大经济区域在技术创新效率上存在差异。罗能生、刘文彬、王玉泽[2]的研究则揭示，不同规模的企业要利用资本杠杆筹措资金，以较小资金控制较大规模的资本，进而促进企业的创新活动。规模不同、所有制不同，企业从事创新活动的形式、效率都是有差异的。这些既有成果反映了各种不同类型企业在创新投入方面的差距和特质。而此处，我们将2017年中国不同类型企业创新投入的情况图示

---

[1] 姚勤宇、李莉：《我国不同地区企业技术创新能力分析》，《新经济》（下）2016年第10期。

[2] 罗能生、刘文彬、王玉泽：《杠杆率、企业规模与企业创新》，《财经理论与实践》2018年第6期。

如下（图5-5）。

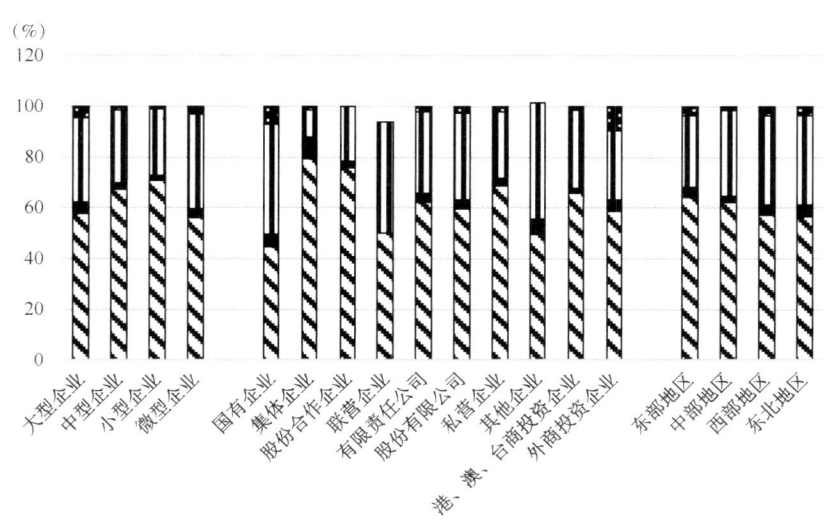

□ 内部研发投入 ■ 外部研发投入 ▨ 获取机器设备和软件投入 ■ 从外部获取相关技术投入

图 5-5　不同类型企业创新投入比较

注：所属时间是 2017 年，所属对象是规模或限额以上企业。

资料来源：《中国科技统计年鉴2018》，中国统计出版社2018年版；笔者整理绘制。

由表 5-7 和图 5-5 及相关资料分析可以发现：

第一，在创新研发投入总量上，中国制造业企业的创新研发投入较多。中国制造业创新研发投入较多，而制造业中又以计算机、通信和其他电子设备制造业，汽车制造业，电气机械和器材制造业，化学原料和化学制品制造业，通用设备制造业，专用设备制造业，医药制造业居多，这些行业的年创新投入经费均在 800 亿元以上；创新投入较少的制造行业依次是金属制品、机械和设备修理业，废弃资源综合利用业，其他制造业，家具制造业，印刷和记录媒介复制业，木材加工和木、竹、藤、棕、草制品业，皮革、毛皮、羽毛及其制品和制鞋业，这些行业年创新投入均低于 100 亿元。大型企业的创新投入较多，而后依次是小型企业、中型企业，投入较少的是微型企业。在内资企业中，创新研发投入较多的是有限责任公司，而后依次是私营企业、股份有限公司，国有企业、集体企业、股份合作企业的投入均较少。

在结构上，企业的创新研发投入主要以内部资金为主，多数行业达到65%以上；获取机器设备和软件投入，以及从外部获取相关技术投入的占比都相对较小；小型企业、中型企业内部研发投入占比相对较高，而大型企业占比则稍低。在不同所有制企业中，集体企业、股份合作企业内部研发投入所占比重较高，而国有企业、联营企业占比较低；但是，在地域上，东、中、西、东北地区的企业研发投入构成基本相同，没有太大差别。

第二，不同地域企业创新研发费用投入差距较大。仍然依据《中国科技统计年鉴 2018》的数据计算分析指标：2017 年中国不同地域规模以上工业企业创新研发投入超过 800 亿元、处于前 6 位的省市是广东（3199.3 亿元）、江苏（2785.7 亿元）、山东（2140.7 亿元）、浙江（1419.9 亿元）、上海（1020.2 亿元）、湖南（838.8 亿元）；低于 100 亿元以下、处于后 5 位的省区是新疆（86.6 亿元）、宁夏（72.8 亿元）、青海（19.9 亿元）、海南（15.7 亿元）、西藏（0.6 亿元）。处于中间水平的省区市是河南、河北、四川、北京、辽宁、重庆、江西、天津、陕西、山西、广西等，其创新投入费用在 250 亿元至 600 亿元之间。当年，全国规模以上工业企业创新研发投入平均水平是 618 亿元，标准差为 767.45 亿元；全部 31 个省级区域企业创新研发费用中内部投入平均占比为 57.65%，外部投入平均占比为 35.4%，获得机器设备和软件投入平均占比为 4.32%，从外部获取相关技术投入平均占比为 3.02%。这里，内部投入占比高，标准值大于平均水平，这说明中国企业从外部获取创新研发资金的能力较弱，不同地域企业创新研发费用投入差距较大。

第三，企业技术创新投入中技术改造经费所占比重较大。同样资料来源的数据显示：中国企业的技术创新投入主要用于技术改造或者境内购买技术，而用于向国外进行技术引进或者消化吸收的经费较少。如先进制造领域中的各类企业，用于向国外引进技术的创新投入占全部技术获取投入比重由高到低依次是电子及通信设备制造业（14%）、医疗仪器设备及仪器仪表制造业（13%）、信息化学品制造业（8%）、医药制造业（3%）、计算机及办公设备制造业（2%）；而用于技术改造的投入占全部技术获取投入比重由高到低依次是信息化学品制造业（91%）、计算机及办公设备制造业（87%）、医疗仪器设备及仪器仪表制造业（79%）、电子及通信设备制造业（73%）、医药制造业（71%）。而在技术获取投入的总量上，由高到低依次是电子及通信设备制造业、医药制造业、医疗仪器设备及仪器仪表制造业、计算机及办公设备制造业、信息化学品制造业。这里的医药制造业主要包括化学药品制造、中成药生产、生物药品制造；电子及通信设备制造业主要包括通信设备制造、广播电视设备制造、雷达及配套设备制造、视听设备制造、电子器件制造、电子元件制造、其他电子设备制造；计算机及办公设备制造业包括计算机整机制造、计算机零部件制造、计算机外围设备制造、办公设备制造；医疗仪器设备及仪器仪表制造业包括医疗仪器设备及器械制造、仪器仪表制造等。在这些细分类行业中，用于向国外引进技术的经费较多的行业由高到低依次是通信设备制造业、电子器件制造业、电子元件制造业、化学药品制造业、医疗仪器设备及器械制造业、视听设备制造业、仪器仪表制造业，其投入都在1亿元以上；经费较少的行业是雷达及配套设备制造业、计算机零部件制造业、其他电子设备制造业、办公设备制造业，其投入均不足0.2亿元。中国企业在创新活动中技术引进方面存在偏差，向国外引进技术太少，用于自身设施技术改造的投入偏多，创新活动的整体层次不高。

三 企业创新研发产出测度

企业创新研发产出的重要表现是专利授权数、有效专利数等。有效专利，是指已经获得国家主管部门审批得到授权的专利；专利授权数，是指专利主管部门对无异议或经核实异议不成立的专利申请，做出授予决定并发给证书的专利数。专利授权数是测度创新活动产出常用的指标，是以知识形态表现的创新成果的一种较为直接的反映。

依据中国专利法规，可以获得专利保护的专利有三种：发明专利、实用新型专利和外观设计专利，其中发明专利是最重要的一种专利，它是衡量一个国家、地区和企业科技创新能力的重要指标。故此处同样以专利指标来测度企业创新产出，将反映2017年中国重要行业企业创新研发产出的相关分析指标列示如表5-8所示。

表5-8列示了2017年中国较高技术含量的12个重要行业规模以上工业企业专利的情况。分析指标显示：12个行业平均专利申请数51360件，标准差为45136件；其中发明专利申请数的平均值为21185件，标准差为22432件，发明专利申请数占申请总数的平均比重为9.72%。12个行业平均有效发明专利数70094件，占全国总数的平均比重为7.5%。整体上，这些行业占全国所有行业企业专利数的75%，具有良好的代表性。

这里，专利申请数较多的行业分别是计算机、通信和其他电子设备制造业，电气机械和器材制造业，专用设备制造业和通用设备制造业；发明专利申请较多的行业依次是计算机、通信和其他电子设备制造业，电气机械和器材制造业，专用设备制造业，通用设备制造业，化学原料及化学制品制造业等。而有效发明专利数较多的行业依次是计算机、通信和其他电子设备制造业，电气机械和器材制造业、专用设备制造业，通用设备制造业，化学原料及化学制品制造业，汽车制造业，医药制造业，铁路、船舶、航空航天和其他运输设备制造业，金属制品业。

表 5-8　　　　　　　　　　企业创新研发产出情况

	专利申请数			有效发明专利数	
	绝对量（件）	发明专利		绝对量（件）	占全国总计比重（%）
		绝对量（件）	占申请数比（%）		
石油和天然气开采业	3140	1332	42.42	2261	0.24
化学原料及化学制品制造业	39389	19968	50.69	54262	5.81
医药制造业	19878	10886	54.76	41673	4.46
化学纤维制造业	2526	759	30.05	2643	0.28
金属制品业	29243	8619	29.47	28081	3.01
通用设备制造业	64164	20065	31.27	65982	7.06
专用设备制造业	68462	24089	35.19	81588	8.74
汽车制造业	58579	16701	28.51	45168	4.84
铁路、船舶、航空航天和其他运输设备制造业	25267	10971	43.42	29490	3.16
电气机械和器材制造业	136915	49526	36.17	109179	11.69
计算机、通信和其他电子设备制造业	145303	83246	57.29	274170	29.35
仪器仪表制造业	23449	8055	34.35	26170	2.80
全国总计	817037	320626	39.24	933990	—
本表中行业平均值	51360	21185	39.47	63389	6.79
本表中行业标准差	45136	22432	9.72	70094	7.50

注：数据所属时间是 2017 年，所属对象是规模或限额以上企业。
资料来源：《中国科技统计年鉴 2018》，中国统计出版社 2018 年版；笔者加工计算整理。

特别地，在先进制造领域，各类企业申请发明专利较多的细分行业是通信设备制造业、电子器件制造业、仪器仪表制造业、通信终端设备制造业、电子元件制造业；申请发明专利较少的行业是生物药品制造业、计算机零部件制造业、信息化学品制造业、计算机外围设备制造业、办公设备制造业、雷达及配套设备制造业等。整体上，中国先进制造业尤其是技术密集的行业的发明专利水平还不高。

现实中，不同规模企业、不同所有制企业其专利申请数、发明专利申请数和有效发明专利数也是存在差别的。

图5-6反映的是2017年中国不同所有制企业的专利数情况。可以看出，私营企业的专利申请数、发明专利申请数以及有效发明专利显著地占有优势。

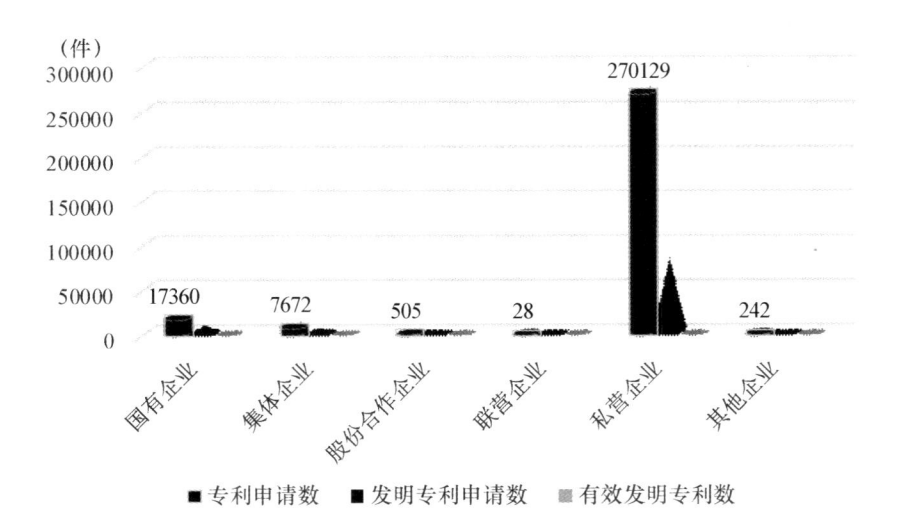

图5-6 不同类型企业创新研发产出比较

注：图5-6中数据所属时间是2017年，所属对象是规模或限额以上企业。
资料来源：《中国科技统计年鉴2018》，中国统计出版社2018年版；笔者整理绘制。

2018年中国发明专利申请量为154.2万件，共授权发明专利43.2万件；截至2019年5月底，中国发明专利有效量为250.1万件，其中国内（不含港澳台）发明专利有效量171.9万件，每万人口发明专利拥有量达到 12.3 件。① 国家知识产权局发布的《2018 年中国专利调查报告》显示：2018 年通过自主研发获取技术的企业约占 86.8%，通过合作研发获取技术的企业约占 36.0%，在模仿基础上再改进技术的企业约占 8.9%。在专利的实施方面，内资企业专利实施率为 62.7%，港、澳、台商投资企业专利实施率为 65.9%，外商投资企业专利实施率约为 69.7%，总体处于均衡状态，但外资企业专利实施率略高。大型企业、中型企业、小型企业、微型企业专利实施率分别为 67.9%、66.9%、61.1% 和 48.0%，微型企业专利实施率稍低。

2018 年中国有效专利的产业化率总体为 36.3%，其中企业相对较高，产业化率为 46.0%。② 在专利类型上，有效实用新型产业化率相对较高，为 37.9%；有效发明专利产业化率相对较低，为 32.3%。内资企业，港、澳、台商投资企业，外商投资企业专利产业化率分别为 45.5%、51.1%、51.7%；大型企业、中型企业、小型企业、微型企业专利产业化率分别为 46.2%、50.9%、45.8%、33.0%。专利产业化率的动态变化上，2014 年的有效发明专利产业化率为 33.8%，2015 年、2016 年有所上升，2017 年为 36.2%，呈现下降趋势；2018 年为 32.3%，相比上年又有所下降。在专利转让率方面，不同所有制企业存在较明显的差异，外商投资企业的有效发明专利转让率相对较高，港、澳、台商投资企业的有效发明专利转让率较低；而外商投资企业的有效外观设计专利转让率相对较低，港、澳、台商投资企业的有效外观设计专利转让率较高。

另外，还有一个指标"新产品开发项目数"也可从一个侧面反映中国企业的创新研发产出。《中国科技统计年鉴 2018》的数据表明：2017 年先进制造领域企业新产品开发项目较多的行业主要是电子及通信设备制造业、医药制造业、医疗仪器设备及仪器仪表制造业，具体的细分行业由多到少依次是电子元件制造业、仪器仪表制造业、化学药品制造业、电子器件制造业、通信设备制造业；而新产品开发项目较少的细分行业主要是电子真空器件制造业、雷达及配套设备制造业、办公设备制造业、信息化学品制造业、半导体分立器件制造业等。而企业新产品出口额较多的行业

---

① 数据参引自国家知识产权局网站（http://www.cnipa.gov.cn）。
② 本部分数据参引自国家知识产权局知识产权发展研究中心的《2018 年中国专利调查报告》，http://www.cnipa.gov.cn。

是电子及通信设备制造业、通信终端设备制造业、计算机及办公设备制造业、电子器件制造业、电子元件制造业；新产品出口额较少的行业是电子真空器件制造业、雷达及配套设备制造业、中成药生产、半导体分立器件制造业、生物药品制造、医疗仪器设备及器械制造。具体的数据表明，在技术含量较高的行业中国有企业的新产品开发和国际竞争力不强，还有很大的提升空间。

第三节 创新研发竞争力

创新研发、科学技术在生产要素配置、生产方式、组织模式中始终发挥着关键性作用。因而，大多数国家尤其是制造强国都把以创新引领发展、优先发展先进制造业作为首选战略。现在，世界各国都在加强科技投入，增强创新研发竞争力，抢占科技领域制高点。中国建设制造强国，更需要增强创新研发力量，提高创新研发竞争力。

一 创新研发力量与投入竞争力

中国作为经济快速增长的国家，在制造强国建设中不断加大研发投入，提高科技水平，通过创新驱动提高国家竞争力，取得明显成效。可以将近年反映中国创新研发人员力量和研发投入状况的分析指标列示如表5-9所示。

表5-9　　　　　　2007—2016年创新研发力量与投入状况

		2007	2008	2009	2010	2011	2012	2013	2014	2015	2016
R&D 人员全时当量（万人年）		25.5	26.0	27.7	29.3	31.6	34.4	36.4	37.4	38.4	39.0
R&D研究人员（万人年）	基础研究	3.6	3.8	4.1	4.2	5.0	5.7	6.1	6.6	7.1	8.4
	应用研究	9.3	9.7	10.3	10.9	11.3	12.1	13.0	12.8	13.1	12.7
	试验发展	12.6	12.5	13.4	14.2	15.2	16.5	17.3	18.0	18.1	17.9

续表

		2007	2008	2009	2010	2011	2012	2013	2014	2015	2016
R&D研究经费投入（亿元）	基础研究	74.7	92.7	110.6	129.9	160.2	197.9	221.6	258.9	295.3	337.4
	应用研究	227.1	271.3	350.9	387.6	417.2	469.3	525.8	552.9	618.4	642.1
	试验发展	386.1	447.2	534.4	668.9	729.3	881.7	1034.0	1114.4	1222.8	1280.7
	政府资金	592.9	699.7	849.5	1036.5	1106.1	1292.7	1481.2	1581.0	1802.7	1851.6
	企业资金	26.2	28.2	29.8	34.2	39.9	47.4	60.9	62.9	65.4	90.4
	国外资金	3.4	4.0	4.2	3.4	4.9	5.1	5.7	9.1	5.0	…
	其他资金	65.3	79.3	112.4	112.2	155.8	203.8	233.5	273.8	263.4	…

注："…"表示数据暂缺。

资料来源：历年国家统计局社会科技和文化产业统计司、科学技术部创新发展司编《中国科技统计年鉴》，中国统计出版社；笔者加工整理。

由表 5-9 可知，2007 年中国 R&D 人员全时当量为 25.5 万人年，至 2016 年则达 39.0 万人年，10 年间平均增长率为 4.34%，其中基础研究人员的平均增长率为 7.74%，应用研究人员的平均增长率为 3.16%，而试验发展人员的平均增长率为 3.57%。

在科技创新投入上，创新研发经费也是持续增长的。根据表 5-7 中部分数据，可绘制反映 2007—2016 年中国 R&D 经费的投入增长情况如下（见图 5-7）。

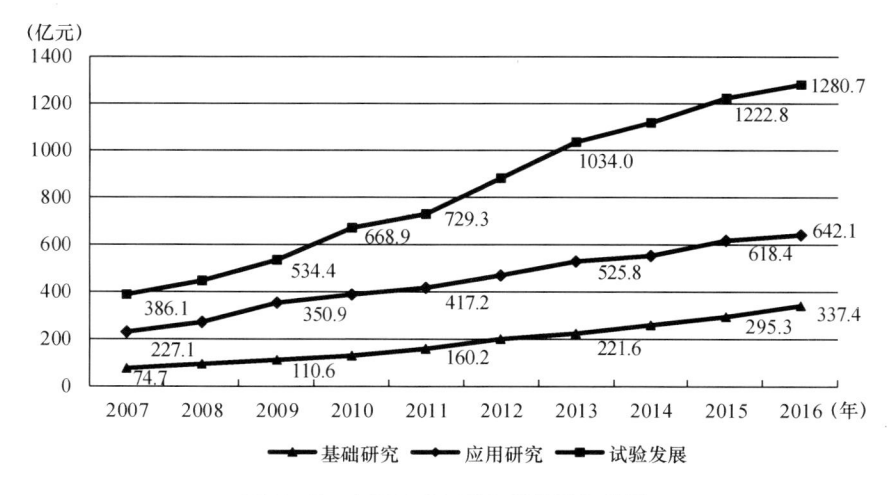

图 5-7 中国 R&D 研究经费投入状况

进入新工业革命时代后,中国一直高度重视科技创新和研发投入。2016年中国研发经费投入总额为15676.7亿元,同比增长10.6%,研发投入强度超过欧盟15个初创国家2.08%的平均水平。[①] 2007—2016年,研发投入持续增长,研发投入的结构也在不断变化。2016年,基础研究经费占研发投入总额的比重达到了5.2%,达到了10年中的最高值;高技术制造业领域的研发投入比制造业平均水平高1.4%,总额达到了2915.7亿元,同比增长11%。另外,企业的研发投入力度在加大,其对研发经费增长的贡献率达到83.8%。中国研发经费的不断提升,一方面源自国家建设制造强国、建设创新型国家等战略的实施;另一方面源自社会环境的不断优化。2016年,中国源自财政的科技支出达到7760.7亿元,同比增长10.8%;科技拨款占财政拨款的比重达4.13%,占比扭跌转涨。此外,为鼓励创新,中国出台了一系列政策和措施,如企业研发费用可以税前加计扣除等,且已取得良好效果。

在分析研究政府创新研发投入状况时,一个绝不可忽视的方面是企业创新研发投入状况。在发达国家,企业创新研发投入在科技总投入中的比重是持续增长的。考虑到制造强国建设和技术创新中强势制造企业的重要作用,此处选取中国制造500强企业创新研发投入数据列表如下(见表5-10)。

表5-10 2010—2016年中国制造500强企业创新研发投入增长情况

年份	超过100% 企业数(家)	超过100% 占企业总数(%)	50%—100% 企业数(家)	50%—100% 占企业总数(%)	30%—50% 企业数(家)	30%—50% 占企业总数(%)	10%—30% 企业数(家)	10%—30% 占企业总数(%)	0—10% 企业数(家)	0—10% 占企业总数(%)	0以下 企业数(家)	0以下 占企业总数(%)
2010	39	8.21	43	9.05	47	9.89	113	23.79	112	23.57	121	25.47
2011	38	8.14	69	14.78	78	16.77	150	32.12	70	14.99	60	12.85
2012	39	8.39	38	8.17	86	18.49	137	29.46	86	18.49	76	16.34
2013	27	5.72	31	6.57	45	9.53	129	27.33	133	28.18	107	22.67

---

① 参引自中华人民共和国中央人民政府网站《2016年全国科技经费投入统计公报》,http://www.gov.cn/xinwen/2017-10/10/content_ 5230521.htm。

续表

年份	超过100% 企业数（家）	超过100% 占企业总数（%）	50%—100% 企业数（家）	50%—100% 占企业总数（%）	30%—50% 企业数（家）	30%—50% 占企业总数（%）	10%—30% 企业数（家）	10%—30% 占企业总数（%）	0—10% 企业数（家）	0—10% 占企业总数（%）	0以下 企业数（家）	0以下 占企业总数（%）
2014	18	3.86	23	4.94	35	7.51	113	24.25	144	30.90	133	28.54
2015	13	2.77	27	5.74	46	9.79	114	22.38	126	26.81	144	30.64
2016	14	2.93	16	3.35	37	7.74	107	23.79	125	26.15	177	37.03
均值	27	5.72	35	7.51	53	11.39	123	26.16	113	24.16	117	24.79

注：2010年的企业数为475家。

资料来源：中国企业联合会、中国企业家协会《中国500强企业发展报告》，企业管理出版社；笔者加工整理。

由表5-10可以看出，2010—2016年中国制造500强企业研发投入经费的增长率主要在30%以下，研发投入没有增长的企业还占有较高的比重，7年的平均比重达24.79%。为反映中国制造500强企业研发投入其变动趋势，将反映不同增长率的企业占比数以图表示如下（见图5-8）。

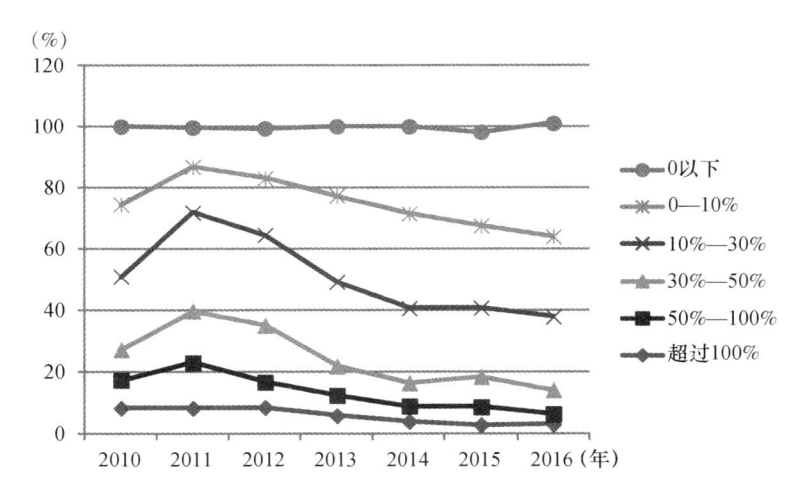

图5-8 2010—2016年中国制造500强企业创新研发投入增长变动

由图5-8可以看出，研发投入增长率超过100%的企业比一直保持较稳定的状态，且还略有下降。中国强势制造企业研发投入并没有明显的变化或显著的增长。综合分析前面的图、表可以看出：

第一，中国高度重视研发投入，政府研发投入一直占较高的比重。中国的科技投入总量有所增长，科技发展成效也显著，但对科技投入力度仍显不足，且科技投入结构不合理，基础研究投入比重偏低。这与大多数发达国家的状况是不相同的。事实上，市场化程度较高的发达国家，政府经费主要投向政府研究机构和一些大学，多用于支持基础研究和国防技术等。

按照西方经济学中的市场失灵理论，市场经济并不是完美无缺的，它只是人类生活的一个方面，是有一定局限性的，它不可能解决经济生活中的一切问题。完全竞争的市场只能是一种理论假设，现实中是不可能完全满足这种假设的。市场失灵理论给政府干预经济提供了理论依据。凯恩斯（M. Keynes）在其名著《利息、就业与货币通论》一书中对自由经济提出质疑，明确提出政府全面干预经济。美国经济学家理查德·阿贝尔·马斯格雷夫（Richard Abel Musgrave）提出了公共经济学概念，讨论了政府在资源分配、收入分配、充分就业、政府投入、价格水平稳定和经济增长中的作用[1]。随后一些著名经济学家如费尔德斯坦（M. S. Feldstein）、斯蒂格利茨（J. E. Stiglitz）、阿特金森（A. B. Atkinson）、杰克逊（P. M. Jackson）等从公共经济学的角度研究政府部门在经济中的影响和作用。客观上，纯粹的市场经济是不存在的，各国政府在经济发展和国家创新活动中都发挥着极其重要的作用。1945 年，美国科学研究发展局局长维瓦尔·布什（Vannevar Bush）向当时的美国总统提交了名为《科学：没有止境的前沿》[2]的研究报告，这一报告使得美国政府改变了其在科技创新中应起何种作用的认知，奠定了美国政府支持科技发展的思想，成为美国现代科技政策的重要理论支撑。根据这一报告的建议，美国政府调整策略，不断全面参与科技创新活动，且及时调整自身对科技创新活动的介入方式。现在，美国政府的科技经费主要投入到有关人民健康、国家安全和公共福

---

[1] Richard Abel Musgrave, *The Theory of Public Finance: A Study in Public Economy*, Publisher: McGraw-Hill, 1959.

[2] 《改变美国的三项科技政策》，http://blog.sina.com.cn/s/blog_1367496980102wowa.html。

利等领域，成为推动美国科技创新发展的重要力量。同样地，欧盟一些发达国家也通过制定完善法律体系、健全科技政策来营造良好的创新环境，推动科技创新发展。

经济理论和经济发展实践都深刻说明了政府在创新发展中的重要作用。与美国等发达国家相比，中国政府在科技投入、推动国家创新方面是发挥了重要作用的，政府投入始终占了绝大比重。然而，从近10年的研发经费结构看，中国研发投入结构还有待优化，基础研究经费还偏少，研究人员结构也不尽合理，特别是基础研究人员偏少，需要调整完善。

第二，与制造强国相比，中国强势制造企业（500强）的研发投入没有显著变化。按照新制度经济学的企业成长理论，企业的成长发展是由利润推动的，生产性知识的积累在企业发展中有着至关重要的作用，企业在特定时期内累积的知识、拥有的资源以及具有的惯例决定了企业的成长模式。从这一点出发，为了保持企业更好更高的成长性，企业会有更多的利润转投到研发中。这一方面是因为研发投入具有规模效应，企业通过扩大研发的规模使企业的各种资源得到最优配置，使企业走向最好的方向；另一方面，企业的研发也给企业带来新技术、新的人力资源、新的管理模式，促使企业在激烈的市场竞争中获得优势。企业成长理论的代表性人物美国经济学家安蒂思·潘罗斯（Edim Penrose）特别强调企业内部知识创造对企业增长的影响，他把知识分为可通过书籍、语言等传播的客观知识和在实践中积累的经验知识两类[①]。企业在生产过程中取得的经验可以创造出许多生产性服务；新增的服务可在企业增长中得到有效利用。因此，新增服务成为企业扩张的内部诱因。在经济学上，企业作为生产主体，也应是创新的主体，主体自身的研发活动对企业的走向和发展潜力有着至关重要的作用。因而，世界著名的创新公司，自身一定都有巨额研发投入和强大的研发力量。

2017年12月，欧盟委员会（EU）发布了2017年工业研发投入（R&D）排行榜[②]。在对全球研究开发投资额2400万欧元以上的2500家

[①] 《潘罗斯的企业成长理论》，http：//www.managershare.com/wiki/潘罗斯的企业成长理论，2017-12-16。

[②] 《2017年度全球研发投入100强企业排行榜》，http：//www.iprdaily.cn/news_17907.html。

企业进行调查后，遴选出了排名前100位的企业。其中，美国占了36家，日本有14家，德国有13家，中国大陆有7家。大众汽车研发投入以137亿欧元居全球之首，随后依次是谷歌母公司Alphabet、微软、三星电子、英特尔、华为、苹果、罗氏、强生和诺华等著名公司。在行业上，投入比例较高的行业是电子信息与技术行业（11.7%）、健康行业（6.9%）、通信行业（6.8%）。

华为是中国少有的入选全球创新公司100强的企业①。作为全球著名的创新型企业，华为长期注重研发投入，其口号是：用今天的研发投入，构建明天的竞争力②。华为的利润持续增长，但华为不过于追求利润，而是坚定不移地加大投入。2007—2016年，华为累计研发投入3130亿元，占营业收入的14.6%，仅2016年就达764亿元。华为已经在全球建立了36个联合创新中心、16个研发中心，累计获得62519件专利授权，而且大部分是核心专利，持续的研发投入构建了华为的长期竞争力，使其在多个产业取得技术领先。华为计划未来每年将投入100亿—200亿美元研发费用，这将大大提升华为产品和解决方案的竞争力，也可能推动中国在通信、电子行业的发展和技术进步。但是，华为在中国毕竟是少数，甚至是极少数。中国制造500强企业中，如华为的是少之又少。在研发投入方面，中国强势制造企业需要加快提升国际竞争力。

二 创新研发机构与前沿技术竞争力

建设制造强国需要一批创新型企业引领，需要掌握先进制造领域的关键性技术和前沿技术。在分析了中国研发力量与研发投入的竞争力后，以下分析中国的创新研发机构竞争力和科技成果与前沿技术竞争力。

（一）创新研发机构竞争力

汤森路透集团（Thomson Reuters）知识产权与科技事业部从2011年起发布全球创新机构100强榜单。该公司选择整体专利数量、专利授权成功率、专利组合的全球覆盖率以及专利影响力4个指标，对全球企业知识产权产品组合进行定量分析。依据德温特世界专利指数（Derwent World

---

① 《全球创新企业100强揭晓，中国大陆仅华为上榜，美日遥遥领先》，http://www.sohu.com/a/124142117_481520。
② 《华为：用今天的研发投入，构建明天的竞争力》，http://www.c114.com.cn。

Patents Index，DWPI)、德温特专利引证指数（Derwent Patents Citations Index)、四边形专利指数（Quadrilateral Patent Index）以及知识产权和情报合作平台（Thomson Innovation）等数据，汤森路透集团运用同行评议法发布了2011—2016年全球创新机构100强榜单。其中，重要国家的全球创新企业或机构100强数据见表5-11。

表5-11　　　2011—2016年重要国家全球创新机构100强分布　　单位：家

	2011	2012	2013	2014	2015	2016
中国	0	0	0	1	0	1
美国	40	47	45	35	35	39
日本	27	25	28	39	40	34
德国	4	2	0	4	4	4
法国	11	13	12	7	10	10
韩国	4	7	3	4	3	3

资料来源：中国经济网（http://www.ce.cn）等网站；笔者加工整理。

由表5-11可以看出，从2011年起，中国企业中入选全球创新机构100强的很少。2014年和2016年分别有1家上榜。而作为发达制造强国的美国、日本以及法国占了全球创新机构100强的相当大份额。中国在全球创新性企业竞争力方面明显地弱于世界制造强国。

2017年9月26日，科睿唯安[①]发布了《2017全球创新报告：进无止境》（*The State of Innovation Report 2017*）。其中，科睿唯安主要以2016年各创新公司的发明数，结合专利数，评选出了一些制造领域处于前10位的创新机构。表5-12列示了部分先进制造业全球顶级创新机构。不难发现，全部50个顶级创新机构中，中国和美国有较多机构入选，说明了近年中国一些创新机构取得的成就。但该报告详细的数据也说明，在先进制造业的某些领域和子领域，中国也严重缺乏创新机构。如2006—2016年航空航天与国防领域最具影响力的10家创新机构中，中国仅1家机构入选，其他均为欧美国家；可替代能源汽车子领域的顶级10家创新机构中，

---

① 科睿唯安，英文名Clarivate Analytics，前身为汤森路透知识产权与科技事业部，是全球领先的专业信息服务提供商，目标是为全球客户提供值得信赖的科技前沿和创新数据分析。

中国没有机构入选；生物技术领域最具影响力的顶级 10 家创新机构中，9 家为美国，1 家为英国，中国没有机构入选；计算机科学领域最具影响力的 10 家创新机构中，中国仅 1 家入选，美国则有 5 家入选，其余为欧洲制造强国；医疗器械领域最具影响力的 10 家创新机构中，美国占有 6 家，中国没有机构入选；制药领域最具影响力的 10 家创新机构中，全部为美国、英国和意大利，中国没有机构入选；通信领域最具影响力的 10 家创新机构中，美国占了 9 家，中国没有机构入选。这些分析数据可以说明中国在先进制造领域创新机构的差距。

表 5-12　部分先进制造领域全球排名前 10 的创新研发机构

航空航天与国防	汽车	生物技术	信息技术	医疗器械
Grid Corp of China（国家电网）（中）	Toyota（丰田）（日）	Institute of Crop Sciences CAAS（中国农业科学院作物科学研究院）（中）	Grid Corp of China（国家电网）（中）	Medtronic（美敦力）（美）
Avic Xian Aircraft Industry Company（西飞集团）（中）	Hyundai（现代）（韩）	DuPont（杜邦）（美）	IBM（美）	Olympus Optical（奥林巴斯光学）（日）
United Technologies（联合科技）（美）	Ford（福特）（美）	Monsanto（孟山都）（美）	Canon（佳能）（日）	Forth Ministry Medical University（第四军医大学）（中）
Boeing（美）	Robert Bosch（罗伯特博世）（德）	Jiangnan University（江南大学）（中）	Samsung（三星）（韩）	Philips（飞利浦）（荷兰）
Airbus Operations（空中客车）（法）	Denso（电装）（日）	University Of California（加州大学）（美）	ZTE（中兴通讯）（中）	Samsung（三星）（韩）
General Electric（通用电气）（美）	Volkswagen Group（大众汽车）（德）	Zhejiang University（浙江大学）（中）	Ricoh（理光）（日）	Boston Scientific Scimed（波士顿科学）（美）
Hyundai（现代）（韩）	Honda（本田）（日）	BGI（华大基因）（中）	LG（韩）	Siemens（西门子）（德）

续表

航空航天与国防	汽车	生物技术	信息技术	医疗器械
Rolls-Royce（劳斯莱斯）（英）	Daimler（戴姆勒）（德）	Roche（罗氏）（瑞士）	Huawei（华为）（中）	Canon（佳能）（日）
LG Electronics（LG电子）（韩）	GM（通用汽车）（美）	Inserm（法国国家健康与医学研究院）（法）	Google（谷歌）（美）	Terumo（泰尔茂）（日）
Toyota（丰田）（日）	BAIC Group（北汽）（中）	Rural Development Administration（韩国农村振兴厅）（韩）	Lenovo（联想）（中）	Peking Universityof Shengzheng Hospital（北京大学深圳医院）（中）

资料来源：科睿唯安网站（https://clarivate.com.cn），数据所属时间为2016年；笔者加工整理。

（二）科技成果与前沿技术竞争力

作为建设制造强国核心要素的竞争力也表现在科技成果上，以下选取2007—2016年中国科技成果关键分析指标反映中国建设制造强国创新研发竞争力情况（见表5-13）。

表5-13　　　　　2007—2016年中国科技成果竞争力状况

	2007	2008	2009	2010	2011	2012	2013	2014	2015	2016
R&D项目数（万项）	4.95	5.49	6.11	6.71	7.10	7.93	8.51	9.15	9.96	10.09
R&D项目经费投入（亿元）	451.7	537.7	579.8	681.5	807.1	1078.3	1221.7	1272.7	1513.8	1592.5
发表科技论文数（万篇）	12.65	13.21	13.81	14.08	14.80	15.87	16.44	17.19	17.00	17.52
其中：国外发表	1.96	2.15	2.59	2.69	3.16	3.52	4.11	4.70	4.73	5.00
出版科技著作数（万种）	0.41	0.47	0.48	0.39	0.43	0.45	0.46	0.50	0.56	0.57
专利申请受理数（万件）	0.98	1.25	1.58	1.92	2.41	3.04	3.70	4.20	4.66	5.23
其中：发明专利	0.78	0.99	1.24	1.50	1.82	2.34	2.86	3.23	3.51	3.99

续表

	2007	2008	2009	2010	2011	2012	2013	2014	2015	2016
专利申请授权数（万件）	0.40	0.50	0.64	0.87	1.21	1.66	2.01	2.49	3.01	3.24
其中：发明专利	0.25	0.31	0.41	0.52	0.79	1.09	1.25	1.58	1.97	2.18

资料来源：历年国家统计局社会科技和文化产业统计司、科学技术部创新发展司编《中国科技统计年鉴》，中国统计出版社；笔者加工整理。

为反映发表科技论文数、出版科技著作数、专利申请受理数、专利申请授权数等的变动趋势，可将这 4 个指标的变动情况图示如下（见图 5-9）。

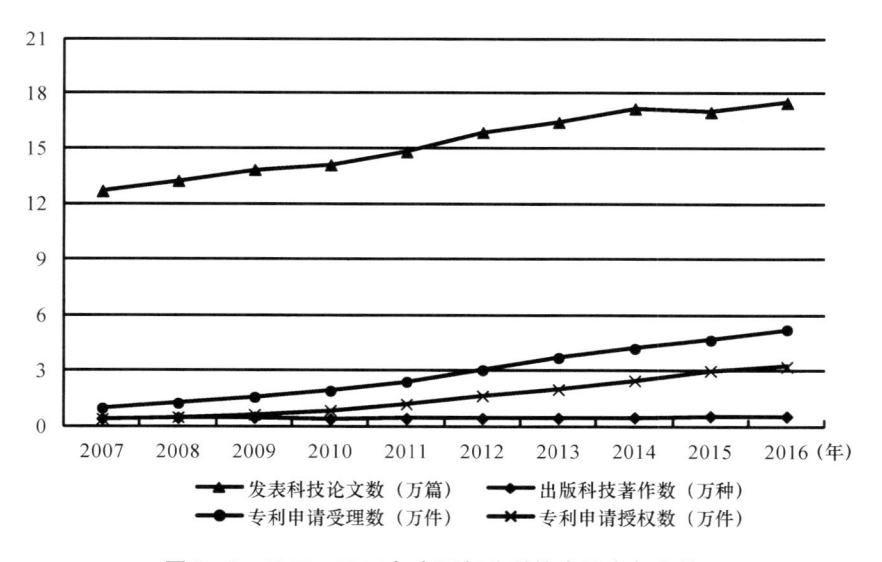

图 5-9　2007—2016 年中国部分科技成果竞争力状况

从图 5-9 可以看出，2007—2016 年，反映中国科技成果竞争力的出版科技著作数基本呈较平稳的态势，而发表科技论文数、专利申请受理数和专利申请授权数均呈上升的态势。这在一定程度上反映中国科技竞争力在提升。

作为建设制造强国核心要素的竞争力还表现在前沿技术上。2016 年10 月，中国科学院科技战略咨询研究院、中国科学院文献情报中心和

Clarivate Analytics 共同发布了《2016 研究前沿》[①]，这一报告遴选了 100 个热点前沿和 80 个新兴前沿，揭示了不同国家在这些前沿中的参与情况和具体表现，如表 5-14 所示。

表 5-14　　全球 180 个科技研究前沿分布情况

	美国	英国	德国	法国	日本	中国
有核心论文入选数（个）	152	90	66	57	40	68
占全部前沿的比重（%）	85	50	36.7	31.7	22.2	37.8

资料来源：科学网（www.sciencenet.cn）。

在 180 个科技研究前沿领域中，以有核心论文入选数作为测度指标，美、英两个国家处于领先优势，中国在 68 个领域有核心论文入选，在科技前沿研究方面也有一席之地，表现出了一定的竞争力。

进一步，还可根据世界重要国家新近出版发布的制造领域先进技术发展信息，整理列示现阶段先进制造领先领域及未来创新主攻方向，以此分析比较中国在先进制造技术方面的竞争力（见表 5-15）。

表 5-15　　先进制造领先领域及未来创新主攻方向比较

	先进制造领先领域	未来创新主攻方向
美国	火箭技术、武器研究、先进材料、医学、再生医学生物、生物工程、计算机、3D 打印、可弯曲电子、大型装备、航空航天、智能织物制造、微型电子、增材制造、数字化制造和设计、柔性混合电子器件、集成光子器件、轻质金属、智能制造、革命性纤维	机器人、人脑计划、人工智能
日本	半导体加工设备、超高精度机床、工业机器人、精密仪器、工程器械、轴承、光学、发电用燃气机轮、脱硝催化装置、垃圾焚烧设备、大型挤压造粒机、焦炭生成器、特殊类钢材	信息通信、医疗健康、核能

---

① 《中科院等发布〈2016 研究前沿〉报告》，http://news.sciencenet.cn/htmlnews/2016/10/359783.shtm。

续表

	先进制造领先领域	未来创新主攻方向
德国	机械制造、精密仪器、交通工具、医疗器械、大型设备	工业4.0、云计算、个性化医疗
英国	航空航天、建筑材料、汽车制造	大数据革命和高能效计算、合成生物学、再生医学、农业科技、电力存储、先进材料和纳米技术、机器人、卫星与空间技术应用
韩国	高速互联网、电子产品、造船	3D打印、互联网、再生医学
中国	3D打印技术、激光制造技术、超级钢技术、人造太阳技术、量子通信技术、特高压输电技术、超级水稻技术	量子信息、智能装备、基因治疗

资料来源：中国先进制造业网站（http://www.amdaily.com），中国战略性新兴产业网站（http://www.chinasei.com.cn/index.html）；笔者加工整理。

显然地，技术创新对社会经济发展有着直接的、重要的影响，人类社会发展史已深刻地证明了这一点。1912年，美籍奥地利经济学家约瑟夫·熊彼特（Joseph Alois Schumpeter）出版其著名的代表作《经济发展理论》，创立了系统阐述以技术创新为基础的经济创新理论。此后，技术进步理论被纳入新古典经济学的理论框架，演化成新古典经济增长理论、内生经济增长理论等，而有关技术创新的扩散和技术创新的范式等理论问题则形成另一支派。一百多年来，技术创新理论对经济理论研究、对社会经济增长都产生了重要影响。世界各国，特别是发达国家的实践都证明了技术创新、前沿技术是人类创造财富和积累财富的重要源泉。实践表明，西方发达国家已经走过了依靠生产要素扩张实现经济增长的阶段，转而进入了依靠创新推动经济增长。在资源稀缺的前提下，依靠技术创新可以优化生产要素、提高生产效率，这应成为推动经济增长的主要形式。技术创新理论揭示了技术创新、前沿技术对一国经济增长、社会发展的深刻意义。

从前文的分析数据可以发现，中国在建设制造强国的核心要素科技成果及前沿技术上都有显著的成就。但一些制造强国在科技成果和前沿技术方面却占有明显优势,特别是美国,几乎在所有先进制造领域都占据优势地位,日本、德国等在众多领域也都领先。这些制造强国,从本国制造领域发展的经历中总结经验教训,高度重视基础研究,注重未来前沿技术的研发。2015年4月,麻省理工学院的研究人员发布报告《被延误的未来:为何基础研究投资减少预示着美国创新赤字》[1]（*The Future Postponed: Why Declining Investment in Basic Research Threatens a U. S. Innovation Deficit*）,突出地强调了基础研究的重要性,提出要加强基础研究促进先进制造发展。2016年10月,由美国科学慈善联盟（Science Philanthropy Alliance）发起编写的《被延误的未来2.0》,重点描述了13个基础研究领域中美国的发展潜力,即释放合成蛋白的能量、创建全球森林观测系统、重置生命体生物钟机制、绘制人类细胞图谱、描绘人类环境暴露组特征、加强地球碳循环检测、揭示地球病毒生态学、检测暗物质、测量宇宙微波辐射变化、寻找新的中微子、创造新型催化剂、创建北极早期预警系统、创建新一代自适应光学等,美国力图在这些方面继续保持其技术领先地位。

同样地,2015年3月,英国政府技术战略委员会发布了《量子技术国家战略》[2]报告,认为新兴的量子技术对金融、防务、航宇、能源、电信行业都有重要影响,英国的科技进步、制造能力以及量子技术市场化条件决定了英国具备优先发展量子技术的条件,由此提出英国未来20年要加强量子科学技术研究,建设一个有益的、增长的、可持续发展的英国量子产业。英国决定要通过建立坚实的能力基础、刺激应用和市场机会、培养吸收更多的专业技术人才、确保适宜的社会和监管环境、在国家合作中寻求利益最大化五个途径,建立量子技术产业,维护其作为量子器件、组件、系统和专业知识全球供应商的竞争优势,在全球量子技术发展合作中发挥主导作用。2017年10月,英国国防部发布了《科学与技术战略2017》[3],提出科学与技术必须纳入国防部的战略性政策与决策,为了在国防的下游活动中发挥关键作用,科学与技术需要继续把重点放在为武装部队的当前和未来能力提供可持续、最先进的科学与技术上。2017年6

---

[1] 中国科协创新战略研究院:《创新研究报告》,http://www.futurepostponed.org/。
[2] 《英国政府技术战略委员会发布〈量子技术国家战略〉》,http://www.xincailiao.com/html/weiguancha/guoji/2015/0407/3304.html。
[3] 《英国国防部发布〈科学与技术战略2017〉报告》,http://www.sohu.com/a/203040480_465915。

月日本发布了《科学技术创新综合战略2017》[①]，提出要推进社会5.0（Society 5.0），稳步扩大科技创新官民投资的主导权，稳步实行"针对Society 5.0 的推广和政府研发投资目标的实现"计划，构建面向创造创新人才、知识、资金良性循环的创新机制，优化产学官协作以推进开放式创新，加强科学技术创新的推进功能，加强支撑平台的基础技术，推进知识型产权战略和国际标准化。

根据汤森路透2016年5月发布的《2016全球创新报告》[②]，中国在12个领域具备全球创新优势，其中在食品饮料与烟草、制药、家用电器等领域优势明显（占据了10强榜单的前3位），在石油和天然气（占据了10强榜单的前2位）等领域也有创新优势。但数据同时显示，中国科研机构论文发表数量与科技强国差距明显，在12个技术领域的10强榜单上，美国共有60所高校和科研机构上榜，累计发文数量达到45928篇，其中仅信息技术领域就有21801篇，而中国上榜科研机构发文总量只有9511篇，约为美国的1/5，并且美国在12个技术领域均有科研机构上榜，在医疗器械、生物技术、电信、航空航天与国防4个领域均占据8席以上，而中国仅在6个技术领域有科研机构上榜，且在多数领域还不是先进制造领域。这也反映了中国在基础研究领域的不足和弱势。

[①] 《日本科学技术创新综合战略2017》，http://www.sohu.com/a/161642828_468720。
[②] 《汤森路透〈2016全球创新报告〉解析》，http://www.sipo.gov.cn/zlssbgs/zlyj/201701/t20170111_1307729.html。

第六章　建设制造强国的前沿技术

世界制造强国一直都高度注重前沿技术的研发，前沿技术是这些国家保持制造业优势和国家竞争力的核心要素。与世界制造强国相比，中国在一些先进制造领域存在严重的技术约束，这些技术一直是影响中国先进制造业发展的桎梏，未来必须要在这些领域取得突破。中国要尊重技术、尊重人才，建设技术创新文化；要强化基础科学研究，打牢技术研发基础；围绕提升国家竞争力和保障国家安全，集中优势资源进行前沿核心技术突破。

第一节　前沿技术发展背景

建设制造强国是一个宏大的跨世纪工程，需要提高制造业的生产效率，优化制造业的生产结构；要通过自主创新，达到关键行业前沿技术的重大突破、极端制造能力的重大提升；要进行顶层设计，多管齐下，其中极其重要的环节是实现关键领域前沿技术、颠覆性技术的突破。

一　前沿技术发展的国际环境

前沿技术，是代表全球高新技术的发展方向，对新兴产业的形成和发展具有引领作用，且能推动产业技术更新换代的重大技术，通常具有探索性、先导性、前瞻性的特点。前沿技术是一个国家高技术创新能力的集中体现，是国家产业升级、产业快速发展的重要基础。颠覆性技术是对传统技术、现有技术进行革命性变更或根本性替代的技术，颠覆性技术一般是现有技术跨学科、跨领域的应用，常常带来全新的革命性产品。从前沿技术与颠覆性技术的定义看，前沿技术的外延要宽于颠覆性技术。颠覆性技术当属于前沿技术，而前沿技术不一定是颠覆性技术。显然地，先进制造业发展水平的根本标志是先进制造技术的拥有状况，建设制造强国最重要的路径之一就是要实现前沿技术的突破。

（一）美国前沿技术发展战略

发达国家和世界制造强国从来都是高度重视前沿技术发展的。美国是世界头号制造强国，一直将前沿技术或先进制造技术作为发展制造业的重要目标。2009 年美国发布了《重振美国制造业框架》，次年又发布了《制造业促进法案》，部署重振美国制造业的计划。2011 年，美国发布了《美国制造业创新网络计划》《实施 21 世纪智能制造》《先进制造伙伴计划》，2015 年发布了《美国创新战略》。作为这些发展前沿技术战略的配套行动，美国建立了多个先进制造技术创新中心，如国家增材制造创新中心（National Additive Manufacturing Innovation Institute）（2012 年 8 月）、数字制造与设计创新中心（Digital Manufacturing and Design Innovation）（2014 年 1 月）、轻量级现代金属制造中心（Lightweight and Modern Metals Manufacturing）（2014 年 1 月）、基于宽禁带半导体技术的新一代电子电力制造中心（Next Generation Power Electronics Manufacturing）（2014 年 1 月）、先进组织生物制造创新中心（Advanced Tissue Biofabrication Manufacturing USA Institute，ATB-MUI）（2016 年 12 月）、先进机器人制造创新中心（Advanced Robotics Manufacturing Innovation Hub，ARM）（2017 年 1 月）、强化部署快速推进创新中心（Rapid Advancement in Process Intensification Deployment Institute，RAPID）（2016 年 12 月）、节能减排创新中心（Reducing Embodied-energy and Decreasing Emissions Institute，REMADE）（2017 年 1 月）、国家生物制药创新中心（National Institute for Innovation in Manufacturing Biopharmaceuticals，NIIMBL）（2016 年 12 月）。美国以图通过这些制造创新中心不断推出前沿技术和颠覆性技术，确保美国在制造领域的领先地位。

围绕制造业前沿技术的发展，2016 年 2 月美国商务部、总统行政办公室、国家科学与技术委员会、先进制造国家项目办公室，联合向国会递交了首份《国家制造创新网络计划年度报告》（*National Network for Manufacturing Innovation Program Annual Report*，NNMI）。这一报告给出了 2015 年 9 月以后美国建立的制造业创新机构、发展前沿技术的目标以及取得的成就。其核心内容是：保持和确定美国在先进制造领域技术研发、创新的优势以及在全球的领导地位，支持美国的制造产品生产，提升美国制造业的竞争力；让美国制造企业能够充分使用经过检验的、先进的、资本密集的基础设施和制造能力，促进美国先进制造标准和服务的提升发展，支持对先进制造领域各类挑战的最佳实践等。2016年4月，美国国家科学技术委员会先进制造分委会发布了《先进制造业：联邦政府优先技术领域概要》（Advanced Manufacturing: An Overview of the Federal Government's Priority Areas of Technology），提出了5个应重点考虑的新兴制造业前沿技术——工程生物技术、药品连续生产技术、再生医学生物技术、先进材料技术和先进生物制品制造技术。而在此前的2013年，美国权威智库新美国安全中心就曾发布了《改变游戏规则：颠覆性技术与美国国防战略》（Game Changes: Disruptive Technology and the U.S. Defense Strategy），这一报告设计了美国国防军事领域颠覆性技术的发展目标。事实上，在新工业革命进程中，美国始终高度重视前沿技术的发展，出台了多个国家战略，实施了多个国家计划，进行前沿技术的创新研发，确保其科学技术在全球占领先机。

（二）日本、德国前沿技术发展战略

日本是一个制造强国，其许多制造技术，如机械设备制造、汽车及关键零部件、半导体制造设备、机床、数码相机、机器人等前沿制造技术水平一直得到世界公认。2013年6月，日本发布《日本复兴战略：日本归来》，这一战略提出了"日本产业复兴计划""战略市场创造计划"和"国际拓展战略"三项行动计划，以保证日本经济增长。这其中，产业复兴计划的具体目标就是要推进科学技术创新，建成世界最高水平的信息技术社会。2015年1月，日本政府公布了《机器人新战略》，提出要将日本建成全世界的机器人创新研发基地，保证机器人的应用居世界第一位，使日本领先于他国进入机器人新时代，确保日本机器人技术在世界的领先地位。为实现这一目标，日本将研究开发下一代机器人，着力解决机器人中云计算、网络化等核心技术，建设机器人的应用基地，建设机器人的国内标准和为国际社会认可的国际标准体系。2015年8月，日本经济产业省公布了《2015年版制造业白皮书》，认为过于拘泥于全日本制造可能会导致日本技术的"加拉帕戈斯化"①（Galapagosization），这最终会导致对外丧失竞争力。故而，要跨越企业和行业的壁垒，强化横向合作，大力发展机器人、新能源汽车、3D 打印以及信息技术等。2016 年 1 月，日本发布了《第五期科学技术基本计划（2016—2020）》，其中提出了一个新名词"社会 5.0"（Society 5.0）。"社会 5.0"被称为日本版的第四次产业革命，其认为：人类已经经历了四个社会，即狩猎、农耕、工业、信息社会，未来将要进入"第五"阶段的超智慧社会，这便是"社会 5.0"；要通过物联网 IoT、机器人、人工智能 AI、大数据等技术来建成"社会 5.0"。由此，日本必须充分应用信息通信（ICT）技术，推动网络空间与物理空间的融合，建成全球最适宜创新的国家和富庶的"超智慧社会"。"社会 5.0"还设计了达到目标的行动路线图，具体为推进技术创新，实现发光二极管（LED）、诱导多功能干细胞等前沿技术的重大突破；确保机器人、传感器、纳米技术、生物技术、材料技术、光量子技术等核心技术的优势；利用核心技术创造新价值和新服务，使日本获得诺贝尔科学奖的科学家人数位居全球第二；建成具有领先水准的系统和平台，如新型制造系统、基础设施维护管理更新系统、能源价值链优化系统、自然灾害防御系统、高速道路交通系统、综合型材料开发系统、生产流程管理系统、智能食物链系统、智能生产系统等；还要构建超智能型社会服务平台，达到各个系统和平台间的互通协作。

　　2017 年 6 月，日本发布了《2017 年版制造业白皮书》，该书展示了日本整个制造业如何在以物联网 IoT 为开端的第四次工业革命中，灵活利用各种数据化工具和网络化创造附加价值，鼓励企业跨越行业和国家进行合作，并且灵活运用以人为本的技术力和现场力相结合的工业之路推进"工业 4.0"（Connected Industries）。同一时期，日本还出台了《科学技术创新综合战略 2017》，这一战略强调要构建先进的道路交通系统，优化能源价值链，并以此为核心建成一个新价值创造平台，同时加强支撑平台的基础技术建设，建立起支撑平台运行的

---

　　① 加拉帕戈斯化，源起于距离南美大陆约 1000 公里的一个火山岛群。该群岛名为加拉帕戈斯群岛，远离大陆。这里的动物以自己固有的特色进化着，被人称作"独特的活的生物进化博物馆和陈列室"。学术界把一些产业的发展状况称作"加拉帕戈斯"现象，是指某种产业或者产品只在某国国内占有较大市场份额，且尽量排斥其他同类产品市场份额，从而形成一种在孤立的环境下独自进行"最适化"的情景。

数据库。

德国也是一个制造强国，"德国制造"享誉全球，持久不衰。2013年4月，德国政府、制造业界和学界联合推出了德国"工业4.0"。一些人认为，正是"工业4.0"拉开了第四次工业革命的序幕，引发了世界各国在先进制造业技术领域的激烈竞争。"工业4.0"的重要目标是建立一个高度灵活的具备个性化和数字化特征的生产制造模式，以此进行生产模式的技术革命。其主题是探索智能化生产系统及过程，通过计算机网络形成物理系统，达到企业生产物流管理、人机互动以及3D技术在工业生产过程中的融合应用等。2014年8月，德国发布了《数字化议程2014—2017》，提出加强数字技术设施建设，以此为工业4.0体系建设提供动力。同年11月，德国发布《新高科技战略》，确定了将着力发展的前沿性领域，如工业4.0、智能服务、云计算、智能数据项目、数字科学、数据联网、数据建设、数字化环境等。次年3月，德国启动了智能服务世界（Smart Service Welt）、进入数字化（Godigital）、专业IT表格（Prof Table）等高科技前沿技术项目，并推广数据经济领域的创客竞赛。2015年11月，德国将"工业4.0"平台升级为国家级战略平台，发布"工业4.0平台地图"，旨在借助实践案例、具体操作建议和试验点推动德国企业特别是中小企业早日进入"工业4.0"时代。2016年3月，在汉诺威举行的消费电子、信息及通信博览会上，德国发布"数字战略2025"，确定要进行数字基础设施的大规模建设、进行数字化投资与创新、全力发展智能互联等，将德国建设成最现代化的工业国家。"数字战略2025"设计德国数字未来由12个支柱构成，分别为"工业4.0"平台、未来产业联盟、数字化议程、重新利用网络、数字化技术、可信赖的云、电动车用信息通信技术、德国数据服务平台、中小企业数字化、创客竞赛、进入数字化、经济领域信息技术安全等。作为具体行动，德国提高了移动网络的带宽，启动了经济数字化技术资助项目，成立了中小企业4.0技术中心，加强对中小企业提供数字化支持。而且，德国还提出要加强顶层数字技术的研发和创新，实施创新技术和应用领域的示范项目，如"经济界数字技术"项目和大数据领域的"智能数据"项目等，并要在2025年前建设千兆光纤网络。2016年，德国政府出台了《中小企业未来行动计划》《中小企业数字化—企业流程数字化转型战略》，启动"中小企业数字化运动"，通过

"中小企业数字化攻势"促进中小企业向数字化投资,实现中小企业数字化和网络化,增强中小企业的创新能力。

综上可见,美、日、德等制造强国在新工业革命进程中,一直都注重前沿技术的研发,前沿技术是这些国家保持制造业优势和国家竞争力的核心元素。

二 前沿技术实力比较

中国也一直十分重视前沿技术和颠覆性技术的发展,并将其定为建设制造强国的重要战略目标。但是,在前沿技术方面,中国与世界制造强国存在着一些差距,可以将中国与世界制造强国所拥有的前沿技术比较如下(见表6-1)。

由表6-1可以发现,美、日、德等制造强国所掌握的前沿技术远远多于中国。当然,不能说掌握的前沿技术多,则制造能力和竞争力就强。理论上,判定一个国家制造能力和竞争力的强弱,核心标准是关键制造行业技术水平、新材料和高端装备制造技术、极端制造。关键制造行业是关系国计民生、影响大批产业、具有战略意义的行业。新材料是制造业的基石和重要支撑,直接决定产品质量和产品的竞争力;同时也是高新技术产业的基础和先导。一种新材料的面世,常常意味着一项新技术的诞生或一种产品的革命性变化,有时候一种新材料甚至会在一个领域引发一场技术革命;没有过硬的材料就不可能有极端制造,也就不可能有先进的制造产品。高端装备制造技术通常是高精尖技术的继承和延伸,技术含量高、知识密集,处于价值链高端,在产业链占据核心部位,体现为多学科和多领域技术的集合,决定产业链的整体竞争力,是一国制造能力的重要表现。极端制造是极端环境和条件下的制造能力,集中表现在微细制造、超精密制造、巨系统制造等方面,如超精密加工技术、航空母舰制造、极大规模集成电路制造、激光雷达制造、战略激光武器制造、万吨级水压机加工模锻框架制造、航空发动机叶片制造等。表6-1显示,美、日、德等世界制造强国,不但拥有先进制造行业的众多前沿技术,而且在关键制造行业、新材料、高端装备、极端制造等领域也掌握着众多前沿技术或核心技术。这是这些国家之所以成为制造强国的关键因素。

表 6 – 1　　　　　中国与世界制造强国所拥有的前沿技术比较

	拥有的领先全球的前沿技术
美国	3D 活细胞打印，合作型机器人，工业机器人，顶尖精密仪器，可弯曲的先进集成材料，芯片，航空发动机，薄硅芯片的柔性混合电子器件，智能织物制造，微型电子，碳纤维材料，超轻量级的卡丁车，超导材料，航空母舰制造，工程器械，新一代金属材料，堆积制造技术，机器人智能技术，机载激光器，狼群情报系统，高超声速飞行器，三维晶体结构管，X37 空天飞机，无人机，无人车辆，3D 芯片制造和封测，生物材料，催化剂，树脂基复合材料，电子和光子材料，轻质结构材料，聚合物，航天技术，计算机，深潜器、机器人和深海钻探船，激光制造，4G 技术，OLED 技术，汽车动力电池，极小芯片制造，大型加工模锻框架制造等
日本	半导体加工设备，半导体材料，超高精度机床，高精度机床主轴，超精密加工母机，汽车，突破纳米级加工精度的慢走丝电火花加工机，混合动力线切割放电加工机，高精密、大扭矩、轻量化、回力小的谐波减速机，最快光纤激光金属切割机，复合钣金加工机，最快速的数控转塔式冲床，伸铜双面铣面切削生产线，工业机器人，顶尖精密仪器，高端电子显微镜，顶级医疗硬件，能探测外银河系高能量的全天候天文仪器，世界首支行星观测用（极紫外分光）太空望远镜，性能最强的宇宙暗物质探测器——东京大学 XMASS，动臂自升式起重机——IHI 运搬机械，碳纤维技术，重量轻、具备高耐热性的碳化硅（SiC）纤维，先进光学玻璃，大型衍射光栅刻划机，世界最大单一主镜片光学红外天文望远镜，世界最精密光学天象仪，世界最高热效率发电用燃气轮机，世界最大双轴燃气轮机，脱硝催化装置，垃圾焚烧设备，PP/PE 大型挤压造粒机，工业水泵，企业级扫描仪，血液诊断设备，高压变频器和高压电机，光伏逆变器，HFC – 23 分解回收装置，海水淡化，废水利用制备，加氢反应器，粉体加工机，核心卷绕设备皮带张紧机，焦炭生成器，动力总成精密测试设备，特殊类钢材，全成型电脑横机，热转化处理领域，证件制造设备，液压式伺服冲压机，电波暗室，高端光缆，SDN – 软件定义网络，物联网安全解决方案，全站仪，化妆品，乐器，电池，海底电缆，生命科学专用超级计算机，cpu/gpu 异构式超算系统，量子计算，世界首个完全态量子隐形传送装置，量子电路板，最新型 SX 系列矢量超级计算机，全球电脑多头组合称量机，三维图形转换软件，高精确高保真度 3D 数据转换软件，世界最大复合材料热压烧结炉，实现光子加速推进技术的太阳帆飞船，引力波望远镜，世界最短波长的 X 射线自由电子激光（XFEL）研究设备，世界最高密度超冷中子源生成设施，天然气水合物（NGH），通信测量设备，世界最细针尖，世界上最高速的倍幅报纸轮转胶印印刷机，稀土冶金技术等

续表

	拥有的领先全球的前沿技术
德国	汽车，重型机械，造船，钻探机械，磁悬浮技术，万吨锻造，高速列车，地铁，超硬材料刃具，精密数控机床，绿色发动机，绿色航空机体制造，激光切割，金属加工技术，传统轮轨型高速铁路，激光制造技术，深海挖掘，4G 技术，电子信息材料，堆积制造技术，激光焊接机，极大规模集成电路技术，超高速加工技术等
中国	量子通信/传输技术，激光制造技术，超级计算机，超级钢技术，高铁制造技术，纳米技术，2000 预警机，最新北斗差分仪，微晶钢，首个存储单光子量子存储器，深紫外全固态激光器，最大矩形盾构机，热核聚变技术，商用石墨烯飞秒光纤激光器等

资料来源：《中国目前还未掌握的核心技术有哪些？日本真实科研实力令人汗颜！》，http：//www.sohu.com/a/196759116_777213；《中国七大领先世界的技术》，http：//www.360doc.com/content/17/0403/06/6932394_642458322.shtml；《中国真正在世界上领先的科技以及制造技术有哪些？》，http：//www.360doc.com/content/16/0214/11/5629470_5344910 24.shtml 等；笔者加工整理。

更进一步，可从技术创新指数方面进行比较。2018 年 1 月，国务院发展研究中心国际技术经济研究所和北京知本创业管理咨询有限公司共同编制并首次发布了《2017 年全球技术创新指数》（GTII 2017）[1]，GTII 2017 从政策投入、组织投入、人才投入、资金投入、知识产权、产品服务 6 个创新指标入手[2]，多维度地对世界主要国家的创新能力进行了量化评估，深度剖析了其在细分技术领域的创新能力和竞争力水平。中国与世界制造强国在七大领域的创新指数比较如下（见表 6 – 2）。

由表 6 – 2 可知，2017 年，美国、日本和德国综合在先进制造领域的技术创新指数表现最佳；其次是信息技术和能源技术领域；再次是新材料和生物技术领域创新；最后是航空、航天技术领域，创新产出分值偏低。中国在信息、能源、航空、航天领域，技术创新指数比较方面有不俗的表

---

[1] 《2017 年全球技术创新指数发布，中国表现不凡》，http：//www.sohu.com/a/218257696_749128。

[2] 《2017 年全球技术创新指数》（GTII 2017）主要围绕的国家有 12 个，分别是中国、美国、英国、法国、德国、俄罗斯、日本、韩国、印度、加拿大、澳大利亚、以色列，7 个技术领域包括信息、能源、生物、航空、航天、新材料、先进制造领域。

现，但在新材料、先进制造、生物领域表现相对较弱。

表 6-2　　　　　　　　　全球技术创新指数比较

	美国		日本		德国		中国	
	指数	位次	指数	位次	指数	位次	指数	位次
信息领域	89.79	1	63.14	3	48.45	6	73.80	2
能源领域	93.96	1	61.00	3	55.41	5	62.14	2
生物领域	86.27	1	59.19	4	59.60	3	56.18	5
航空领域	84.35	1	41.32	11	52.06	4	63.66	2
航天领域	85.65	1	53.38	5	42.37	9	67.31	2
新材料领域	80.74	1	65.02	2	61.45	3	60.01	4
先进制造领域	87.57	1	68.78	3	72.99	2	62.74	4

资料来源：国务院发展研究中心国际技术经济研究所、北京知本创业管理咨询有限公司发布的《2017年全球技术创新指数》（GTII 2017），数据所属时间为2017年；笔者加工整理。

2018年5月，世界著名的财经媒体CNBC公布了其评选出的"2018全球50大颠覆性企业"榜单[①]（2018 Disruptor 50 List）。其中，美国企业上榜42家，占榜单的84%；而中国只有滴滴和小米（分别位列第4和第28）两家上榜，仅占榜单的4%。尤其值得关注的是，美国上榜的企业相当一部分是集中在先进制造领域，如航天领域的SpaceX，基因检测领域的23andMe，软件、云安全领域的Survey Monkey、Illumio、Uptake，音频无线传输领域的LISNR，无人机、机器人领域的Zipline International、Flirtey，信息网络安全领域的Crowdstrike、Stripe，生物技术、医疗设备领域的Veritas Genetics、Auris Health，人工智能、机器学习领域的Darktrace、C3 IoT，无人驾驶车辆领域的Luminar等。显然，从这个角度上，中国制造前沿技术水平也低于制造强国。

第二节　前沿技术发展基础

中国建设制造强国主要集中于加强基础设施建设、前沿技术突破、企

---

① 《2018全球Top50颠覆性企业榜单出炉，中国仅2家上榜》，http://xinwen.eastday.com/a/180603194215771.html?xx=1&recommendtype=e。

业行业及地域制造业发展、配套政策出台及实施等方面,由此可以勾勒出中国制造强国建设的行动框架。其中,工业强基工程、发展科技企业孵化器是实现前沿技术突破的重要基础。中国需要围绕重大工程和重点领域急需的关键基础材料、核心基础零部件、先进基础工艺和产业技术基础工程化,实现产业化发展,打牢前沿技术发展基础。

一 工业强基工程

《中国制造2025》发布后,中国政府还推出了"1+X"规划体系[1],以图通过政府的引导,汇集全社会资源,找准重点、难点,突破先进制造业发展的短板,推进制造强国建设。根据"1+X"规划体系和制造强国建设的相关行动,中国将制造强国建设的重心放在了工业基础建设上,此即工业强基行动。工业强基,就是要解决核心基础零部件、关键基础材料、先进基础工艺的工程化和产业化瓶颈问题,打牢工业基础,提高工业基础能力,构建产业技术基础服务体系。为此,中国采取了系列行动,也取得了明显效果。此处,将2016—2018年中国推出的有关制造强国基础建设的主要政策规划和行动成效整理列示如下(见表6-3)[2]。

表6-3　　　　　　　　基础建设政策规划及行动成效

政策规划		行动成效	
时间	名称	时间	成果
2016.8.19	《工业强基工程实施指南(2016—2020年)》	2015.12.8	首条自主研发的磁悬浮铁路开通
2016.8.19	《制造业创新中心建设工程实施指南》	2015.12.26	首条中低速磁悬浮铁路试运行
2016.5.13	《实施制造业升级改造重大工程包的通知》	2016.9.18	世界上规模最大的长江三峡升船机试通航成功

---

[1] "1+X"规划体系,此处的"1"是指《中国制造2025》,"X"是指11个配套的实施指南、行动指南和发展规划指南,即国家制造业创新中心建设、工业强基、智能制造、绿色制造、高端装备创新5大工程实施指南,发展服务型制造和装备制造业质量品牌2个专项行动指南,以及新材料、信息产业、医药工业和制造业人才4个发展规划指南。

[2] 表6-3中所列的各项政策、规划均由国务院、工信部、科技部、财政部、国家发改委等部委单独发布或联合发布,后文的各表相同。

续表

政策规划		行动成效	
时间	名称	时间	成果
2016.10.22	《2016年工业转型升级（中国制造2025）重点项目指南》	2016.12.31	钢铁去产能超额完成全年5000万吨目标，1.4亿吨"地条钢"出清
2017.11.27	《国务院关于深化"互联网+先进制造业"，发展工业互联网的指导意见》	2017.6.15	成功发射硬X射线调制望远镜卫星"慧眼"
2018.2.2	《2017年工业强基工程"四基"产品和技术应用示范企业名单》	2017.11.5	第三代导航卫星升空，北斗卫星开始全球组网
2018.2.2	《2017年工业强基工程重点产品、工艺"一条龙"应用计划示范项目名单》		

资料来源：中国政府网（http://www.gov.cn），先进制造业网站（http://www.amdaily.com）；笔者加工整理。

由表6-3可知，为推动工业强基，中国政府出台了多项政策或规划，以图解决工业核心基础零部件（元器件）、关键基础材料、先进基础工艺和产业技术基础（以下简称"四基"）的薄弱环节，促进基础零部件（元器件）、基础材料的可靠性、一致性以及稳定性显著提升，建立起产业技术基础体系，满足高端装备制造和国家重大工程的需要。按照规划，国家要使80种左右标志性核心基础零部件（元器件）、70种左右标志性关键基础材料、20项左右标志性先进基础工艺实现工程化、产业化突破；建设约40个高水平的试验检测类服务平台、20个信息服务类服务平台，培育100家年销售收入超过10亿元、具有国际竞争力的"小巨人"企业，形成约10个具有国际竞争力、年销售收入超过300亿元的基础产业集聚区。随着工业强基行动的推进，2017年中国政府支持了331个重点项目[①]，进行了206个强基项目的试点示范，解决了高速动车齿轮传动系

---

① 中国政府网：《工业和信息化部介绍2017年工业通信业发展情况》，http://www.gov.cn/xinwen/2018-01/30/content_5262153.htm#2。

统、核发电系统所用的泵用密封件等重点领域的关键技术问题，建成了一批数字化的车间和智能工厂。

工业强基已经开始的主要具体行动是：在新一代信息技术、航空航天装备、轨道交通装备、高档数控机床和机器人、海洋工程及高技术船舶、电力装备、节能与新能源汽车、农业装备、新材料、生物医药及高性能医疗器械十大领域进行"四基"一揽子突破行动；进行重点产品、工艺"一条龙"应用行动，这些重点产品、先进工艺包括传感器、制器、控制系统、高精密减速器、伺服电机、轻量化材料精密成形技术、发动机电喷系统、高速动车组轴承及地铁车辆轴承、绝缘栅双极型晶体管器件、超大型构件先进成形、焊接及加工制造工艺、超低损耗通信光纤预制棒及光纤、工程机械高压油泵、多路阀、马达、航空发动机和燃气轮机耐高温叶片、存储器、石墨烯、高性能难熔难加工合金、大型复杂构件增材制造等；建设产业技术基础公共服务平台，如工业大数据平台，信息服务类服务平台，产业质量技术基础服务平台等；建设专精特新"小巨人"企业和优势产业集聚区；进行"四基"军民融合发展联合行动专项活动，开展军民共性基础和前沿技术联合攻关；实行"四基"领域军民资源共享、重点领域军民两用标准联合制定等。

作为先进制造业发展、前沿技术突破的基础，国家已着手建设低时延、高可靠、广覆盖的工业互联网基础设施，各地区、各行业也开始建设工业互联网基础设施，目标是建成与现代经济相匹配的、具备国际竞争力的工业互联网平台体系和工业互联网安全保障体系。现在，国家已开始进行工业互联网基础设施和下一代互联网升级改造，将建成3—5个达到国际水准的工业互联网平台和一批支撑企业数字化、网络化、智能化转型的企业级平台，形成能完成工具开发、数据集成、模型设计等多功能的工业互联网平台体系。同时，国家也在设计工业互联网建设的标准，研制解析互联网标识的体系，将出台20项以上针对重点行业的标准和20项以上涉及关键要素的共性标准，并实际应用在重点行业和企业；还要建成一批具有国际竞争力的龙头企业，并在龙头企业中大规模应用新制造技术和新制造模式，使"两化"融合在新制造领域迈入更高层次。

二 科技企业孵化器

科技企业孵化器是培育和扶植高新技术中小企业的服务机构，是实现前沿技术突破的重要基础。孵化器的主要功能是培育科技型中小企业，为新成立的中小企业提供基础设施、物理空间、培训服务等，提高创业成功率，降低创业成本，减轻创业风险。实践中，科技企业孵化器在支持科技型中小企业成长、促进创新型科技成果转化、推动高新技术产业发展、增强企业国际竞争力等方面均有重大意义。

（一）科技企业孵化器基本面

2018年，科技部印发了《科技企业孵化器管理办法》，提出科技企业孵化器是国家创新体系的重要组成部分、创新创业人才的培养基地、大众创新创业的支撑平台。根据《2018中国火炬统计年鉴》的数据，经过近30年的发展，截至2017年年底，全国科技企业孵化器达到4069家，其中国家级孵化器988家；孵化器的在孵企业177542家，在孵企业总收入6335.7亿元，在孵企业从业人员259.6万人，累计毕业企业110701家；各类孵化载体内在孵的科技型创业团队和企业近60万家，培育出高新技术企业1.1万家，带动创业就业人数超过300万人，拥有有效知识产权达45万项。此外，截至2017年年底全国众创空间达到5739家，其中国家备案众创空间1976家。进一步可以将科技企业孵化器在全国的分布状况列示如下（见表6-4），由此可见各省区市的科技企业孵化实力。

表6-4　　　　　　　　科技企业孵化器基本情况

	孵化器数量（个）	管理机构从业人员数（人）	创业导师数（人）	对公共技术服务平台投资额（万元）
北京	105	2391	2575	22895
天津	71	1005	1108	6038
河北	139	2439	1844	9132
山西	44	979	643	5934
内蒙古	40	600	917	7692
辽宁	72	1451	724	7352

续表

	孵化器数量（个）	管理机构从业人员数（人）	创业导师数（人）	对公共技术服务平台投资额（万元）
吉林	94	2027	1427	20173
黑龙江	158	2055	921	7449
上海	176	2394	1467	15127
江苏	610	10656	4781	189770
浙江	235	3090	2932	43105
安徽	139	1736	1035	12940
福建	115	1499	1092	18930
江西	51	1187	983	12692
山东	303	4389	3980	66380
河南	148	2533	1734	18598
湖北	176	2727	2481	41421
湖南	70	1383	1023	15770
广东	754	8788	5628	138140
广西	74	830	611	15887
海南	5	170	105	2345
重庆	49	743	775	3106
四川	143	2040	2330	30439
贵州	29	1052	266	5214
云南	32	545	540	3172
西藏	1	8	24	300
陕西	85	1772	1327	15282
甘肃	84	1412	664	9101
青海	11	317	411	2412
宁夏	17	313	206	832
新疆	24	513	389	3160

资料来源：《2018中国火炬统计年鉴》，中国统计出版社2018年版。数据所属时间为2017年年末；笔者计算整理。

(二) 科技企业孵化器空间布局

科技企业孵化是重要的创新活动，对技术研发、创新型企业、单项冠军企业、独角兽企业的培育有重要的意义。根据表 6-4 的数据，可运用对应分析的方法，分析科技企业孵化器在全国的空间分布情况。

对应分析是一种多元统计分析技术，它主要用来描述变量与变量之间的内在联系，揭示同一个变量在不同类别表现之间的差异性。对应分析的基本思想是通过列联表，以点的形式将行和列中各元素的比例结构在较低维度的空间中表示出来，同时将样品的大类及其属性在图上清晰直观地表示出来。在对应分析的表格中，各行表示事物的各个属性，各列则代表不同的事物本身，由样本集合构成。在关联图上，各个样本和属性变量都以点集合的形式显示出来，浓缩为一个点集合。

如果有 n 个样品，每个样品有 p 个变量，则可得数据阵如下①：

$$X = (x_{ij})_{n \times p} = \begin{pmatrix} x_{11} & x_{12} & x_{13} \cdots & x_{1p} \\ x_{21} & x_{22} & x_{23} \cdots & x_{2p} \\ \vdots & \vdots & \vdots & \vdots \\ x_{n1} & x_{n2} & x_{n3} \cdots & x_{np} \end{pmatrix}$$

其中的样品协方差阵为 $\sum = \dfrac{1}{n}A$，此处，A 是样品离差阵 $A = (a_{ij})$。

$$a_{ij} = \sum_{k=1}^{n}(x_{ki} - \bar{x}_i)(x_{kj} - \bar{x}_j) \quad (\text{此处 } i,j = 1,2,\cdots,p)$$

$$A = X'M_nX$$

其中，$M_n = I_n - \dfrac{1}{n}I_nI'_n$；如果将样品看成变量时，它的离差阵为：

$$A^* = X'M_pX', \quad M_p = I_p - \dfrac{1}{p}I_pI'_p$$

进行对应分析时，由数据矩阵 X，可计算过渡矩阵。

---

① 对应分析的原理参引自王斌会编著《多元统计分析及 R 语言建模》，暨南大学出版社 2010 年版，第 196—197 页。

$$T = (t_{ij})_{n \times p} = \left(\frac{p_{ij} - p_{i.} p_{.j}}{\sqrt{p_{i.} p_{.j}}} \right)_{n \times p}$$

$$= \left(\frac{x_{ij} - x_{i.} x_{.j}/x_{..}}{\sqrt{x_{i.} x_{.j}}} \right)_{n \times p}$$

在对应分析中包括 R 型因子分析和 Q 型因子分析，这需要计算两个因子载荷矩阵。前者的载荷矩阵为：

$$R = \begin{pmatrix} r_{11}\sqrt{\lambda_1} & r_{12}\sqrt{\lambda_2} & r_{13}\sqrt{\lambda_3} & \cdots & r_{1m}\sqrt{\lambda_m} \\ r_{21}\sqrt{\lambda_1} & r_{22}\sqrt{\lambda_2} & r_{23}\sqrt{\lambda_3} & \cdots & r_{2m}\sqrt{\lambda_m} \\ r_{31}\sqrt{\lambda_1} & r_{32}\sqrt{\lambda_2} & r_{33}\sqrt{\lambda_3} & \cdots & r_{3m}\sqrt{\lambda_m} \\ \vdots & \vdots & \vdots & \cdots & \vdots \\ r_{p1}\sqrt{\lambda_1} & r_{p2}\sqrt{\lambda_2} & r_{p3}\sqrt{\lambda_3} & \cdots & r_{pm}\sqrt{\lambda_m} \end{pmatrix}$$

载荷矩阵 R 是由计算 $A = A = Z'Z$ 的特征根 $\lambda_1 \geq \lambda_2 \geq \lambda_3 \geq \cdots \geq \lambda_p$，当累计百分比大于 85% 时，即 $\dfrac{\sum_{i=1}^{m}\lambda_i}{\sum_{i=1}^{p}\lambda_i} \geq 85\%$，取前 m 个特征根 $\lambda_1, \lambda_2, \cdots, \lambda_m$，并计算相应的单位特征向量而得出。

$$Q = \begin{pmatrix} q_{11}\sqrt{\lambda_1} & q_{12}\sqrt{\lambda_2} & q_{13}\sqrt{\lambda_3} & \cdots & q_{1m}\sqrt{\lambda_m} \\ q_{21}\sqrt{\lambda_1} & q_{22}\sqrt{\lambda_2} & q_{23}\sqrt{\lambda_3} & \cdots & q_{2m}\sqrt{\lambda_m} \\ q_{31}\sqrt{\lambda_1} & q_{32}\sqrt{\lambda_2} & q_{33}\sqrt{\lambda_3} & \cdots & q_{3m}\sqrt{\lambda_m} \\ \vdots & \vdots & \vdots & \cdots & \vdots \\ q_{n1}\sqrt{\lambda_1} & q_{n2}\sqrt{\lambda_2} & q_{n3}\sqrt{\lambda_3} & \cdots & q_{nm}\sqrt{\lambda_m} \end{pmatrix}$$

载荷矩阵 Q 是由前面求出的特征根，计算 $B = Z'Z$ 所对应的单位特征向量后得出的。

根据对应分析的原理，运用表6-4的数据，可以得出对应分析的结果如表6-5和表6-6所示。

表 6-5 对应分析结果一

维数	奇异值	惯量	卡方	惯量比率	惯量累计
1	0.170	0.029		0.882	0.882
2	0.060	0.004		0.111	0.992
3	0.016	0.000		0.008	1.000
总计	—	0.033	28327.786	1.000	1.000

表 6-6 对应分析结果二

	质量	维数中的得分 1	维数中的得分 2	惯量	点对维惯量 1	点对维惯量 2	维对点惯量 1	维对点惯量 2	总计
孵化器数量	0.005	0.854	-0.527	0.001	0.020	0.022	0.647	0.088	0.735
管理机构从业人员	0.073	1.004	-0.608	0.014	0.433	0.448	0.884	0.115	0.999
创业导师数	0.052	1.169	0.783	0.014	0.418	0.530	0.863	0.137	1.000
公共技术服务平台投资额	0.870	-0.159	0.007	0.004	0.129	0.001	0.999	0.001	1.000
有效总计	1.000	—	—	0.033	1.000	1.000	—	—	—

对应分析中，运用质量值可确定分量所占的行惯量或列惯量比率。质量值始终是一个介于 0 和 1 之间的数字。较大的质量值说明分量能很好地代表行或列；较小的质量值说明分量的代表性很差。行和列的质量值可有效地解释分量；使用行或列的贡献值可评估对每个分量的惯量贡献最大的行类别和列类别。惯量就是奇异值的平方，相当于因子分析中的特征根，用以说明各个维度的结果能解释列联表中两变量联系的程度，所有维度惯量的总和可以用来表示总信息量的大小，通常总惯量的和大于 80% 为好。

由表 6-5 可知，全部总惯量为 0.033。在总惯量中，第一个分量占总惯量的 88.2%（比率 = 0.882），第二个分量占总惯量的 11.1%（比率 = 0.111）。这两个分量总共占总惯量的 99.2%（累计 = 0.992）。因此，分析这两个变量就够了。

由表 6-6 可知，在行贡献表中"管理机构从业人员数""创业导师数"的质量值最高，分别为 0.443 和 0.418，这两个对分量 1 的惯量贡献最大。进一步，可得出对应分析结果图如下（图 6-1）。

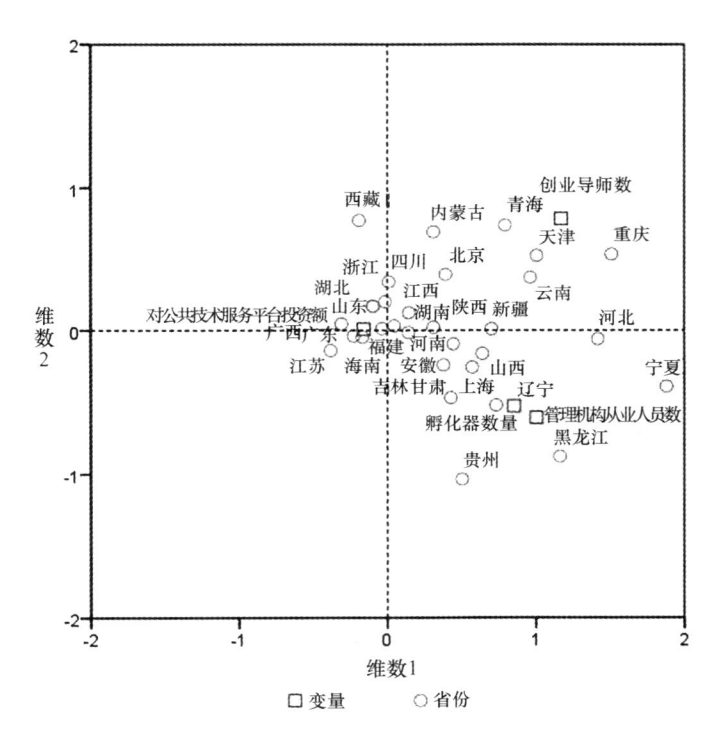

图 6-1　对应分析结果

由图 6-1，可以发现：

第一，从纵轴看，在对公共技术服务平台投资额方面，浙江、湖北、山东、广西、广东、海南、福建等省区的孵化器有较强的相似性，可属于一类；而北京、江西、湖南、上海、辽宁、重庆等省市有相似性，属于另一类。这两类有显著性差异。

第二，从横轴看，在创业导师数、对公共技术服务平台投资额方面，山东、湖南、陕西、河北、湖北、浙江、江西、天津等省市有较强的相似性，属于一类；而福建、河南、江苏、海南、安徽、山西、吉林、上海、辽宁等省市有较强的相似性，属于另一类。这两类有显著性差异。

第三，在孵化器数量、管理机构从业人员数方面，辽宁、黑龙江、贵州有较强相似性；河南、安徽、吉林、甘肃有较强相似性；在创业导师数方面，四川、湖南、江西、陕西、新疆等有较强相似性。在对公共技术服务平台投资额方面，湖北、山东、广西、广东、福建等有较强的相似性。

第四，整体上，在科技企业孵化器的特征指标方面，湖北、湖南、山东、福建、江苏、安徽、海南、广东、广西、浙江、四川的相似性高，差异性小；而青海、西藏、内蒙古、宁夏、贵州、重庆与其他省市区的差异性较大。

第三节 前沿技术突破行动

为了实现前沿技术的突破，中国出台了一系列发展前沿技术的规划，确定了具体的攻关目标，并在实践中落实，取得了实绩。但不能忽视的是，尽管中国在前沿技术发展中取得了成就，有些甚至是突破或重大突破。然而，在高端装备制造、新材料、关键制造行业方面，却少有前沿技术的突破，这与制造强国有明显的差距。

一 前沿技术突破规划

建设制造强国，十分重要的是实现某些领域关键技术或前沿技术的突破。故而，在实施《中国制造2025》的进程中，中国根据具体情况制定了一系列突破前沿技术的规划。可将主要政策规划整理列示如下（见表6-7）。

表6-7 前沿技术突破政策规划

政策规划		政策规划	
时间	名称	时间	名称
2016.2.5	《国家重点支持的高新技术领域》	2017.7.20	《新一代人工智能发展规划》
2016.8.19	《智能制造工程实施指南（2016—2020）》	2017.11.27	《增强制造业核心竞争力三年行动计划（2018—2020年)》
2016.8.19	《绿色制造工程实施指南（2016—2020年)》	2017.12.26	《〈增强制造业核心竞争力三年行动计划（2018—2020年)〉重点领域关键技术产业化实施方案》

续表

政策规划		政策规划	
时间	名称	时间	名称
2016.8.19	《高端装备创新工程实施指南（2016—2020年）》	2018.1.26	《中国制造2025》2017版技术路线图
2017.6.1	国家重点研发计划5个重点专项167个项目立项		

资料来源：中国政府网（http://www.gov.cn）、先进制造业网站（http://www.amdaily.com）；笔者加工整理。

2016年2月，中国发布《国家重点支持的高新技术领域》，确定了重点发展的高新技术是电子信息、先进制造与自动化、航空航天、新材料、生物与新医药、高技术服务、新能源与节能、资源与环境等技术。2016年4月，中国通过《装备制造业标准化和质量提升规划》，强调围绕新一代信息技术、高档数控机床和机器人、航空航天装备、海洋工程装备及高技术船舶、先进轨道交通装备、节能与新能源汽车、电力装备、农业装备、新材料、高性能医疗器械十大重点领域，提出标准化和质量提升要求，对接《中国制造2025》。

2016年8月，中国发布《智能制造工程实施指南（2016—2020）》《绿色制造工程实施指南（2016—2020年）》《高端装备创新工程实施指南（2016—2020年）》，进一步强化前沿技术的突破。其中，智能制造工程确定要突破的前沿技术是高档数控机床与工业机器人、增材制造装备、智能传感与控制装备、智能检测与装配装备、智能物流与仓储装备五类关键技术；还要开展首台首套装备研制，提高质量和可靠性，实现工程应用和产业化。而绿色制造工程确定要突破的前沿技术是生产过程清洁化技术、能源利用高效低碳化改造技术、高耗水行业节水改造技术、再制造技术等。高端装备制造工程确定的前沿技术是：大型飞机制造技术，包括系列化大型飞机、综合化航电系统与协同运行管控系统、高性能飞机机械电气系统等；航空发动机及燃气轮机制造技术，包括系列化航空发动机、工业燃气轮机等；民用航天技术，包括航天运输系统、空间探测、国家民用空间基础设施等；先进轨道交通装备制造技术，包括高速、城际动车组和重载列车、轨道交通列车控制系统、新型城市轨道交通网车辆、智能化装备及应用等；节能与新能源汽车技术，包括智能网联汽车、节能汽车、新能源汽车等；海洋工程装备及高技术船舶制造技术，包括高技术船舶、海洋工程装备、关键系统和配套设备等；智能电网成套装备制造技术，包括大规模可再生能源并网关键技术装备、大容量输电技术装备、电力储能及新型大功率电力电子器件和材料等；高档数控机床制造技术，包括高档数控机床主机和功能部件及数控装置、高档数控机床行业所需的高性能工作母机、国防和国民经济重点领域急需的高档数控机床等，核电装备技术，包括三代核电装备、先进核电堆型装备、先进核燃料和乏燃料处理技术装备、核电关键材料等；高性能医疗器械技术，包括先进治疗装备、健康监测设备、临床检验设备、植介入器械及材料、数字影像设备等；先进农机装备技术，包括专用拖拉机、高效能收获机械、精准变量复式作业机具等。

2017年6月，科技部发布《2017年国家重点研发计划5个重点专项》，包括干细胞及转化研究、数字诊疗装备研发、重大慢性非传染性疾病防控研究、生物安全关键技术研发、生物医用材料研发与组织器官修复替代等。2017年7月，国务院发布《新一代人工智能发展规划》，确定重点攻关的前沿技术是知识计算引擎与知识服务技术、群体智能关键技术、混合增强智能新架构与新技术、自主无人系统的智能技术、自然语言处理技术等。2017年11月，国家发展改革委印发《增强制造业核心竞争力三年行动计划（2018—2020年）》①确定了重点攻关技术领域，即轨道交通装备关键技术，包括高速、智能、绿色铁路装备，先进适用城市轨道交通装备等；高端船舶和海洋工程装备关键技术，包括高技术船舶与特种船舶、海洋资源开发先进装备等；智能机器人关键技术，包括新一代智能机器人等；智能汽车关键技术，包括智能汽车基础共性技术、新能源汽车信息安全和测试评价技术等；现代农业机械关键技术，包括高端农业装备、关键核心零部件、农机加工制造技术等；高端医疗器械和药品关键技术，包括高端医疗器械、高端药品等；新材料关键技术，包括先进金属及非金属关键材料、先进有机材料关键技术、先进复合材料等；制造业智能化关键技术，包括高端智能化系统等；重大技术装备关键技术，包括重大技术

---

① 《发展改革委关于印发〈增强制造业核心竞争力三年行动计划（2018—2020年）〉的通知》，http：//www.gov.cn/xinwen/2017－11/29/content_ 5243125.htm。

装备整机和成套设备、重大技术装备关键零部件及工艺等。

2018 年 1 月，国家制造强国建设战略咨询委员会、中国工程院发布《〈中国制造 2025〉重点领域技术创新绿皮书——技术路线图（2017 年版）》①，确定十大重点领域和 23 个优先方向，包括：新一代信息技术（智能制造核心信息设备、集成电路及专用设备、信息通用设备、操作系统与工业软件），高档数控机床和机器人（机器人、高档数控机床、基础制造装备），航空航天装备（航天装备、飞机、航空机载设备与系统、航空发动机），先进轨道交通装备，海洋工程装备及高技术船舶，节能与新能源汽车（智能网联汽车、节能汽车、新能源汽车），电力装备（发电装备、输变电装备），农业装备，新材料（先进基础材料、关键战略材料、前沿新材料），生物医药及高性能医疗器械（生物医药、高性能医疗器械）。2018 年 5 月。科技部还推出《2018 国家重点研发计划 5 个重点专项名单》②，确立了纳米科技、量子调控与量子信息、大科学装置前沿研究、蛋白质机器与生命过程调控、全球变化及应对 5 个重点专项。综上所述，为了建成制造强国，中国政府全方位地部署了要突破的前沿技术。

二　前沿技术突破实绩

作为前沿技术突破的具体行动，中国计划到 2020 年将成立 15 个左右国家级制造业创新中心。截至 2018 年，中国已经成立了 7 个国家级制造业创新中心③，分别是 2016 年 6 月成立的国家动力电池创新中心（北京），2016 年 9 月成立的国家增材制造创新中心（西安），2017 年 10 月成立的国家信息光电子创新中心（武汉）、国家机器人创新中心（沈阳）和国家印刷及柔性显示创新中心（广东）；2018 年 5 月成立的国家集成电路创新中心（上海）、智能传感器创新中心（上海）。同时，中国加快实施《中国制造 2025》以及"1 + X"规划体系，在前沿技术方面取得了系

---

① 《2018 国家重点研发计划 5 个重点专项名单》，http://www.instrument.com.cn/news/20180505/463089.shtml。
② 《2018 国家重点研发计划 5 个重点专项名单》，http://www.instrument.com.cn/news/20180505/463089.shtml。
③ 中国经济网：《国家制造业创新中心增至 7 家》，http://www.ce.cn/xwzx/gnsz/gdxw/201807/06/t20180706_29643544.shtml。

列成就，如表 6-8 如示。

表 6-8　　　　　　　　前沿技术突破行动成就一览

时间	突破的前沿技术	时间	突破的前沿技术
2015.7	首款石墨烯节能改进剂"碳威"面世	2016.9	500 米口径球面射电望远镜（FAST）启用
2015.8	自主研制的大型无人军机"彩虹五号"首飞成功	2016.11	世界首条新能源空中铁路试验成功
2015.9	首台 6000 米自主水下机器人研发成功	2017.1	成功研制世界上最亮的极紫外光源
2015.10	首辆无人驾驶智能纯电动汽车研发成功	2017.4	首艘国产航母在大连造船厂下水
2015.10	第一颗商业高分辨遥感卫星"吉林一号"组星成功发射	2017.4	首款石墨烯基锂离子电池面世
2015.11	大飞机 C919 正式下线	2017.5	超越早期经典计算机的光量子计算机诞生
2016.3	首辆碳纤维新能源汽车正式下线	2017.8	新型可耐 3000℃烧蚀的陶瓷涂层及复合材料面世
2016.6	首台峰值运算速度过 10 亿亿次/秒的超级计算机"神威·太湖之光"诞生	2017.12	全球首条 10.5 代面板线投产
2016.8	首颗量子科学实验卫星"墨子号"升空	2018.1	全球首辆全碳纤维复合材料地铁车体研制成功
2016.8	30.8 万吨的超大油轮下水	2018.1	发明智能微纳机器人
2016.8	无接触网"超级电容"现代有轨电车下线		

资料来源：中国政府网（http://www.gov.cn），先进制造业网站（http://www.amdaily.com）；笔者加工整理。

由表6-8可知，制造强国建设进程中，中国在先进制造领域技术取得了一系列成就。这些技术都是中国先进制造领域的前沿技术，有些还是国际先进制造领域的前沿技术。

制造强国的显著标志是掌握先进制造领域的前沿技术、颠覆性技术。具有前瞻性和先导性的技术是一个国家高技术创新能力的综合体现，也是未来高技术更新换代和新兴产业发展的核心。在新工业革命进程中，伴随现代科技的飞速发展，新一代信息技术在先进制造领域不断渗透，全球制造业日益呈现出数字化、网络化、智能化的趋势。中国及时注意到全球制造业发展大势，高度重视发挥企业、研究机构、高等院校等各方面的优势，整合资源开展前沿技术、颠覆性技术的研发，协同推进重要领域关键技术、智能制造成套装备、制造管理软件等的集成创新。现在，中国已部署了一批代表世界高技术发展方向、对未来先进制造业的发展具有引领作用，且有利于制造技术更新换代的关键技术进行重点攻关，以图提高中国高技术的研究开发能力和产业的国际竞争力。

现阶段，中国将前沿技术的突破锁定在智能制造、绿色制造、高端装备制造等领域。其中，智能制造领域的前沿技术主要集中于高档数控机床与工业机器人、工艺仿真软件、工业控制软件、智能物流与仓储装备、智能传感与控制装备、智能检测与装配装备、增材制造装备等。绿色制造前沿技术主要集中于资源综合利用、节能、环保以及绿色标准、绿色工厂、绿色产品、绿色园区和绿色供应链等。2017年工信部支持了331个重点项目、428个智能制造新模式应用项目、225个重大绿色制造技术项目，初步解决了高速动车齿轮传动系统、核发电系统所用的泵用密封件等关键技术问题。

为增强先进制造业的核心竞争力，中国还通过专项行动在重大技术装备、高端船舶和海洋工程装备、轨道交通装备、智能机器人、智能汽车、现代农业机械、高端医疗器械和药品、新材料、制造业智能化九大重点领域进行前沿技术攻关，实现这些关键技术产业化。具体的行动是：研制新一代时速600公里高速磁悬浮列车，建设试验调试平台解决悬浮导向、车载供电等关键技术问题；研制中国标准城市轨道车辆及牵引、信号等关键系统；研制机车车辆、列车控制系统、高速道岔等智能制造系统及装备；加强国际合作开展邮轮研制，掌握邮轮设计建造技术；研制、设计、建造多用途船、超大型集装箱船、绿色船舶等；开展第七代半潜式钻井平台（钻井船）等高端海洋油气开采装备的研发制造和示范应用；研制全自主编程工业机器人、人机协作机器人、双臂机器人等新一代智能机器人；开展智能汽车基础共性技术研发，重点研制传感器、车载芯片与中央处理器、车载操作系统、无线通信设备以及北斗高精度定位装置等产品开发；研发新型高性能拖拉机及复式作业耕整地机械、大型高效联合收割机、甘蔗收获机、秸秆高效收集利用装置、地膜残膜回收等装备；研发大马力农业机械发动机、传动系统、电液控制系统、智能系统等核心零部件；实现超声内窥镜、手术机器人、全实验室自动化检验分析流水线（TLA）等创新医疗器械产业化；重点研发汽车用超高强钢板及零部件用钢、高铁关键零部件用钢、高性能硅钢、发动机用高温合金材料、海洋工程及高技术船舶用钢、核电关键装备用钢、大型压铸模用热作模具钢、极地环境用钢、大型水电用高级别压力钢管及蜗壳用钢、航空用轻合金材料，高端稀土功能材料、电子信息用关键材料、新型稀有稀贵金属材料、石墨烯、钢化真空玻璃、高性能氮化硅陶瓷材料、高性能石英玻璃等；研发先进化工成套装备、大型智能化矿选设备、钢铁冶金关键技术设备、有色金属先进熔炼关键技术设备、建材制造关键技术设备、新型纺织机械成套设备、高端数字化印刷成套设备、汽车制造装备、集成电路生产装备等高端装备技术。

中国国家发改委2018年1月决定，将在"互联网+"、人工智能、数字经济3个领域实施56个重大工程项目，以支持"互联网+"公共服务支撑平台建设，促进深度学习、语音识别、人脸识别、机器视觉、逻辑推理等人工智能领域关键技术的突破，实现数据共享交换平台在医疗、交通、金融、物流、环境保护等领域的大数据采集处理、分析挖掘等的应用。这无疑是制造强国建设推出的又一具有实质性意义的重大行动。2018年7月，联合国世界知识产权组织、美国康奈尔大学、欧洲工商管理学院在纽约联合发布《2018年全球创新指数》[1]，这一报告使用前沿技术掌握、专利申请量等数十种指标，对大约130个经济体进行调查，以帮助决策者了解前沿技术及创新活动的情况。中国与世界制造强国的创新情况见表6-9。

---

[1] WIPO：《2018年全球创新指数》，http://www.199it.com/archives/747917.html。

表 6-9　　　　　　　　　中国与制造强国创新情况

	创新		效率	
	得分	排名	效率比	排名
美国	59.81	6	0.76	22
日本	54.95	13	0.68	44
德国	58.03	9	0.83	9
中国	53.06	17	0.92	3

资料来源：联合国世界知识产权组织、美国康奈尔大学、欧洲工商管理学院《2018 年全球创新指数》，数据所属时间为 2018 年；笔者加工整理。

全球创新指数（GII）由投入分指数、产出分指数和效益分指数构成。2018 年中国的产出分指数进入前 10 位，投入分指数上升至第 27 位，效益分指数连续两年占据第 3 位。在研究人员数量、专利数量和科技出版物数量等指标上，中国均位居第一。然而，表 6-9 和进一步的数据显示，美国仍然是创新投入和产出的最大贡献者，这包括研发方面的投资。美国在研究人员数量、专利数量和科技出版物数量等方面排名第二；日本在若干指标中排名第一，如由企业供资的国内研发支出总额、在两个以上主管局申请的同族专利以及知识产权收入等。

值得注意的是，中国在一些先进制造领域存在严重的技术约束[①]，如火箭发动机的防锈钢材，环氧树脂材料，超精密抛光技术，医学影像探测器，锂电池，水下机器人焊接技术，车用燃料电池，湿插拔连接器，微球，掘进机主轴承，透射式电镜，半导体光刻胶，高端轴承钢，国产工业机器人精算法技术，航空钢材，平板显示大号靶材，高端电容电阻，激光雷达，重型燃气轮机叶片，创新药，射频器件，真空蒸镀机，传感器，航空发动机，自主研发的操作系统，芯片，顶级光刻机，半导体加工设备，半导体材料，超高精度机床，机器人控制器，机器人减速机，机器人专用伺服电机及其控制技术，医疗、科研用顶尖精密仪器，大型衍射光栅刻划机，发电用燃气机轮，脱硝催化装置，大型挤压造粒母机，氧化锌避雷器，工业水泵，光伏逆变器，动力总成精密测试设备，特殊类钢材，高端

---

① 《我的国没有那么厉害——盘点亟待攻克的"卡脖子"核心技术》，《科技日报》2018 年 7 月 6 日。

光缆，轮转印刷等。这些技术一直是影响中国先进制造行业发展的严重桎梏，中国必须在这些领域取得突破。

第四节 前沿技术未来实践

前文显示，世界制造强国一直占据着先进制造领域的前沿技术，正是依靠这些关键性前沿技术，制造强国一直把握着一些发展中国家制造业的命脉。中国建设制造强国，未来必须下大力气进行前沿技术攻关，实现关键行业前沿技术的突破。

一 尊重技术，尊重人才，建设技术创新文化

深刻剖析制造强国在前沿技术领域取得巨大成就的原因，不难发现背后的制度力量和文化原因。日本制造业崇尚踏踏实实、精益求精、精雕细琢、干一行爱一行的工作精神，并且这种精神能代代相传、持久不衰。日本制造业界认为，学习、模仿只是创造活动前的一个过程，并不是创新，而是一种没有创造力的表现；学习和模仿的最终目标必须是将自身的天赋与所学进行结合，进而形成创造。日本产品严守对顾客的承诺，严控服务环节；日本企业重视企业文化、工匠文化的建设，给工匠或技师合理的报酬和激励，要求员工不仅仅是把工作当作赚钱的工具，而是要树立一种对工作执着、对所做的事情和生产的产品有一种奉献精神。企业的成长需要依靠一大批富有创造力的人才，优秀的人才需要有能让其发挥才干的岗位；人才的使用要做到目标明确、责任到位，还需要有效的激励机制，这样才能使其完成目标。确定了合理的目标，岗位上的所有人才能够协同一致来完成目标。企业还需要能保证员工个人利益和公司长远利益，这也就能保证日本始终有较充足的人才。

德国制造以精益求精、优异的品质享誉全球。德国工业标准化委员会共制定过3.3万个行业标准，其中80%以上为欧洲各国所认可或采纳。基于行业制造标准，德国又建立起质量管理认证体制，对产品的生产流程、产品型号、产品规格、产品质量等逐一审核，确保可靠性和安全性。无论是机械、大型设备、电器等大件产品，还是零件、仪器、厨房用品等小件产品，德国企业都是严选材料、严格工序、严把质量、严格检验，务求最好、最优，力创世界上最过硬的产品。德国制造讲求"匠心"，反对

因循守旧、闭门造车，孜孜不倦地追求创新，形成了强大的制造能力和完善的工业体系，加之民族工匠精神的融合，使得德国制造业持续焕发着新的生命力。

由此可见，文化对技术和对人的影响。必须深刻认识到要支持科研人员冲破思维定势，勇于冒险、乐于冒险；要改革完善科研功勋荣誉表彰制度，重奖励具有重大国际影响力的科学发现、具有重大原创性的技术发明；要弘扬求真务实、勇于创新的科学精神，建立科学公正的评奖机制，通过各类制度激发科研人员冲天的科研热情，支持科研人员专心致志地潜心学术和技术研究，不断追求真理、敢于超越、勇攀科学技术高峰。要加强科研诚信体系建设，强化学术道德监督，推动科研工作向道德约束和监管惩处并重转变，建立起鼓励创新、宽容失败的创新文化体系。

实现前沿技术突破关键在于人，特别是创新型高技能人才。创新型高技能人才是具备创新素质、掌握现代先进技能的复合型人才。这类人才拥有专门的知识技术，具备精湛的操作技巧，能解决生产过程中关键技术的应用和复杂工艺的操作难题。一流的创新型技能人才，既专心致志、勤于思考，又观察敏锐、乐于钻研；既忠于传统、踏实传承，又善于发现、敢于尝试；既精于本行当、本技能，穷根究底，又兴趣广泛、触类旁通、敢于发明。创新型高技能人才是拥有先进科学知识的"大国工匠"，是先进物质文明的创造者。在建设经济大国、制造强国的伟大实践中，要以国家工程的名义培育和造就一批一流的在国际上具有重要影响力的创新型高技能人才。

要建立创新型高技能人才晋职、晋级的奖励制度，关心关怀创新型高技能人才的成长，形成适应创新型高技能人才脱颖而出、健康成长的生态环境。应制定专门支持创新型高技能人才落户、住居、子女就读、配偶就业、医疗、社会保险、出入境等的优厚政策，提供与创新型高技能人才贡献相匹配的社会地位和物质待遇。可设立创新型高技能人才"技能训练基金"或"种子基金"，通过直接的财政拨付和多渠道的融资，扩大基金容量，增强扶持力度，以此鼓励创新型高技能人才的创新钻研活动，支持其实践研修项目。应建立创新型高技能人才便捷畅达的交流学习平台，推广技术革新成果，交流先进技能；应契合科学领域的"万人计划"等人才培养工程，鼓励创新型高技能人才走出国门开展技艺切磋，着力培养出重点领域、关键生产环节的奇、特、尖、精技能人才，夯实制造领域前沿技术突破的人才基础。

二 强化基础科学研究，打牢前沿技术突破基础

建设制造强国的竞争，本质上是生产力的竞争，是科学技术的竞争。先进的前沿技术是依赖科学的，要在前沿技术上有重大突破，必须加强科学研究，特别是基础科学研究或前沿基础科学研究。

基础科学是以自然现象和物质运动形式为研究对象，探索自然界发展规律的科学，包括数学、物理学、化学、生物学、天文学、地球科学、逻辑学等学科及其分支学科、边缘学科。较之其他科学，基础科学由概念、定理、定律组成，具有严密的理论体系，其成果与社会现实关系比较间接，需要通过若干实践环节转化为物质生产力。基础科学研究是认识自然现象、揭示自然规律，获取新知识、新原理、新方法的研究活动，其成果是整个科学技术的理论基础，对技术起着指导作用，没有科学理论支撑，很难有生产技术的重大突破。人类科技发展历史深刻表明，颠覆性技术或前沿技术的诞生与发展都源自基础科学研究成果和交叉学科的重要突破，如原子光谱学研究成果就成就了激光技术的诞生，古希腊科学家德谟克利特（Democritus）的原子构成理论、欧几里得（Euclid）的平面几何五大公理、阿基米德（Archimedes）的浮力定律和螺旋形曲线的性质以及"杠杆原理"等，这些科学成果成就了螺旋推进器技术、阿基米德螺旋提水器技术以及螺丝、滑车、杠杆、齿轮、抛石机、发射机、举重滑轮、灌地机、扬水机以及现代船舶制造中的螺旋桨等机械技术。还有，意大利科学家伽利略（Galileo）研究了斜面、惯性和抛物线运动，基于这些成果，他制成了高于原放大镜30倍的望远镜；牛顿（Isaac Newton）的微积分理论、色彩理论、运动定律，奠定了现代物理学和天文学的基础，后来被应用于航天发射和登月飞行。法拉第（Michael Faraday）、麦克斯韦（James Clerk Maxwell）分别发现电磁感应理论，创立电磁学和电磁理论方程（麦克斯韦方程），统一了电、磁、光学原理，形成了物理和化学的基础定律。以此为基础，人类社会出现了一系列重大发明，如发电机、电动机、电力、电灯、电车、电话、电报、电影放映机以及以煤气和燃油为能源的内燃机、柴油机、内燃汽车、远洋轮船、飞机等。进入20世纪，爱因斯坦（Albert Einstein）的相对论、薛定谔（Erwin Schrödinger）的量子力学、摩尔根（Thomas Hunt Morgan）的遗传变异理论、哈勃（Edwin

P. Hubble)的宇宙膨胀说、克里克（Francis Harry Compton Crick）的 DNA 结构理论、冯诺依曼（Johnvon Neumann）和图灵（Alan Mathison Turing）的计算机理论，奠定了现代颠覆性技术的基础。这些基础科学理论直接引发了航天技术、哈勃望远镜、潜艇、原子弹、计算机、电子技术、集成电路、微处理器、无线电、通信以及互联网等技术的诞生或革命。可见，现代工业革命以物理学、化学、生物学为基础，科学不再是纯理论，而是用于发明创造，用于机械、装备、工艺的技术改良或革命。现代社会，基础科学与技术相互依存、相互促进，没有科学就产生不出新技术；反过来，产生不出新技术，科学研究也就失去了意义。

现阶段，中国科研经费投入逐年增长，且拥有了较高素质的研究人员和精良的科学研究设备，但中国用于基础科学研究的经费仍偏低，科研投入结构不尽合理；基础科学领域取得的尖端性成果、原创性成果不多，特别是鲜有研究成果转化为创新和竞争产品。同时，中国顶尖基础研究人才和团队比较匮乏，这严重制约了现代科学技术前沿的发展。因此，要以高等教育为抓手，加强基础科学的教育训练，对数学、物理、化学、生物等重点基础科学给予更多的资金和物力支持。高等学校要加强基础科学的教育，增加基础科学教学课时量和实验课时量；要扩大基础科学博士生和博士后的招生招收规模。国家自然科学基金、国家杰出青年科学基金、科技部重大专项、国家科技支撑计划项目、教育部重大项目、创新研究群体科学基金、国家基础科学人才培养基金、中国博士后科研基金等国家级科研基金和项目要向基础科学研究项目倾斜；要通过博士后、访问学者、留学生制度等进行基础科学人才的培养；要鼓励高等学校、科研院所与国外教育研究机构联合培养基础科学人才，支持科学家、中青年学者开展具有原创性、前沿性、探索性的基础科学研究。

要依托高校、科研院所建设基础科学国家实验室、基础科学研究基地，建设国家交叉学科研究中心，探索建立符合大科学时代科研规律的科学研究组织形式；遴选有条件和基础的企业与高校、科研院所等联合建设基础科学实验室，优化基地和人才布局，集中优势力量开展面向国家紧迫需要的重要行业共性问题的应用基础研究；要聚焦国家战略，汇聚各类研究主体开展基础科学前沿、新兴、交叉、边缘等问题的研究，增加科学发现和原始创新能力。应鼓励支持国内学者积极开展基础科学的国际交流和项目合作，参与国际科学界的大科学计划和大科学工程；支持海外学者、知名科学家主持或参与中国的基础科学研究项目，制订实施国家基础科学研究计划，建立科学研究合作平台，创造各种条件吸引国际一流学者来华参加基础科学前沿问题的联合研究，提升中国基础科学研究的层次和水平。

要加强基础研究与应用研究的融通[①]，加强高等学校、科研院所、企业研究机构的融通，促进基础研究资源的优化。要针对新一代信息技术、新材料科学、高端装备制造、智能制造、航空航天制造、环境资源等领域关键性技术的所需开展前沿基础科学研究，促进应用研究与基础研究原始创新的衔接。要针对前沿基础科学的重大问题和国家重大战略需求，建设世界一流水准的基础研究数据库和公益性的自然本底数据库等，探索卓有成效的基础研究组织模式，保护基础科学研究成果的知识产权，推动基础科学研究成果的共享。要建立科学有效的基础研究成果评价体系，针对不同领域、不同方向、不同形式的研究成果进行评价，强调成果的应用价值和理论效用，注重成果的原创性，注重国际同行评价。要建立基础科学研究的激励机制，加大对基础科学成果的奖励力度，增加基础科学研究的人员的荣誉感，支持基础科学研究人员大胆探索、潜心思考，挑战未知领域。同时，也还要引导科研人员恪守学术道德，讲究科研诚信，提升学术尊严。

三 集中优势资源进行前沿核心技术突破

制造强国建设体现国家的竞争力，事关国家的兴盛、富强和安全，要从国家安全的角度，选准关键行业的前沿技术集中优势资源进行攻关，力争实现前沿技术的重大突破。

事实上，制造强国都是依据国家安全和国家重大利益部署国家产业发展的。2016年6月，美国国家科技委员会发布了《21世纪国家安全科学、技术与创新战略》[②]，强调国家安全科学、技术和创新力量有着十分广泛

[①] 李政、刘春平、罗晖：《颠覆性技术的内涵与培育：应重视基础科学研究》，《全球科技经济瞭望》2016年第10期。

[②] 《美国发布〈21世纪国家安全科学、技术与创新战略〉》，http：//www.360doc.com/content/16/0603/05/16788185_564621344.shtml。

的学术和工业生态系统，必须不断推动科学、技术与创新方面的进步，以确保美国军事和国土防御没有同级别竞争对手。2016年7月，美国联合作战司令部发布《联合作战环境2035》[①]，认为对抗性的地缘政治平衡、区域秩序破坏与重建等问题给美国带来一系列技术挑战，美国需要将大量先进的前沿商业技术应用于军事领域，并且要持续引领技术的开发。从国家安全的角度，美国未来的技术重点是实用超材料、人造复合材料、纳米材料、人造生物组织、脑—机接口、自然生物系统再设计以制造药物、化学药品，以及超级电池等技术。2016年11月，美国科学与技术委员会发布《国家人工智能研究与发展战略计划》[②]，提出要发展寻找人类感知人工智能的新算法、开发增强人类能力的人工智能技术、开发可视化和人机界面技术、开发更高效的语言处理系统、确保人工智能系统的安全可靠等。同样地，日本防卫装备厅于2016年8月发布了《防卫技术战略》[③]，提出要通过国际合作吸收各国先进技术，进一步强化其技术能力和国防生产能力基础，并且强调日本要重视多用技术以及军民融合的发展，鼓励民用技术与国防技术融合，重点发展无人技术、第二代机器人技术、智能与网络技术、定向能技术等。可见，一个国家前沿技术的发展和突破，与国家竞争力和国家安全是紧密相连的。

因此，要从国家安全和国家竞争力提升的角度，选择重点突破的领域进行前沿技术的攻关。要针对确定的前沿技术，加快组建国家技术攻关中心，如数字和智能制造技术攻关中心、轻型现代金属制造技术攻关中心、新能源汽车技术攻关中心、过程控制技术、先进复合材料技术攻关中心、可视化技术攻关中心、工业机器人技术攻关中心、合成制造项目技术攻关中心、下一代柔性技术攻关中心、集成光子制造技术攻关中心等。要改革完善科研资源配置体制，鼓励科技人员跨行业、跨领域、跨地区流动，集聚国际一流或国内一流的技术人才进入技术攻关中心工作。对技术攻关中心要实行特殊人才政策和人才激励机制，要通过股权、期权、分红权、奖

[①] 杨依然、何煦虹：《美国发布〈联合作战环境2035〉：提出未来20年联合作战主要任务》，https：//www.sohu.com/a/108962294_465915。

[②] 《美国启动国家人工智能研究与发展战略计划》，http：//www.360doc.com/content/16/1105/13/29770038_604112077.shtml。

[③] 《日本发布〈防卫技术战略〉》，http：//www.360doc.com/content/16/0915/00/36418012_590869243.shtml。

励等多种形式，充分调动科技人员进行技术攻关的积极性。要突出成果意识，重视牵头人、领军人才的发掘与培养，通过公开选拔、招聘等形式，遴选有深厚专业背景、较强组织协调能力、显著创新精神的领导者主持技术攻关，提高技术攻关的工作效率。

要开发全球一流的技术攻关运行和支持服务系统，为技术攻关中心配置一流的科研设备和设施，形成科研资源集聚优势。要促进科研仪器、设备的共享与开发，建立起科研设备信息管理系统，实现科研设备设施资源共享。可以设立"国家重大核心前沿技术攻关投资基金"，为技术攻关提供资金保障。要建立多元化的技术攻关经费投入体制，注重吸纳社会资金参与技术攻关，完善技术攻关中心的自我创新和自我发展机制，通过技术转让入股、有价证券等方式，拓宽技术攻关经费来源，完善利益分配与协调机制，分散技术攻关投入风险。要支持技术攻关中心的国际合作交流，注重吸收和消化国外先进前沿技术的力度，通过中外技术合作，实现原始创新、集成创新和再创新的紧密结合。

第七章　建设制造强国的生产绩效

建设制造强国，要重视生产的发展，重视生产效率的提高，特别是高新技术企业生产绩效和先进制造行业的生产绩效。中国高新技术企业发展迅速，其规模、总量持续扩大、生产绩效有向好趋势，地域和行业结构也有显著变化，对促进科技进步、推动高新产业发展和经济增长、增强国家创新能力产生了积极影响。中国先进制造行业整体上全要素生产率指数表现较平稳，一些行业的技术前沿面外移了，出现了技术进步，行业的技术效率有一定程度的改善，但规模效率没有变化。未来中国发展先进制造业需要加大研发投入，促进先进制造企业生产设备的技术革新改造；要依托重大项目开展跨界合作和技术攻关，提高先进制造企业生产技术效率。

第一节　高新技术企业生产绩效

新的国家高新技术企业认定办法强调，企业成为高新技术企业的必要条件是从事国家划定的高新技术领域，即企业的活动在高技术服务业、新能源及节能技术、资源与环境技术、先进制造与自动化、电子信息技术、生物与新医药技术、航空航天技术、新材料技术等范围之内，高新技术企业还必须持续进行 R&D 活动，进行研发成果转化，形成自主知识产权，并据此从事生产经营活动。

一　高新技术企业资源测度
（一）企业与人力资源

研究中国高新技术企业绩效，有必要先测度其生产资源的配置问题。高新技术企业除了要从事国家重点支持的高新技术领域活动外，还必须拥有自主知识产权，研发费用支出要占销售收入的一定比例。所谓高新技术企业的自主知识产权，必须在中国法律的有效保护期内，且在中国境内注册，可以是发明，也可以是实用新型、外观设计等。如果企业从事高新技术产品生产加工而没有开展 R&D 活动，则不能被认定为高新技术企业。而且，高新技术企业的研发费用应达到一定的标准，销售收入为 5000 万元以下企业、5000 万元至 2 亿元的企业、2 亿元以上的企业，研发费用应占销售收入的比例分别为 6%、4% 和 3%；高新技术企业需要通过自主研发等多种可行有效的方式，对其主要产品或者服务拥有自主知识产权，其从事 R&D 活动和技术创新活动的人员比例、R&D 的费用总额占销售收入总额的比例不能低于国家规定的标准。此外，高新技术产品或服务收入不能低于同期总收入的 60%，且企业符合国家自主创新的政策导向，具备一定的创新能力。按照这些规定，政府统计部门制定了中国高新技术企业的统计制度。根据统计制度，统计部门设计了高新技术企业的企业数、从业人员数等反映企业发展规模的主要分析指标。

此处，选择入统企业数、年末从业人员数进行高新技术企业发展规模分析。入统企业，是指列入政府统计部门名录，需要按时上报相关统计数据的企业，通常是规模以上工业企业，即所有的国有企业及年销售 2000 万元以上的非国有企业。可以将自 2000 年以来中国高新技术企业入统企业数量与年末从业人员数发展变化情况图示如下（见图 7-1 和图 7-2）。

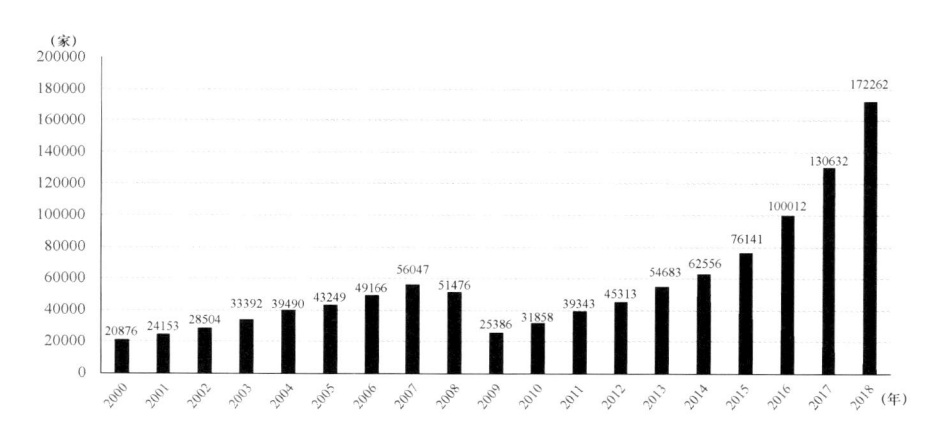

图 7-1　高新技术入统企业数

资料来源：《2019 中国火炬统计年鉴》，中国统计出版社 2019 年版。

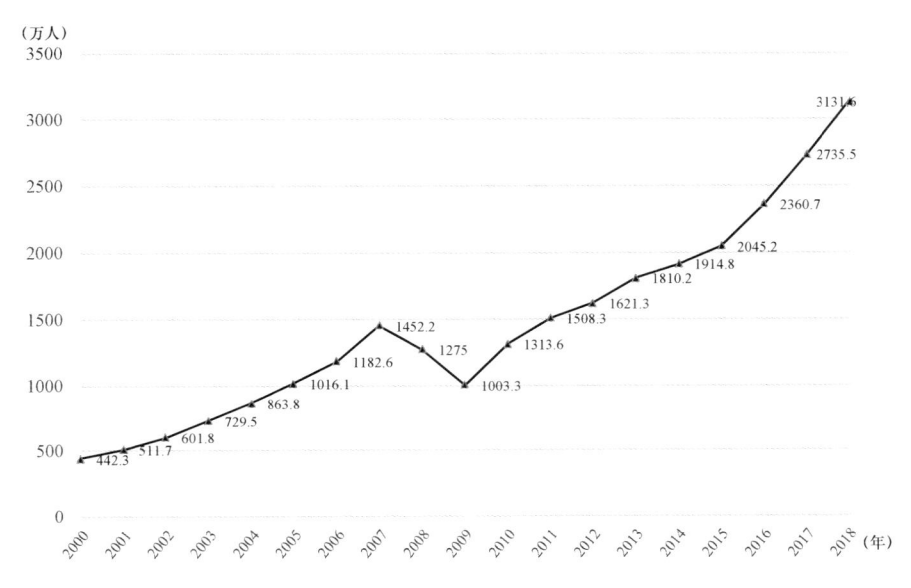

图 7-2　高新技术企业年末从业人员数

资料来源：《2019 中国火炬统计年鉴》，中国统计出版社 2019 年版。

由图 7-1、图 7-2 可知，进入 21 世纪后，中国高新技术入统企业数和年末从业人员数一直呈上升趋势。2000—2008 年，入统企业数和年末从业人员数增长速度较为平缓，到 2009 年入统企业数和年末从业人员数出现一个显著性下跌。2010 年后又开始回升，且回升增长的速率明显高于前一个时期。到 2018 年，中国高新技术企业达到 18.1 万家，入统高新技术企业达到 17.23 万家。2006—2010 年，中国高新技术企业注重加快国际化步伐，产品的出口由简单的加工出口转化为技术输出、高附加值产品出口，企业的数量也一直在显著增加。但是，2008 年国家实施新的所得税法，这给享受国家税收优惠政策的高新技术企业提出了较高要求，如企业的研发费用占比、自主知识产权、高新技术产品收入比例、从事研发活动的人员占比等都有变化。2009 年，财政部、国家审计总署对高新技术企业的资格进行了抽查，发现不少企业基本不具备高新技术企业的条件，据此国家相关部门撤销了一批名不副实的高新技术企业资格，确定这批企业不能再享受国家相关优惠政策。所以，图 7-1 和图 7-2 出现了一个明显的拐点。这一时期，中国高新技术企业数和年末从业人员数也明显下降了。不过，整体上中国高新技术企业数和年末从业人员数是一直呈增长之势的。

(二) 制造企业与服务企业

中国高新技术企业规模一直在扩张，行业结构在优化。特别是以电气机械和器材制造业、汽车制造业、计算机通信和其他电子设备制造业为代表的中国高新技术企业，形成了巨大的产业规模，对其他产业形成和地区经济发展产生了巨大的带动效应。中国高新技术企业改善了地区经济增长质量，提高了全要素生产率，集聚了创新资源，对国家自主创新示范区的建设、企业国际竞争力的提升发挥了积极作用。2011年后，中国进入"十二五"规划时期，其间全球科技和产业布局发生重大变化。为抢占科技领域的制高点，把握新科技革命和产业革命带来的机遇，中国加快高新技术产业的发展，同时充分利用外资技术，扩大国际合作范围和领域，深度参与国际产业分工，特别是注重发展高新技术领域的制造企业和现代服务业企业。这使得高新技术制造企业和现代服务企业的规模和从业人员有了显著增长。此处，将2018年中国高新技术企业中先进制造企业和现代服务企业的数据列示如下（见表7-1）。

表7-1　　高新技术制造企业、服务企业规模

制造企业	入统企业（家）	年末从业人员（万人）	服务企业	入统企业（家）	年末从业人员（万人）
医药制造企业	4134	121.7	信息服务企业	37833	336.1
航空航天器及设备制造企业	683	36.1	电子商务服务企业	79	2.3
电子及通信设备制造企业	12991	386.2	检验检测服务企业	1501	16.8
计算机及办公设备制造企业	1604	37.7	专业技术服务的高技术服务企业	1979	60.4
医疗仪器设备及仪器仪表制造企业	7148	78.9	研发与设计服务企业	3534	35.0
信息化学品制造企业	49	1.5	科技成果转化服务企业	4834	22.5

续表

制造企业			服务企业		
入统企业（家）	年末从业人员（万人）			入统企业（家）	年末从业人员（万人）
		知识产权及相关法律服务企业		113	1.0
		环境监测及治理服务企业		1800	12.4
总计	26609	662.1		51673	486.5

资料来源：《2019中国火炬统计年鉴》，中国统计出版社2019年版。

由表7-1可以看出，现阶段中国高新技术制造企业少于高新技术服务企业。高新技术制造企业中，电子及通信设备制造企业最多，其次是医疗仪器设备及仪器仪表制造企业，最少的是信息化学品制造企业。而高新技术服务企业中，数量最多的是信息服务企业，其次是科技成果转化服务企业，数量最少的是电子商务服务企业。

在空间分布上，东部地区高新技术入统企业数最多，2018年东部地区高新技术入统企业数占据全国高新技术企业数的72.62%，其次是中部地区和西部地区，东北地区最少，占比仅为3.3%。而东部地区年末从业人员数最多，2018年东部地区年末从业人员数占全国高新技术从业人员数的68.21%，其次是中部地区和西部地区，东北地区最少，占比仅为3.42%。在省域范围内，广东、北京、江苏、浙江、上海、湖北等拥有的高新技术入统企业较多，这些省市拥有的高新技术从业人员数也较多；西藏、宁夏、青海、海南、吉林、新疆拥有的高新技术入统企业较少，拥有的高新技术企业从业人员也较少。在副省级计划单列市中，拥有高新技术入统企业较多的依次是深圳、杭州、广州、武汉、成都；拥有高新技术入统企业较少的是哈尔滨、长春、大连、沈阳，这几个城市拥有的高新技术入统企业均不足1000家。长三角地区、珠三角地区的一些地级市表现了较强的创新动力优势，拥有了较多的高新技术入统企业，如长三角地区的苏州、珠江地区的东莞拥有高新技术入统企业均已超过了4000家，这一数字比许多一线城市高新技术入统企业的拥有量还多。此外，长三角地区的无锡、常州、南通、温州、嘉兴、绍兴、扬州等城市,珠三角地区的佛山、珠海、江门、惠州等城市所拥有的高新技术入统企业均较多,基本达到了中西部省会城市高新技术入统企业的拥有量。

研究表明,环境资源对高新技术企业的拥有量有很大的影响。自然资源良好、经济发达,高新技术企业的数量就多,反之就少。东部沿海地区、珠三角地区,拥有的环境资源好,其集聚的高新技术企业就多,特别是北京、上海两个特大城市,因为良好的科技环境、科技力量以及产业结构优势,集聚了一大批国内最为优秀的高新技术企业,产生了很强大的带动力。值得注意的是,有些省经济总量较大,但高新技术企业拥有量的排名却明显低于经济总量的排名,如山东、河南、河北等。这反映了这些省的经济体量主要来自传统工业或者农业,依靠科技、先进制造业和高新技术企业推动经济增长的力量明显偏弱。

二 高新技术企业生产绩效测度

中央和地方各级政府历来都十分重视高新技术企业发展,出台了土地、融资、人才、研发、采购等方面的系列配套政策,以支持高新技术企业的发展。针对高新技术企业的创新实践,一些省市还对高新技术企业实行财政奖励和科技投融资补助政策,鼓励各类组织和个人利用专利、专有技术创办科技型高新技术企业;设立高新技术企业培育专项资金,支持高新技术企业的发展。近些年,中国高新技术企业积极参与战略性新兴产业的培育发展,参与制造强国的建设,在经济活动和研发活动方面取得了重要成就。

按照创新经济学理论,规模经济、技术经济、预期收益刚性等都可能扩大产品贸易,增大市场份额,促使企业进行创新,以获得新的经济利益,从而促进工业化的发展。高新技术企业重要的目标是不断进行创新,产生较高的经济收益。根据国家火炬统计制度,反映高新技术企业生产绩效的指标主要是营业收入、工业总产值、净利润、上缴税费、出口总额。此处,将2000年以来中国高新技术企业生产绩效指标变动情况图示如下(见图7-3)。

由图7-3可以发现,受高新技术企业重新认定的影响,除2009年外,近20年里中国高新技术企业的主要生产绩效指标都是呈上升趋势的,其中营业收入增长速度最快,出口总额的增长速率较为平缓。

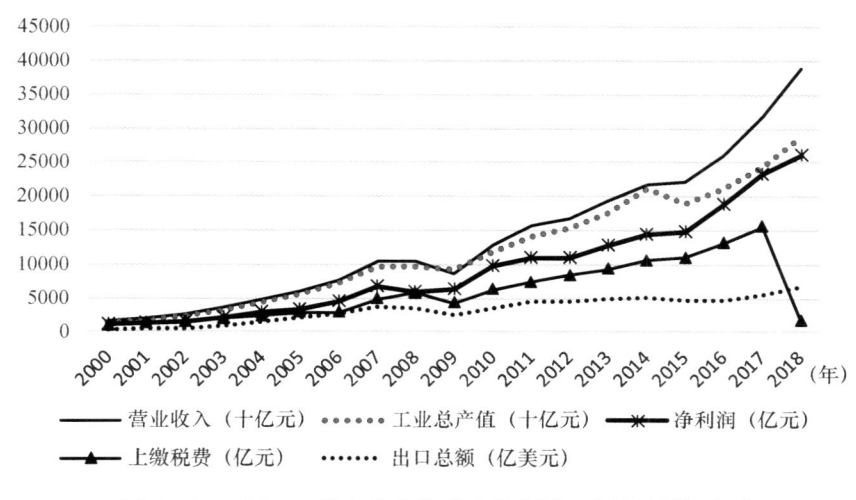

图 7-3 2000—2018 年高新技术企业主要生产绩效指标变动

资料来源：《2019 中国火炬统计年鉴》，中国统计出版社 2019 年版。

中国的高新技术企业代表着先进制造业、现代服务业的发展方向，可将 2018 年中国高新技术制造企业和服务企业生产绩效的主要分析指标列示如下（见表 7-2 和表 7-3）。

表 7-2   2018 年中国高新技术制造企业主要生产绩效指标   单位：亿元

	营业收入	工业总产值	净利润	上缴税费	出口总额
医药制造企业	11978.1	12600.8	1871.7	1358.3	1028.8
航空航天器及设备制造企业	3086.6	3042.0	185.5	70.0	187.0
电子及通信设备制造企业	44114.7	44256.1	2571.2	1565.6	13733.3
计算机及办公设备制造企业	5113.4	4893.7	275.0	148.0	1580.5
医疗仪器设备及仪器仪表企业	5535.5	5606.9	646.0	386.6	800.4
信息化学品制造企业	188.5	189.0	3.9	5.3	35.4
总计	70016.8	70588.5	5553.3	3533.8	17365.4

资料来源：《2019 中国火炬统计年鉴》，中国统计出版社 2019 年版。

从表7-2可以看出，2018年中国高新技术制造企业的生产绩效表现较好。其中，电子及通信设备制造企业的营业收入、工业总产值、净利润、上缴税费以及出口总额均为最高，其次是医药制造企业、医疗仪器设备及仪器仪表企业等。在绝对量上表现最弱的是信息化学品制造企业。

由表7-3可以看出，信息服务企业的营业收入、净利润、上缴税费以及出口总额表现最好，其次是专业技术服务的高技术服务企业、研发与设计服务企业，表现较弱的是知识产权及相关法律服务企业。

表7-3　　2018年中国高新技术服务企业主要生产绩效指标　　单位：亿元

	营业收入	净利润	上缴税费	出口总额
信息服务企业	31994.1	4017.4	2031.2	833.5
电子商务服务企业	512.9	34.6	16.7	0.1
检验检测服务企业	675.0	106.0	45.0	1.9
专业技术服务的高技术服务企业	7522.9	606.2	389.0	381.8
研发与设计服务企业	3263.7	209.8	146.0	141.7
科技成果转化服务企业	1809.8	64.0	85.8	31.5
知识产权及相关法律服务企业	53.8	3.8	3.4	0.2
环境监测及治理服务企业	1363.0	133.4	82.0	2.4
总计	47195.2	5175.0	2799.1	1393.1

资料来源：《2019中国火炬统计年鉴》，中国统计出版社2019年版。

进一步的分析显示：中国高新技术企业的发展，促进形成了地域经济发展的增长极。这包括高新技术企业高度密集、城镇化水平最高、经济最具活力的G60科创走廊、珠三角地区等①。G60科创走廊包括上海、嘉兴、杭州、金华、苏州、湖州、宣城、芜湖、合肥9个城市。这一城市群主要依靠技术和制度的双重创新驱动，集聚了化工新材料、特种纤维材料、纺织新材料、半导体照明材料、新型功能材料、先进结构材料、石墨

---

① G60是一条高速公路，以其为中心，周边发展科创产业和高新技术产业，故名G60科创走廊。

烯和环保纳米材料、集成电路、汽车、家电、新能源电池、人工智能、生物医药、高端装备、新能源、新能源汽车等产业，是长三角的核心经济区，是中国具有重要影响的先进制造集聚区和经济增长极。

珠三角地区集聚的高新技术企业主要是新能源汽车、智能装备、新型显示、人工智能、生物医药、互联网等。根据汇丰中国发布的《2018年中国企业创新发展报告》，2018年珠三角地区集聚了587家优势创新企业，主要集中在计算机、通信和其他电子设备制造业，电气机械和器材制造业，专用设备制造业，通用设备制造业，化学原料和化学制品制造业，橡胶和塑料制品业，医药制造业，非金属矿物制品业，金属制品业等高新技术制造行业。进一步的数据显示，2018年广州智能装备与机器人制造业增加值同比增长10.4%，新一代信息技术业增加值同比增长9.1%，轨道交通业增加值同比增长9%，先进制造业和高技术制造业增加值占规模以上工业比重分别达到59.7%和12.8%，表现强势。同时期，珠三角地区的制造业大市佛山装备制造业规模以上企业增加值同比增长6.4%，规模以上先进制造业增加值同比增长7.4%，占规模以上工业比重达到49%；东莞的电子信息制造、电气机械及设备制造等高新技术支柱产业同比增长7.7%；惠州的电子信息和石化产业大项目不断落地且保持了较快的增长速率。而京津冀地区也是高新技术企业集聚区，北京的医药制造业、电子及通信设备制造业、计算机及办公设备制造业、医疗仪器设备及仪器仪表制造业在全国处于领先地位，天津在航空、航天器及设备制造业上具有优势，河北则在信息化学品制造业上优势明显。长三角、珠三角和京津冀地区是中国高新技术企业的典型集聚区，形成了中国经济增长极。

第二节　先进制造业生产绩效

先进制造业是指不断吸收现代计算机、新一代信息技术、现代机械、新材料以及现代管理技术等方面的高新技术成果，并将其综合应用于制造业产品的研发、设计、生产制造、检测、服务和管理全过程的制造产业。在新工业革命背景下，先进制造业主要体现为低耗、高效、清洁、灵活，实现信息化、自动化、智能化、柔性化，附加值和技术含量高，具备良好的经济效益、社会效益和市场前景。先进制造业主要是计算机、信息、生物医药、新材料、航空航天等高新技术产业。先进制造业代表了制造业的发展方向，是建设制造强国的关键。先进制造业的格局，此处指新工业革命进程中先进制造业的发展情况，表现为先进制造业的规模、结构、技术状态以及地域配置等。

一 先进制造业生产资源测度

中国先进制造业在地域分布上表现出明显的差异。无论是企业数、从业人员数等生产资源，还是在营业收入、利润等指标方面，分布都很不均衡。仍然选用《中国高技术产业统计年鉴2016》中的企业数、从业人员平均数、主营业务收入、利润总额以及出口交货值5个指标分析2016年先进制造业生产资源的分布格局，计算分析结果列示如表7-4所示。

表7-4　　　　　2016年先进制造业生产资源分布格局

	企业数 绝对值（家）	企业数 占比（%）	从业人员平均数 绝对值（万人）	从业人员平均数 占比（%）	主营业务收入 绝对值（亿元）	主营业务收入 占比（%）	利润总额 绝对值（亿元）	利润总额 占比（%）	出口交货值 绝对值（亿元）	出口交货值 占比（%）
北京	805	2.72	27.02	2.00	3997.1	2.86	268.3	2.99	695.4	1.37
天津	591	1.99	27.58	2.04	4233.8	3.02	316.0	3.52	1503.8	2.95
河北	633	2.14	21.30	1.57	1705.9	1.22	160.4	1.78	166.6	0.33
山西	139	0.47	13.43	0.99	864.7	0.62	54.8	0.61	449.5	0.88
内蒙古	107	0.36	3.91	0.29	394.3	0.28	28.8	0.32	10.5	0.02
辽宁	604	2.04	19.50	1.44	1813.7	1.30	155.2	1.73	305.7	0.60
吉林	406	1.37	15.22	1.12	1848.5	1.32	186.5	2.08	24.8	0.05
黑龙江	179	0.60	7.92	0.58	622.2	0.44	70.6	0.79	11.5	0.02
上海	1020	3.44	57.12	4.22	7213.0	5.15	285.0	3.17	4484.8	8.81
江苏	4903	16.55	247.40	18.27	28530.2	20.38	1813.5	20.18	12062.9	23.69
浙江	2603	8.78	69.19	5.11	5288.1	3.78	518.7	5.77	1491.2	2.93
安徽	1198	4.04	26.70	1.97	3064.1	2.19	221.9	2.47	763.0	1.50
福建	844	2.85	37.68	2.78	3962.3	2.83	196.8	2.19	1983.4	3.89
江西	923	3.11	36.68	2.71	3318.1	2.37	227.9	2.54	377.4	0.74

续表

	企业数		从业人员平均数		主营业务收入		利润总额		出口交货值	
	绝对值（家）	占比（%）	绝对值（万人）	占比（%）	绝对值（亿元）	占比（%）	绝对值（亿元）	占比（%）	绝对值（亿元）	占比（%）
山东	2268	7.65	73.18	5.40	11535.3	8.24	874.2	9.73	1969.2	3.87
河南	1176	3.97	76.60	5.66	6653.8	4.75	408.3	4.54	2948.7	5.79
湖北	1037	3.50	34.98	2.58	3655.1	2.61	198.5	2.21	598.5	1.18
湖南	953	3.22	31.40	2.32	3280.2	2.34	179.3	2.00	458.1	0.90
广东	6194	20.90	389.01	28.72	33308.1	23.80	2034.1	22.64	16835.7	33.06
广西	313	1.06	14.35	1.06	1791.0	1.28	169.5	1.89	347.8	0.68
海南	51	0.17	1.68	0.12	155.9	0.11	21.4	0.24	3.4	0.01
重庆	561	1.89	27.41	2.02	4028.8	2.88	162.6	1.81	2094.7	4.11
四川	999	3.37	51.48	3.80	5171.7	3.69	173.2	1.93	939.2	1.84
贵州	226	0.76	9.12	0.67	806.9	0.58	48.1	0.54	17.7	0.03
云南	177	0.60	4.36	0.32	350.0	0.25	27.9	0.31	9.0	0.02
西藏	8	0.03	0.12	0.01	9.9	0.01	3.7	0.04	0.0	0.00
陕西	475	1.60	24.15	1.78	1902.9	1.36	138.4	1.54	325.8	0.64
甘肃	124	0.42	2.76	0.20	179.0	0.13	27.1	0.30	27.1	0.05
青海	41	0.14	0.83	0.06	100.5	0.07	5.3	0.06	0.3	0.00
宁夏	31	0.10	1.13	0.08	111.8	0.08	3.2	0.04	16.1	0.03
新疆	42	0.14	1.11	0.08	71.7	0.05	7.0	0.08	1.1	0.00
全国	29631	100	1354.3	100	139968.6	100	8986.3	100	50923.1	100
平均值	956	3.23	43.69	3.23	4515.1	3.23	289.9	3.23	1642.7	3.23
标准差	1380	4.66	78.62	5.81	7537.6	5.39	472.6	5.25	3624.0	7.12

资料来源：《中国高技术产业统计年鉴2016》，中国统计出版社2017年版；笔者计算整理。

由表7-4的分析数据可以发现：先进制造业的生产资源（企业数、从业人员平均数）主要集中在广东、江苏、浙江、山东等东部沿海地区，西藏、贵州、云南、甘肃、青海、宁夏、新疆、内蒙古等地区几乎没有先进制造企业。而主营业务收入、利润总额、出口交货值也集中在广东、江苏等东部沿海省份，西部地区也少有先进制造业的产出和效益。

进一步，可以分析大地域上先进制造业的生产资源分布格局。根据表7-4和相关数据，可以绘制先进制造业生产资源分布，如图7-4—图7-7所示。

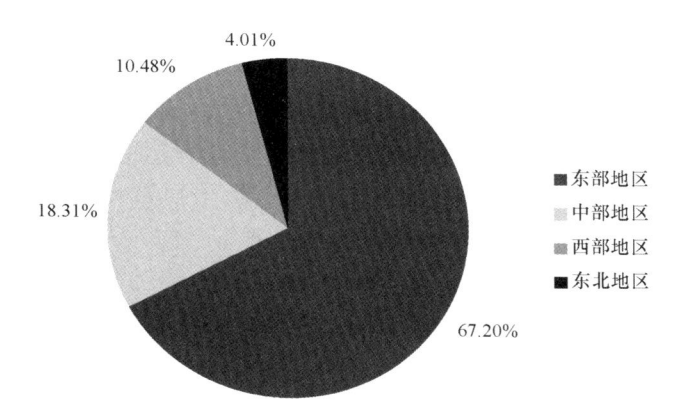

图7-4 先进制造业企业分布

东部地区 67.20%，中部地区 18.31%，西部地区 10.48%，东北地区 4.01%

资料来源：《中国高技术产业统计年鉴2016》，中国统计出版社2017年版，数据所属时间为2016年。

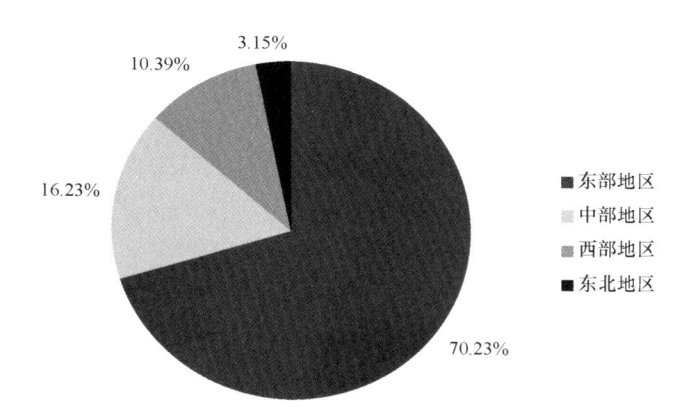

图7-5 先进制造业从业人员分布

东部地区 70.23%，中部地区 16.23%，西部地区 10.39%，东北地区 3.15%

资料来源：《中国高技术产业统计年鉴2016》，中国统计出版社2017年版，数据所属时间为2016年。

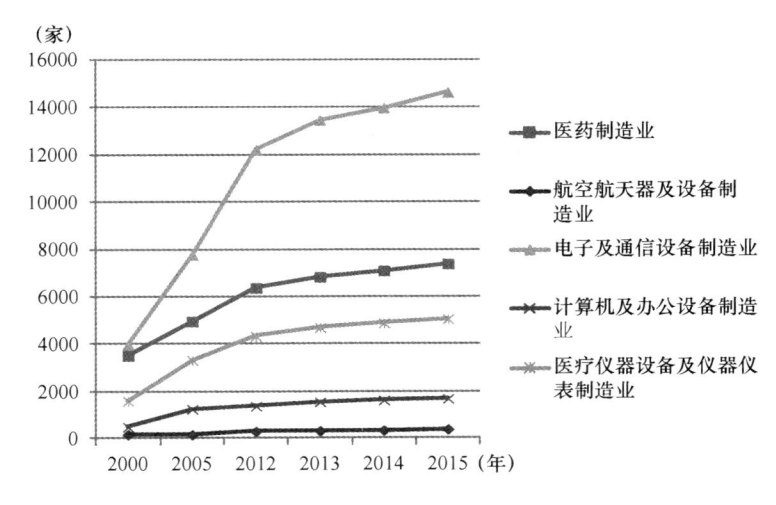

图 7-6 先进制造业企业数变动

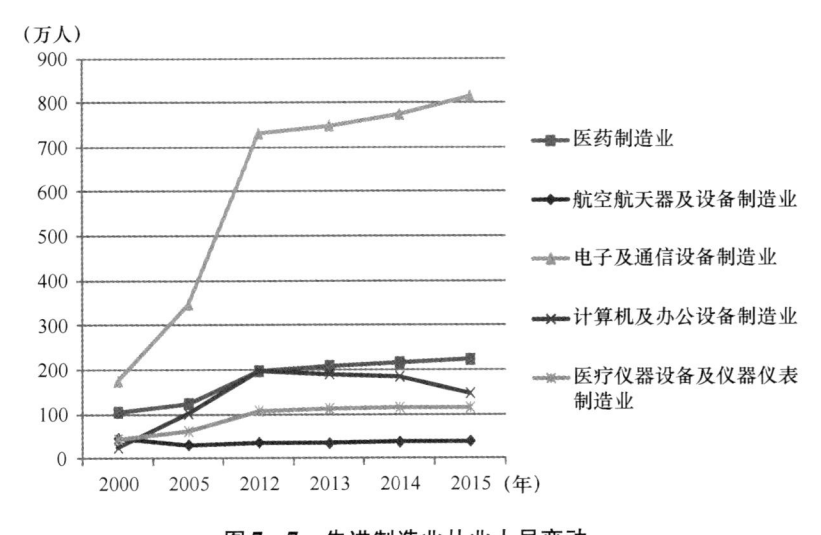

图 7-7 先进制造业从业人员变动

资料来源：《中国高技术产业统计年鉴 2016》，中国统计出版社 2017 年版。

根据前文的图、表可知，在企业数量的增长率上，电子设备及通信设备制造业增长率较高，其次是医药制造业、医疗仪器设备及仪器仪表制造业，其企业数的平均增长率分别为 5.04%、7.87%，2015 年的绝对量分别达到29631家和5062家；航空航天器及设备制造业、计算机及办公设备制造业发展较为平稳，2015年企业数分别达到975家和1695家。从先进制造从业人数增长率看，医药制造业人数有较高的增长率，2015年从业人数达到1354.3万人；计算机及办公设备制造业的增长率由高变低，2015年从业人数达到146.7万人。

先进制造与新一代信息技术、数字化技术、自动化技术、人工智能技术有着密切的联系，现今所流行的敏捷制造、精益制造、网络化制造、数字化制造等正是先进制造业发展的重要支撑。发展这些技术，就需要有相对雄厚的经济基础、发达的教育水平和一流的研究人才、技术人才。东部地区水陆空交通发达、气候环境宜人、海外市场广阔、教育科技力量雄厚、人力资源非常丰富，由于有较好的经济基础，加之中国改革开放的优惠政策也率先在沿海地区推行，这为先进制造业的发展积累了优势，创造了条件。而先进制造业的发展又为东部地区经济发展增加了实力，提供了人才储备，这反过来又助推了先进制造业的发展。这种"马太效应"的循环作用，一直是中国东、中、西部地区先进制造业保持既有分布格局的重要原因。

现在已进入大数据时代、信息时代，东部地区互联网技术、信息技术基础设施良好，生态环境不断改善、不断优化，企业的技术水平、品牌竞争力优势明显，势头强劲，这将为先进制造业加快转型升级步伐，提升国际竞争力提供更好的条件。这些独有的优势和条件会给东部地区带来更多的机会、更大的成功和进步。可以预见的是，东部地区的物质和人才优势在较长时期内不会改变，所以中国先进制造业生产资源分布格局不可能在较短时期内改变。

二 先进制造行业生产绩效测度

先进制造行业生产绩效的测度可以从两个方面进行。一方面是生产经营绩效，表现为收入、利润等，另一方面是技术成果绩效，如专利、发明等。

（一）生产经营绩效

由于先进制造业主要体现为高新技术产业，所以用近年《中国高技术产业统计年鉴》的数据进行数量分析。这里选取相关指标的数据绘制动态图如下（见图7-8—图7-10）。

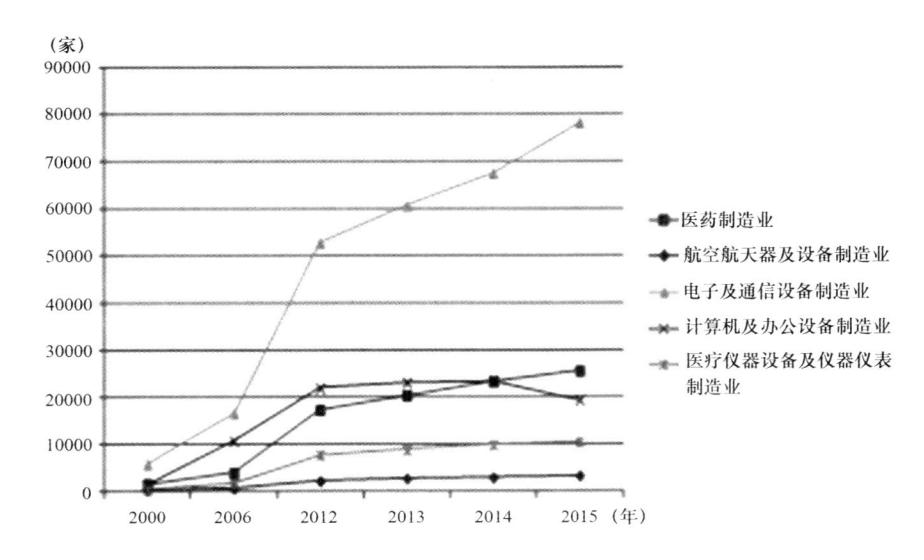

图 7-8　先进制造业企业数

资料来源：由《中国高技术产业统计年鉴》整理。

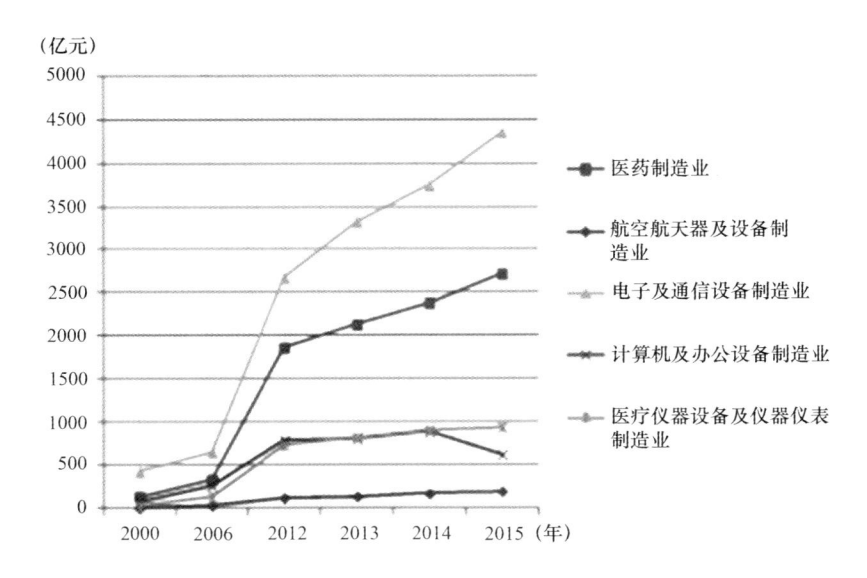

图 7-9　先进制造业利润

资料来源：由《中国高技术产业统计年鉴》整理。

(亿元)

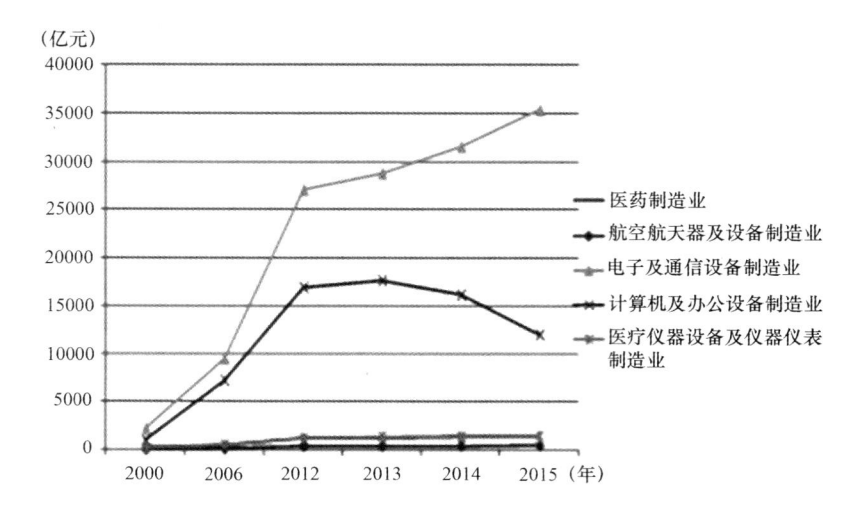

图 7 – 10　先进制造业出口交货值

资料来源：由《中国高技术产业统计年鉴》整理。

需要说明的是，按照《中国高技术产业统计年鉴》的标注，图 7—8—图 7 – 10 中 2005 年及以前年份数据口径为全部先进制造行业国有企业和年主营业务收入 500 万元及以上的非国有法人工业企业，2011 年及以后年份为年主营业务收入 2000 万元及以上的法人工业企业。另外，此处的行业是先进制造业的大类。其中医药制造业包括化学药品制造、中成药生产、生物药品制造等；航空航天器及设备制造业包括飞机制造、航天器制造等；电子及通信设备制造业包括通信设备制造、通信系统设备制造、通信终端设备制造、广播电视设备制造、雷达及配套设备制造、视听设备制造、电子器件制造、电子真空器件制造、半导体分立器件制造、集成电路制造、电子元件制造、其他电子设备制造等；计算机及办公设备制造业包括计算机整机制造、计算机零部件制造、计算机外围设备制造、办公设备制造等；医疗仪器设备及仪器仪表制造业包括医疗仪器设备及器械制造、仪器仪表制造等。

图 7 – 8—图 7 – 10 反映了中国先进制造行业生产经营绩效的动态变化，而图 7 – 11—图 7 – 13 则反映了中国先进制造行业 2015 年的生产经营绩效以及其在不同地区的差异情况。

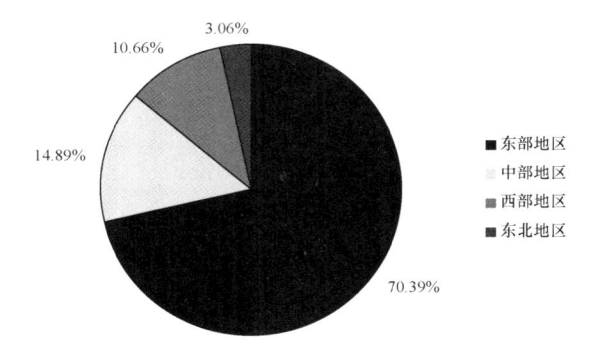

第七章 建设制造强国的生产绩效 285

图 7-11 先进制造业主营业务收入分布

资料来源：由《中国高技术产业统计年鉴》整理。

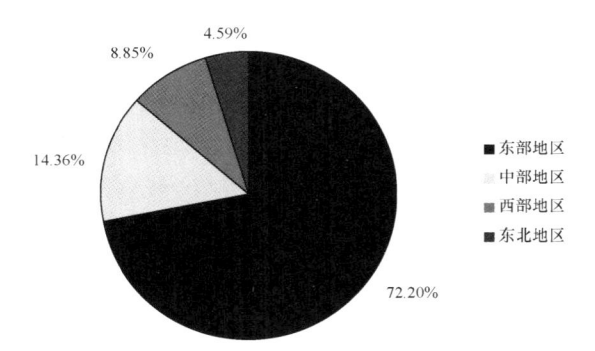

图 7-12 先进制造业利润分布

资料来源：由《中国高技术产业统计年鉴》整理。

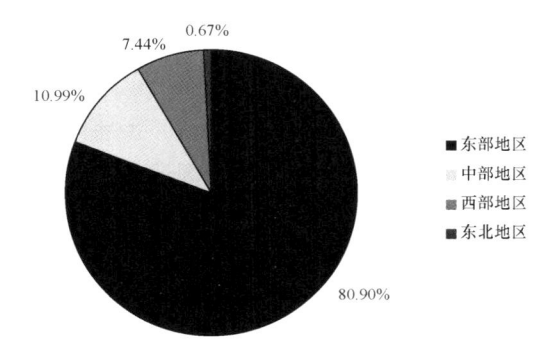

图 7-13 先进制造业出口交货值分布

资料来源：由《中国高技术产业统计年鉴》整理。

图 7-11—图 7-13 较清晰地反映了中国先进制造业生产经营绩效在东、中、西、东北地区的分布。这种分布格局是由这些地区的自然环境、经济发展水平、教育水平、人才集聚状况等因素综合决定的，且是在一个较长时期形成的。可以发现，电子及通信设备制造业的绩效指标均有良好表现。2000—2015 年，电子及通信设备制造业的主营业务收入、利润总额、出口交货值[①]一直呈上升态势。其中，主营业务收入年均增长率为 18.85%，2015 年达到 78309.9 亿元；利润总额的平均增长率为 16.75%，2015 年达到 4348.9 亿元；出口交货总值年均增长率为 20.48%，2015 年达到 35321.9 亿元。

从主营业务收入看，2000—2015 年除电子设备及通信设备制造业外，表现较好的还有医药制造业，其主营业务收入一直呈平稳增长态势，2015 年达到 25729.5 亿元；计算机及办公设备制造业的增长率由高变低，2015 年达到 19407.9 亿元；航空航天器及设备制造业、医疗仪器设备及仪器仪表制造业增长态势平稳，2015 年分别达到 3412.6 亿元和 10471.8 亿元。从利润总额看，2000—2015 年表现较好的是医药制造业、医疗仪器设备及仪器仪表制造业，2015 年分别达到 8986.3 亿元、938.8 亿元；航空航天器及设备制造业、计算机及办公设备制造业的利润额增长较平稳，2015 年分别达到 196.1 亿元、622.1 亿元。从出口交货值看，2000—2015 年除电子设备及通信设备制造业外，计算机及办公设备制造业 2000—2012 年有较高的增长速率，年均增长率达 27.58%，随后呈下降趋势，由 2012 年的 16926.4 亿元降至 2015 年的 11994.8 亿元；而医药制造业、航空航天器及设备制造业、医疗仪器设备及仪器仪表制造业均呈平稳态势，出口交货值分别为 1342 亿元、433.5 亿元、1449 亿元。

中国电子设备及通信设备制造业顺应全球产业发展大潮一直呈良好发展状态，总量指标、绩效指标以及出口指标都有上佳表现。而其他几类先进制造业则表现不尽如人意，尤其是在主营业务收入、利润总额、出口交货值方面。而主营业务收入、利润总额、出口交货值恰恰是直接体现制造

---

① 出口交货值是企业生产的交给外贸部门或自营出口、委托出口的产品总价值，包括在国内或在边境批量出口等的产品价值，也包括外商来样、来料加工、来件装配和补偿贸易等生产的产品价值，用外汇价格结算。出口交货值是衡量工业企业生产的产品进入国际市场的一个重要指标，也是反映生产企业融入世界经济的主要参数。

业国际竞争力的核心指标。2017年8月22日,"全球制造商峰会"发布了由全球制造商集团独家编制的2017年度(首届)"全球制造500强"排行榜①。这一榜单以企业营业收入作为衡量标准进行排名,同时参考企业的净利润以及总资产,用以反映制造企业的经济转移、发展潜力和国际竞争力。中国大陆入选的企业共有57家,而美国入选133家,日本入选85家。结合前文的分析数据可以发现,中国先进制造企业的生产经营绩效与美、日等制造强国在竞争实力方面是存在差距的。

(二)技术成果绩效

建设制造强国,重要的是抓住市场信息,适应市场变化,加强技术创新,增强企业的核心竞争力。全球顶级创新企业苹果公司尽管营业收入落后于其他著名的创新公司,但净利润却远远超过其他企业而高居榜首,依靠的就是核心技术和品牌及其带来的巨大效应。世界制造强国的成功经验充分显示,要想成为真正的制造强国,没有核心技术和全球知名品牌是不可能的。所以,中国先进制造企业需要注重技术研发的投入、技术的获取以及专利的申请保护。这里将2015年中国先进制造业的技术获取投入情况列示如下(见表7-5)。

表7-5　　　　　2015年中国先进制造业技术获取投入

	内资企业		国有企业		港、澳、台商投资企业		外商投资企业	
	绝对值(亿元)	占比(%)	绝对值(亿元)	占比(%)	绝对值(亿元)	占比(%)	绝对值(亿元)	占比(%)
技术引进经费支出	48.24	11.10	0.09	0.68	10.61	18.51	16.84	25.43
消化吸收再创新经费支出	8.04	1.85	0.026	0.19	1.98	3.45	3.91	5.90
购买境内技术经费支出	60.42	13.90	0.39	2.86	4.28	7.47	2.93	4.42
技术改造经费支出	317.86	73.15	13.22	96.27	40.44	70.57	42.55	64.25
总计	434.56	100	13.73	100	57.31	100	66.23	100

资料来源:《中国高技术产业统计年鉴2016》,中国统计出版社2017年版;笔者计算整理。

① 财经网:《全球制造商集团发布2017年全球制造500强》,http://www.caijing.com.cn/20170823/4320579.shtml。

技术引进是一个国家或地区的企业通过一定方式从本国或其他国家、地区的企业和其他机构获得先进适用的技术的行为。技术引进包括机器设备之类的硬技术，也包括技术知识、经验、技艺等软技术。科技创新发展的经验表明，技术引进可以使引进方迅速获得成熟的先进技术成果，避免重复别人已做过的科学研究和试制工作，减少科技投入成本，是世界各国互相促进科学技术发展必不可少的重要途径。

企业的技术改造是企业将先进科技成果应用于制造业的产品设计、设备更新和工艺改进等，以先进技术替代落后技术，用先进生产工艺代替落后生产工艺，以先进设备替代落后设备，实现以内涵为主的扩大再生产。企业的技术改造可以提高产品质量，促进产品更新换代，全面提高综合经济效益。但是，在较长时期内，中国在技术引进和消化吸收再创新投入方面的经费明显低于发达国家，且差距明显。特别是由于制造强国的技术封锁以及对高端技术市场的垄断，中国的一些技术引进也是低水平重复引进，成套设备和关键设备引进多，而技术图纸、技术诀窍、专利和软件技术引进少；显性知识的转移引进多，人才、管理经验等隐性知识引进少，这严重影响了先进制造企业技术创新能力的提升。

表7-5的分析数据表明：中国先进制造业的内资企业、国有企业其技术投入主要用于技术改造、购买境内技术，而用于消化吸收再创新和技术引进的投入明显偏少，特别是国有企业的技术获取投入更是如此；港、澳、台商投资企业、外商投资企业虽然大部分经费主要用于技术改造，但其用于技术引进经费也占有了较大比重。比照先进制造业技术获取投入数据，则可将2015年中国先进制造业有效发明专利数的分析指标列示如表7-6所示。

表7-6　　　　　2015年中国先进制造业有效发明专利数

	内资企业		国有企业		港、澳、台商投资企业		外商投资企业	
	绝对值（件）	占比（%）	绝对值（件）	占比（%）	绝对值（件）	占比（%）	绝对值（件）	占比（%）
东部地区	149322	81.42	1077	23.33	27368	94.15	27147	93.83
中部地区	15785	8.61	1680	36.39	1160	3.99	570	1.97

续表

	内资企业		国有企业		港、澳、台商投资企业		外商投资企业	
	绝对值（件）	占比（%）	绝对值（件）	占比（%）	绝对值（件）	占比（%）	绝对值（件）	占比（%）
西部地区	14311	7.80	1751	37.93	351	1.21	681	2.35
东北地区	3985	2.17	109	2.36	191	0.66	533	1.84
总计	183403	100	4617	100	29070	100	28931	100

资料来源：《中国高技术产业统计年鉴2016》，中国统计出版社2017年版；笔者计算整理。

根据契约理论，专利是社会与发明人之间签订的一项契约制度。发明人公开技术获得垄断权，可以按照契约获得在发明创造活动中所付出的劳动和费用的补偿，甚至可以获得更大收益。而社会则增加了新知识、新技术等，进而丰富了科学知识体系。专利权期满后，专利发明就成为全社会的公共财富，人们可以充分自由地使用。显然，专利制度可以鼓励人们的创新活动，激励科研和技术开发方面的竞争，淘汰落后的产品和技术，从而不断推出新产品、新技术。它一方面创建了竞争机制，促进了竞争；另一方面又保证了竞争者的切身利益，对于企业创新和发展有着重要意义。有效发明专利数是反映先进制造业技术投入绩效的重要指标。

表7-6显示，中国国有先进制造企业的有效发明专利数明显少于港、澳、台商投资企业和外商投资企业。在地域分布上，内资企业有效发明专利主要集中在东部地区，占全部有效发明专利的81.42%；港、澳、台商投资企业、外商投资企业的有效发明专利更是主要集中在东部地区，其结构占比分别达到94.15%和93.83%。近年，中国企业知识产权保护意识明显增强，有效专利申请量显著上升。但现实中，一些国有企业受公司领导任期、产值和利税要求等的约束，更多的是追求短期经济效益，缺乏对技术创新、引进技术集成创新和消化吸收再创新的内在原动力。特别是对于研发难度大、周期长和持续投入大的创新活动，更是影响了国有企业的投资积极性，进而影响到其有效发明专利数。同时，由于中国先进制造业技术的对外依存度偏高，品牌的附加值偏低，

企业对知识产权保护的认知还不足,加之知识产权的运营商业化环境和刚性法律保护的缺乏。所以,中国先进制造领域的原创性、基础性的发明创造与制造强国相比还有一定差距。

第三节 先进制造业全要素生产率

先进制造业是与传统制造业相对而言的,主要是指产品研发、设计、生产、检测、服务和管理过程中运用电子信息、计算机、新材料等现代科学技术和管理技术的制造行业,其基本特征是生产技术高端,生产过程的信息化自动化程度高,生产效率高,产品附加值高,经济效益好。全要素生产率是总产量与全部要素投入量之比,衡量生产活动在一定时间内的效率,是产出增长率超出要素(资本、劳动力)投入增长率的部分。建设制造强国必须提高全要素生产率。

一 测度方法的选择

在现代社会,先进制造业可分为两大类,一类是先进的生产制造技术或高新技术融入传统制造产业,升级改造为先进制造产业;另一类是新兴的科学技术成果直接应用于生产实践而形成先进制造业。前者如轨道交通装备、数控机床、航天航空装备制造等,后者如3D打印制造、纳米制造、生物制造等。在中国国家统计局制定的《国民经济行业分类》中,制造业被确定为门类行业,是工业部门的主体,包括农副食品加工业、医药制造业、有色金属冶炼和压延加工业等31个大类。凡是通过物理变化或者化学变化成为新产品的行业,均属于制造业,而不论其是机械制造还是手工制造。中国国民经济的产业统计数据采集系统就是依据国民经济行业分类而建立的。

就当前的统计调查体系而言,中国还没有系统全面的先进制造业发展状况数据,故只能按照先进制造业的定义,选取先进制造技术占比较大的国民经济相关行业的数据进行替代。根据前文先进制造业的定义,比照中国国民经济行业分类和中国战略性新兴产业的分类,本书确定了16个先进制造行业,即仪器仪表及文化、办公用机械制造、工艺品及其他制造业,印刷业和记录媒介的复制业,石油加工、炼焦及核燃料加工业,化学原料及化学制品制造业,医药制造业、塑料制品业、橡胶制品业，非金属矿物制品业，黑色金属冶炼及压延加工业，有色金属冶炼及压延加工业，金属制品业，通用设备制造业，专用设备制造业，交通运输设备制造业，电气机械及器材制造业，通信设备、计算机及其他电子设备制造业，废弃资源和废旧材料回收业。可以认为，这 16 个制造行业具备先进制造业的基本特征，其技术效率水平一般能代表中国先进制造业的技术效率水平。

全要素生产率（Total Factor Productivity，TFP）又称为"索罗余值"，最早由诺贝尔经济学奖获得者美国经济学家罗伯特·M. 索罗（Robert Merton Solow）于 20 世纪 50 年代提出。索罗认为，生产活动具有规模报酬不变特性，假定厂商无论生产多少数量的产品，每多生产一件产品，增加的成本总是不变的，即边际成本不变。或者说，投入增加一倍，产出也增加一倍。于是就形成了现在通常所说的全要素生产率。全要素生产率一般的含义为资源（包括人力、物力、财力）开发利用的效率。全要素生产率的增长率常常被视为科技进步的指标，来源包括技术进步、组织创新、专业化和生产创新等。全要素生产率是生产过程的全部产出与全部投入之比，全部投入即总投入，是各种生产要素的投入。全要素生产率反映生产活动在特定核算时期内的效率状况，是产出增长率超出资本、劳动力等要素投入增长率的部分。

测度全要素生产率的方法有多种，较为经典的方法是 Malmquist 指数。1953 年，瑞典统计学家 Malmquist 在分析不同时期的消费变化时首次提出了此法。Malmquist 指数是一种非参数统计方法，不需要构建计量模型，也不需要设计生产函数，这样就消除了可能由于构建生产函数错误或者经济计量模型不当而产生的测度偏差。同时，全要素生产率在实际应用中被分解成了多个子指数，用以进行影响因子分析，且能找寻出影响因子中的主要因子，故而在技术效率和技术进步分析中得到广泛的应用。Caves 等在 1982 年将距离函数（Distance Function）引入 Malmquist 指数，即以被测度的生产决策单元的技术状况与决策单元群的生产前沿面（最优技术状况）的距离来反映技术效率的变动，由此完善了 Malmquist 指数这一方法。

改进后的 Malmquist 指数的基本原理是：设定实际中的一个基本的生

产决策单元 DMU① (Decision Module Unit)，在每一个不同时期 $t = 1,\cdots,T$，第 $k = 1,\cdots,K$ 个地区在生产经济活动中投入 $n = 1,\cdots,N$ 种要素 $x_{k,n}^t$，得到 $m = 1,\cdots,M$ 种产出 $y_{k,m}^t$，那么第 k 个 DMU 在 t 期的投入产出组合就可以写成 (X^t, Y^t)。

此处，$X^t = (x_1^t, x_2^t,\cdots, x_N^t) \in R_+^N$；$Y^t = (y_1^t, y_2^t,\cdots, y_M^t) \in R_+^M$

这样，就可以定义一个新概念，即决策单元在 t 时期的技术效率：在确定的技术结构特征和生产要素投入的情况下，决策单元 DMU 的实际产出 $y^t(x^t)$ 与同样投入情况下的最大产出 $y_{\max}^t(x^t)$ 之比为该期的技术效率，计算表达式为：

$$e^t = \frac{y^t(x^t)}{y_{\max}^t(x^t)}$$

Fare 等在 1994 年描述了基于产出的 Malmquist 指数：设定在每个时期 $t = 1,\cdots,T$，决策单位使用生产技术 S^t 将投入要素 $x^t \in R_+^N$ 转化为产出 $y^t \in R_+^M$，S^t 就为 t 时期的技术可能集：$S^t = \{(x^t, y^t): x^t \text{ 可以产出 } y^t\}$。

这里 S^t 为生产的可能性集合，于是一个决策单元在 t 时期的产出的距离函数就为：$D_0^t(x^t, y^t) = \inf\{\theta:(x^t, \frac{1}{\theta}y^t) \in S^t\}$，它是产出技术效率的倒数，即在给定投入向量 x^t 下，生产能够向产出向量 y^t 方向扩张的最大比例的倒数。

同样，可以给出一个含有 $t+1$ 时期的距离函数如下：

$$D_0^t(x^{t+1}, y^{t+1}) = \inf\{\theta:(x^{t+1}, \frac{1}{\theta}y^{t+1}) \in S^t\}$$

这个函数表明，在 t 时期的水平下给定投入产出 $(x^{t+1}, y^{t+1}) \in S^t$，实际产出与所能达到的最大可能产出 $y_{\max}^{t+1}(x^{t+1})$ 的比率。

类推下去，可以给出相似的距离函数：$D_0^{t+1}(x^{t+1}, y^{t+1})$。

显然，不同时期的距离函数将导致计算结果的差异，为消除由于时期选择产生的不同结果，Caves 等采用 M^t 和 M^{t+1} 的几何平均值来计算 Malmquist 指数，即将 t 时期技术水平和 $t+1$ 技术水平下的两个生产率相对数进行几何平均，于是 Malmquist 指数被定义为：

---

① 实际中的基本决策单元是具有同质性的可比的经济单位和生产单位，如企业、行业、地区等。

$$M(x^{t+1},y^{t+1};x^t,y^t) = \left[\frac{D_c^t(x^{t+1},y^{t+1})}{D_c^t(x^t,y^t)} \times \frac{D_c^{t+1}(x^{t+1},y^{t+1})}{D_c^{t+1}(x^t,y^t)}\right]^{1/2}$$

该指数反映，当生产的规模报酬不变（以 c 表示）时，时期 t 到 $t+1$ 内某个生产决策单位的全要素生产率的改进情况；若 $M>1$，表明生产决策单元的全要素生产率在提高；若 $M<1$，则表明生产决策单元的全要素生产率在下降。

Fare 等把 Malmquist 指数又作了进一步的分解，这使得 Malmquist 指数 M 变为三个子指数的乘积，即纯技术效率相对变化指数（PTEC）×规模效率相对变化指数（SEC）×技术进步指数（TC），各指数的具体表现形式为：

纯技术效率相对变化指数（PTEC）：$M = \dfrac{D_V^{t+1}(x^{t+1},y^{t+1})}{D_V^t(x^t,y^t)}$

规模效率相对变化指数（SEC）：$M = \dfrac{D_C^{t+1}(x^{t+1},y^{t+1})/D_V^{t+1}(x^{t+1},y^{t+1})}{D_C^t(x^t,y^t)/D_V^t(x^t,y^t)}$

技术进步指数（TC）：$M = \left[\dfrac{D_C^t(x^{t+1},y^{t+1})}{D_C^{t+1}(x^{t+1},y^{t+1})} \times \dfrac{D_C^t(x^t,y^t)}{D_C^{t+1}(x^t,y^t)}\right]^{1/2}$

于是，Malmquist 指数 = PTEC × SEC × TC。

这里，纯技术效率相对变化指数 PTEC 反映的是决策单元实际生产投入与必要生产投入之间的差距，如果 PTEC>1，表明决策单元技术效率在提高，反之则表明技术效率在下降；规模效率相对变化指数 SEC 反映的是决策单元实际生产规模与最优生产规模之间的差距，如果 SEC>1，表明决策单位的生产规模正在向最适度的生产规模逼近，能取得规模报酬，反之则表明决策单元距离规模报酬越来越远；技术进步指数 TC 反映全体决策单元在核算时期内技术进步状况，即决策单元群体技术前沿面是否出现了外移，若 TC>1 表明决策单元群体出现了技术进步，反之就没有出现技术进步。

二　测度结果及分析

根据 Malmquist 指数运算对数据的要求，此处选取 16 个先进制造行业的总产值作为产出指标，选取这些行业的总资产和从业人数作为投入指标，借助中国工业企业数据库，收集整理计算得到 2011—2015 年中国先进制造业技术效率的面板数据如下（见表 7-7）。

表 7-7　2011—2015 年中国先进制造业投入产出面板数据

	2011			2012			2013			2014			2015		
	总产值(亿元)	总资产(亿元)	从业人员(万人)	总产值(亿元)	总资产(亿元)	从业人员(万人)	总产值(亿元)	总资产(亿元)	从业人员(万人)	总产值(亿元)	总资产(亿元)	从业人员(万人)	总产值(亿元)	总资产(亿元)	从业人员(万人)
仪器仪表及文化、办公用机械制造、工艺品及其他制造业	7478.66	6571.44	206.3	5473.44	2496.32	86.71	3456.7	2216.44	38.13	4106.16	175.2	39.59	4522.91	103.76	39.55
印刷业和记录媒介的复制业	3097.48	2510.18	58.97	3557.35	2975.19	64.35	4468.59	3439.51	72.2	5282.22	3912.27	67.58	3823.65	3019.66	56.62
石油加工、炼焦及核燃料加工业	25003.95	11258.69	53.2	26654.49	12984.48	54.92	26976.16	14131.38	52.02	27513.56	14949.06	38.44	11896.88	8352.01	24.44
化学原料及化学制品制造业	48314.45	34983.81	333.84	53254.22	40283.55	342.68	58921.86	43291.08	337.31	65675.38	49163.33	275.75	40973.03	32843.83	214.31
医药制造业	11388.82	9786.34	135.6	13546.33	11458.67	147.71	15528.47	12852.98	148.78	18311.79	15537.44	135.03	11837.12	10477.37	100.7
塑料制品业、橡胶制品业	16388.78	10895.28	250.53	8368.86	5805.13	147.71	9224.05	6101.64	151.01	10919.02	6971.82	154.7	11068.1	7090.21	148.62
非金属矿物制品业	25884.32	20305.64	335.92	28621.96	23087.08	347.42	32377.26	25079.32	339.95	37663.91	28880.97	303.84	23842.79	18739.62	232.53
黑色金属冶炼及压延加工业	37523.35	28458.89	205.31	37494.74	30156.21	220.27	37991.82	32113.22	204.39	38261.46	31328.58	168.27	21294.68	18102.03	112.69

续表

	2011			2012			2013			2014			2015		
	总产值（亿元）	总资产（亿元）	从业人员（万人）	总产值（亿元）	总资产（亿元）	从业人员（万人）	总产值（亿元）	总资产（亿元）	从业人员（万人）	总产值（亿元）	总资产（亿元）	从业人员（万人）	总产值（亿元）	总资产（亿元）	从业人员（万人）
有色金属冶炼及压延加工业	24652.57	16793.13	131.23	26597.32	19605.34	133.09	28802.58	20958.68	126.44	31298.24	22372.62	110.74	19182.61	12601.74	78.92
金属制品业	19338.81	12736.77	265.19	21645.48	13920.58	277.57	24263.73	15440.86	278.82	26902.57	17255.5	245.01	18990.28	12465.13	211.44
通用设备制造业	26667.69	21310.37	341.69	28574.39	24084.96	342.06	31839.2	26867.33	350.64	35732.23	30125.5	303.21	22567.87	20175.92	242.17
专用设备制造业	16754.69	14041.54	215.72	18703.69	16346.28	226.79	21413.08	18208.38	236.18	23718.03	19720.05	200.21	14560.13	12660.34	163.61
交通运输设备制造业	50224.75	41032.94	442.85	31463.3	24944.68	272.07	34137	26832.87	266.64	41102.51	30836.51	291.27	33876.02	27627.85	246.76
电气机械及器材制造业	43089.95	30420.44	513.99	45991.38	34151.17	526.27	51601.36	37748.71	523.39	56073.33	41966.87	494.29	43758.93	34837.44	429.16
通信设备、计算机及其他电子设备制造业	56063.58	34908.38	718.74	60966.5	37859.91	753.39	67387.45	42689.26	737.86	74244.95	48834.92	722.38	66182.22	44932.57	661.32
废弃资源和废旧材料回收业	2139.2	1013.53	11.76	2280.26	1100.73	11.5	2612.99	1245.34	12.53	2911.84	1759.48	12.35	2213.14	1084.41	10.28

资料来源：国家统计局"中国工业企业数据库"，笔者依运算需要加工整理制表。

将表 7-7 中的数据代入 Malmquist 指数的运算公式，通过 DEAP11.0 软件得到 2012—2015 年中国先进制造业纯技术效率相对变化指数（PTEC）、规模效率相对变化指数（SEC）和技术进步指数（TC）等指数如下（见表 7-8）。

表 7-8　　　　　　　不同时期全要素生产率指数计算结果

	技术效率指数	技术进步指数	纯技术效率相对变化指数	规模效率相对变化指数	全要素生产率指数
2012	1.070	0.950	1.030	1.038	1.017
2013	1.006	0.991	1.029	0.977	0.997
2014	0.828	1.404	1.018	0.814	1.163
2015	1.062	0.889	1.015	1.046	0.944
平均	0.986	1.041	1.023	0.964	1.027

同样地，还可以得到这 16 个先进制造行业的纯技术效率相对变化指数（PTEC）、规模效率相对变化指数（SEC）和技术进步指数（TC）等指数如下（见表 7-9）。

表 7-9　　　　　　　不同行业全要素生产率指数计算结果

	技术效率指数	技术进步指数	纯技术效率相对变化指数	规模效率相对变化指数	全要素生产率指数
仪器仪表及文化、办公用机械制造、工艺品及其他制造业	1.182	1.550	1.181	1.001	1.832
印刷业和记录媒介的复制业	0.919	1.097	0.956	0.962	1.008
石油加工、炼焦及核燃料加工业	1.000	0.956	1.000	1.000	0.956
化学原料及化学制品制造业	1.024	0.957	1.000	1.024	0.980
医药制造业	0.998	1.000	1.070	0.933	0.999
塑料制品、橡胶制品业	0.905	1.134	1.037	0.873	1.026

续表

	技术效率指数	技术进步指数	纯技术效率相对变化指数	规模效率相对变化指数	全要素生产率指数
非金属矿物制品业	0.972	1.023	1.041	0.934	0.994
黑色金属冶炼及压延加工业	1.025	0.946	0.963	1.064	0.970
有色金属冶炼及压延加工业	1.064	0.941	1.056	1.007	1.001
金属制品业	0.929	1.068	1.053	0.882	0.992
通用设备制造业	0.950	1.017	1.013	0.938	0.966
专用设备制造业	0.958	1.018	1.045	0.917	0.976
交通运输设备制造业	1.015	0.995	0.976	1.041	1.010
电气机械及器材制造业	0.945	1.031	0.997	0.947	0.975
通信设备、计算机及其他电子设备制造业	0.929	1.066	1.000	0.929	0.990
废弃资源和废旧材料回收业	0.999	0.985	1.000	0.999	0.984
平均	0.986	1.041	1.023	0.964	1.027

由表7-9中技术进步指数、纯技术效率相对变化指数、规模效率相对变化指数绘制的折线图如下（见图7-14）。

由表7-8、表7-9和图7-14可以发现：

第一，2011—2015年，16个先进制造行业的全要素生产率指数均值为1.027%，技术进步指数的均值为1.041%，纯技术效率相对变化指数的均值为1.023%，这说明中国先进制造业整体上全要素生产率指数在提高，行业的技术前沿面外移了，出现了技术进步，行业的技术效率也在持续改善。但是，这些行业的规模效率相对变化指数均值为0.964%，即这些先进制造业的实际经营规模与最适度生产规模之间存在一定的差距，没有产生规模效率。

值得注意的是，从不同的年份看，四个全要素生产率指数中，有2个大于1，另外2个小于1；4个技术进步指数中，有3个小于1，仅1个大于1。这说明只有2014年先进制造业才真正出现了技术进步。4个纯技术

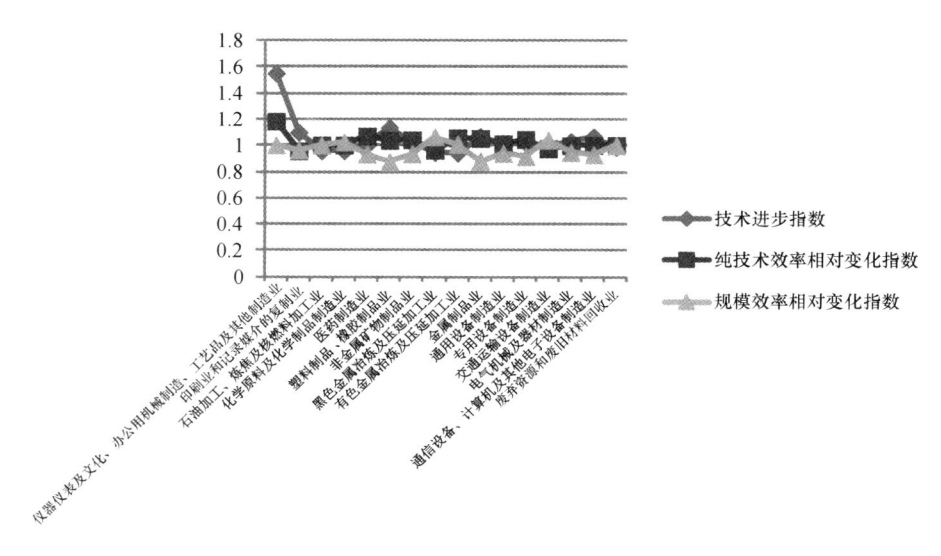

图 7-14　中国先进制造业技术效率分解

效率相对变化指数均大于100%，即中国先进制造业由于技术引发的生产效率一直保持着良好态势。

第二，在分行业上，16个先进制造行业的全要素生产率指数表现平稳，均值为1.027%；几个效率指数的变化也不大，技术进步指数均值为1.041%，纯技术效率相对变化指数均值为1.023%，规模效率相对变化指数均值为0.964%，低于1.000。这表明16个先进制造业整体上出现了技术进步，由于纯技术引致的生产效率在持续向好，但规模效率没有改善。

第三，16个先进制造行业除了仪器仪表及文化、办公用机械制造、工艺品及其他制造业的技术效率和技术进步在全面提升外，其他行业的效率指数均表现不佳，它们或者是技术进步指数在下降，或者是技术效率指数在下降。特别是废弃资源和废旧材料回收业，其技术效率指数为0.999，技术进步指数为0.985；医药制造业的技术效率指数为0.998，技术进步指数为1.000；通信设备、计算机及其他电子设备制造业的技术效率指数为0.929，技术进步指数为1.066。这几个行业的技术效率增长情况更是逊色一些。

第四节　政策延伸性思考

建设制造强国需要先进技术，也需要生产效率。前文反映了中国高新技术企业的生产效率，以及先进制造行业的技术效率取得的成就，分析了其间存在的问题。未来，中国需要加大研发投入，促进先进制造企业生产设备的技术革新改造；培养和引进全球的技术创新人才和管理人才，鼓励支持先进制造企业的创新；依托重大项目开展跨界合作和技术攻关，提高先进企业生产技术效率。

一　加大研发投入，推动生产设备的革新改造

提高制造业的技术效率，就必须要加大研发投入，尤其是要加大制造企业的研发投入。近年来，中国持续加大科技经费投入，不断增加国家原始创新供给量。2015年中国研发经费支出已达到14169.9亿元，比2014年增长8.9%；基础研究经费支出达到716.1亿元，比2014年增长16.7%[1]。现在，中国研发经费支出规模位居全球第二，仅次于美国；而且基础研究经费支出占研发经费支出的比重首次突破5%，达到5.1%；研发经费投入占GDP的比重，即研发经费投入强度为2.07%，达到了较高的比重。但是，相比世界制造强国，中国的研发投入还存在较大差距。中国研发投入规模虽然较以往有大幅度提高，但仍不足美国的50%；中国的研发投入强度虽已达2.07%，但2014年美国的研发投入强度已达2.74%、德国达2.84%、日本达3.59%、韩国则达4.29%；中国的基础研究经费占全部研发经费的比重为5.1%，但世界制造强国或主要创新型国家的这一比重则已达10%以上。

从产业部门看[2]，2015年中国制造业的研究与试验发展（R&D）经费支出为9650亿元，其中超过500亿元的行业大类有7个，分别是化学原料和化学制品制造业（794.5亿元），黑色金属冶炼和压延加工业

---

[1] 国家统计局网：《2015年全国科技经费投入统计公报》，http://www.stats.gov.cn/tjsj/zxfb/201611/t20161111_1427139.html。

[2] 中国政府网：《世界知识产权组织、康奈尔大学、英士国际商学院〈2016年全球创新指数〉》，http://www.gov.cn/xinwen/zhuanti/2016GRIIbaogao/index.htm。

(561.2亿元），通用设备制造业（632.6亿元），专用设备制造业（567.1亿元），电气机械和器材制造业（1012.7亿元），计算机、通信和其他电子设备制造业（1611.7亿元），汽车制造业（904.2亿元），但一些重要的先进制造行业，如医药制造业，化学纤维制造业，非金属矿物制品业，有色金属冶炼和压延加工业，金属制品业，铁路、船舶、航空、航天和其他运输设备制造业，仪器仪表制造业等的R&D经费投入仍不足500亿元。而且，整个制造业的R&D经费投入强度仅为0.97%，超过1%的制造行业仅10个，分别是医药制造业（1.72%），化学纤维制造业（1.09%），通用设备制造业（1.35%），专用设备制造业（1.58%），汽车制造业（1.27%），铁路、船舶、航空、航天和其他运输设备制造业（2.30%），电气机械和器材制造业（1.46%），计算机、通信和其他电子设备制造业（1.76%），仪器仪表制造业（2.08%），金属制品机械和设备修理业（1.20%）等。一些重要的先进制造行业的R&D经费投入强度仍低于1%，如化学原料和化学制品制造业、非金属矿物制品业、黑色金属冶炼和压延加工业、有色金属冶炼和压延加工业、金属制品业等。而美国制造业部门的研发投入所占比重超过所有私营部门的75%[1]，创新驱动能力强于其他任何部门；2014年制造业部门的研发投入已达2299亿美元，其中先进制药业研发经费投入占所有制造业研发投入的33%，达749亿美元；先进航空航天制造、化工、计算机、电子以及汽车和零部件的研发投入都占有较大的比重。日本R&D经费投入强度已位列世界第一，由企业主导的R&D经费占R&D总经费的比重也居世界之首，R&D经费主要集中在新兴技术产业，如移动互联网、人工智能、物联网、云计算、机器人、次世代基因组技术、自动化交通、能源存储技术、3D打印、次世代材料技术、非常规油气勘采、资源再利用等。前文的分析表明，提高中国先进制造业的技术效率，必须注重研发投入。

因此，未来中国需要创新融资方式，鼓励社会资本参与研发，多方筹措资金，加大制造业的研发投入，特别是先进制造业的研发投入，加快先进制造业生产设备的技术革新改造。要在先进制造过程中广泛应用云计算技术、大数据处理技术以及工业互联网、物联网等新一代信息技术，在先

---

[1] 深圳市人民政府网：《中国与创新10强差距何在?》, http://drc.sz.gov.cn/zkhz/zk-dtjcg/201609/t20160902_4411560.htm。

进制造行业内和行业间搭建科技含量高、有知识产权支撑的公共服务平台，以服务高端装备制造、新材料、生物医药等先进制造。要进行高耗能设备系统的节能改造，推广应用先进适用技术与装备，发展高档数控机床，推动精密智能的数控机床在汽车、轨道交通装备、海洋工程装备、航空航天等领域的示范应用；研发并应用节能环保发动机、电子控制系统、关键零部件；加强对先进制造领域核心部件的自主研发和试验，提高生产设备的性能，强化生产质量的在线监测控制和产品全生命周期质量监控，保证生产制造过程的稳定，保证制造品质量。要构建制造业企业与互联网企业之间信息和资源共享的服务平台，在技术研发、产品设计、营销管理、物流供应、生产数据处理等方面实行制造企业间的横向集成，形成制造产业链上不同节点企业间在设计、制造、营销方面的深度协同，推动网络化协同制造。要加大财政资金支持力度，设立不同类型的专项建设基金，扩大资金池容量，针对不同制造行业的特征，选用不同的支持形式。要鼓励地方设立技术改造专项资金，支持先进制造企业生产设备的改造升级，全面增强先进制造企业的自主创新能力，提高先进制造产品的新产品产值率和增加值率，提高先进制造企业的安全生产水平和技术效率。

二 引进培育人才，支持技术创新

制造强国的建设、先进技术的竞争归根结底体现在人才的竞争上。如同技术上的差距一样，中国制造企业在技术创新人才和管理人才方面，也与制造强国存在差距。2016年8月，世界知识产权组织（WIPO）联合康奈尔大学、英士国际商学院发布了《2016年全球创新指数（GII）》[①]，报告显示：在受测评的128个国家中，中国位列第25；在主要由一国高校教育质量、学术出版物水平以及国际专利申请量等反映的"创新质量"子指数方面，中国位列第17，而日、美、英、德则占据前4位；中国高等教育入境留学生占比排名第93位，高等教育入学率排名第78位，预期受教育年限排名第63位，中学生教师比排名第64位，与发达国家的差距显而易见；中国在本国人专利申请量和本国人实用新型专利申请量两项专

---

① 中国政府网：《世界知识产权组织、康奈尔大学、英士国际商学院〈2016年全球创新指数〉》，http：//www.gov.cn/xinwen/zhuanti/2016GRIIbaogao/index.htm。

利指标上表现良好,但在国际专利申请上低于发达国家的平均水平。

事实上,世界制造强国长期把人才竞争者放在极其重要的位置。2015年10月发布的《美国创新战略》确定要加大对创新基础要素的投入①,包括数据库、网络、研究设施、数字化平台等,并且要强化面向未来的科学、技术、工程和数学(STEM)等的教学。2016年美国对STEM教育项目投入30亿美元,比2015年增加3.8%;还大力度地放松移民限制,通过细密的指导,吸引全球最优秀、最有才华的技术人才、科学家、工程师、企业家为美国工作或效力;通过专利保护、各类形式的奖励,鼓励支持美国民众的创造力和创造性成果,激发民众的创新潜能;运用创造性的激励方式,催化技术研发,促进社会政策领域如健康、能源使用、教育方面的进步;采取重大步骤,利用创新人才,通过众包和公民科学方式,让公众运用专业知识来帮助国家解决重点研究项目。美国还发起了制造商运动,开展职业培训和职业教育,激励学生创新创业热情,通过职业技术教育,吸纳更多的人参与制造商运动,加速制造业的科技创新。

同样地,2014年英国政府修订中学课程教学大纲,要求学校必须在IT课程中向学生传授电脑编程、消除计算机病毒的相关基本知识和操作技能,以培养学生的创造力和动手能力。英国每年还会举办国际教育设备展(BETT),为教育领域的供求双方提供相互交流的机会,为教学领域的革新发展搭建高效的交流平台,以推动创新技术在教育领域的应用,促进创业精神在英国社会的传播和发展。2013年1月,欧盟委员会发布《2020创业行动计划》②,该计划把创业教育纳入了成员国大中小学和成人培训的课程体系,成员国的所有青少年在毕业时,都必须要有过创业实践经历。无论是大公司、小公司或者微型公司,无论是公司项目还是社会项目,无论是创业策划或是为企业家策划,实践经历都要体现创业精神,欧盟力图通过这一行动造就新一代创业者。瑞士也十分重视外国智力资源的开发利用,依靠良好的工作条件和优厚的生活待遇,广纳全球一流的科学技术人才和经营管理人才。瑞士联邦移民局的统计数据表明,现在84%的瑞士外来人口都受过高等教育,从事最多的五大行业均为技术含量较高的产业,分别是信息技术行业、化学制药行业、企业咨询行业、机械

---

① 美国科技政策办公室网:《美国创新战略》,http://www.whitehouse.gov。
② 中商情报网:《欧盟委员会发布〈2020创业行动计划〉》,http://www.askci.com。

行业以及食品饮料行业等。

所以，中国需要加快培育和引进全球一流的技术创新人才和管理人才，激发全民创新热情，鼓励人才的创新活动。要改革创新理念，面向全球、面向未来，创建世界一流的大学和处于国际前沿的高水平学科，造就一大批世界一流的科学家、企业家。要鼓励高校与世界高水平大学全方位开展国际交流合作，吸引海外优质师资、一流科研人才加入中国教师队伍，建设科研能力强、教学经验丰富、能立于国际学术前沿的一流教师队伍、学科领军人物和创新团队；要改革课程体系、革新教学内容、创新教学模式，强化培养学生的创新精神、实践能力。要在企业中推行差异化人才战略，建立多元化的人才培育模式和人才引进合作模式，通过差异化的人才招募、人才培养和人才保留策略，高效利用机构以外的人才资源。要牢固树立人才是制造强国根本的大局意识，建立健全科学合理的选人、用人、育人体制机制，加快培养制造业发展特别是先进制造业发展所需要的研究技术人才、工程技术人才、经营管理人才，建立起一支创新能力强、科学素质高、技能高超、结构合理的制造业职工队伍。要建立公平、公正的竞争环境，鼓励企业的竞争和创新活动，宽容失败，营造创新创业的宽松氛围，为制造业提高技术效率提供坚实的人才保障。

三　开展跨界合作，提高全要素生产率

近年来，中国制造业的劳动生产率有较大提升，但与世界制造强国相比还存在较大差距。根据可比的统计数据[①]：2012年中国制造业劳动生产率水平约为15.2万美元，而同时期美国、日本、德国的制造业劳动生产率水平分别约为37.0万美元、30.5万美元和30.4万美元；2012年中国高技术产业主营业务收入占制造业主营业务收入的比重仅为12.7%，而美国为15.0%、韩国为19.2%、法国为15.1%、英国为14.1%。根据美国经济分析局研究的数据[②]，2015年美国制造业占GDP的比重为12.1%，为美国经济贡献了2.17万亿美元，其间耐用品的制造业增加值从0.87万

---

① 朱帅：《从美国制造业真相看我国应对之策》，http：//www.cinn.cn/xw/chanj/369006.shtml。
② 国际金属加工网：《2016年中国制造业十大热点及未来趋势》，http：//www.mmsonline.com.cn/info/305518.shtml。

亿美元增长到 1.18 万亿美元,非耐用品的制造业增加值从 0.85 万亿美元增长到 0.99 万亿美元。自从 1987 年以来,美国制造业部门每小时的产出增长率为 250%,其中耐用品制造业部门的劳动生产增长率则高达 300%,而其他非耐用品制造业部门每小时的产出增长率则为 170%。自 2008 年国际金融危机以来,制造业单位劳动力成本已经下降了 8.4%,耐用品制造业部门的下降幅度更大。美国制造业部门拥有最高的乘数效应,美国制造业部门每雇用 1 名工人,就会带动其他部门 4 个人的就业,制造业 1 美元产出的乘数效应达 3.6 美元;2015 年美国制造业的外国直接投资(FDI)首次超过 1.2 万亿美元,较 2005 年美国制造业的外国直接投资翻了一番;从 2012 年 8 月起,美国陆续建立了 15 家制造创新中心,已经建成的创新中心分别是国家增材制造创新中心、数字制造与设计创新中心、下一代电力电子制造创新中心、轻质材料制造创新中心、先进复合材料制造创新中心、集成光子制造创新中心、柔性混合电子制造创新中心等,目标是建立适应新工业革命的制造创新商业模式,强化美国在先进制造研究领域的领导地位,增强创新与技术上的竞争实力,促进其创新性新技术向规模化、高绩效的本土制造方向发展。

美国等制造强国的做法值得借鉴。中国需要加快建立不同层级的制造创新中心[1],通过重大工程和项目[2],开展不同行业、不同类型企业之间的跨界合作,开展联合技术攻关;整合并利用制造企业集群、技术集群、合作伙伴集群的技术力量,挖掘技术潜力和优势,提升企业的技术创新能力。可以设立先进制造企业发展基金,开展先进制造企业技术专项行动,促进先进制造企业、先进制造基地与著名高校、科研院所定点或非定点的深度技术合作,利用先进技术提升企业的竞争优势。鼓励和支持先进制造企业建立产学研技术体系,筛选出需要优先发展的前沿技术,建立广泛的合作关系,利用各方面的智力资源,开展重点领域颠覆性技术的研究,如高能效计算、先进农业技术、先进材料、生物医药、再生医学、机器人、商用航天技术应用等。支持先进制造领域的领军企业进行全球先进科学技术发展的持续跟踪研究,对先进制造技术未来发展趋势进行预判和规划。

---

[1] 2016 年 6 月 30 日中国成立了国家动力电池创新中心,这是中国首个国家级制造业创新中心。

[2] 《〈加快美国先进制造业发展〉总统报告发布》,《科技日报》2014 年 10 月 31 日。

应设立颠覆性技术发展专项资金，支持企业和科研机构进行潜在的或具有前瞻性颠覆性技术研究。同时，也要注重工业基础领域的技术研发，全面推动制造领域的产业转型和升级，逐步建立起与市场相结合的适应先进制造技术发展的体制机制，营造良好的市场环境，加快技术对产业升级的带动作用。

四 变革制造方式，推进绿色制造和智能制造

人类社会正进入新工业革命时代，这种背景下全球制造业正经历一场生产制造方式的深刻变革。2013年德国发布"工业4.0"，提出要实现信息化与自动化技术的高度集成，建立智能工厂和智能生产，通过虚拟生产和现实生产的结合，使未来制造业实现更高的工程效率和更高的生产灵活性。2014年10月，美国总统科技顾问委员会发布《加速美国先进制造业报告》，强调要把智能化技术放到制造业发展的至关重要的位置，要将先进传感技术、控制平台系统、可视化、信息化和数字化制造技术引入先进制造领域，形成更高效、更精准的驱动物理世界的制造模式。美国还推行数字化设计，进行工程和制造等过程的技术和流程研发与应用，发展集成光电子技术，开发所谓的"从终端到终端"的光电子"生态系统"，实现国内铸造接驳、集成设计、自动包装组装和测试，进而对医疗技术产生革命性影响。日本已经拥有世界上最高效的丰田生产方式，建立了大规模定制的流水线和高度精密的机器人；还实现了制造业的清洁化和绿色化，并在探索构建未来分布式的能源系统①，进一步实现制造业的全智能化和可持续化发展。

汲取制造强国的有益经验，中国未来应该加快实行制造方式的重大变革②，推行绿色制造和智能制造，降低制造成本，提高劳动生产率。要加强先进的制造硬件和软件的开发，提高生产设备的自动化水平，加强生产大数据的处理分析，促进数字世界和现实世界的融合，催生更智能的制造产品和生产工艺。要优化制造企业的人才、技术、运营和监管模式，构建

---

① 分布式能源是一种建立在用户端的能源供应方式，它将用户的多种能源需求和资源配置状况进行系统整合优化，采用需求应对式设计进行供应，使资源、环境效益最大化，它既可独立运行，也可并网运行。

② 工信部：《〈绿色制造工程实施指南（2016—2020年）〉正式发布》，http://www.miit.gov.cn/newweb/n1146285/n1146352/n3054355/n3057542/n3057545/c5253469/content.html。

适应全球制造产品市场的创新产品组合，增强制造成本竞争力，建设先进制造业基地和制造供应链，实现各种生产驱动因素的平衡。要加强制造业基础设施建设，强化新时期工业制造软件的地位和作用，加快网络通信技术、传感技术、大数据处理技术、云计算等技术在先进制造业的广泛应用，促进物联网与制造业的深度融合，提高工业软件在采集生产过程数据、支撑智能化工厂的感知和分析能力，促进制造企业的研发、生产、管理、服务等的革命性变化。要构建绿色制造体系，按照产品全生命周期绿色管理要求，利用信息网络技术和大数据等先进手段，加强先进生产制造过程的管理控制，延伸生产者责任，全面推行绿色制造标准，实行绿色制造；要在先进制造领域实施高耗能设备系统节能改造，推广应用节能低碳技术装备，扩大新能源应用比例，提升能源利用效率；要推行循环生产制造模式，促进制造企业、生产基地和园区、制造行业间的链接共生、资源共享，推动能源转换、废弃物再利用，构建制造行业的生态链，对接社会生态链，最大限度地实现制造业资源的综合利用。还应大力培育再制造产业[①]，建设制造产品认定制度，推广应用再制造表面工程、增材制造与剩余寿命评估等技术工艺，实施高端再制造，形成适应工业资源循环利用产业发展的技术研发和装备产业能力，开启中国先进制造业发展的新时代。

[①] 再制造产业是指在原有产业的基础上，利用技术手段将废旧产品进行修复、加工、改造的一种产业，它以产品全寿命周期理论为指导，以实现废旧产品性能提升为目标。

第八章　建设制造强国的品牌方阵

品牌方阵，是一系列同性质品牌所形成的集群。制造强国重要的标志之一，就是在先进制造领域拥有一系列具有重大国际影响的全球知名品牌或顶级品牌。现阶段，中国工业品牌和先进制造业知名品牌在数量和影响力上与世界制造强国和发达国家相比还存在差距。由于技术、材料等方面的原因，先进制造领域的一些产品质量不具备优势，产品的安全性、可靠性、稳定性等与世界顶级产品相比还有提升空间。而且，中国先进制造领域最具价值品牌偏少，品牌价值相对较低，品牌的影响力不大。在建设制造强国的进程中，中国要大力推进中国先进制造领域品牌出海，强化先进制造领域品牌文化内涵和独特性建设，打造具有重大国际影响力的知名品牌和顶级品牌方阵。

第一节　中国品牌方阵现实

在先进制造领域取得重大技术突破，强化质量品牌建设，打造有全球影响的系列著名品牌是《中国制造2025》确定的重要战略任务之一。中国政府一直全力支持制造行业、制造企业加强新技术研发，注重质量管理，培育工业企业质量标杆，提高产品和服务的质量，打造具有自主知识产权的中国顶级制造品牌和具有世界影响力的知名品牌方阵。

一　中国先进制造品牌
（一）先进制造品牌行业分布

2015年5月，国务院发布《中国制造2025》，提出建设制造强国。2016年4月，国务院办公厅印发《贯彻实施质量发展纲要2016年行动计划的通知》①，提出要贯彻落实《质量发展纲要（2011—2020 年）》和《中国制造 2025》，提高发展质量和经济效益，实施质量品牌提升行动，建设质量强国；并强调要动员全社会力量，保护知识产权，提升产品质量，培育品牌；还要开展产品质量安全强制责任保险试点，进行知名品牌创建示范，启动重点品牌建设工程。2016 年 6 月，《国务院办公厅关于发挥品牌引领作用推动供需结构升级的意见》②印发，强调品牌是企业、国家竞争力的综合体现，在建设制造强国过程中，品牌建设是基础性工程，要采取有力措施发挥品牌影响力，扩大自主品牌产品消费；支持中国企业走出去，支持中国品牌走出去；国家要重点建设自主商标品牌，推动自主商标品牌产品出口；鼓励有条件的优势企业收购海外品牌，创造世界一流的品牌，培育自主品牌的国际竞争优势，推动品牌向全球价值链高端延伸。

2017 年 5 月，《工商总局关于深入实施商标品牌战略推进中国品牌建设的意见》③发布，提出改革商事制度，简化商标注册，保护商标品牌，提升中国品牌竞争力；要融合企业、市场、政府各方力量，动员社会各界落实执行品牌战略，推动产品向品牌的根本性转变；要大力发展先进制造业，加强产业集群品牌的注册，提升制造业品牌建设水平，培育和保护有中国特色的自主品牌，形成一批信誉好、美誉度高、国际竞争力强的产业集群区域品牌。同年 9 月，《中共中央 国务院关于开展质量提升行动的指导意见》④发布，部署实施质量强国战略，围绕发展质量和经济效益，开展质量提升行动。该意见提出，国家要加强全面质量监管，全面提升各类产品质量，形成自己独有的比较优势，建设中国民族品牌。同时提出要创建知名品牌示范区和质量提升示范区，实施中国精品培育工程；通过"中国品牌日"活动，开展品牌建设经验的国际交流，扩大中国品

---

① 中国质量网：《国务院办公厅关于印发贯彻实施质量发展纲要 2016 年行动计划的通知》，http：//www.chinatt315.org.cn/zcfg/2016－4/20/1060.aspx。

② 中国质量网：《国务院办公厅关于发挥品牌引领作用推动供需结构升级的意见》，http：//www.chinatt315.org.cn/zcfg/2016－6/21/1084.aspx。

③ 中国质量网：《工商总局关于深入实施商标品牌战略推进中国品牌建设的意见》，http：//www.chinatt315.org.cn/zcfg/2017－5/24/1184.aspx。

④ 中国质量网：《中共中央 国务院关于开展质量提升行动的指导意见》，http：//www.chinatt315.org.cn/zcfg/2017－9/13/1348.aspx。

牌的国际影响，创建出更多的百年老店民族品牌。2019年8月，《市场监管总局等14个部门关于开展2019年全国"质量月"活动的通知》[①]发布，再次强调要共创中国质量，建设质量强国，打造中国品牌方阵。在建设制造强国的过程中，中国产业要依靠创新驱动，产品要成为品牌，制造要成为创造，高质量、名品牌要成为建设制造强国的主旋律。国家出台这些通知、意见，表明中国一直高度重视产品质量和品牌建设。客观上，这些文件在实践中也得到了较好的落实，中国品牌建设取得了一定成就，特别是近年来，世界知名品牌的打造更是成为制造强国建设的重点目标。因此，追踪研究中国品牌，特别是先进制造业知名品牌建设具有重要的现实意义。

比照前文先进制造业的定义，依据《2016年中国各行业十大品牌》数据库，可以将2016年中国先进制造主要行业的十大知名品牌列示如下（见表8-1）。

表8-1　　　　　　中国先进制造主要行业十大知名品牌分布

电工		仪器仪表		工程机械		计算机		工业机器人	
品牌	地区	品牌	地区	品牌	地区	品牌	地区	品牌	地区
TCL-罗格朗	惠州	华立	杭州	卡特彼勒	北京	苹果	北京	发那科	上海
ABB	北京	TCL-罗格朗	惠州	小松	上海	戴尔	上海	ABB	北京
西蒙	海安	三星电气	宁波	三一重工	上海	惠普	北京	库卡	上海
西门子	上海	西蒙	海安	徐工	徐州	宏基	北京	安川	上海
松下	北京	霍尼韦尔朗能	中山	中联重科	长沙	华硕	上海	新松	沈阳
霍尼韦尔朗能	中山	奇胜	香港	沃尔沃	上海	联想	北京	史陶比尔	杭州
天基电气	深圳	正泰	杭州	广西柳工	柳州	神舟	深圳	那智不二越	上海
施耐德	天津	日立	北京	中国龙工	龙岩	清华同方	北京	柯马	上海
正泰	杭州	飞雕	上海	斗山	烟台	ThinkCentre	北京	埃夫特	芜湖
飞雕	上海	博世	杭州	山推	济宁	海尔	青岛	广州数控	广州

资料来源：中国品牌网（http：//www.china10.org/index.html）；笔者加工整理。

---

① 中国质量网：《市场监管总局等14个部门关于开展2019年全国"质量月"活动的通知》，http：//www.chinatt315.org.cn/xhwj/2019-162-1.html。

续表 8-1 (1)　　　中国先进制造主要行业十大知名品牌分布

汽车		电动车		太阳能		节能环保		生物制药	
品牌	地区	品牌	地区	品牌	地区	品牌	地区	品牌	地区
上汽集团	上海	爱玛	天津	格力	珠海	金日	上海	同仁堂	北京
一汽集团	长春	雅迪	无锡	皇明	德州	览讯	广州	云南白药	昆明
东风汽车	武汉	绿源	金华	力诺瑞特	济南	菱电	合肥	三九	深圳
北汽集团	北京	新日	无锡	美的	佛山	良机	广州	广州药业	广州
长安汽车	重庆	立马	台州	真心	杭州	BAC	大连	哈药	哈尔滨
广汽集团	广州	台铃	深圳	同方	昆明	聚民	上海	修正	长春
华晨汽车	沈阳	绿佳	台州	欧特斯	丽水	国宁	深圳	太极	重庆
长城汽车	保定	比德文	潍坊	锦江	恩平	台益	上海	九芝堂	长沙
中国重汽	济南	小刀	天津	米特拉	杭州	国佳	合肥	天士力	天津
江淮汽车	合肥	小鸟	天津	同益	广州	方舟	无锡	扬子江	泰州

资料来源：中国品牌网（http://www.china10.org/index.html）；笔者加工整理。

续表 8-1 (2)　　　中国先进制造主要行业十大品牌分布

数控机床		造船		无人机		农业机械		家用电器	
品牌	地区	品牌	地区	品牌	地区	品牌	地区	品牌	地区
马扎克	上海	大船重工	大连	大疆	深圳	中国一拖	洛阳	海尔	青岛
森精机	上海	沪东中华	上海	派诺特	深圳	福田雷沃	潍坊	美的	佛山
沈阳机床	沈阳	外高桥	上海	AEE	深圳	约翰迪尔	北京	格力	珠海
大连机床	大连	江南造船	上海	零度智控	北京	山东五征	日照	西门子	北京
通快	太仓	渤船	葫芦岛	中科遥感	北京	久保田	苏州	海信	青岛
天田	上海	广船国际	广州	极飞	广州	中联重机	芜湖	三星	北京
大隈	上海	扬子江船业	靖江	易瓦特	武汉	常州东风	常州	松下	北京
济二机	济南	新世纪造船	江苏	艾特	深圳	天津勇猛	天津	创维	深圳
北一机	北京	中远川崎	南通	亿航	广州	山东常林	临沭	TCL	惠州
齐一	齐齐哈尔	武船	武汉	华科尔	广州	山东巨明	淄博	长虹	绵阳

资料来源：中国品牌网（http://www.china10.org/index.html）；笔者加工整理。

表 8-1 的数据初步揭示了中国先进制造业品牌的行业和地域分布特征，以此为基础可进一步进行计量经济学分析。

（二）先进制造品牌行业分布的计量分析

由于先进制造业可以是由传统制造业升级而成，也可能是由新技术突破兴起而成。因此，我们将先进制造品牌分为升级型先进制造品牌和新兴型先进制造品牌两类。根据表 8-1 的分类，由传统产业升级而成的先进制造业包括电工、仪器仪表、工程机械、汽车、生物制药、数控机床、造船、农业机械、家用电器 9 个行业；而新兴先进制造行业则包括计算机、工业机器人、电动车、太阳能、节能环保、无人机 6 个行业。同时，将品牌所属的地区分为东部地区、中部地区和西部地区，则可得表 8-2。

表 8-2　　　　　　先进制造业知名品牌复合分布频次　　　　　　单位：个

	新兴型先进制造品牌数	升级型先进制造品牌数	总计
东部地区	73	55	128
中部地区	11	4	15
西部地区	6	1	7
总计	90	60	150

表 8-2 是一个典型的频次分布表，据此进行先进制造品牌类型与地域的 Gamma 相关分析。

Gamma 相关分析的基本思想是：如果存在两个不能直接用数字表现的定序变量或定类变量 X 和 Y 构成一个列联表，则可据此确定两变量形成的同序对数和异序对数，而后计算 Gamma 相关系数，以此判定两变量间是否存在相关关系和关系的显著性。

对于两个定类变量或两个定序变量，可先计算行变量 Y 中属于第 i 个类别的边缘概率，将第 i 行上的概率累加得到：

$$p_{i*} = p_{i1} + p_{i2} + \cdots + p_{iv}$$

再计算列变量 X 中属于第 j 个类别的边缘概率，将第 j 列上的概率累加得到：

$$p_{*j} = p_{1j} + p_{2j} + \cdots + p_{iu}$$

进行零假设 H_0：列联表中两个变量在总体上是独立的，即对于所有 i 和 j，满足下列条件：

$$p_{ij} = p_{i*} p_{*j}$$

其中，p_{ij} 是属于行变量 Y 的第 i 类并且属于列变量 X 的第 j 类的概率；

p_{i*} 是指属于变量 Y 的第 i 个分类的边缘概率；p_{*j} 是属于变量 X 的第 j 个分类的边缘概率。根据边缘概率，可计算列联表中各元素的估计期望值。

更进一步，对于列联表中的每个单元 (X，Y)，可计算各单元彼此间的同序对、异序对、同分对。假定有 A 单元和 B 单元分别为 A (X_i, Y_i) 和 B (X_j, Y_j)。若 $X_i > X_j$, $Y_i > Y_j$；$X_i < X_j$, $Y_i < Y_j$，则称 AB 同序对；若 $X_i > X_j$, $Y_i < Y_j$；$X_i < X_j$, $Y_i > Y_j$，则称 AB 异序对。若 $X_i > X_j$, $Y_i = Y_j$ 则称 AB 关于 Y 同分对；若 $Y_i > Y_j$, $X_i = X_j$，则称 AB 关于 X 同分对。如果列联表中的单元形成的是以同序对为主，则表示变量 X 和 Y 呈正相关；若单元形成的是以异序对为主，则变量 X 和 Y 呈负相关。而同序对和异序对之差，则反映了等级相关的程度。这样，Gamma 等级相关的计算公式就被定义为：

$$G = \frac{n_s - n_d}{n_s + n_d} \quad (-1 \leqslant G \leqslant 1)$$

其中，n_s 是同序对个数，n_d 是异序对个数。

如果将样本的 G 值推论到总体，还需要进行统计的显著性检验，其检验量为：

$$Z = \frac{G}{\sqrt{1-G^2}} \sqrt{\frac{n_s + n_d}{n}} \sim N(0,1)$$

其中，n 为总频次。

于是，根据表 8-2 计算得：同序对数为 376 个，异序对数为 959 个，这样计算出 Gamma 等级相关系数为：

$$G = \frac{n_s - n_d}{n_s + n_d} = \frac{376 - 959}{376 + 959} = -0.4368$$

设定：$H_0: \rho = 0$；$H_0: \rho \neq 0$

计算 Z 统计检验量为：$Z = \frac{-0.4368}{\sqrt{1-0.4367^2}} \sqrt{\frac{376+959}{150}} = -1.4485$

在 $\alpha = 0.05$ 的显著性水平下，$Z_{\alpha/2} = 1.96$，此处 $Z = -1.4485 < 1.96$，故接受零假设，可认定经济的发达程度与先进制造业品牌数相关，但与先进制造品牌的类型（新兴型先进制造或升级型先进制造）并无显著性相关关系。

综合表 8-1 和后续的计量结果，不难发现中国先进制造业所体现出的特征。

第一，先进制造业中的诸多品牌源起于发达的制造强国，并不属于中国的自主品牌。表 8-1 清楚表明，中国先进制造行业均有一些知名品牌，但这些知名品牌中，有不少品牌并不属于纯中国知名品牌，如电工行业的 TCL-罗格朗，是广东 TCL 集团与法国罗格朗集团合作创立的品牌；仪器仪表行业的霍尼韦尔朗能，是美国霍尼韦尔公司与广东朗能电器有限公司合资创立的品牌；太阳能行业的力诺瑞特，是山东力诺集团与德国 Paradigma 公司合作创立的品牌；造船行业的中远川崎是中国远洋运输集团与日本川崎重工株式会社合作创立的品牌。有些知名品牌更直接是国外知名企业在中国设立的生产基地或代理机构，这些品牌本身并不是中国的自主品牌，如电工行业的 ABB（瑞士），工程机械行业的卡特彼勒（美），计算机行业的苹果（美）、戴尔（美）、惠普（美），工业机器人行业的发那科（日）、史陶比尔（瑞士）、那智不二越（日）、柯马（意），数控机床行业的马扎克（日）、森精机（日）、大隈（日）、通快（德国）、天田（日），农业机械行业的约翰迪尔（美）、久保田（日），家用电器行业的西门子（德）、三星（韩）、松下（日）等。

品牌的非自主产权属性状况，表明中国的先进制造业中有不少行业仍然是处于一种"贴牌生产"或"代工生产"状态，拥有优势品牌的外国企业掌握着核心技术、设计参数，它们已从烦琐的生产事务中解脱出来，将精力集中于技术的研发、产品服务和品牌的推广。为了降低成本，缩短运输距离，节省劳动力，这些企业将加工生产委托给中国企业，这虽然是社会生产分工精细化的表现，但表明中国先进制造领域是微笑曲线的底端，产品的市场竞争力还不强。

第二，先进制造品牌主要集中于经济发达的东部地区。中国先进制造行业的知名品牌主要集中于东部地区、经济发达的省市，经济欠发达的西部省份少有知名制造业品牌。数据显示，北京、上海、深圳、广州是知名先进制造品牌最为集中的地区，特别是合资企业品牌集中地。150 个知名品牌中，北京占有 20 个，占比约为 13.3%；上海拥有 24 个，占比为 16%；广州拥有 12 个，占比为 8%；深圳拥有 10 个，占比约为 6.7%。杭州、大连、沈阳、济南、青岛、哈尔滨等地由于先天的产业优势，也集中了部分先进制造业知名品牌，如杭州的正泰，沈阳的沈阳机床、新松机器人，济南的济二机床，哈尔滨的哈药集团，齐齐哈尔的齐一机床，大连的大船重工，柳州的广西柳工，徐州的徐工，青岛的海信电器等。西部地区集中的知名品牌很少，有影响的仅有四川长虹，昆明的云南白药、同方太阳能等。先进制造业知名品牌在东、中、西部地区的分布极不均衡，说明先进制造品牌的分布与地区经济发展水平有着互为影响的密切关系。一方面，经济发达可以集聚更优秀的人才、技术资源，有利于创造先进制造业的知名品牌；另一方面，先进制造品牌的集中又给地区经济注入活力，促进地域经济的发展。

第三，先进制造业缺少全球顶级知名品牌。2016年"世界品牌500强"榜单中，中国有36个品牌入选，其中进入前100位的品牌是国家电网（第36位）、中国工商银行（第40位）、腾讯（第40位）、CCTV（第62位）、海尔（第76位）、中国移动（第79位）、华为（第81位）、联想（第90位），另有一个家电行业的长虹入选500强，排名第288位。可见，表8-1中列示的150个知名先进制造品牌中，只有3个拥有自主知识产权的品牌入选世界500强榜单，即家电行业的长虹、海尔，计算机行业的联想。这说明，中国先进制造业的每一个行业都有一些在国内有影响的知名品牌，但这些品牌也仅仅是在国内知名，少有国际知名的品牌和顶级品牌。特别是在一些重要先进制造领域如航空航天、高端装备制造、生物制药等行业，中国无一品牌跻身世界500强。

世界品牌500强是测度一个企业竞争力的重要标尺，尤其是处于前20位的品牌，都属于全球顶级品牌，在制造领域拥有了全球顶级品牌，也就决定了一个国家在这个行业的国际地位。中国在先进制造领域顶级品牌欠缺，从一个侧面反映了中国在先进制造领域与制造强国的差距。

二　中国最具价值品牌

建设制造强国，提升制造业供给体系质量，重要的前提是构筑质量品牌竞争优势。在《中国制造2025》的行动方案中，中国政府始终把全面提升产品质量和服务质量，创建世界顶级品牌作为重要目标。在地域层面上，中国各地区利用独特的自然资源优势、稀缺的社会资源条件和显著的产业特点，适应区域独有的市场竞争环境，建设地区特有的品牌，如茅台镇的白酒、景德镇的瓷器、晋江的鞋业、天津的自行车产业、杭州的电子商务、平果的铝产品、宜兴的陶制品等。中国各地区的品牌，是中国品牌价值体系的重要组成部分，是地区经济增长的重要动力。同时，中国也注重各行业品牌的培育，通过培育冠军企业、独角兽企业创造中国的知名品牌，特别是先进制造业领域的品牌。

2019年6月，世界品牌实验室发布了"2019中国500最具价值品牌"（第16届）。这个榜单是研制者根据其所设计的品牌强度系数而计算得出的。品牌强度系数包括品牌领导力、品牌互动力、品牌趋势、品牌稳定性、品牌年龄、品牌行业性质、品牌全球化7个要素。具体计算品牌价值时考虑了品牌的主营收入、主营利润、品牌收益、税后品牌收益、贴现率、贴现因子、贴现值、近五年的价值、品牌强度系数、未来品牌残值等因素。此外，品牌价值量还充分考虑了社交媒体的影响因素，并结合第三方数据进行评估，涵盖了品牌的行业地位、品牌认知、品牌管理、品牌扩张力等多个方面。按照这种评估方法得出的结果，2019中国500最具价值品牌在各省区市的分布如图8-1所示。

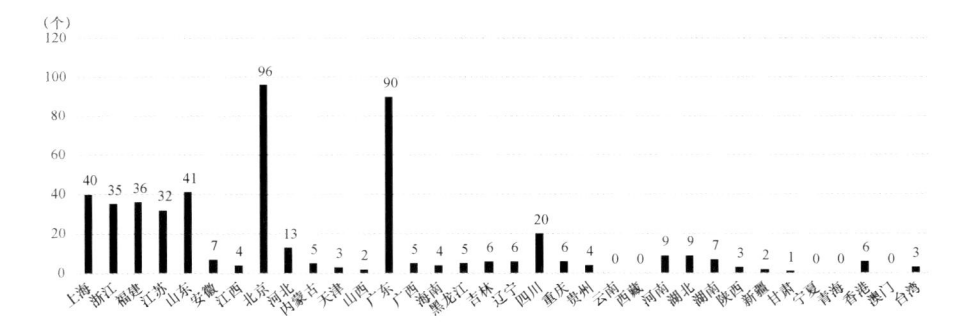

图8-1 中国500最具价值品牌分布

资料来源：世界品牌实验室官网（http://www.worldbrandlab.com/brandmeeting1/2019china500/brand/bg1.htm）；笔者绘制。

由图8-1和相关数据可知：

第一，最具价值品牌分布不均衡。北京、广东、山东、上海、福建、浙江、江苏、四川和河北这9个省市拥有的最具价值品牌数最多，其占总量的比重分别为19.2%、18%、8.2%、8%、7.2%、7%、6.4%、4%和2.6%。在地域上，华东地区①拥有最具价值品牌195个，华北地区拥

---

① 华东地区包括：上海、浙江、福建、江苏、山东、安徽、江西；华北地区包括：北京、河北、内蒙古、天津、山西；华南地区包括：广东、广西、海南；东北地区包括：黑龙江、吉林、辽宁；西南地区包括：四川、重庆、贵州、云南、西藏；华中地区包括：河南、湖北、湖南；西北地区包括：陕西、新疆、甘肃、宁夏、青海。

有最具价值品牌 119 个，华南地区拥有最具价值品牌 99 个，东北地区拥有最具价值品牌 17 个，西南地区拥有最具价值品牌 30 个，华中地区拥有最具价值品牌 25 个，西北地区拥有最具价值品牌 6 个，港澳台地区拥有最具价值品牌 9 个。这显示，东部沿海经济发达地区拥有最具价值品牌较多，经济欠发达的西北地区、东北地区拥有最具价值品牌较少。一些经济区域，如长三角地区、珠三角地区，其高新技术开发区和创新型产业集群较多，经济开放程度高，创新能力较强，拥有的最具价值品牌也较多。因此，经济开放度、经济发展水平、创新能力与知名品牌的数量都是有着高度关联性的。

第二，中国先进制造领域最具价值品牌明显偏少。中国最具价值的 500 个品牌主要集中在 27 个细分行业，其中主要是食品饮料行业、轻工业和建材行业，其次是传媒业、纺织服装行业、汽车行业、金融业、化工行业、医药行业和机械行业。一些非制造行业，如旅游服务业、地产业、零售业、餐饮业、装饰业等也占有一些最具价值品牌，而微电子、计算机、信息、生物、新材料、航空航天、节能环保、高效变速器、动力电池、航空发动机、核心设备和系统、机载设备、关键材料、基础元器件等先进制造领域的最具价值品牌较少，或者完全没有。

最具价值的 500 个品牌中，属于先进制造领域的行业是汽车、医药、化工、通信电子 IT、航空等，这些行业最具价值品牌的总量不多，且一些行业品牌排名也不靠前。如航空业除包括航空制造外，还包含航空服务业，如国航、山东航空、东方航空、四川航空等，航空业品牌排名处在最具价值品牌前 10 位的数量为 0；医药行业品牌处于最具价值品牌前 10 位的没有，处于前 100 位的只有 1 个。汽车是比较典型的先进制造行业，但在全球汽车品牌中，处在前 5 位的是丰田、奔驰、大众、宝马、福特，其品牌价值分别为 710 亿美元、661 亿美元、643 亿美元、635 亿美元和 630 亿美元，入选最具价值品牌前 10 位的汽车品牌全部由德国、日本、美国、韩国所占有，中国没有汽车制造品牌进入全球前 10 位。

第三，先进制造领域品牌的影响力不大。2019 中国最具价值的 500 个品牌报告显示，品牌认知度越高、影响力越大，则产品的价格就越高；品牌的信誉度越高，企业也更容易进行品牌的营销和拓展。在激烈的市场竞争中，品牌对企业有着重大的保护作用。品牌的影响力主要体现在知名度、美誉度、偏好度、品牌占有率、品牌满意度、品牌忠诚度等方面。

"中国500最具价值品牌"榜单中，具有世界性影响的品牌有54个，占总数的10.8%；具有全国性影响的435个，占总数的87%；具有区域性影响的11个，占总数的11%。这其中，具有世界影响力的先进制造品牌只有上汽、北汽集团、联想、中国航天科工、中国中车、上海电气；具有全国性影响的是解放、通威、红旗、中国长安、中联重科、北大方正、小米、玉柴、三一、宇通、金龙汽车、人民电器、海格HIGER、东方电气、比亚迪、正泰、临工、北汽新能源、江铃汽车、中国重汽、康佳、修正、大疆、陕汽、奇瑞、亨通光电、江淮等；还有些品牌只有地区影响力，如联迪、金山、感康、飞毛腿、山推、超阳、九芝堂等。因此，中国品牌，特别是先进制造领域的中国品牌，在影响力方面远不及发达国家和制造强国的品牌，提高中国先进制造领域品牌的全球影响力任重道远。

第二节 中国品牌方阵竞争力

中国制造品牌正在快速崛起，但品牌效应和品牌影响力与中国制造业地位仍不匹配。中国制造企业的规模效应还没有转化为品牌效应，中国制造需要强化顶级品牌意识，实现品牌立业，增强品牌方阵竞争力。品牌方阵的竞争力主要体现在世界顶级品牌、世界品牌500强、亚洲品牌500强的拥有量上，这也是品牌强国的重要标志。

一 世界品牌500强比较

世界品牌实验室[①]（World Brand Lab）于2015年12月在纽约公布了2015年度（第十二届）"世界品牌500强"，这是该机构对全球8000个知名品牌的影响力（Brand Influence）进行测度评分后得出的排序结果。有27个国家的知名品牌入选2015年"世界品牌500强"，从拥有知名品牌的数量上看，美国228个，占比为45.6%；英国44个，占比为8.8%；法国42个，占比为8.4%；日本37个，占比为7.4%；中国31个，占比

---

① 世界品牌实验室，英文名为World Brand Lab，是一家国际化、专业性的品牌研究机构，总部在美国纽约，由诺贝尔经济学奖得主罗伯特·蒙代尔（Robert Mundell）教授担任主席。该机构每年发布"世界品牌500强""亚洲品牌500强""中国500最具价值品牌"系列榜单，其专家和顾问来自哈佛大学、耶鲁大学、牛津大学、剑桥大学等世界顶级学府，其研究成果已成为许多企业进行无形资产评估的重要依据。

为 6.2%；德国 25 个，占比为 5%；瑞士 22 个，占比为 4.4%；意大利 17 个，占比为 3.4%。相对于经济规模而言，中国全球知名品牌的拥有量明显不足。

在 500 强榜单中，处于前 10 位的全球顶级品牌依次是谷歌（Google）、苹果（Apple）、亚马逊（Amazon）、通用电气（GE）、三星（Samsung）、沃尔玛（Walmart）、耐克（Nike）、梅赛德斯奔驰（Mecedes-Benz）、脸书（Facebook）、雀巢（Nestle）。其中，美国占了 7 席，德国、韩国、瑞士各占了 1 席。10 个顶级品牌分属于不同的行业，其中 6 个为制造行业，其余为互联网行业、零售行业，6 个制造行业中汽车行业、计算机行业、电子行业为先进制造业。中国没有品牌跻身前 10 位，但有 31 个品牌入围世界品牌 500 强，排名均在 50 位以后，具体情况如表 8-3 所示。

表 8-3　　　　　　　　　中国入选世界品牌 500 强品牌榜单

品牌所在行业	品牌及位次
银行、保险行业	54 位：中国工商银行（ICBC）；190 位：中国银行（Bank of China）；202 位：中国人寿（China Life）；210 位：中国建设银行（CCB）；277 位：中国平安（Ping An）；286 位：中信集团（CITIC Group）；342 位：中国农业银行（Agricultural Bank of China）
能源行业	56 位：国家电网（State Grid）；218 位：中国石油（CNPC）；251 位：中国石化（SINOPEC）；330 位：中国华信（CEFC）；348 位：中化（SINOCHEM）
计算机、通信设备、电子、家电行业	74 位：联想（Lenovo）；82 位：海尔（Haier）；114 位：华为（Huawei）；291 位：长虹（Chang Hong）
传媒、互联网行业	61 位：中央电视台（CCTV）；93 位：腾讯（Tencent）；241 位：百度（BAIDU）；284 位：阿里巴巴（ALIBABA）；366 位：人民日报（People's Daily）；368 位：新华社（Xinhua News Agency）
电信行业	89 位：中国移动（China Mobil）；265 位：中国联通（China Union）；270 位：中国电信（China Telecom）

续表

品牌所在行业	品牌及位次
食品与饮料行业	232位：中粮集团（COFCO）；324位：青岛啤酒（Tsingtao Beer）；374位：茅台（Maotai）
工程与建筑行业	345位：中国铁建（CRCC）；376位：中国建筑（China State Construction）
航空与防务行业	300位：中国国际航空（Air China）

资料来源：世界品牌实验室官网（http://www.worldbrandlab.com），数据所属时间为2015年；笔者加工整理制表。

世界品牌500强是综合品牌的市场占有率（Share of Market）、品牌忠诚度（Brand Loyalty）和全球领导力（Global Leadership）进行测度确定的，反映了品牌在全球的影响力。品牌影响力是指品牌开拓市场、占领市场并获得利润的能力，由品牌的市场占有率、品牌忠诚度和全球领导力三个核心指标计算求得[1]。中国有31个品牌入选世界500强品牌。这些品牌主要集中在银行保险、能源、传媒互联网行业，而属于先进制造领域的知名品牌仅联想、华为两个。可见，中国还十分缺乏反映一国制造实力和竞争力的世界顶级知名制造品牌。

2019年12月，世界品牌实验室发布了2019年度"世界品牌500强"（第16届）排行榜，位居前三的仍然是美国的谷歌（Google）、亚马逊（Amazon）、微软（Microsoft）。500强品牌共覆盖54个行业。其中，位居第一的是汽车与零件行业，共有35个上榜品牌；位居第二的是食品与饮料行业，共有33个上榜品牌；位居第三的是传媒行业，共有30个上榜品牌。零售行业、能源行业、互联网行业和银行业分别位列第4、第5、第6，分别有24个品牌、23个品牌和22个品牌上榜。全球500个著名品牌主要集中在美、英、法、日、德等发达国家，可以将2018年、2019年拥

---

[1] 世界品牌实验室发布的榜单，是由市场占有率（Market Share）、品牌忠诚度（Brand Loyalty）和全球领导力（Global Leadership）三个指标计算品牌影响力指数。其中，合并后的联合品牌，以合并前的品牌中的年长品牌为准；被跨国兼并的品牌，以被兼并前的诞生地所在国家为品牌国籍；设立多国总部的品牌，以诞生地所在国家为"品牌国籍"；横跨多种行业的品牌，以收入最多的主营业务所在行业为准；外国品牌的中文名称以中国大陆的约定俗成翻译为准，没有中文名称的外国品牌，世界品牌实验室视情况进行翻译或不翻译。

有世界品牌 500 强的主要国家比较图示如下（图 8 – 2）。

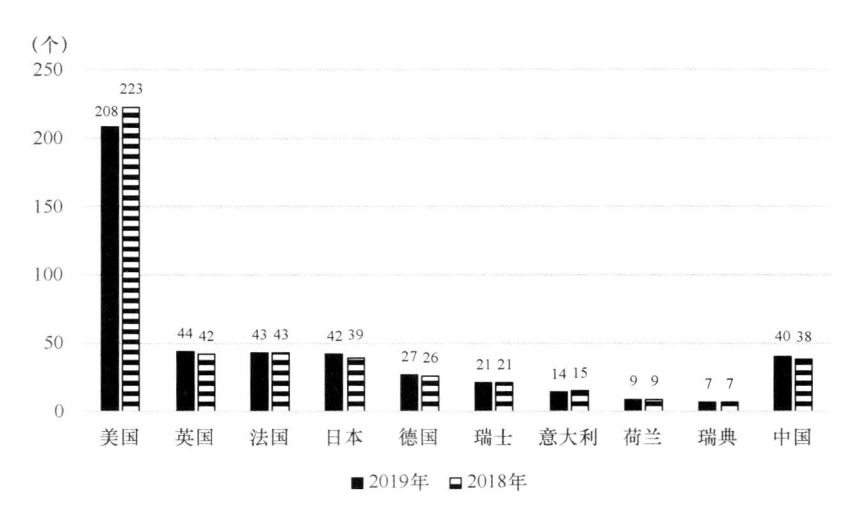

图 8 – 2　世界品牌 500 强比较

资料来源：世界品牌实验室官网（http://www.worldbrandlab.com/indexnew/worldbrand.htm），数据所属时间为 2019 年；笔者整理绘制。

由图 8 – 2 可以看出，美国拥有世界品牌 500 强的数量最多、占比最大，2018 年的占比达到 44.6%，2019 年的占比为 41.6%。中国是拥有世界品牌 500 强较多的 10 个国家之一，入选品牌有 40 个。从位次上看，中国仅次于美、英、法、日，居全球第 5 位，但在拥有 500 强品牌的绝对量上与美国相差甚远。

在世界品牌 500 强名单中，中国 40 个入选品牌的名称及排位[①]是国家电网（28）、腾讯（36）、海尔（41）、中国工商银行（44）、华为（51）、中央电视台（64）、阿里巴巴（75）、华润（78）、中国移动（88）、联想（99）、中国人寿（132）、中国石油（137）、中国石化（142）、中国平安（165）、中粮（208）、中国银行（210）、中国建设银行（211）、百度（223）、中国联通（232）、中信集团（239）、中国电信（245）、国航（281）、长虹（283）、中国南方电网（293）、茅台（300）、五粮液（302）、青岛啤酒（306）、中国中车（317）、中化（320）、中国

---

①　括号中的数字表示该品牌在世界品牌 500 强中的排名。

建筑（321）、人民日报（348）、中国农业银行（350）、新华社（365）、中国航天科工（366）、中国铁建（370）、中国光大集团（402）、恒力（415）、徐工（427）、魏桥（470）、台积电（483）。由此可以看出，中国排名居世界前 10 位的品牌为 0 个；居前 100 位的品牌有 10 个；居 100—200 位的品牌有 4 个；居 200—300 位的品牌有 10 个；居 300—400 位的品牌有 11 个；居 400 位以后的品牌有 5 个。在世界品牌 500 强的榜单上，中国品牌的排名总体上处于中等偏下的水平。

品牌的行业分布一定程度上可以反映一个国家产业的国际竞争力。中国 40 个入选 500 强的品牌中主要分布在 19 个行业。具体为能源行业 5 个：国家电网、中国石油、中国石化、中国南方电网、中化；互联网行业 3 个：腾讯、百度、阿里巴巴；银行业 4 个：中国工商银行、中国银行、中国建设银行、中国农业银行；物联网生态行业 1 个：海尔；计算机与通信行业 3 个：华为、联想、台积电；传媒行业 3 个：中央电视台、人民日报、新华社；多元化行业 2 个：华润、中粮；电信行业 3 个：中国移动、中国联通、中国电信；保险业 2 个：中国人寿、中国平安；多元金融行业 2 个：中信集团、中国光大集团；航空业 1 个：国航；电子电气行业 1 个：长虹；食品与饮料行业 3 个：茅台、五粮液、青岛啤酒；交通运输业 1 个：中车；工程与建筑行业 2 个：中国建筑、中国铁建；防务与飞机制造行业 1 个：中国航天科工；石化与纺织业 1 个：恒力；工业设备行业 1 个：徐工；纺织业 1 个：魏桥。可见，入选世界品牌 500 强榜单的 40 个中国品牌，主要集中在能源行业、银行业、电信行业、食品与饮料行业。属于制造行业的 500 强品牌很少，属于先进制造领域的 500 强品牌更少。作为典型的先进制造业代表的华为在 500 强排名第 51 位，联想排名第 99 位，中国中车排名第 317 位，台积电排名第 483 位。中国先进制造业没有品牌跻身 500 强的顶级方阵（排名前 10 位），而且也没有品牌进入前 50 位。由此可见中国先进制造行业在全球著名品牌的排名中是不理想的。

进一步，可以分析比较 2019 年世界品牌 500 强中处于顶级方阵和新上榜前 10 品牌的情况（见表 8-4）。

由表 8-4 可知，在世界品牌 500 强顶级方阵中，美国占据了 80% 的席位，德国、日本各占 10%，中国无缘世界品牌 500 强的顶级方阵。顶级方阵中，美国有 6 个品牌属于先进制造领域或高科技领域。德国、日本进入顶级方阵的品牌分别是梅赛德斯-奔驰、丰田，属于先进制造领域。

而世界品牌500强中新上榜的前10个品牌,主要集中在金融、保障、广告等领域,中国有2个入选,一个属于多元化行业、一个属于多元金融行业,均不属于先进制造领域。因此,在世界品牌500强新上榜前10品牌上,中国先进制造业品牌也是明显欠缺的。

表8-4　　　　　世界品牌500强前10及新上榜前10品牌

500强前10品牌					500强新上榜前10品牌			
榜单排名	品牌名	国家	行业	榜单排名	品牌名	国家	行业
1	谷歌(Google)	美国	互联网	78	华润(China Resources)	中国	多元化
2	亚马逊(Amazon)	美国	互联网	287	国民威斯敏斯特银行(NatWest)	英国	银行
3	微软(Microsoft)	美国	软件	337	劳埃德银行(Lloyds Bank)	英国	银行
4	苹果(Apple)	美国	计算机与通信	376	沙特阿美(Saudi Aramco)	沙特	能源
5	美国电话电报(AT&T)	美国	电信	387	英杰华(Aviva)	英国	保险
6	耐克(Nike)	美国	服装服饰	394	阳狮集团(Publicis Groupe)	法国	广告
7	梅赛德斯-奔驰(Mercedes-Benz)	德国	汽车与零件	399	劳氏(Lowes)	美国	零售
8	麦当劳(McDonald's)	美国	餐饮	402	中国光大集团(China Everbright Group)	中国	多元金融
9	丰田(Toyota)	日本	汽车与零件	409	卡塔尔航空(Qatar Airways)	卡塔尔	航空
10	沃尔玛(Walmart)	美国	零售	411	西班牙电信(TelefσNica)	西班牙	电信

资料来源:世界品牌实验室官网(http://www.worldbrandlab.com/indexnew/Worldbrand.htm);笔者加工整理。

世界品牌500强榜单同时还给出了2019年10个最古老和10个最年轻的品牌，相关信息见表8-5。

表8-5　　　世界品牌500强最古老与最年轻的10个品牌

最古老的10个品牌				最年轻的10个品牌			
榜单排名	品牌名	品牌年龄	行业	榜单排名	品牌名	品牌年龄	行业
108	牛津大学（University of Oxford）（英）	923	教育	368	DXC科技（DXC）（美）	2	软件
91	剑桥大学（University of Cambridge）（英）	810	教育	432	安波福（Aptiv）（爱尔兰）	2	电子电气
39	哈佛大学（Harvard University）（美）	383	教育	359	Instagram（美）	9	互联网
354	圣戈班（Saint Gobain）（法）	354	建材	233	优步（Uber）（美）	10	互联网
387	英杰华（Aviva）（英）	323	保险	343	WhatsApp（美）	10	软件
481	耶鲁大学（Yale University）（美）	318	教育	389	爱彼迎（Airbnb）（美）	11	互联网
300	茅台（Moutai）（中）	315	食品饮料	63	推特（Twitter）（瑞典）	13	互联网
440	葛兰素史克（GSK）（英）	304	制药	384	Spotify（美）	13	互联网
462	马爹利（Martell）（法）	304	食品饮料	20	YouTube（美）	14	互联网
487	人头马（Remi Martin）（法）	295	食品饮料	442D	三菱日联金融（MUFG）（日本）	14	银行

资料来源：世界品牌实验室官网（http://www.worldbrandlab.com/indexnew/worldbrand.htm），数据所属时间为2019年；笔者加工整理。

表8-5显示，全球最古老的10个品牌分属于美国、法国、英国、中国，中国的食品饮料行业品牌——茅台入选；而全球最年轻的10个品牌

多是集中在高科技行业，如互联网行业、软件行业，中国没有一个入选。这反映了中国虽有全球重大影响的民族品牌、古老品牌，但欠缺现代高科技领域脱颖而出的年轻品牌。中国品牌无论是在传统性上还是在现代性上，都有较大的提升空间。

对比世界品牌实验室 2015 年和 2019 年的数据不难发现，中国在世界品牌 500 强中的地位并没有根本性的变化，全球知名品牌方阵竞争力与制造强国相比还较弱。

二 亚洲品牌 500 强比较

世界品牌实验室和世界经理人集团共同编制过 2015 年"亚洲品牌 500 强"（第 10 届），结果于 2015 年 9 月 21 日在香港公布，入选 500 强的品牌分属于 20 个亚洲国家和地区。入选数量最多的分别是中国（含港、澳、台）、日本和韩国，其中中国入选品牌共计 204 个，占比为 40.80%，居首位；日本入选品牌 156 个，占比为 31.2%，居第二位；韩国入选品牌 48 个，占比为 9.6%，居第三位。韩国三星、日本索尼和中国工商银行名列 500 强品牌的前三甲。中国大陆 123 个品牌上榜，占比为 24.6%，其行业分布和位次见表 8-6。

表 8-6　　　　　　　　中国大陆入选亚洲品牌 500 强榜单

品牌所在行业	品牌及位次
金融、保险、证券（14 个）	中国工商银行（ICBC，3）；中国银行（Bank of China，17）；中国人寿（China Life，8）；中国平安（Ping An Insurance，101）；中国农业银行（ABC，51）；中国人保（PICC，116）；招商银行（CHINA MERCHANTS BANK，145）；中国建设银行（China Construction Bank，23）；交通银行（Bank of Communications，96）；中国民生银行（CMB，191）；广发银行（CGB，227）；泰康人寿（Taikang Life，346）；太平洋保险（CPIC，197）；新华保险（NCI，233）
汽车（7 个）	上汽集团（SAIC，25）；中国一汽（FAW，33）；北汽集团（Baic Group，77）；东风汽车（Dongfeng Motor，67）；福田汽车（Foton，192）；吉利（Geely，218）；金龙客车（King Long，371）
制药（2 个）	同仁堂（Tongrentang，195）；国药控股（Sinopharm，304）

续表

品牌所在行业	品牌及位次
航空制造、机械制造（4个）	中航工业（Aviation Industry, 53）；国机集团（Sino-Mach, 146）；上海电气（Shanghai Electric, 149）；特变电工（Tbea, 150）；玉柴（Yuchai, 436）
能源（7个）	国家电网（State Grid, 6）；中国石油（Cnpc, 16）；中国石化（Sinopec, 24）；中国华信（Cefc, 49）；中化（Sinochem, 38）；中海油（Cnooc, 98）；冀中能源（Jzeg, 226）
计算机、通信设备、电子（4个）	联想（Lenovo, 20）；华为（Huawei, 10）；中兴（ZTE, 158）；小米（Xiao Mi, 148）
家电、电器（6个）	海尔（Haier, 30）；格力（Gree, 109）；美的（Midea, 122）；国美电器（Gome, 182）；老板（Robam, 265）；长虹（Changhong, 50）
化工（3个）	长城润滑油（Great Wall, 340）；双星轮胎（Dourle Star Tire, 347）；玲珑（Linglong, 350）
传媒、文化（25个）	中央电视台（CCTV, 280）；人民日报（People's Daily, 56）；参考消息（Can Kao Xiao Xi, 107）；湖南广播电视台（HBS, 124）；广州日报（Guang Zhou Daily, 130）；江苏省广播电视总台（JSBC, 140）；上海广播电视台（SMG, 151）；南方都市报（Southern Meiropolis Daily, 172）；羊城晚报（Yangcheng Evening News, 174）；扬子晚报（Yangtse Evening Post, 175）；南方周末（Southern Weekly, 180）；广东广播电视台（GDTV, 188）；读者（Readers, 204）；南方日报（NanFang Daily, 206）；新民晚报（Xinmin Evening News, 207）；半月谈（Ban Yue Tan, 216）；钱江晚报（Qianjiang Evening News, 224）；瞭望（Outlook, 369）；北京晚报（Beijing Evevings News, 382）；东南卫视（SETV, 391）；今晚报（Tonight News, 403）；浙江广电集团（Zhejiang Radio & TV Group, 141）；浙江日报（Zhejiang Daily, 461）；楚天都市报（Chutian Metro Daily, 475）；中央人民广播电台（China National Radio, 280）
通信、电信（3个）	中国移动（China Mobil, 14）；中国联通（China Union, 86）；中国电信（China Telecom, 64）
服饰、珠宝、化妆品、钟表（9个）	李宁（Linning, 438）；鄂尔多斯（Erdos, 296）；罗西尼（Rossini, 396）；周大生（Chow Tal Seng, 398）；雅戈尔（Youngor, 410）；际华集团（Jihua Group, 445）；依波（Ebohr, 448）；爱丽丝珠宝（Alice, 465）；SJONO世纪缘（Sjono, 486）

续表

品牌所在行业	品牌及位次
食品、饮料、烟草、保健品（7个）	青岛啤酒（Tsingtao, 79）；茅台（Moutai, 78）；五粮液（Wuliangye, 131）；伊利（YiLi, 235）；燕京（Yanjing, 159）；中华（Chunghwa, 271）；海王（Neptunus, 372）
工程与建筑（3个）	中国中铁（China Railway, 162）；中国建筑（CSCEC, 160）；中国铁建（CRCC, 221）
房地产、家居（2个）	万科（Vanke, 196）；绿地集团（Greenland Group, 295）
冶金、铸造（4个）	宝钢（Baosteel, 82）；武钢（Wisco, 152）；中国铝业（Chalco, 212）；新兴（Xinxing, 402）
贸易、零售、物流（5个）	中粮集团（COFCO, 75）；中国远洋（COSCO, 72）；苏宁（Suning, 76）；中国五矿（China Minmetals, 127）；中国邮政（China Post, 272）
航空运输（2个）	国航（Air China, 74）；南航（CSN, 166）
农业（2个）	北大荒（Beidahuang, 162）；新希望（Newhope, 348）
建材（8个）	中国建材（CNBM, 70）；北新建材（BNBM, 168）；华新水泥（Huaxin Cement, 185）；马可波罗瓷砖（Marco Polo, 378）；诺贝尔（Nabel, 389）；IAN汇亚瓷砖（Fiorano, 477）；名典大将作瓷砖（Midian, 483）；金丝玉玛瓷砖（Kingsyoma, 485）
旅游（2个）	国旅（CITS, 300）；中青旅（CYTS, 343）
综合（3个）	中信（CITIC, 62）；华润集团（China Group, 99）；豫园商城（Yuyuan Tourist Market, 301）

注：品牌名称后面括号中的数字为该品牌在亚洲品牌500强中的排位。
资料来源：世界品牌实验室官网（http://www.worldbrandlab.com），数据所属时间为2015年；笔者加工整理制表。

评定亚洲品牌500强的准则是品牌的亚洲影响力，主要指标有品牌的市场占有率、品牌忠诚度以及品牌的亚洲领导力。由表8-6可知，中国入选亚洲500强的品牌主要集中于传媒、文化行业，金融、保险、证券行业，服饰、珠宝、化妆品、钟表行业，建材行业，占比分别为20.3%、11.4%、7.3%和6.5%。而制造业，特别是先进制造业的著名品牌依然欠缺。

作为先进制造的汽车行业，中国大陆有上汽集团、中国一汽、北汽集团、东风汽车、福田汽车、吉利、金龙客车7个品牌入选，但最高的排位是第25位的上汽集团，福田汽车、吉利、金龙客车的排位都比较靠后，其中金龙客车排位在300名以后。而日本的丰田汽车则名列汽车行业品牌榜首，居500强的第4位；日本的丰田汽车、本田汽车、日产汽车，韩国的现代汽车占据了亚洲汽车行业品牌的前4位，它们的汽车品牌形象深入人心。

同属于先进制造的电子电器行业，占据品牌前10位的是三星、索尼、松下、LG、东芝、夏普、日立、海尔、游戏驿站、雅玛哈。这10个亚洲电子行业的知名品牌中，除三星、LG属于韩国，海尔属于中国，其余7个品牌均属于日本，这反映了日本在家电电子行业的领先优势，也反映了中国在这一领域的差距。

同样地，世界品牌实验室于2019年8月发布了2019年"亚洲品牌500强"[①]（第14届）排行榜，共有22个国家和地区的500个品牌入选，丰田汽车、国家电网、工商银行名列前三，占据榜单前十名的还有海尔、本田、腾讯、三星、华为、中国人寿和中国石油。中国、日本和韩国成为入选品牌最多的三个国家。拥有亚洲品牌500强的前10个国家和地区的情况如图8－3所示。

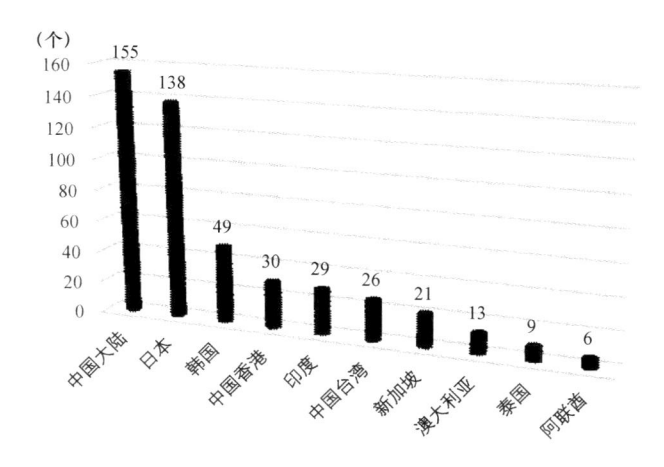

图8－3 亚洲品牌500强拥有品牌数比较

资料来源：世界品牌实验室官网（http：//www.worldbrandlab.com），数据所属时间为2019年；笔者加工整理制表。

---

① 世界品牌实验室官网（http：//www.worldbrandlab.com/summit1/2019asia500/）。

在 2019 年的榜单上，有 22 个国家和地区的知名品牌入选了"亚洲品牌 500 强"，中国知名品牌表现较好，占比高达 31%，与 2018 年的入选量持平，绝对量上没有增加。但与 2015 年相比，入选量明显减少了。另外值得注意的是，中国大陆有 21 个品牌新上榜，如中远海运、北大荒、北大方正集团、金茂、科大讯飞等，新上榜品牌较多，但属于先进制造领域的品牌还是较少。

三 中国最具价值品牌 500 强比较

2016 年 6 月 22 日，世界品牌实验室在北京主办"世界品牌大会"，会上发布了 2016 年"中国 500 最具价值品牌"（第 13 届）榜单，这是根据品牌财务、消费者行为和品牌强度的监测报告综合测评得出的，位居前 10 的品牌是国家电网、腾讯、工商银行、中国人寿、海尔、华为、中化、CCTV、中国一汽、中国移动。这 10 个知名品牌中，海尔属家电制造行业，华为属通信设备制造行业，中国一汽为汽车制造行业，其他则为能源行业、金融行业、媒体行业。

2016 年中国最具价值 500 品牌入选门槛为 22.65 亿元，全部入选品牌的平均价值为 265.39 亿元，有 23 个相关行业的品牌入选其中，上榜品牌最多的 10 个行业和地区分布如表 8-7 所示。

表 8-7 显示，中国最具价值品牌主要集中在食品与饮料、轻工、建材等行业，前 10 个行业共计 382 个品牌，占据 500 强的 76.4%；而通信、计算机、电子通信、高端装备制造等先进制造行业的最具价值品牌较少，有些甚至未跻身行业前 10 位。中国知名品牌仍然集中于传统产业或较低端的产业，在全球的影响力不大。

表 8-7　　中国最具价值品牌前 10 位行业和地域分布

	行业分布			地区分布		
	行业	品牌数（个）	占比（%）	地区	品牌数（个）	占比（%）
1	食品与饮料	75	15.0	北京	105	21.0
2	轻工	56	11.2	广东	79	15.8
3	建材	42	8.4	山东	42	8.4
4	传媒	38	7.6	浙江	39	7.8

续表

	行业分布			地区分布		
	行业	品牌数（个）	占比（%）	地区	品牌数（个）	占比（%）
5	纺织服装	37	7.4	上海	37	7.4
6	汽车	37	7.4	福建	34	6.8
7	医药	28	5.6	江苏	30	6.0
8	金融	26	5.2	四川	17	3.4
9	机械	23	4.6	河南	12	2.4
10	化工	20	4.0	湖北	10	2.0
	合计	382	76.4	合计	405	81.0

资料来源：世界品牌实验室官网（http://www.worldbrandlab.com），数据所属时间为2016年；笔者加工整理制表。

地域上，经济发达的北京、广东、山东、浙江、上海等省市是最具价值品牌的集聚地，处于前10位的地区集聚了405个最具价值品牌，占据500强的81%。可见，品牌在行业和地区的分布上极度不平衡。根据世界品牌实验室的研究分析：地域发展的竞争实力主要体现在比较优势上，而品牌的形成和发展，直接产生经济和社会效应，形成地区的比较优势。北京集聚的最具价值品牌高居榜首，显然是因为大型央企的总部、重要企业集中在北京；而广东、山东、浙江、上海则因为经济发达而成为最具价值品牌集中地。值得注意的是，最具价值品牌500强中，443个品牌是在全国有影响力的品牌，占比为88.6%，但只有44个品牌在全球范围内有一定影响力，且不属于先进制造业领域。

品牌的知名度除表现在影响力上，还表现在价值上，一般而言，品牌的影响力大，其价值也大。中国在全球影响力大的品牌不多，最具价值的品牌与全球最具价值的品牌也有较大差距。根据WPP Group[①]旗下的研究机构Millward Brown于2016年6月发布的BrandZ最新排行榜，全球100

---

① WPP Group，全称为Wire & Plastic Products Group，全球顶级品牌沟通服务公司，世界上最大的传播集团，总部位于英国伦敦，成立于1997年11月，由智威汤逊和奥美广告这两大世界知名的广告代理公司的媒介购买部门和策划部门合并而成。WPP集团拥有84000多名雇员，数千家国际和本地客户，拥有60多个子公司，面向全球提供广告、媒体投资管理、信息顾问、公共事务及公共关系、品牌及企业形象策划、医疗及制药专业传播等服务。

个最具价值品牌的价值仍远远领先于其他品牌的价值,相关数据见表8-8。

表8-8　　　　　　　　最具价值品牌国际比较　　　　　　单位:亿美元

位次排序	中国大陆最具价值品牌		亚洲最具价值品牌		全球最具价值品牌	
	品牌名称	品牌价值	品牌名称	品牌价值	品牌名称	品牌价值
1	腾讯	84.945	腾讯	84.945	Google	229.198
2	中国移动	55.923	中国移动	55.923	Apple	228.460
3	阿里巴巴	49.298	阿里巴巴	49.298	Microsoft	121.824
4	中国工商银行	33.637	中国工商银行	33.637	AT&T	107.387
5	百度	29.030	Toyota（日）	29.501	Facebook	102.551
6	中国建设银行	19.617	百度	29.030	Visa	100.800
7	华为	18.652	HSBC（中）	20.276	Amazon	98.982
8	中国平安	16.910	中国建设银行	19.617	Verizon	93.220
9	中国人寿	16.712	NTT（日）	19.552	McDonald's	88.654
10	中国农业银行	16.331	Samsung（韩）	19.490	IBM	86.206
平均值		34.106	—	36.127	—	125.728

注:"—"表示无法统计。

资料来源:环球网:《2016年全球最具价值品牌百强榜》,http://www.huanqiu.com,2016年6月10日;笔者加工整理制表。

从表8-8可知,中国大陆最具价值的10个品牌的平均价值是34.106亿美元,而全球最具价值的10个品牌平均价值达125.728亿美元,是中国大陆最具价值品牌平均价值的3.69倍。中国大陆最具价值的品牌腾讯、中国移动,品牌价值分别是84.945亿美元和55.923亿美元,而全球价值最高的品牌Google和Apple,品牌价值分别高达229.198亿美元和228.460亿美元,分别是中国前2位最具价值品牌的2.70倍和4.09倍。

亚洲最具价值的10个品牌的平均价值是36.127亿美元,其中中国大陆占了6席。可以说,中国最具价值品牌基本代表了亚洲最具价值品牌的水平。中国10个最具价值品牌中,只有1个为先进制造业,其余均属于金融、互联网行业。

品牌是一个国家核心竞争力的重要元素,进入21世纪后,特别是中国启动实施制造强国战略以来,更是把高质量发展作为经济社会建设的根本出发点,更加强调经济发展质量,注重制造产品质量,把质量作为核心竞争力元素。在建设制造强国的进程中,打造全球著名品牌成为重要的战略目标。现在,中国工业知名品牌数量、制造产品质量和质量管理都得到了显著提高,制造业品牌影响力不断增强,出现了一大批冠军企业、创新型企业和独角兽企业。有些创新型企业,如京东方科技集团、展讯通信(上海)、青岛科海生物、同方威视、万丰奥特、武汉光迅科技等,在国内都有重大影响。有些独角兽企业,如美团点评、每日优鲜,大搜车、车猫二手车、京东金融、比特大陆、微众银行、科信美德、碳云智能、信达生物制药、爱奇艺、猫眼电影、快手、阿里音乐、英雄互娱、一点资讯、映客、斗鱼、乐道互动、云鸟配送、安能物流、菜鸟网络、丰巢科技、啦啦快送、惠龙国际、滴滴出行、神州专车、纳恩博、首汽约车、斑马快跑等,这些企业的产品在世界市场上也都有了一定的名气,成为知名品牌。但不足的是,这些品牌几乎都不属于制造领域或者先进制造领域,这大大限制了这些品牌对制造强国建设的影响力。

世界品牌实验室发布的"2019 中国 500 最具价值品牌",也给出了 2019 年 500 个中国最具价值品牌的行业分布情况,相关分析数据见表 8-9。

表 8-9 显示,中国先进制造业最具价值的品牌排名并不靠前。有进一步的数据表明:中国先进制造领域品牌价值相对较低。中国先进制造领域的品牌价值总体上并不高,根据"2019 中国 500 最具价值品牌"提供的数据,2019 年中国 500 个最具价值的品牌,品牌价值为 4000 亿元以上的品牌有 4 个,3000 亿—4000 亿元的品牌有 5 个,2000 亿—3000 亿元的品牌有 11 个,1000 亿—2000 亿元的品牌有 27 个,600 亿—1000 亿元的品牌有 34 个,500 亿—600 亿元的品牌有 25 个,400 亿—500 亿元的品牌有 51 个,300 亿—400 亿元的品牌有 31 个,200 亿—300 亿元的品牌有 106 个,100 亿—200 亿元的品牌有 92 个,100 亿元以下的品牌有 114 个。英国权威品牌价值咨询公司 Brand Finance 发布的"2019 年全球品牌价值 500 强"榜单[1]提供了 2019 年全球顶级品牌方阵中品牌的价值,亚马逊 1879 亿美元,苹果 1536 亿美元,谷歌 1427 亿美元,微软 1195 亿美元,

---

[1] 参引自《全球品牌价值排行:苹果仅列第二》,https://baijiahao.baidu.com/s?id=1624105461305273848&wfr=spider&for=pc。

三星912亿美元，AT&T 870亿美元，Facebook 832亿美元，这反映了中国最具价值品牌与全球顶级品牌的价值差距。中国价值排名处于前10位的品牌分别是国家电网、工商银行、海尔、腾讯、中国人寿、华为、中化、中国石油、中国一汽、CCTV，其品牌价值一般为2900亿—4600亿元；且属于先进制造领域的只有华为、中国一汽，其品牌价值分别为3467亿元和3008亿元。进一步，属于先进制造领域的品牌，如排名第16位的上汽、排名第18位的北汽集团、排名第26位的联想、排名第42位的中国航天科工、排名第43位的中国中车、排名第49位的上海电气，其品牌价值分别为2346亿元、2172亿元、1571亿元、1216亿元、1214亿元、812亿元。可见，中国最具价值先进制造品牌的价值也并不高，与全球顶级先进制造品牌价值差距较大。

表8-9　　　　　　　中国最具价值500强品牌行业分布

数量排序	行业	品牌数	1—10	11—100	101—200	201—300	301—400	401—500
1	食品与饮料	84	0	11	19	13	21	20
2	轻工业	50	0	1	5	9	15	20
3	建材	41	0	4	5	10	12	10
4	传媒	36	1	5	14	5	10	1
5	纺织服装	35	0	5	2	5	9	14
6	汽车	32	1	9	10	7	1	4
7	金融	24	2	8	3	7	3	1
8	化工	24	1	4	5	4	4	6
9	医药	23	0	1	3	6	5	8
10	机械	22	0	5	7	2	3	5
11	通信电子IT	22	2	8	0	6	2	4
12	家电	15	0	4	4	2	3	2
13	旅游服务	12	0	2	2	4	3	1
14	冶金	12	0	5	4	2	1	0
15	地产	11	0	1	5	4	1	0
16	零售	10	0	3	0	3	3	1
17	能源	9	2	2	3	2	0	0

续表

数量排序	行业	品牌数	名次在区间上的分布					
			1—10	11—100	101—200	201—300	301—400	401—500
18	航空	9	0	4	3	2	0	0
19	多元化	9	0	4	4	1	0	0
20	农业	5	0	4	0	0	1	0
21	物流	4	0	0	2	2	0	0
22	物联网生态	2	1	0	0	1	0	0
23	餐饮	2	0	0	0	1	1	0
24	装饰	2	0	0	0	0	1	1
25	教育	2	0	0	0	1	1	0
26	交通运输	2	0	0	0	1	0	1
27	创业孵化	1	0	0	0	0	0	1
	合计	500	10	90	100	100	100	100

资料来源：世界品牌实验室官网（http://www.worldbrandlab.com/brandmeeting1/2019china500/brand/bg14.htm），数据所属时间为2019年。

综上，整体上与世界制造强国和发达国家相比，中国工业品牌和制造业知名品牌在数量和影响力上都难以望其项背。由于技术、材料等方面的原因，中国先进制造领域的产品质量在世界不占有优势，产品的安全性、可靠性、稳定性等与世界顶级产品相比也还存在差距。先进制造品牌滞后，品牌附加值低、美誉度和知名度不够，在国际市场上的竞争力不强，提升知名品牌数量和影响力的任务十分艰巨。

第三节 中国品牌方阵再造策略

产品质量是建设制造强国的根本，没有过硬的技术、可靠的产品质量，没有全球顶级制造品牌，就没有制造强国。中国品牌的现实与竞争力，给再造中国品牌方阵策略提供了思考的基础。在建设制造强国的进程中，要加大力度推进中国先进制造领域品牌出海；强化先进制造领域品牌文化内涵和独特性建设；推动先进制造领域国企的全球顶级品牌建设；推动中国著名品牌环境、社会和法理（ESG）建设。

一 顶级品牌策略

品牌经济学的原理指出：品牌是一种资产，它依附于产品，故而蕴含技术。在建设和传播一个品牌的过程中，企业往往会把技术作为核心，让其他一切品牌构成元素围绕技术这一核心进行设计和规划。人类制造业的发展历史已经显示，许多重大的创新或革新都是由技术革命引发或驱动的，技术能够颠覆性地改变品牌的地位，一个全球顶级的制造品牌无疑会独具先进的制造技术或核心技术。

大量的案例可以证明技术在品牌建设中的巨大作用。德国是先进制造业品牌大国，是众多全球著名公司和品牌的发源地，美国《财富》杂志披露的世界 500 强企业中有 37 家企业的总部设在德国。但是，无论是大企业还是中小企业，德国制造品牌均是靠"技术驱动、品质优先"的模式发展的。全球著名的超级明星品牌梅赛德斯-奔驰[①]，其创始人卡尔·奔驰（Carl Benz）和戈特利布·戴姆勒（Gottlieb Daimler）分别创造了世界上第一辆汽油驱动汽车（奔驰一号）和第一辆四轮汽车。公司的总工程师威尔海姆·迈巴赫（Wilhelm Maybach）发明了第一辆现代汽车。从 1926 年奔驰品牌问世至今，它依靠技术创新赢得了多个第一，如带缓冲区 ABS 防抱死制动系统、七速自动传输、电子稳定程序、蓝科系统、主动制动辅助系统等，从先进的技术到技术的不断创新，奔驰自称"制造工艺全球独一无二"。

美国的波音公司是全球最大的民用和军用飞机制造企业，也是全球航空航天业的领袖公司，其经营理念是：不断研发民用飞机新产品，精益求精探索新技术、新发明。1938 年，波音研制开发了世界第一种带增压客舱的民用客机波音 307 型飞机；20 世纪 30 年代中期，波音公司研制出大型轰炸机、空中加油机和预警机；20 世纪 60 年代以后，波音公司的主要业务由军用飞机制造转向商用飞机，1957 年成功研制首架喷气式民用客机波音 707，此后一发不可收，推出了波音 717、波音 727、波音 737、波音 747、波音 757、波音 767、波音 777、波音 787 等一系列型号，依靠领先的技术和新产品，波音逐步确立了其全球商用飞

---

① ［印］阿盖什·约瑟夫（Ugesh A. Joseph）：《德国制造》，赛迪研究院专家组译，中国人民大学出版社 2016 年版。

机制造商的领袖地位。

　　世界十大专利公司之一的日本索尼，是电子行业全球顶级品牌，也是世界公认的信息技术、视听产品和通信产品等领域的领军企业。索尼是世界第一款便携式数码产品和世界第一台半导体收音机 TR55 的制造商；20 世纪 60 年代，索尼研制出世界第一台半导体电视 TV8-301，第一台家用录影机 CV-2000，第一台搭载特丽（Trinitron）电视影像技术的彩色电视 KV-1310 和具有革命性的特丽（Trinitron）电视影像技术。20 世纪 70 年代，索尼又推出了世界第一台 BETAMAX 录影机，第一台随身听产品 TPS-L2，具有颠覆性技术的 CCD（Charge-Coupled Device）感光元件产品。20 世纪 80—90 年代，索尼再次研制出 3.5 英寸软碟（1.44 MB 磁盘）、32 位元电脑 MSX、Hi-8 摄影机、MD（Mini Disc）音乐技术、PlayStation 次世代游戏机、首款数码相机 CyberShot DSC-F1、WEGA 全平面电视、AIBO 机器狗技术、Memory Stick 记忆卡。进入 21 世纪后，索尼的技术创新势头依然强劲，先后发布了 PlayStation 2 次世代游戏机，新一代 DVD 光盘存储格式蓝光标准光盘，QRIO 机器人，采用 UMD 储存媒体的 PlayStation Portable 次世代掌上游戏机，BRAVIA 新一代液晶电视，全球最小的高画质 1080i HDV-HC3，全新数码单反相机品牌 α（alpha），采用四核、双摇杆、前后触摸屏的 PlayStation VITA 第二代掌上型游戏机，并且联合 IBM、东芝（Toshiba）共同发表了时脉 4GHz 起跳的 Cell-微处理器。近几十年里，索尼拥有了 3000 多项专利技术发明。

　　从奔驰、波音、索尼这些全球顶级品牌的成功之道不难发现，每个公司都拥有了这一行业的独门绝技，其发展过程就是一个技术不断创新、产品不断更新的过程，掌握一个行业的领先技术或核心技术在这些品牌的创立中自始至终都起着决定性的作用。

　　现在，中国在汽车、航空器、电子电器制造等先进制造领域还远没有能与奔驰、波音、索尼等相匹敌的品牌，根本性的原因在于中国企业在这些领域没有掌握核心技术或关键性技术。一份最新研究报告提供了中国在核心技术或关键技术不敌美、日、德等制造强国的领域，这些领域主要包括[1]：最新兴前沿的 IT 技术 SDN-软件定义网络、最先进的物联网安全防护解决方案指纹 IoT，大容量电压源型变频器与高速电机、光伏逆变

---

[1] 宋景：《中国目前还未掌握的核心技术有哪些？》，http://dwz.cn/5D1o1a。

器、发电机的心脏脱销催化装置、发电用燃气机轮,永不松动的世界螺母Hard Lock 螺母,另一种可燃冰——天然气水合物(NGH),半导体加工设备、半导体材料,超高精度机床、工业机器人,精密仪器,工程器械、轴承、碳纤维、垃圾焚烧设备、大型挤压造粒机、工业水泵,企业级扫描仪、血液诊断设备、精密光学天象仪、HFC-23 分解回收装置、加氢反应器、粉体加工机、核心卷绕设备皮带张紧机、焦炭生成器,动力总成精密测试设备、特殊类钢材、全成型电脑横机、工业冷却板式热交换器、证件制造设备、液压式伺服冲压机、电波暗室、高端光缆、土木测绘仪器全站仪、氢动力电池、海底电缆、生命科学专用超级计算机、cpu/gpu 异构式超算系统、世界精密减速器、光纤、量子计算、量子隐态传输、量子电路板、矢量超级计算机、复合材料热压罐、高精 GPS、光子加速推器、引力波望远镜、自由电子激光(XFEL)研究设备、中子源生成设施、使高速离子作为惯性约束核聚变加热介质、激光核聚变发电、通信测量设备、印刷机等。中国需要依据优势,有针对性地在这些领域,或者选择其中的某些领域开展联合技术攻关,加快掌握这些核心技术,实行重点突破,这样才有可能创造一个或多个全球顶级先进制造品牌。

二 品牌出海策略

2019 年 4 月,全球著名的广告信息传媒公司 WPP 与凯度公司联合发布了《2019 年 BrandZ™ 中国出海品牌 50 强报告》[①]。该报告显示,2019 年中国品牌力指数发展速率为 115%。中国出海品牌较多的行业分别是消费电子、家电、航空公司、汽车、智能设备、移动游戏、电子商务、线上快时尚、电子支付工具、石油与天然气、银行及内容型 App。显然,出海品牌数量较多的行业主要是消费类电子、移动游戏企业,属于先进制造领域的出海品牌很少。中国出海品牌的主要市场是法国、德国、西班牙、英国、美国、澳大利亚和日本,而其中尤以在法国、日本、西班牙的表现最佳,这几个市场也是中国品牌在海外的主要成长区域。出海品牌 50 强中上榜最多的是手机品牌,如华为、小米、一加、OPPO、vivo、荣耀、中兴、魅族等,华为位居 50 强榜首;家电品牌排名较为靠前,如海信、海

---

① 《2019 年 BrandZ™ 中国出海品牌 50 强报告》(完整榜单),https://www.digitaling.com/articles/140160.html。BrandZ™ 中的 TM,是 Top Most 的缩写。

尔，还有 TCL、格力、美的等知名品牌。整体上，中国出海品牌市场还不广，数量还不多，应加大力度推进中国品牌，特别是先进制造领域品牌出海，增强中国品牌的国际竞争力。

市场营销专家阿尔·理斯曾说：国家的形象十分重要，因为消费者对品牌价值的衡量带有主观性，他们对品牌来源地的印象会增加或减少品牌的价值。要想成为世界品牌，需要做两件事，一是做第一个吃螃蟹的人；二是产品需要符合原产地形象。因此，中国品牌要不断创新，突出中国特色。要强化品牌的目标指向性，把充分满足海外消费者诉求作为产品发展的重要目标；要努力追求产品的差异化，最大限度满足消费者功能需求和情感需求，不断进行产品的迭代更新，在追求顶级质量的同时，开发新产品，推出新服务，进军新门类。要建立产品销售数据库，根据大数据指引进行新产品研发和产品服务，指导市场决策。要注重利用现代信息技术和电子技术，进行高水平、高质量的创意，开启品牌与国际消费者的对话，满足国际消费者的期望。要重点支持成功出海的品牌，如智能设备领域的大疆、科沃斯等，家用电器领域的海尔、海信、TCL、格力、美的等，电子领域的华为、联想、小米、纳恩博、一加、vivo、魅族、中兴等，汽车领域的吉利、比亚迪、哈弗、奇瑞汽车等；进一步扩大海外业务，拓展国际市场，争取海外用户。要支持企业运用云技术、大数据技术和营销自动化技术精准定位目标人群，建立客户体验营销技术平台，为海外客户打造个性化服务方案，为产品全生命周期提供可靠的营销支持。出海企业要加强营销渠道的整合，强化有效数据分析，挖掘业务机会，不断开展有关客户群、产品和渠道等的重要洞察，实时优化营销绩效，通过更多的创造力、想象力来参与品牌的国际竞争。

三　品牌文化策略

每一个品牌都有丰富的文化内涵，一个伟大的品牌能使消费者轻易地将其与竞争者区别开来。在现代社会，品牌文化可以满足目标消费者物质之外的文化需求，一个企业应当通过塑造优秀的品牌文化，来表明企业所拥有的文化理念，这也是促进社会利益的一种体现。[①] 文化意蕴

[①] ［印］阿盖什·约瑟夫（Ugesh A. Joseph）：《德国制造》，赛迪研究院译，中国人民大学出版社 2016 年版。

是文化营销的核心，品牌文化可以提高品牌知名度、美誉度，增强品牌的竞争力和品牌忠诚度。例如，梅赛德斯－奔驰的品牌文化核心是：整体质量精神，公司提供给顾客的产品不只是汽车本身，还包括汽车的质量、造型、功能、维修服务等。宝马的文化核心是：生产紧随市场，企业依据各地市场组建生产网络，以满足市场需求为第一目标，实行柔性管理；全球性企业必须切实承担起环境保护、员工福利和其他社会责任。苹果的品牌文化核心是专注设计、从头开始、坚信苹果、接受批评、永不服输、关注细节、不可替代、主导市场、发扬特色、开拓销售渠道，了解尊重消费者的意见，承诺优秀的产品质量，并持之以恒地坚持。而丰田的品牌文化核心是：事业在于人，潜心研究与创造，时刻站在时代潮流的最前端；顾客是上帝，全心全意为顾客，每一道工序都要创造质量，下一道工序也是上一道工序的用户，一切为了用户；对产品以零缺陷为最终目标，追求高质量。

要鼓励支持先进制造企业确定完善企业文化核心内容，明确品牌的经营宗旨、管理理念、发展目标、发展方向，并据此高度概括提炼出符合企业特点、产品发展要求的品牌核心文化理念。要加强品牌文化的表达和宣传，以丰富多彩的形式和活动塑造品牌文化的内核，构建品牌文化的逻辑框架，形成耳熟能详的品牌思想。要加强品牌独特性的研究和建设，找准不同行业、不同领域品牌的定位，分阶段、有步骤地建立起品牌的文化特色。要加强中国先进制造品牌的文化体系建设，构建全球知名品牌文化的宣传平台和服务平台，向全球大力推介中国企业品牌文化，提升中国先进制造品牌的杠杆效应。要开展品牌"比较文化""特色文化""跨文化"研究和建设，不断汲取全球顶级品牌文化建设的可贵经验，加强与全球顶级品牌文化交流与互动，促进中国先进制造品牌与世界先进制造品牌文化的融合，达到中国先进制造品牌的全球化、天下化。

四 国有企业品牌策略

中国国有企业在国民经济发展中占有重要地位，中国先进制造领域的许多著名品牌也都属于国有企业。2019 年 9 月，中国企业联合会、中国企业家协会发布了"2019中国制造业企业500强"榜单①,位居前10位的企业分别是中国石油化工集团、上海汽车集团、华为投资控股、东风汽车集团、中国第一汽车集团、中国五矿集团、正威国际集团、北京汽车集团、中国兵器工业集团、中国化工集团,其中国有企业占了绝大比重。2019年11月,由上海市企业联合会、上海市企业家协会、江苏省企业联合会、江苏省企业家协会等机构联合发布的"2019长三角三省一市百强企业"榜单,上海汽车集团、中国宝武钢铁集团等入选,但其他入选企业则多数是非国有企业。2019年12月,全球三大商业媒体品牌之一的快公司(Fast Company),发布了"2019中国最佳创新公司50"②榜单,位居前列的企业是蓝晶微生物、泡泡玛特、华为、ALSOLIFE、苏宁零售云、氪信科技、大地量子、威马汽车等,这些品牌中,属于先进制造领域的很少,属于国有企业的更少。这反映,中国国有企业在技术实力、国际影响力方面有较强的竞争力,但在创新活力等方面则不足。值得注意的是,发达国家也有类似国有企业的公共企业,这些企业主要集中在公共交通、能源、公路、军工、原子能、航空、邮电等公用事业领域,这些企业在创造著名品牌方面有天然的优势,形成了一批世界著名的品牌。

因此,要充分激发中国先进制造领域国有企业的创新活力,推动其创造全球顶级品牌。应针对先进制造领域有潜力的国有企业进行品牌追踪调研,开展广告创意、品牌咨询、品牌营销、数字品牌管理等全方位的品牌建设服务。要加大先进制造领域国有企业的研发投入,建设开放式创新平台,推进企业技术的全面升级;应坚定支持国有企业走出去,支持国有企业与世界顶级品牌进行实质性的合作,分析自身与世界顶级品牌在技术、产品质量、服务方面的差距,细化奋斗目标,形成开放交流、鼓励创新的文化氛围,建立起独有的企业文化。国有企业要致力于顶级技术、颠覆性技术的攻关,致力于创造质量世界一流、服务世界一流的产品;要不断创新生产工艺,优化生产过程,不断开发新产品,创新产品设计,将制造价值向使用过程延伸,实现产品价值最大化,在充分满足用户需求的同时,

---

① 中国经济网:《2019中国制造业企业500强发布》,http://www.ce.cn/cysc/newmain/yc/jsxw/201909/01/t20190901_33059926.shtml。

② 美通社:《快公司发布"2019中国最佳创新公司50"榜单》,https://baijiahao.baidu.com/s?id=1654054273138717248&wfr=spider&for=pc。

下大力气发掘用户潜在的、不可见的需求；要不断创新商业模式、服务模式，拓展产业链和产品价值链，规划好企业的战略转型升级，推进品牌在专业化基础上向多元化、国际化、大规模定制方向迈进。

五　品牌环境策略

世界品牌实验室在测度一个品牌影响力时，将品牌的发展理念、参与慈善公益事业、维护员工权益、承担社会责任、披露环境信息、实现绿色可持续发展也纳入品牌建设的重要内容。诺贝尔经济学奖得主弗里德曼曾指出，企业除了要为股东尽量赚钱之外，还应承担社会责任。而社会经济观认为，企业最为重要的目标是求得自身生存；为了生存和发展，企业需要履行必要的社会义务，承担相关的社会成本，保护社会福利；必须不能有歧视行为、不能从事欺骗性的广告宣传，必须融入社区，参与资助和慈善活动，在改善社会、推动社会进步中担当积极的角色。实践中，经济合作与发展组织（OECD）也曾制定过相关文件——《跨国公司行为准则》，这是一个关于跨国公司行为规范的、由政府签署并承诺执行的多边协议。该准则强调，企业要保护股东的权利、保护员工利益，提高信息发布透明度，社会要对企业责任推行问责制。此外，一些环保、人权、绿色和平组织等非政府组织也不断呼吁，将企业社会责任与其国际贸易活动挂钩，主张将企业品牌建设延伸至环保、劳工、职业健康和劳动保障等多个方面。

因此，要创造全球一流的制造品牌，形成世界顶级品牌方阵，一个重要的任务是加强品牌环境（Environment）、社会（Social）和治理（Governance）建设。企业要站在国家利益、民族利益的高度，坚持走绿色可持续发展之路，重视资源的节约，发展循环经济，调整生产结构，服务国家发展战略，担当起保护环境、维护自然和谐的重任。在生产经营活动中，企业应遵守国家法律、法规，合法经营、依法纳税，忠实履行法律规定的责任和义务，自觉接受政府和社会的监督，服从国家相关部门的依法干预。企业要把职工生命、健康放在重要位置，保证员工正常待遇和合法权益不受侵犯；企业要爱护员工，搞好生产或劳动保护，多从员工利益出发，多为员工着想，切实保障员工的生命安全和健康。企业也要为国家分忧，积极参与社会的扶贫济困，参与慈善事业。企业还要加强明礼诚信建设，确保产品货真价实，保证一切经营管理行为应符合道德规范；要忠实履行对消费者的承诺，在产品质量和服务质量方面不欺骗消费者、投资者，不牟取暴利，广泛接受公众监督。总之，要把品牌环境、社会和治理建设作为品牌文化建设的重要内容，不断提高品牌的美誉度和信任度，努力打造全球知名品牌方阵。

第九章　建设制造强国的园区集群

高新技术产业开发区、经济技术开发区是由政府批准成立的科技工业园区或经济技术开发区。创新型产业集群是产业链上各创新主体和创新要素的有效整合，是研发机构产品的重要市场，是推动区域快速发展、经济增长的重要动力。现时期，国家高新区、国家级经开区的数量和园区内拥有的高新技术企业数大大增加，高新技术产品种类和产量不断增多，高端产业逐渐成形，技术性收入规模稳步扩大；而创新型产业集群主要集中于先进制造行业，其依托了地区产业发展优势，也满足了协调发展战略要求，是各地区重要经济增长极，并有显著的带动效应。高新区、经开区、创新型产业集群以及特色产业基地是建设制造强国的重要路径。

第一节　国家高新区建设

为有效推进国家"863 计划"的实施，中央政府决定在有条件的地区建设高新区。高新区内可实施多项优惠政策和改革措施，吸收和借鉴国外先进科技资源、资金和管理手段，将科技成果快速转化为现实生产力。国家高新区的建设，促进了科技的发展，推动了制造强国的建设。

一　国家高新区的发展现状
（一）国家高新区发展动态

国家高新区是中国政府在知识、技术密集的大中城市和沿海地区建立的发展高新技术的产业开发区。20 世纪 80 年代以后，科学技术日新月异，对人类的经济、社会、文化、政治、军事产生着深刻的影响，不断地引发各个领域的巨大变革。一些国家尤其是发达国家为了在激烈的科技竞争中占领先机,都把发展高新技术列为国家战略。如1983年美国提出了"战略防御倡议",即星球大战计划;1985年欧洲提出了"尤里卡计划"①;1985年日本提出了"今后十年科学技术振兴政策"等。这些带有国家战略性质的计划加剧了全球在高技术领域的竞争。面对日趋激烈的高科技竞争形势,中共中央、国务院接受了一批著名科学家关于跟踪研究外国战略性高技术发展的建议,于1986年3月启动实施了"高技术研究发展计划"("863计划")。这一计划旨在以生物、信息等7个领域的15个主题项目作为突破重点,力图追踪世界高技术领域先进水平,参与世界高科技竞争。

1988年5月,国务院批准建立北京市新技术产业开发试验区(中关村科技园),这是中国设立的首个国家高新区;1991年3月,中央政府又出台了《国务院关于批准国家高新技术产业开发区和有关政策规定的通知》,制定了国家高新区可以享受的系列优惠政策,还批准增建了西安、深圳、天津等26个国家高新区。此后,国家还在1992年、1997年、2009年、2010年、2011年、2012年、2014年、2015年不断批复增加国家高新区数量。至2018年,全国国家高新区达到169个。

1988年,中国在设立国家高新区的同时也启动了火炬计划,这一计划的目标就是角逐国际科技竞争,发展中国的高新技术。次年10月,科技部成立了火炬高技术产业开发中心,具体组织实施火炬计划。国家高新区的建设是火炬计划的重要组成部分,政府的目标是通过国家高新区的建设,挖掘中国科学技术潜力,通过技工贸一体化行动,促进高新技术研究成果的市场化、商业化,推动中国高新技术产业产品国际化。经过30多年的建设,国家高新区的总体规模、经济体量、创新能力和空间范围都得到很大发展,基本实现了示范、引领、辐射、带动的政策目标。可以将中国高新区建设的历史指标列示如下(表9-1)。

---

① 尤里卡,是欧洲研究协调机构(European Research Coordination Agency)的英文缩写,即EURECA。"尤里卡计划"是在法国前总统密特朗提议下于1985年4月在德国汉诺威发起的。它是西欧国家制订的一项在尖端科学领域内开展联合研究与开发的计划,其目标是提高欧洲企业的国家竞争能力,进一步开拓国际市场。经过20年的发展,"尤里卡计划"的成员国已由最初的17个增加到36个,包括所有的欧盟成员国和瑞士、土耳其等国。实施这项计划,旨在使欧洲在尖端技术方面赶上美国和日本,确保和巩固欧洲在世界政治格局中所获得的地位。

表9–1　　　　　　　　　　国家高新区基本状况

年份	国家高新区数（个）	入统企业数（个）	年末从业人员数（万人）	年份	国家高新区数（个）	入统企业数（个）	年末从业人员数（万人）
1995	52	12980	99.1	2007	54	48472	650.2
1996	52	13722	129.1	2008	54	52632	716.5
1997	53	13681	147.5	2009	56	53692	810.5
1998	53	16097	183.7	2010	83	55243	960.3
1999	53	17498	221	2011	88	57033	1073.6
2000	53	20796	250.9	2012	105	63926	1269.5
2001	53	24293	294.3	2013	114	71180	1460.2
2002	53	28338	348.7	2014	115	74275	1527.2
2003	53	32857	395.4	2015	146	82712	1719
2004	53	38565	448.4	2016	146	91093	1805.9
2005	53	41990	521.2	2017	156	103631	1940.7
2006	53	45828	573.7				
平均增长量	4.73	4120.5	83.71				
平均增长率（%）	5.12	9.90	14.48				

注：高新区企业的各项指标是指纳入火炬统计的高新区内企业的各项指标。所谓入统企业，是指纳入火炬统计范围企业。由于苏州工业园区是2006年才开始参加国家高新区创新活动，纳入火炬统计范围，但其数据在《中国火炬统计年鉴》中单列。故表中的数据不包含苏州工业园区。

资料来源：《2018中国火炬统计年鉴》，中国统计出版社2018年版；笔者计算整理。

由表9–1可以看出，从20世纪90年代中期至今，国家高新区数、入统企业数以及年末从业人员数都呈明显的上升趋势。20多年里，国家高新区的平均增长量为4.73个，年均增长率为5.12%；入统企业的平均增长量为4120.5个，平均增长率为9.90%；年末从业人员的平均增长量83.71万人，平均增长率为14.48%。不难发现，国家高新区的从业人员增长速率最快。1995—2009年，国家级高新区一直在60个以下。2010年以后，国家高新区的数量开始大幅增长，规模开始扩张。2012年以后超过100个，2017年达到156个。

在增加国家高新区数量的同时，中国也推出了一系列与高新区发展相关的行动计划，如火炬计划等。1991年3月，国务院批准增设26个国家高新区。1992年11月，国务院颁布《关于增建国家高新技术产业开发区的批复》，批准建立苏州、无锡、常州、宝鸡、昆明等25个国家高新区。1995年国家开始依托高新区发展软件产业，根据火炬计划筹建专门的软件产业基地；1997年国家加大对外开放力度，允许一些有较强实力的国家高新区向APEC[①]成员开放，以促进中国与APEC成员在先进科技领域的合作与交流。1997年6月，国务院发布《国务院关于建立杨凌农业高新技术产业示范区及其实施方案的批复》，特别批准建立杨凌农业高新技术产业示范区，以图解决中国干旱半干旱地区农业发展和21世纪中国粮食问题。1998年，国家火炬计划将国家高新区和高新技术创业服务中心建设纳入其范畴。2000年以后，国家又认定了数十个"国家高新技术产品出口基地"，这些基地均依托国家高新区确立，由科技部和外经贸部联合认定。

2007年、2009年，国务院分两批将一些省级高新区升级为国家高新区；2010年9月，国务院批准芜湖、昆山、安阳、东莞松山湖、柳州、营口、昌吉等13个省级高新区升级为国家高新区；2010年11月，国务院再次将唐山、燕郊等14个省级高新区升级为国家高新区。2011年6月，国务院批准增设上海紫竹、山东临沂、江苏江阴、湖南益阳、四川自贡5个国家高新区；2012年批复17个，2014年批复9个，2015年国务院又批复清远、嘉兴秀洲、常熟、德阳、莱芜、湖州莫干山、攀枝花钒钛新技术产业园区等16个省级高新区升级为国家高新技术产业开发区。2018年11月，国务院还批复同意乌鲁木齐、昌吉、石河子3个高新区建设享受国家自主创新示范区的相关政策。

国家高新区数量增加的同时，园区拥有的高新技术企业数也在扩张。至2017年，全国有4.6万家高新技术企业落户在国家高新区，约占全国高新技术企业总数的39.4%，比上年增长18.6%。2017年国家高新区新注册企业38.6万家，当年吸纳高校应届毕业生61.5万人，较之上年也均有较大幅度增长。国家高新区入驻企业的增加，也给社会就业开辟了渠道，产生了显著的社会效益。

---

① APEC，亚洲太平洋经济合作组织（Asia-Pacific Economic Cooperation），是亚太地区重要的经济合作论坛，也是亚太地区高级别的政府间经济合作机制。

（二）高新区经济总量与效益

国家高新区规模不断扩大的同时，经济总量与经济效益也在不断提高。30 年来，国家高新区内的企业不断加大研发投入，创新高新技术产品，基本构建了较为完整的高端产业体系，创造了可观的技术性收入，对所在地区的经济产生了越来越大的影响。可以将反映国家高新区经济总量和效益的指标绘制成图如下（图 9-1、图 9-2）。

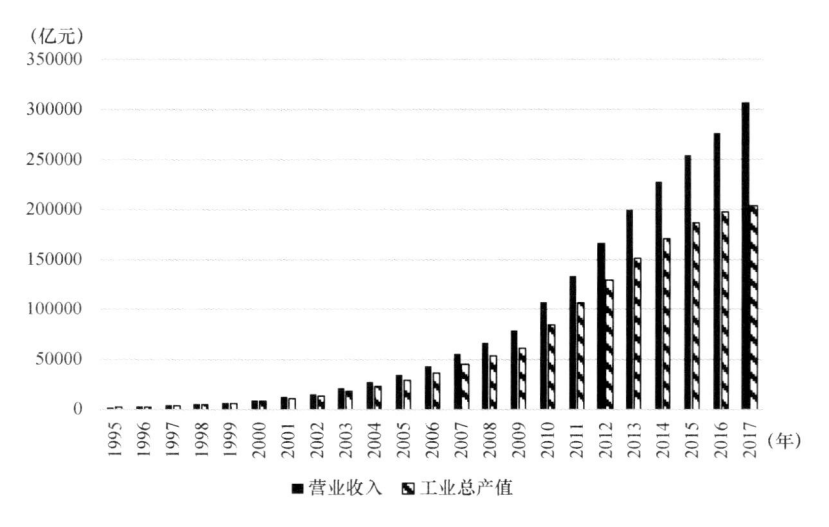

图 9-1　国家高新区经济总量指标动态

注：2014 年国家统计局进一步规范了统计报表制度，增加了"营业收入"的指标，取消了"总收入"的指标。因此，2014 年以前所列数据为企业"总收入"汇总数据。

资料来源：《2018 中国火炬统计年鉴》，中国统计出版社 2018 年版。

由图 9-1 可以看出，国家高新区的经济总量指标和效益指标均呈显著的上升趋势。1992—2003 年，国家高新区的营业收入、工业总产值增长幅度较缓，2004 年以后增长速度明显加快，而且营业收入的增长速度快于工业总产值的增长幅度。

国家高新区的经济总量指标和经济效益指标与其自身总量的扩张是高度相关的。1992 年以前，国家高新区成立不久，一切处在探索阶段，其建设目标是先行示范、试水试点；园区的主要活动是集聚生产要素，进行道路、交通、通信等基础设施建设，国家对高新区批建的总量也在控制。所以，全国高新区的经济总量指标与效益指标也不太高。1992 年，国家一次性新批增 25 个国家高新区，至此国家高新区进入规模化发展阶段，1995—2009 年，国家高新区的数量一直保持在 54 个左右的水平，1995—2002 年国家高新区经济总量指标不高，2003 年以后国家高新区经济总量增长发力，营业收入与工业总产值均有较高的增长幅度。2010 年，国家高新区总数达到 88 个，2012 年突破 100 个，2015 年突破 140 个。也就是从 2010 年起，国家高新区的经济总量与效益都呈现了更高的增长速率。这个时期，国家高新区从探索、引领、示范转变到大力发展高附加值的新兴产业和科技服务业，更加重视科技人才和管理人才引进，开展创新平台建设，从国内生产要素集聚区向全球开放型的高新科技区转型。所以，国家高新区的经济指标整体表现良好。

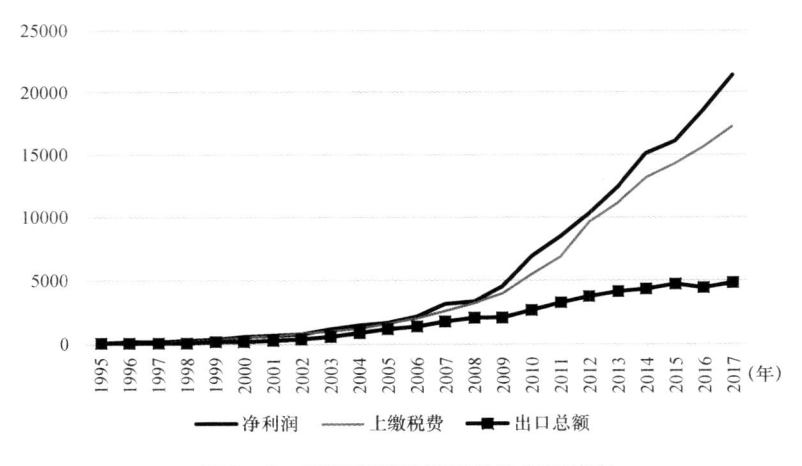

图 9 - 2　国家高新区经济效益指标动态

注：净利润、上缴税费的计量单位为亿元，出口总额的计量单位为亿美元。
资料来源：《2018 中国火炬统计年鉴》，中国统计出版社 2018 年版。

图 9 - 2 显示，国家高新区的净利润、上缴税费也在以较快速率增长，特别是 2006 年以后，净利润、上缴税费增长的幅度明显增大。值得注意的是，国家高新区的出口创汇额虽然也在增长，但增长幅度较缓，且不及净利润的增幅和上缴税费的增幅。根据《国家高新区创新能力评价报告（2018）》[①] 提供的数据：2017 年，国家高新区创造了 9.52 万亿元的生产

[①] 中华人民共和国中央政府网站：《国家高新区创新能力评价报告（2018）》，http：//www. gov. cn/xinwen/2018 - 12/26/content_ 5352256. htm。

总值，占全国 GDP 的比重达到 11.5%，而这一数字在 16 年前的 2001 年，国家高新区创造的生产总值仅占全国 GDP 的 2.06%。

在创新投入与创新产出方面，国家高新区也优势明显。全国 67% 以上的国家重点实验室、国家工程实验室和国家工程研究中心都集中在国家高新区。2017 年，全国 35% 的研发投入、全国 45.1% 的企业研发投入来自国家高新区；2017 年国家高新区企业申请的发明专利数 28.8 万件、授权数 11.2 万件，后者约占全国企业授权数的 46.3%；万人发明专利申请数、授权数和拥有数等重要的创新指标大大超过全国均值，高新区的创新产出效率也远远超过全国的平均水平。这些数据均表明中国国家高新区的发展势头良好。

中国国家高新区的建设和发展是负有社会责任和时代使命的。它需要发展现代高科技产业，进行管理体制的创新，通过科技活动进行不断创新创业。作为现代化的科技园区，高新区还必须是开放性的、世界性的。30 年来，国家高新区除在创造利税、出口创汇等方面做出显著成绩之外，在其他方面做出的贡献也是不容忽视的。这些活动主要体现在自主开展高新技术研发，进行创新创业企业孵化，培育独角兽企业、创新型企业，与国外企业和研发机构进行技术合作；促进产业服务，推动科技成果的及时转化；培育园区的战略性新兴产业、高端制造业和创新型集群；进行技术服务出口，在境外设立分支机构开展技术研发，参与制定国际产业生产标准，在国外申请专利，培养一流的技术人才和管理人才等。但是，国家高新区的发展也还有不尽如人意的地方，这表现在一些重要产业的关键性技术、前沿技术的重大突破成就不显著；一些领域的卡脖子技术问题未能得到有效解决；与国际顶级研发机构、世界 500 强企业的技术合作、运营合作还有较大的提升空间；园区高新技术产业在全球产业价值链上的位置也还不具备优势；园区现代服务业的发展、工业互联网体系的建设、生产数字化技术的应用，工程承包、下料配送、备件配件供应、上线物流、供应链管理、设备改造、设备租赁、产品回收、管理咨询、生产力促进等方面都有很大的发展和改善空间。

二　国家高新区的空间格局

根据科技部火炬中心等机构联合发布的《国家高新区创新能力评价报告（2018）》，近年来，国家高新区的创新创业环境不断优化，整体创新能力在不断提升，创新能力总指数的增长明显高于其总收入和规模经济的增长。不过，宏观上各省市区的国家高新区群体表现差异较大，东强西弱的特征明显。北京、广东、上海、江苏等东部沿海省市的国家高新区的发展水平和创新能力水平最高，其中北京居首，远远高出西部地区国家高新区的发展水平。

（一）国家高新区空间分布

30年里，国家高新区由小到大，由少变多，广泛分布于全国除西藏之外的30个省市区。根据科学技术部火炬高技术产业开发中心提供的资料，截至2018年年底全国共有169个国家高新区，具体的空间分布见表9-2。

表9-2　　　　　　　　　　国家高新区空间分布

	园区		园区
北京 （1个）	中关村科技园区	天津 （1个）	天津滨海高新技术产业开发区
河北 （5个）	石家庄、保定、唐山、燕郊、承德	山西 （2个）	太原、长治
上海 （2个）	张江、紫竹	海南 （1个）	海口
广东 （14个）	广州、深圳、中山火炬、佛山、惠州仲恺、珠海、东莞松山湖、肇庆、江门、源城、清远、汕头、湛江、茂名	江苏 （18个）	南京、苏州高新区、苏州工业园、无锡、常州、泰州医药、昆山、江阴、徐州、武进、南通、镇江、连云港、盐城、常熟、扬州、淮安、宿迁
浙江 （8个）	杭州、宁波、绍兴、温州、衢州、萧山临江、嘉兴秀洲、湖州莫干山	安徽 （6个）	合肥、芜湖、蚌埠、马鞍山慈湖、铜陵狮子山、淮南
山东 （13个）	济南、威海火炬、青岛、潍坊、淄博、济宁、烟台、临沂、泰安、枣庄、莱芜、德州、黄河三角洲农业	湖北 （12个）	武汉东湖、襄阳、宜昌、孝感、荆门、随州、仙桃、咸宁、黄冈、荆州、黄石大冶湖、潜江

续表

	园区		园区
福建 (7个)	福州、厦门火炬、泉州、莆田、漳州、三明、龙岩	江西 (9个)	南昌、新余、景德镇、鹰潭、抚州、赣州、吉安、九江共青城、宜春丰城
四川 (8个)	成都、绵阳、自贡、乐山、泸州、攀枝花钒钛、德阳、内江	陕西 (7个)	西安、宝鸡、杨凌、渭南、榆林、咸阳、安康
辽宁 (8个)	沈阳、大连、鞍山、营口、辽阳、本溪、阜新、锦州	新疆 (3个)	乌鲁木齐、昌吉、新疆生产建设兵团石河子高新技术产业开发区
吉林 (5个)	长春、延吉、吉林、长春、通化	黑龙江 (3个)	哈尔滨、大庆、齐齐哈尔
河南 (7个)	郑州、洛阳、安阳、南阳、新乡、平顶山、焦作	湖南 (8个)	长沙、株洲、湘潭、益阳、衡阳、郴州、常德、怀化
广西 (4个)	南宁、桂林、柳州、北海	重庆 (4个)	重庆、璧山、荣昌、永川
贵州 (2个)	贵阳、安顺	内蒙古 (3个)	包头稀土、呼和浩特金山、鄂尔多斯
云南 (3个)	昆明、玉溪、楚雄	甘肃 (2个)	兰州、白银
青海 (1个)	青海	宁夏 (2个)	银川、石嘴山

注：苏州工业园享受国家高新区同等政策，故全国共有169个国家高新区。
资料来源：由科技部火炬高技术产业开发中心网站整理，http://www.chinaforch.gov.cn/kjfw/。

国家高新区在规模上有显著增大，在地域空间分布上也表现出与其他经济现象相同的分布特征，东部地区、中部地区集聚了高新区较大比重的高新区资源，而西部地区、东北地区集聚的高新区资源较少。可以将反映2018年国家高新区空间分布情况的分析指标列示如下（见表9-3）。

表 9-3　　　　　　　　2018 年国家高新区规模与结构

地区	国家高新区数（个）	企业数（万家） 工商注册	企业数（万家） 入统	企业数（万家） 高新技术	年末从业人员数（万人）	营业收入（亿元）	工业总产值（亿元）
东部	70	140.04	7.62	4.31	1252.38	213538.61	125660.67
中部	44	36.24	2.05	1.00	398.28	61294.18	46717.08
西部	39	43.41	1.74	0.76	339.90	54030.57	37206.32
东北	16	12.08	0.59	0.21	101.01	17350.51	12941.44
合计	169	231.78	12.01	6.28	2091.57	346213.88	222525.51

资料来源：《2019 中国火炬统计年鉴》，中国统计出版社 2019 年版；笔者加工整理。

由表 9-3 可以看出，规模上，东部地区国家高新区表现突出。结构上，东部地区、中部地区拥有的国家高新区数、工商注册企业数、高新技术企业数以及年末从业人员数均占有较大比重。在国家高新区的数量上，东部地区占了总量的 41%，该区域的 7 省 3 市集中了 70 个国家高新区，特别是江苏、广东、山东 3 省其拥有的国家高新区数量位列全国前三；高新区年末从业人员数，东部地区占了总量的 60%；高新区入统企业数，东部地区占了总量的 63%；高新区高新技术企业数，东部地区占了总量的 69%；高新区营业收入，东部地区占了总量的 62%；工业总产值，东部地区占了总量的 56%。可见，国家高新区的生产资源和生产能力主要集中在东部地区，空间分布上很不均衡。

（二）国家高新区经济实力

国家高新区有良好的发展态势，无论是在园区的数量、入统企业数量上，还是在从业人员数上，都表现出明显的增长之势。国家高新区的营业收入、工业总产值、上缴税费、出口总额，都已达到相当水平。成为一个地区经济增长的重要引擎。一个不争的事实是，各个地区都十分重视高新区的发展，重视创新型企业的培育。中国依托高新区，培育建成了电子信息制造、新能源汽车制造、高端装备制造、生物医药制造、计算机设备制造、通信设备制造产业先进制造集群和创新型产业集群。同时，国家高新区已成为先进制造业发展的重要基地，是高技术人才和管理人才、科技创新资源的重要集聚区。

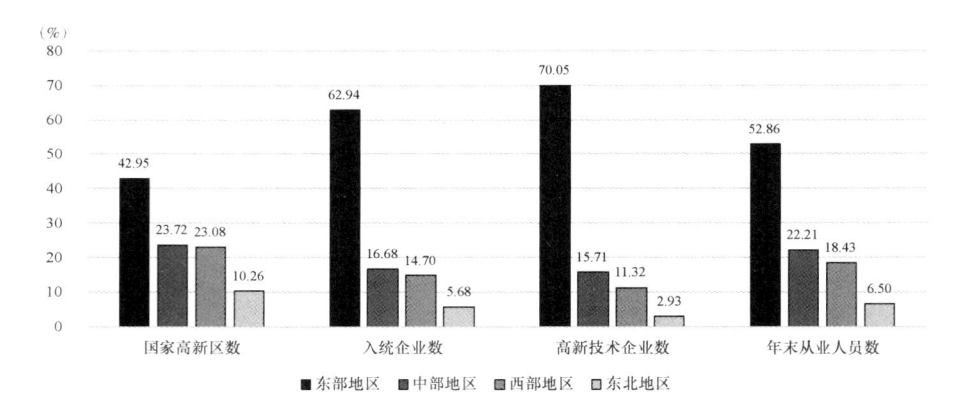

图 9-3　2017 年国家高新区空间布局

资料来源:《2018 中国火炬统计年鉴》,中国统计出版社 2018 年版。

国家高新区一般具有较高的经济效益和社会效益,对地区经济发展和创新有着明显的带动作用。经过 30 年的发展和产业资源集聚,国家高新区大多分布在东部沿海省市区,尤其是集中在广东、山东和江苏 3 省。图 9-3、图 9-4 反映了国家高新区经济实力空间分布状况。

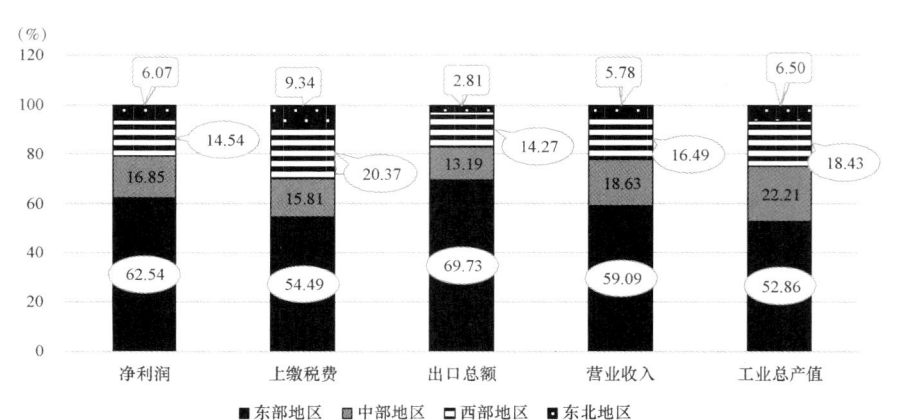

图 9-4　2017 年国家高新区经济实力空间布局

资料来源:《2018 中国火炬统计年鉴》,中国统计出版社 2018 年版。

2018 年,国家高新区高技术制造产业发展的重要经济指标如下(见表 9-4)。

表9-4　　　2018年国家高新区高技术制造产业主要经济指标　　　单位：亿元

	营业收入	工业总产值	净利润	上缴税费	出口总额	年末资产
医药制造业	92382.92	91389.16	12063.95	9949.91	5021.71	150255.33
航空、航天器及设备制造业	18860.92	18707.79	1233.98	422.14	1315.71	42894.10
电子及通信设备制造业	406778.82	391276.13	21987.50	14091.93	145740.26	467083.80
计算机及办公设备制造业	92890.25	90265.14	4090.51	2548.82	45964.77	74256.53
医疗仪器设备及仪器仪表制造业	52810.11	52789.22	5821.01	3526.66	8822.57	78706.00
信息化学品制造业	2023.42	2068.24	62.37	71.06	423.31	3323.25
总计	665746.44	646495.68	45259.32	30610.52	207288.33	816519.01

资料来源：《2019中国火炬统计年鉴》，中国统计出版社2019年版；笔者加工整理。

表9-4显示了2018年国家高新区高技术制造产业的发展总体表现。营业收入上，总量较大的是电子及通信设备制造业、计算机及办公设备制造业；工业总产值上，总量较大的是电子及通信设备制造业、医药制造业；在净利润、上缴税费上，总量较大的是电子及通信设备制造业、医药制造业；在出口总额上，总量较大的是电子及通信设备制造业、计算机及办公设备制造业；而在年末资产上，总量较大的是电子及通信设备制造业、医药制造业。

数据显示：2017年，国家高新区GDP的增长速度为8.3%，高于全国GDP增长速度；高新区的税收、进出口总额、出口总额都有良好表现，高新区仍然是中国经济发展的重要引擎。由是，可以将反映中国高新区重要经济指标的变动情况图示如下（图9-5）。

由图9-5可知，1995—2018年，国家高新区在增长态势上均有良好表现。营业收入和工业总产值在1995—2009年一直平缓增长，2010年以后有加速增长的态势；净利润和上缴税费，从1995年起一直呈平稳发展之势，2011年起开始出现小幅增长；而出口总额方面，一直处于平稳状态，没有明显的增速。2018年，国家高新区高技术产业制造企业9893个，从业人员443万人。其中，医药制造业中高新技术企业1599个、从业人员 74.39 万人；航空、航天器及设备制造业高新技术企业 292 个，从业人员 20.64 万人；电子及通信设备制造业高新技术企业 4169 个，从业人员 247.15 万人；计算机及办公设备制造业高新技术企业 547 个，从业人员 46.67 万人；医疗仪器设备及仪器仪表制造业高新技术企业 3260 个，从业人员 52.58 万人；信息化学品制造业高新技术企业数 26 个，从业人员 1.58 万人。[1]

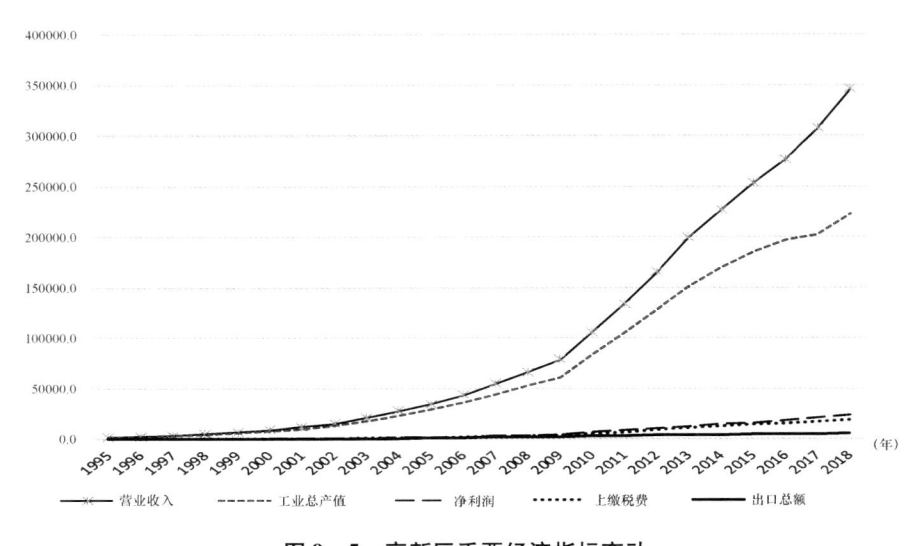

图 9-5　高新区重要经济指标变动

注：营业收入、工业总产值、净利润、上缴税费的计量单位为"亿元"，出口总额的计量单位为"亿美元"。

资料来源：《2019 中国火炬统计年鉴》，中国统计出版社 2019 年版。

（三）国家高新区发展评析

国家高新区的发展水平基本能代表当下中国创新驱动的实践状况，能反映中国产业的创新发展水平。现时期，世界 500 强在国家高新区投资的企业数也在逐年增长。国家高新区集中了全国半数以上的孵化器，在孵企业为 6 万多家。国家高新区的出口额约占全国外贸出口总额的 20%，国家高新区高新技术产品出口额约占全国的 40%，实际利用外资金额约占

---

[1] 《2019 中国火炬统计年鉴》，中国统计出版社 2019 年版。

全国的37%，入统高新技术企业数约占全国的38%。这说明了国家高新区的现有实力，以及其对中国经济的影响力。结合图9-3、图9-4可以进一步发现：

第一，国家高新区主要集中在东部地区。东部地区集聚了全国42.95%的国家高新区、62.94%的高新区入统企业数、70.05%的高新区高新技术企业和52.86%的高新区从业人员。中、西部地区集聚的国家高新区基本相当；东北地区集聚的国家高新区相对较少，特别是东北地区集聚的高新技术企业更是明显偏少，只占全国高新技术企业总数的2.93%。

第二，国家高新区经济实力显著地集中于东部地区。从创造的净利润、上缴税费、出口总额、营业收入以及工业总产值看，东部地区均占据明显的优势，中、西部地区拥有的国家高新区经济实力基本相当；东北地区占有的资源偏少。2017年，国家高新区创造的净利润，东部高新区占了62.54%，东北高新区占了6.07%；上缴税费东部高新区占了54.49%，东北高新区占了9.34%；出口总额东部高新区占了69.73%，东北高新区占了2.81%；营业收入东部高新区占了59.09%，东北高新区占了5.78%；工业总产值东部高新区占了52.86%，东北高新区占了6.50%。这5个指标，中、西部地区的国家高新区保持了旗鼓相当的份额。

第三，不同地域的国家高新区有着不同的特色。中国东部、中部、西部、东北地区地理环境、自然资源差别大，这也在较大程度上决定了几大经济板块的经济发展水平和国家高新区的布局。国家高新区的设立主要考虑了园区所在地的资源、环境、人才、交通、基础设施等因素，所以国家高新区都有不同的特色。如东部地区的苏州高新区既是高新技术产品出口基地，也是国家首批国家生态工业示范园区，其集聚的产业主要是新一代信息技术、大数据、云计算、物联网，还有航空航天、高端装备、新能源、生物医药等新兴产业，且已达到规模，形成产业集群。苏州高新区的工业产值近80%是高新技术产业产值，为全国具有重要影响力的产业科技创新高地。而西北地区的昌吉高新区，煤炭、石油、天然气等矿产资源丰富，是国家重要的能源战略基地，其集聚的产业主要是机械、特变电工、新能源、新材料等产业。西南地区的贵阳高新区，受国家产业政策的影响，其集聚的主要产业是微硬盘核心技术产业、光电核心技术产业、数字TV核心技术产业，包括知识经济产业化基地、片式元器件产业园、医药工业园、贵州火炬软件园、科技企业孵化器等。而东北地区的延吉高新区带有明显的地域特色,其包括中小企业园、科技创新园、医疗器械产业园、IT产业园、朝鲜族特色食品工业园等园区或基地,集聚的产业主要有烟草食品产业、生物制药产业、信息技术产业等。中部地区的武汉东湖高新区,重点发展高新技术产业,其集聚的产业主要有光电子产业、能源环保产业、生物工程产业、新医药产业、机电一体化产业和高科技农业等,目前是国内最大的光纤光缆、光电器件生产基地,最大的光通信技术研发基地,也是国内最大的激光产业基地,其发展目标是跻身世界一流的科技园区。由此可见,中国不同地域的国家高新区的发展规模、产业特色都有显著差异。

第二节 国家级经开区建设

经济技术开发区,是中国对外开放的重要窗口地区,其主要的功能定位之一就是建成良好的产业基础设施,创造具备国际水准的投资营商环境,吸纳外资和港澳台投资,引进先进技术,形成以高新产业为主体的现代工业体系,促进地域经济协调发展。

一 国家级经开区的空间布局

国家级经开区的空间布局是不均衡的。均衡,是指布局上的等量不等形的平衡状态。均衡被引入经济学中,被定义成经济体系中一个特定的经济单位或经济变量在一系列经济要素的相互制约下所达到的一种相对静止、相对均匀并保持不变的状态。微观经济学理论中,均衡通常是对市场的描述,可分为局部均衡和一般均衡。局部均衡,是单个市场或部分市场上供求与价格之间的状态;一般均衡,则是假定各种商品的供求和价格存在相互影响的情况下,一个经济社会系统中所有市场的供求和价格之间的状态关系。一个市场的均衡只有在其他全部市场都达到均衡的情况下才能实现。本书所论及的均衡并不是经济学中完全意义上的均衡,而是指经济要素之间的一种协调、平衡状态,具体而言是指国家级经开区多个层面的协调平衡状态。

反映国家级经开区的空间分布状况,最主要的指标是国家级经开区的个数、国家级经开区拥有的企业数、国家级经开区的企业从业人员数,此处我们选择这3个指标来测度其空间布局情况。根据国家商务部提供的数据，将2018年各省市区国家级经开区的拥有量列示如下（表9-5）。

表9-5　　　　2018年国家级经济技术开发区空间分布　　　　单位：个

	个数		个数		个数		个数		个数
北京	1	浙江	21	吉林	5	陕西	5	云南	5
天津	6	福建	10	黑龙江	8	甘肃	5	贵州	2
辽宁	9	广东	6	安徽	12	青海	2	西藏	1
河北	6	广西	4	江西	10	宁夏	2		
山东	15	海南	1	河南	9	新疆	9		
江苏	26	山西	4	湖北	7	四川	8		
上海	6	内蒙古	3	湖南	8	重庆	3		

资料来源：中华人民共和国商务部网站（http://www.mofcom.gov.cn/xglj/kaifaqu.shtml）。

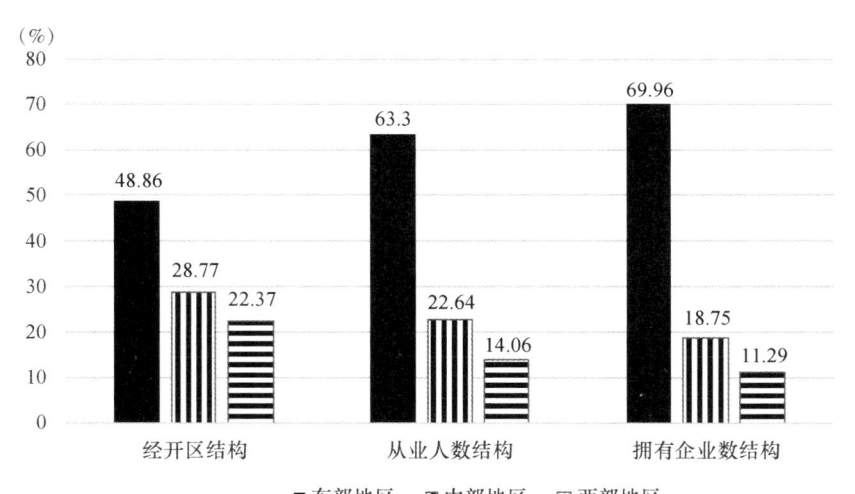

图9-6　2017年国家级经开区空间分布状况

资料来源：《中国商务年鉴2018》，中国商务出版社2018年版；笔者加工整理。

由表9-5可知，东部地区、中部地区、西部地区分布的国家级经开区很不均衡，东部地区拥有107个国家级经开区，中部地区拥有63个国家级经开区，西部地区拥有49个国家级经开区，三大区域拥有的国家级经开区占全部经开区总数的比重分别为48.86%、28.77%和22.37%，差异明显。从经开区的从业人数、拥有的企业数看，2017年年末，东部、中部、西部地区国家级经开区年末从业人员数分别为1549万人、554万人、344万人；对应地，国家级经开区期末实有的企业数分别为958958个、257030个和154683个。可见，这两个指标的差别也是显著的。依此数据，可以进一步绘制东、中、西部地区国家级经开区的空间分布图（见图9-6）。

由表9-5和图9-6可知，东、中、西部地区拥有的国家级经开区数、国家级经开区的从业人数、国家级经开区拥有企业数均存在严重的不均衡。

仍然选择《中国商务年鉴2018》提供的2017年国家级经开区规模以上工业总产值分行业情况统计数据，可以发现：东、中、西部地区国家级经开区集中的主要是制造加工业，具体包括采矿业，煤炭开采和洗选业，石油和天然气开采业，黑色金属矿采选业，有色金属矿采选业，非金属矿采选业，开采辅助活动，其他采矿业，农副食品加工业，食品制造业，酒、饮料和精制茶制造业，烟草制品业，纺织业，纺织服装、服饰业，皮革、毛皮、羽毛及其制品和制鞋业，木材加工和木、竹、藤、棕、草制品业，家具制造业，造纸和纸制品业，印刷和记录媒介复制业，文教、工美、体育和娱乐用品制造业，石油加工、炼焦和核燃料加工业，化学原料和化学制品制造业，医药制造业等23个细分行业。国家级经开区生产的主要工业品有原油加工、乙烯、单晶硅、多晶硅、化学药品原药、中成药、钢材、汽车用发动机、数码照相机、汽车、乘用车、发电机组（发电设备）、太阳能电池、电子计算机整机、笔记本计算机、服务器、平板显示器、移动通信基站设备、移动通信手持机、彩色电视机、集成电路、集成电路圆片、发光二极管（LED）、液晶显示屏、液晶显示模组、印制电路板等。

在行业和主要工业生产品的地域空间分布上，东部地区107个国家级经开区集中的行业主要是计算机通信和其他电子设备制造业、汽车制造业、化学原料和化学制品制造业、电气机械和器材制造业、通用设备制造业和电子器件制造业等；中部地区63个国家级经开区集聚的行业主要是汽车制造业、计算机通信和其他电子设备制造业、电气机械和器材制造业、有色金属冶炼和压延加工业、农副食品加工业、化学原料和化学制品制造业；西部地区49个国家级经开区主要集聚的是汽车制造业、有色金属冶炼和压延加工业、化学原料和化学制品制造业、计算机通信和其他电子设备制造业、采矿业、黑色金属冶炼和压延加工业。东部地区107个国家级经开区生产的主要工业品是原油加工、乙烯、单晶硅、笔记本计算机、集成电路、集成电路圆片、印制电路板等；中部地区63个国家级经开区生产的主要工业品是液晶显示屏、移动通信手持机、太阳能电池、乘用车、化学药品原药、中成药等；西部地区49个国家级经开区生产的主要工业品是多晶硅、钢材、汽车用发动机等，但没有生产乙烯、数码照相机、服务器、平板显示器、移动通信基站设备、数码照相机、集成电路圆片、发光二极管、液晶显示模组、电子计算机整机、笔记本计算机等产品。

所以，整体上国家级经开区集聚的一般都是先进的制造加工行业，但在地域分布上表现出明显的自然资源特色。汽车行业成为国家级经开区集聚的主要行业，其次是计算机通信和电子设备制造业。但西部地区还集聚了采矿业、有色金属冶炼和压延加工业、黑色金属冶炼和压延加工业，这与西部地区的自然资源特色有着明显的关联。由于自然环境的差异，不同地域的国家级经开区的产业有不同特色，这也对外资和港澳台资金产生了不同的吸引力。有数据显示[①]：2017年东部地区国家级经开区新增外商及港、澳、台商投资企业3567家，中部地区国家级经开区新增外商及港、澳、台商投资企业326家，西部地区国家级经开区新增外商及港、澳、台商投资企业141家。这也从一个侧面反映东、中、西部地区国家级经开区的外商及港、澳、台商投资企业也存在明显的不均衡。

二 国家级经开区的生产活动

传统的经济学理论在研究产业问题时没有对现实空间给予足够的重视，认为在没有开支或花费的情况下生产要素也可以从一个活动空间转移到另一个活动空间。而经济事实是，随着经济的全球化，知识信息的共享性、外溢性以及扩散性加剧，生产要素的移动更加复杂，主流经济学理论在解释现实经济时遇到了更多的困难。在规模报酬不变和完全竞争的假设前提下进行分析的传统均衡论也不能完全成立了。按照韦伯（A. Weber）的区位理论，不同类型企业选择最优区位考虑的是运费差异、原材料失重特性。而廖什（A. Losch）的中心地理论，在综合考虑了工业区位和生产

---

① 此处的数据来源是《中国商务年鉴2018》，中国商务出版社2018年版。

经营活动的市场范围后,认为应有一个大城市作为市场网络的中心,市场网络的周边应有若干市场区和竞争点。保罗·克鲁格曼(Paul R. Krugman)提出的社会物理学则认为,城市间的相互影响与人口、城市间的距离存在一种"重力定律",市场潜力对厂商定位和城市发展有着重要影响。这些理论对现代企业的产业集聚,包括经济技术开发区的生产活动都有很强的解释力。

现阶段,国家级经开区主要集聚的是制造企业。国家级经开区企业的活动主要是生产经营活动。生产活动是由制造企业的生产工人利用机器设备对原材料进行加工和装配,生产出市场所需的各种产品。生产活动的正常进行不仅需要土地、劳动力、动力、厂房设备等有形生产要素,也需要科学技术、生产资金、管理等无形生产要素。不同的产业所投入的生产要素会有较大的差别,增大某一种生产要素的投入,就会相对降低其他要素的投入。不同行业、不同生产部门、不同地域,由于生产的经济、环境、自然资源和技术条件的差异,以及生产的性质差异,其生产投入的要素也不相同。通过生产劳动,企业创造最终产品在市场上销售出去,这样才能实现其价值。因此,企业的生产活动最终体现在其创造的价值上。故而,此处按照生产活动的性质和国家级经开区集聚的特征,选择地区生产总值,外商及港、澳、台商投资企业总产值,高新技术企业总产值,固定资产投资额等指标来测度国家级经开区的生产活动非均衡情况。

仍然依据前文数据的出处,将反映东、中、西部地区国家级经开区生产活动情况的分析指标列示如下(见表9–6)。

表9–6　　　　　　　　2017年国家级经开区生产活动情况　　　　　　单位:亿元

	东部	中部	西部
地区生产总值	58933	20450	11982
其中:第二产业	37702	15020	8288
第三产业	20146	5056	3309
外商及港、澳、台商投资企业总产值	72375	15160	3392
高新技术企业总产值	43790	22032	6057
固定资产投资额(不含农产)	30089	15552	8212

资料来源:《中国商务年鉴2018》,中国商务出版社2018年版;笔者加工整理。

表 9-6 揭示了 2017 年国家级经开区生产活动的非均衡情况，其显示无论是地区生产总值，高新技术企业总产值，外商及港、澳、台商投资企业总产值，还是固定资产投资额，东、中、西部地区国家级经开区的发展都存在明显的失衡状态。在总量上，东部地区国家级经开区均占有绝对优势，中、西部地区国家级经开区明显偏弱。为深度考察三大区域国家级经开区生产活动的非均衡状况，对表 9-6 的数据再进行加工处理，计算结构相对数，可绘图如下（见图 9-7）。

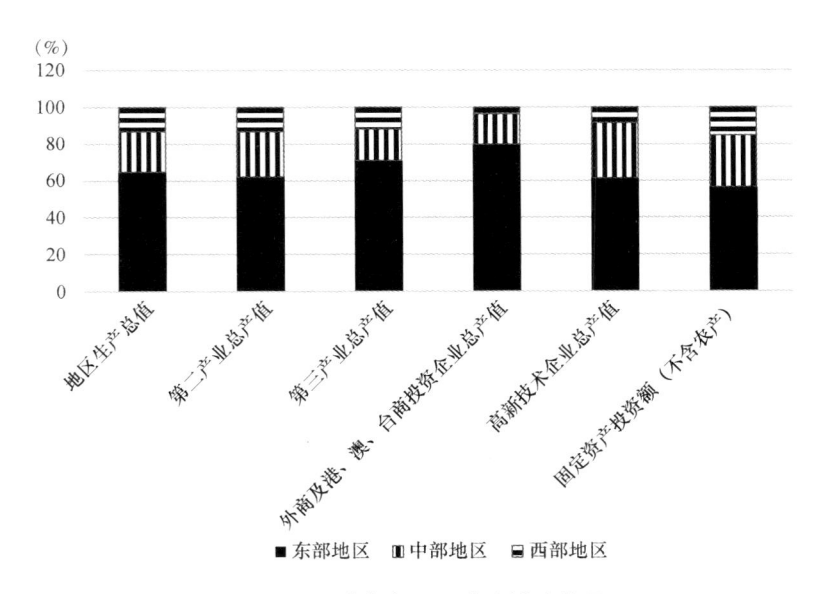

图 9-7　国家级经开区生产活动状况

资料来源：《中国商务年鉴 2018》，中国商务出版社 2018 年版；笔者加工整理。

图 9-7 很直观地反映了 2017 年东、中、西部地区国家级经开区的结构及非均衡分布状态。其中，失衡状况最为严重的是外商及港、澳、台商投资企业总产值，东部地区国家级经开区外商及港、澳、台商投资企业总产值占全部国家级经开区总产值的 79.60%，而西部地区仅占 3.73%。这表明西部地区国家级经开区在吸引外资方面远远落后于东部地区国家级经开区。其次是第三产业总产值，东部地区国家级经开区占全部国家级经开区总产值的 70.66%，而西部地区国家级经开区仅占 11.60%。此外，西部地区国家级经开区高新技术企业总产值占全部国家级经开区高新技术企业总产值的比重也只有 8.43%。相对而言，固定资产投资额相对均衡，

东部地区国家级经开区的固定资产投资额占全部国家级经开区固定资产投资总额的55.87%，西部地区国家级经开区占了15.25%。

进一步的分析数据显示[①]：2017年，东部地区国家级经开区地区生产总值最大的是广州经济技术开发区（2639.45亿元），其次是苏州经济技术开发区（2388.11亿元）、天津经济技术开发区（2358.99亿元）、青岛经济技术开发区（2154.55亿元）、昆山经济技术开发区（1600.50亿元）等；地区生产总值最小的是铁岭经济技术开发区（20.21亿元），其次是漳州招商局经济技术开发区（42.10亿元）、锦州经济技术开发区（86.57亿元）、东山经济技术开发区（96.74亿元）、大连长兴岛经济技术开发区（98.5亿元）等；最大地区生产总值与最小地区生产总值的极差是2619.24亿元，二者相差130倍；而且，这一年还出现了一个极端值，上海化学工业经济技术开发区的地区生产总值为0。中部地区国家级经开区地区生产总值最大的是合肥经济技术开发区（1220.68亿元），其次是哈尔滨经济技术开发区（1023.63亿元）、芜湖经济技术开发区（809.59亿元）、长春经济技术开发区（631.59亿元）、长春汽车经济技术开发区（629.00亿元）等；地区生产总值最小的是宾西经济技术开发区（55.2亿元），其次是晋中经济技术开发区（60.21亿元）、大同经济技术开发区（66.03亿元）、晋城经济技术开发区（77.95亿元）、四平红嘴经济技术开发区（92.89亿元）等；地区生产总值的极差是1165.48亿元，二者相差21倍。西部地区，地区生产总值最大的是成都经济技术开发区（1200.9亿元），其次是西安经济技术开发区（1099.34亿元）、贵阳经济技术开发区（602.28亿元）、德阳经济技术开发区（559.68亿元）、乌鲁木齐经济技术开发区（444.71亿元）、重庆经济技术开发区（440.16亿元）等；地区生产总值最小的是中国—马来西亚钦州产业园区（11.4亿元），其次是酒泉经济技术开发区（22.26亿元）、阿拉尔经济技术开发区（23.55亿元）、格尔木昆仑经济技术开发区（55.7亿元）、张掖经济技术开发区（70.64亿元）等；地区生产总值的极差达1189.5亿元，二者相差104倍。由此不难发现，一些地处省会城市、基础设施良好，交通便利发达的国家级经开区生产总量较大；而位置偏远，交通不便，产业结构简单或主要依托自然资源的国家级经开区生产总量较小；东部地区、中部地

[①] 数据来源是《中国商务年鉴2018》，中国商务出版社2018年版。

区、西部地区国家级经开区内部的生产活动也存在明显的非均衡状态。

三 国家级经开区的生产效益

经济学上的生产效益是资金占用、生产支出与创造的有用生产成果之比。经济活动中，生产的目标就是生产者通过劳动以一定的生产投入获取尽可能多的有用生产成果。在现代社会，生产者依靠科学技术，采用先进的生产方式，提高企业职工的科学文化水平和劳动技能，提高生产管理水平，提高劳动生产效率，以较少的生产消耗创造出更多的有用劳动产品，这是生产者的普遍追求。国家级经开区的设立，直接的目标就是通过集约化的生产方式，形成规模效益，创造更优的生产效益。因此，反映生产效益的主要指标是财政收入、税收收入、出口总额等。此处，根据国家级经开区的特征，选择财政收入、税收收入、出口总额以及相应的人均指标，以测度国家级经开区生产效益非均衡状况。仍然根据《中国商务年鉴2018》提供的数据计算整理的相关分析如下（见表9-7）。

表9-7　　　　　　　　2017年国家级经开区生产效益情况

		东部地区	中部地区	西部地区
总量指标 （亿元）	财政收入	12525	3349	1935
	税收收入	11049	2831	1843
	出口总额	27193	2584	1806
	其中：高新技术产品出口额	9639	1222	267
	历年累计实际利用外资金额	35686	10839	2884
平均指标 （万元/人）	人均地区生产总值	38.05	36.91	34.83
	人均财政收入	8.09	6.05	5.63
	人均税收收入	7.13	5.11	5.36

资料来源：《中国商务年鉴2018》，中国商务出版社2018年版；笔者计算整理。

由表9-7可知，东、中、西部地区国家级经开区创造的财政收入、税收收入、出口总额以及历年累计利用外资金额都存在明显的非均衡。特别是，东部地区国家级经开区的出口总额是西部地区国家级经开区出口总额的15倍，东部地区国家级经开区高新技术产品出口额是西部地区国家级经开区的36倍多。值得注意的是，这种巨大差距没有剔除三大地域国家级经开区总量、规模的影响因素。但从人均指标上看，如人均地区生产总值、人均财政收入、人均税收收入，东、中、西部地区国家级经开区的水平虽然也存在差距，但差距不如绝对指标一样大。

进一步，将表9-7数据进行再加工，可以绘制出反映东、中、西部地区国家级经开区生产效益非均衡状况的图如下（见图9-8）。

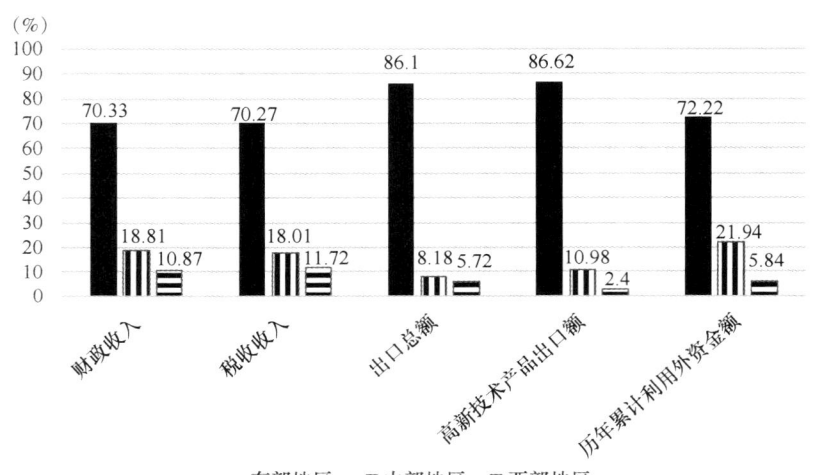

图9-8 国家级经开区生产效益状况

资料来源：《中国商务年鉴2018》，中国商务出版社2018年版；笔者计算整理。

由图9-8可以看出，反映东、中、西部地区国家级经开区生产效益非均衡状况的财政收入、税收收入、出口总额、高新技术产品出口额、历年累计利用外资金额等方面都存在显著性的差异。特别是出口总额、高新技术产品出口额非均衡状况更加明显。

进一步分析三大区域国家级经开区利用外资的差距情况[1]。2017年，东部地区国家级经开区实际利用外资金额最多的是天津经济技术开发区（249.66亿元），其次是广州经济技术开发区（149.24亿元）、青岛经济技术开发区（78.86亿元）、嘉兴经济技术开发区（74.28亿元）、广州南

---

[1] 此处数据来源于《中国商务年鉴2018》，中国商务出版社2018年版；笔者加工整理。

沙经济技术开发区（70.37亿元）等；实际利用外资金额最少的是闵行经济技术开发区（0.08亿元），其次是临沂经济技术开发区（0.56亿元）、义乌经济技术开发区（1.56亿元）、漳州招商局（1.57亿元）、湛江经济技术开发区（1.59亿元）等；东部地区国家级经开区实际利用外资最多与最少的极差是249.58亿元，二者相差3120倍；这一年还出现一个极端值，即铁岭经济技术开发区该年实际利用外资为0。中部地区国家级经开区实际利用外资金额最多的是长春经济技术开发区（163.12亿元），其次是武汉经济技术开发区（98.83亿元）、哈尔滨经济技术开发区（81.34亿元）、长春汽车经济技术开发区（66.11亿元）、芜湖经济技术开发区（47.53亿元）等；实际利用外资金额最少的是桐城经济技术开发区（0.75亿元），其次是许昌经济技术开发区（1.18亿元）、大庆经济技术开发区（1.91亿元）、大同经济技术开发区（2.11亿元）、双鸭山经济技术开发区（2.15亿元）等；实际利用外资最多与最少的极差是162.37亿元，二者相差216倍。西部地区国家级经开区实际利用外资金额最多的是西安经济技术开发区（97.9亿元），其次是成都经济技术开发区（52.13亿元）、重庆经济技术开发区（42.33亿元）、钦州港经济技术开发区（15.33亿元）、嵩明杨林经济技术开发区（13.92亿元）等，实际利用外资金额最少的是甘泉堡经济技术开发区、库车经济技术开发区、阿拉尔经济技术开发区、五家渠经济技术开发区、石河子经济技术开发区、库尔勒经济技术开发区、银川经济技术开发区、石嘴山经济技术开发区、神府经济技术开发区、兰州经济技术开发区、金昌经济技术开发区、天水经济技术开发区、酒泉经济技术开发区、张掖经济技术开发区、西宁经济技术开发区、拉萨经济技术开发区、呼伦贝尔经济技术开发区等，这些经济技术开发区2017年实际利用外资的金额为0。可见，西部地区经开区在实际利用外资方面整体水平不高，也存在不均衡。

一般而言，国家级经开区占城市的GDP总量较大，GDP增长率高于国家平均水平，而且财政收入、税收收入的贡献也突出。尤其是在进出口总额、利用外资、引进先进技术方面也都走在地区经济发展前列。所以，无论是中央政府还是地方政府都高度重视国家级经开区的发展。国家商务部也定期对全国国家级经开区进行量化考核评估，考核评估内容包括国家级经开区的产业基础设施建设、科技创新活动和成就、区域带动能力和效应、生态和环境保护状况、行政管理效能等。2018年5月，商务部公布了全国 219 个国家级经开区的考核结果。结果显示：综合排名前 30 名的国家级经开区中，东部地区占了 22 个，占全部被考核的国家级经开区总数的 73.33%；中部地区 6 个，占比为 20%；西部地区 2 个，占比为 6.67%。东部地区的江苏有 6 个国家级经开区跻入前 30 强，居全国之首。具体而言，综合排名前 30 位的国家级经开区中，属于东部地区的是苏州经济技术开发区、广州经济技术开发区、天津经济技术开发区、北京经济技术开发区、昆山经济技术开发区、青岛经济技术开发区、烟台经济技术开发区、江宁经济技术开发区、杭州经济技术开发区、上海漕河泾经济技术开发区、南京经济技术开发区、嘉兴经济技术开发区、广州南沙经济技术开发区、宁波经济技术开发区、镇江经济技术开发区、连云港经济技术开发区、北辰（天津）经济技术开发区、沈阳经济技术开发区、武清（天津）经济技术开发区、秦皇岛经济技术开发区、淮安经济技术开发区、上海金桥经济技术开发区等；属于中部地区的是武汉经济技术开发区、合肥经济技术开发区、芜湖经济技术开发区、哈尔滨经济技术开发区、长沙经济技术开发区、长春经济技术开发区等；属于西部地区的是西安经济技术开发区、成都经济技术开发区等。

在产业基础建设方面成就突出处于前 10 名的国家级经开区中，属于东部地区的占 9 个，它们是苏州经济技术开发区、天津经济技术开发区、广州经济技术开发区、昆山经济技术开发区、青岛经济技术开发区、北京经济技术开发区、广州南沙经济技术开发区、烟台经济技术开发区、南京经济技术开发区；属于中部地区的占 1 个，即武汉经济技术开发区。西部地区无国家级经开区上榜。在科技创新方面成就突出处于前 10 名的国家级经开区中，属于东部地区的国家级经开区的占 8 个，它们是广州经济技术开发区、苏州经济技术开发区、北京经济技术开发区、江宁经济技术开发区、上海漕河泾经济技术开发区、北辰（天津）经济技术开发区、杭州经济技术开发区、天津经济技术开发区；属于中部地区的占 1 个，是芜湖经济技术开发区；属于西部地区的占 1 个，是陕西航天经济技术开发区。在利用外资方面成就突出处于前 10 名的国家级经开区中属于东部地区的占 6 个，它们是天津经济技术开发区、广州经济技术开发区、青岛经济技术开发区、嘉兴经济技术开发区、广州南沙经济技术开发区、宁波经济技术开发区；属于中部地区的占 3 个，它们是长春经济技术开发区、武汉经济技术开发区、哈尔滨经济技术开发区；属于西部地区的占 1 个，是西安经济技术开发区。在对外贸易方面成就突出处于前 10 名的国家级经开区，全部属于东部地区的国家级经开区，它们是苏州经济技术开发区、昆山经济技术开发区、天津经济技术开发区、广州经济技术开发区、广州南沙经济技术开发区、烟台经济技术开发区、大连经济技术开发区、苏州浒墅关经济技术开发区、宁波经济技术开发区、青岛经济技术开发区等，中部、西部地区的国家级经开区无一个上榜。

综上，如上成就突出的国家级经开区中，有些是较早建立的国家级经开区，有些则是新成立的国家级经开区；有些以开放创新、引进外资和先进制造技术见长；有些则以优化资源配置、承接产业转移见长；有些则是产业基础设施好，对外贸易突出。总之，优势各异，差别也明显，中部、西部地区国家级经开区的发展与东部地区国家级经开区均存在明显的非均衡。

第三节　创新型产业集群建设

创新型产业集群，是产业链上各创新主体和创新要素的有效整合，是研发机构产品的重要市场，是推动区域快速发展、经济增长的重要动力，也是促进产业转型升级、提高国家竞争力、建设制造强国的重要途径。

一　地域分布下的创新型产业集群

此处的"创新"有着丰富的内涵，包括技术创新、产品创新、营销模式创新、品牌创新等。创新型产业集群可以以高新技术产业为主体，也可以以正在升级的传统产业为主体。在一个创新型产业集群内，创新型的企业和人才是关键。关于产业集群的发展，迈克尔·波特最早提出了全球经济背景下的产业集群理论。其理论认为，现代产业集群，本质上是一种生产要素的优化集聚形式，其由相互作用、相互影响的厂商、供应商、专门化协会所形成。产业集群通过公用设施、市场环境和外部经济资源的共享，达到降低生产成本、信息交流成本和物流成本，产生规模集聚效应、外部效应，从而提高区域竞争力。在经济全球化背景下，产业集群的角色愈显重要。也有一些学者，如德瑞奇（Drich）和特克拉（Tekra），认为产业集群是众多中小企业在地理上的集中，它的目标是通过协作配套以便能获得绩效优势。而威廉姆森（Williamson）则认为，产业集群是一种生产组织形式，它是中小企业在专业化分工和协作基础上集合起来所形成的中间性组织，它比市场稳定，又比层级组织灵活。而杰克伯斯（Jakobs）和戴蒙（Damon）则从水平企业和垂直企业的角度讨论产业集群问题，认为不同部门的水平联系、垂直联系、共享技术以及活动主体的合作决定了产业集群。总之，不论从哪个角度看，共同的观点是产业集群是能够产生集群效应的，它使得社会分工深化、企业联系加强、地域内资源得到充分利用，可以有效降低生产成本；促成集群内的企业产生联合行动，提高合作企业的技术水平、生产能力、创新能力，可以推动产业集群的成长和竞争力的提高。而且，产业集群一旦形成，它将统一市场，规范产品标准，推行共同商标和专项技术，促成企业制度和企业文化的诞生，产生适合自身发展的有利的制度。

2013年6月，国家科技部发布了第1批创新型产业集群试点单位（以下简称创新型产业集群）名单，北京中关村移动互联网创新型产业集群等10个产业集群上榜；2014年12月，科技部发布了第2批创新型产业集群试点名单，石家庄药用辅料创新型产业集群、邯郸现代装备制造创新型产业集群等22个产业集群入选；2017年12月，科技部发布了第3批创新型产业集群试点单位名单，扬州数控成形机床创新型产业集群、泰州生物医药创新型产业集群等29个产业集群上榜。截至2019年年底，国家确定创新型产业集群试点单位共计61个。此外，科技部于2013年11月、2017年12月还两次确定了47家创新型产业集群试点（培育）单位（以下简称创新型产业培育集群）。这些创新型产业集群和创新型产业集群培育单位的空间分布状况可列示如下（见表9-8）。

表9-8　　　　　　　　创新型产业集群与培育集群一览　　　　　　单位：个

	创新型产业集群		创新型产业培育集群	
	个数	名称	个数	名称
北京	1	北京中关村移动互联网	2	亦庄数字电视和数字内容；丰台轨道交通
天津	0		4	天津泰达高端医疗器械；天津基于国产自主可控的信息安全；北辰高端装备制造；天津高新区新能源

续表

	创新型产业集群		创新型产业培育集群	
	个数	名称	个数	名称
辽宁	4	本溪制药；辽宁激光；大连高端工业软件；沈阳生物医药和健康医疗	0	
吉林	2	通化医药；长春汽车电子	0	
黑龙江	0		3	七河台石墨烯；齐齐哈尔重型数控机床；大庆高新区高端石化
上海	0		5	上海漕河泾知识型服务；金桥移动互联网视频；上海精细化工；上海新能源汽车及关键零部件；张江生物医药
山东	8	泰州生物医药；济宁高效传动与智能铲运机械；烟台海洋生物与医药；济南智能输配电；潍坊半导体发光；菏泽生物医药大健康；临沂电子元器件及其功能材料；德州生物制造	4	潍坊高端动力装备；滨州高端铝材；济南高新区生物制品；青岛机器人
江苏	9	无锡高新区智能传感系统；扬州数控成型机床；昆山小核酸；苏州高新区医疗器械；江阴特钢新材料；江宁智能电网；常州光伏；武进机器人及智能装备；苏州纳米新材料	2	宜兴水环境；常州轨道交通牵引动力与关键核心部件
浙江	2	杭州数字安防；温州激光与光电	0	
福建	1	泉州微波通信	3	厦门火炬高新区软件和信息服务业；厦门海洋与生命科学；闽东中小电机

续表

	创新型产业集群		创新型产业培育集群	
	个数	名称	个数	名称
河北	3	保定新能源与智能电网装备；邯郸现代装备制造；石家庄药用辅料	1	邯郸新型功能材料
河南	1	南阳防爆装备制造	2	郑州智能仪器仪表；洛阳高新区轴承
湖北	5	十堰商用车及部件；武汉东湖高新区国家地球空间信息及应用服务；襄阳新能源汽车关键部件；咸宁智能机电；荆门城市矿产资源循环利用	1	天门生物医药
湖南	3	长沙电力智能控制与设备；湘潭先进矿山装备；株洲轨道交通装备制造	0	
安徽	2	芜湖新能源汽车；合肥基于信息安全的公共技术	1	蚌埠新型高分子材料
江西	3	景德镇直升机制造；新余动力电池；抚州生物医药	1	南昌高新技术产业开发区生物医药
山西	0		2	榆次液压；太原不锈钢
广东	9	中山健康科技；惠州云计算智能终端；深圳高新区下一代互联网；清远高性能结构材料；佛山口腔医疗器械；江门轨道交通修造；韶关机械基础零部件；珠海智能配电网装备；东莞机器人智能装备	5	珠海三灶生物医药；珠海船舶与海洋工程装备；中山翠亨新区精密智能装备；中山小榄半导体智能照明；广州个体医疗与生物医药
陕西	1	西安泛在网络技术	2	杨凌示范区生物；宝鸡高新区钛
青海	2	海西盐湖化工特色循环经济；青藏高原特色生物资源与中藏药	1	西宁经开区锂电
四川	2	成都数字新媒体；德阳通用航空	2	遂宁电子电路；绵阳汽车发动机及关键零部件
重庆	2	重庆电子信息；璧山新能源汽车关键零部件绿色智能制造	0	

续表

	创新型产业集群		创新型产业培育集群	
	个数	名称	个数	名称
广西	1	柳州汽车整车及关键零部件	1	南宁亚热带生物资源开发利用
云南	0		1	昆明市生物医药
贵州	0		1	贵阳区块链与大数据
甘肃	0		1	兰州高新技术产业开发区节能环保
内蒙古	0		1	包头稀土高新技术产业开发区稀土新材料
新疆	0		1	乌鲁木齐电子新材料
总计	61		47	

注：受表格表述的局限，第 3 列中的试点单位名称后均省略了"创新型产业集群"后缀；第 5 列的试点单位（培育）名称后，均省略了"产业集群"后缀。

资料来源：科学技术部火炬高新技术产业开发中心网站（http://www.chinatorch.org.cn/cyjq/sdmd/list.shtml）；笔者加工整理。

根据表 9 - 8 的信息，可以绘制出创新型产业集群及培育集群的地域分布状况图（见图 9 - 9）。

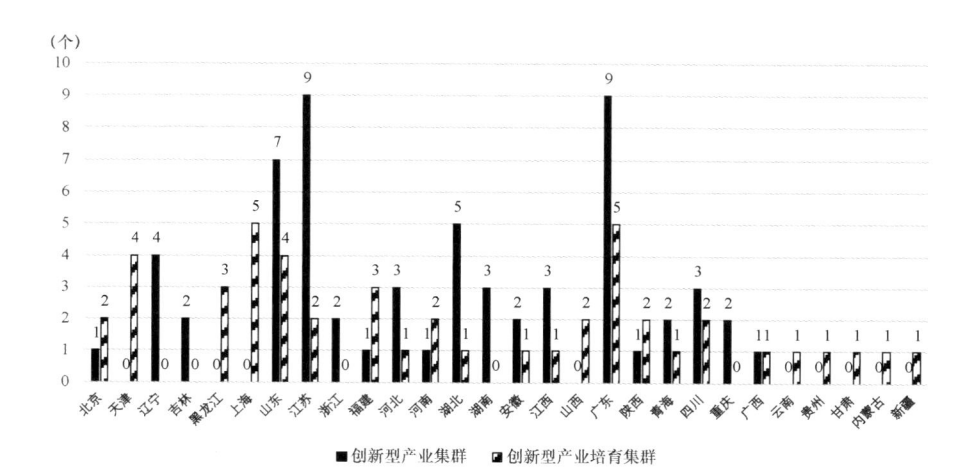

图 9 - 9 创新型产业集群与培育集群地域分布

资料来源：科学技术部火炬高新技术产业开发中心网站（http://www.chinatorch.org.cn/cyjq/sdmd/list.shtml）；笔者加工整理。

建设创新型产业集群和创新型产业培育集群，就是要以科技创新促进高新技术产业发展，以集群的发展推动地方产业转型升级和地区经济增长。由表9-8和图9-9可以发现：

第一，中国的创新型产业集群和创新型产业培育集群多集中在东部沿海经济发达地区。一个产业组织形态要成为创新型产业集群，需要满足一些硬件条件，如集群内产业链上的企业、研发机构、相关服务机构具备一定规模、较为完整且比较集中，一些企业已经建立了技术联盟或产业合作组织；集群内拥有较多的高新技术企业，拥有系列有影响、有自主知识产权的著名品牌，重要企业参与了国际行业标准的制定，或者参与了国家标准的制定；集群内的骨干企业、中小企业形成了生产配套关系或者协作关系。这些要求就决定了经济发达、创新资源充足的地区，创新型产业集群和创新型产业培育集群就多，反之则少。事实也正是如此。江苏、广东、山东的创新型产业集群最多；中部地区的湖南、江西，东北地区的辽宁，西部地区的四川，创新型产业集群也较多。西部地区的西藏、云南、贵州、甘肃、内蒙古等，东部地区的天津、上海，东北地区的黑龙江，中部地区的山西没有创新型产业集群。另外，创新型产业培育集群最多的是东部地区的上海、广东、天津、山东，中部地区的河南，西部地区的陕西、四川创新型产业培育集群也较多，而东北地区的吉林、辽宁，中部地区的湖南，西部地区的重庆，东部地区的浙江，中部地区的湖南还没有创新型产业培育集群。

一些经济发达、创新资源丰富的地区没有创新型产业集群或者创新型产业培育集群，主要是由于地域还缺乏主导产业，或者是企业还没有围绕主导产业形成较大规模的集中，不同类型、不同规模的中小企业还未形成相关的配套产业链。

第二，创新型产业集群体现了不同地域主导产业和龙头企业的特色。中国既有创新型产业集群和培育集群，都体现了不同地域主导产业和龙头企业的特色，如地处山东的创新型产业集群主要集中在生物医药、大健康、海洋生物医药等领域，这是得益于泰州的医药和烟台的海洋生物医药。泰州国家级生物医药高新区[①]拥有900多家国内外著名医药健康企

---

① 顾介铸、胡安平、刘昊宇：《泰州打造国际生物医药新高地》，《新华日报》2019年5月26日，http://csj.xinhuanet.com/2019-05/26/c_138090215.htm。

业，具备生产疫苗、诊断试剂、高端医疗器械、生物医药、化学药新型试剂、中药现代化、保化品等各种生物医药类产品，同时建立有完备的医药专业服务平台、药品注册服务体系和融资服务体系，具备较高水平的高端专门人才队伍，是产业链完整的生物医药产业基地。而烟台具备医药产业链上 20 余家医药类研发机构和临床试验 CRO（Clinical Research Organization）机构，能够从事临床试验方案的设计咨询，可进行临床试验监察、数据管理等各类生产经济活动，已建设了山东国际生物科技园等一批孵化器、加速器，是烟台海洋生物与医药成果转化、医药技术推广与工程辐射的重要技术支撑力量。而菏泽则拥有规模以上生物医药企业 150 家左右[1]，有步长制药、瑞鹰制药等中国医药工业百强企业，还有誉衡药业、润泽制药、华信制药等龙头企业；其医药产业链延及现代中药、医疗器械、医药、物流、医养健康食品等 10 大门类，具备研发转化、检验检测、种植、生产、销售、物流配送等配套功能，形成了以新医药研发、生物诊断试剂、小分子药物、现代中药、化学药、生物制剂、医疗器械、保健食品等为主的产业发展格局，正在打造"中国北方医药城核心区"。这说明，中国的创新型产业集群一般都是依赖地域经济产业特色和优势而形成的。

第三，创新型产业培育集群布局依托了地区产业发展优势，也满足了协调发展战略要求。一些地区，由于还没有龙头企业、没有形成完整的产业链，达不到创新型产业集群的标准，国家设立了创新型产业培育集群，以图尽快形成创新型产业集群。对于创新型产业培育集群，国家主要是依据其地域产业发展优势，同时还考虑了区域协调发展战略的要求。前者如中山小榄半导体智能照明产业集群、洛阳高新区轴承集群；后者如南宁亚热带生物资源开发利用产业集群、昆明市生物医药产业集群、贵阳区块链与大数据产业集群、兰州高新技术产业开发区节能环保产业集群、包头稀土高新技术产业开发区稀土新材料产业集群、乌鲁木齐电子新材料产业集群等。

广东中山市小榄镇是"中国半导体智能照明创新基地"[2]，其 LED 照

---

[1] 参引自张品、赵忠宇《做大健康产业，集聚创新发展——菏泽高新区生物医药产业发展侧记》，《菏泽日报》2018 年 8 月 17 日，http：//bz.heze.cn/html/2018-08/17/content_4_1.htm。

[2] 郑平：《中国半导体智能照明创新基地落户小榄》，http：//static.nfapp.southcn.com/content/201606/07/c91875.html。

明产业起步于 2008 年前后，经过十余年的发展，小榄的 230 多家传统灯具企业转型升级进入 LED 照明领域，从事 LED 封装、LED 照明应用、与 LED 应用配套的 LED 新光源产品的生产，其路灯、台灯、装饰灯带、商业照明灯、智能控制灯产量质量在国内均优势突出，是 LED 细分产业的龙头。洛阳有轴承类生产厂家 300 多个，其中 240 多家企业集聚在洛阳高新区。洛阳轴研精密机械公司、洛阳国华轴承机械、洛阳正中冷辗轴承等是洛阳轴承生产龙头企业，此外还有一大批科技型中小企业。洛阳的轴承产品，如风电轴承、军工轴承、铁路轴承、航天轴承新产品、医疗器械轴承等高端产品在全国都占有较大的市场份额。作为中国三大轴承产业基地之一[1]，洛阳高新区已拥有各类轴承企业、研发机构、人才培训机构、生产服务机构，形成了完整的轴承产业链，同时也还拥有了轴承质量监督检验中心、轴承标准化技术委员会等国家级行业创新服务机构，构建了先进的轴承生产公共技术服务体系。现在，洛阳生产的重点主机配套产品代表了国内同类产品的最高水平，轴承检测设备代表了国际先进水平，加工装备代表了国内先进水平，是中国高性能、高端轴承研发制造创新集聚地。

另外需要注意的是，云南、贵州、甘肃、内蒙古、新疆等省区迄今为止还没有创新型产业集群，国家依据云南的生物医药产业优势、贵阳的大数据产业优势、兰州高新区的节能环保产业优势、包头高新区的稀土产业优势、乌鲁木齐电子新材料产业的优势确立了相应的创新型产业培育集群，以图建成创新型产业集群，缩小高新技术产业地域发展差距，促进东、中、西、东北地区经济的协调发展。

第四，创新型产业集群是各地区的重要经济增长极，并有显著的带动效应。各省市区的创新型产业集群和培育集群，对本地的经济发展有着重要影响，是一个地区的经济增长极。如芜湖新能源汽车创新型产业集群[2]，拥有 7 家整车制造企业，400 余家汽车零部件生产企业，其中包括世界 500 强企业、国内知名汽车及零部件企业 30 家，规模以上企业近 300 家，能生产全系列汽车整车、零部件等各类产品，具备 130 万辆的年

---

[1] 参引自《洛阳高新区轴承产业集群打通工业关节》，http://news.17house.com/article-138564-1.html。

[2] 参引自《芜湖做大做强新能源汽车产业集群》，http://www.gsstd.cn/Industrytwo/InfoDetail.aspx? EI_ Id = 312747。

产能力。特别是产品涉及 20 个大类产品、3000 多个品种，其中绝大多数为高新技术产品，其创造的工业增加值、营业收入、财政收入、出口创汇收入等对地区经济发展有着十分重要的影响，是该地区经济增长的重要支撑。重庆电子信息创新型产业集群[①]拥有电子信息科技型企业近 200 家，能生产笔记本电脑配件、手机及核心零部件等众多电子信息产品，是中国笔记本电脑生产基地，年收入超过 260 亿元，其创造的价值是重庆 GDP 的重要来源，也是重庆重要的经济增长极。

二 行业分布下的创新型产业集群

理论上，一个创新型产业集群，其主导产业应该有良好的市场前景，重要的细分领域要在国内具有明显的优势，集群内的生产、研发机构、创新服务机构、企业孵化器、产权和技术交易、投融资服务和知识产权服务机构完备，形成了完整产业链，企业充满活力，能满足集群产业的战略发展需求。而且，集群的发展规划具有科学性、前瞻性，且得到了政府支持，政府建立了集群产业链协同机制。除了这些硬性条件、地域分布因素外，国家在确定创新型产业集群和创新型产业培育集群时也考虑了产业的分布情况，这对创新型产业集群的培育发展，对国家产业发展战略都是有重要意义的。此处，将细分行业的创新型产业集群和创新型产业培育集群列示如表 9-9 所示。

表 9-9　　　创新型产业集群和培育集群细分行业分布状况　　单位：个

行业	创新型产业集群数	创新型产业培育集群数
互联网及下一代互联网	4	0
生物医药、生物制品、医疗健康	9	8
激光、光电	2	0
高端工业软件	1	0
半导体、电子电路、电子信息、电子元器件	4	1
高效运输机械、轨道交通	1	2
光伏、智能输备电、智能电网及设备制造	6	0

---

① 参引自《试点数量西部第一！重庆创新型产业集群工作取得新突破》，http://www.sohu.com/a/215459837_2638440。

续表

行业	创新型产业集群数	创新型产业培育集群数
智能传感	1	0
数控机床、安防设备、防爆设备	3	1
小核酸、药用辅料	2	0
医疗器械	2	1
特钢、纳米、功能、高性能、高分子新材料	3	3
机器人及智能装备	3	2
微波通信	1	0
现代高端装备制造	4	2
汽车整车、发动机及零部件	2	1
新能源汽车及部件	3	1
信息安全及应用服务技术	2	2
水环境、节能环保及资源循环利用	2	2
直升机制造与通用航空	2	0
动力电池、锂电	1	1
云计算智能终端	1	0
机械基础零部件、中小电机	1	1
数字电视、数字新媒体	1	1
新能源	0	1
高端石化、高端铝材、石墨烯、烯土	0	4
知识型服务、互联网视频	0	2
精细化工	0	1
海洋与生命科学	0	1
仪器仪表、轴承	0	2
液压、不锈钢、钛	0	3
船舶与海洋工程装备	0	1
半导体智能照明	0	1
热带生物资源开发利用	0	1
区块链与大数据	0	1
总计	61	47

资料来源：科学技术部火炬高新技术产业开发中心网站（http://www.chinatorch.org.cn/cyjq/sdmd/list.shtml）；笔者加工整理。

由表 9-9 及相关数据可以发现：

第一，创新型产业集群和创新型产业培育集群在不同行业的分布存在明显差异。现时期，创新型产业集群较多的行业是生物医药、生物制品、医疗健康业，光伏、智能输备电、智能电网及设备制造业，现代高端装备制造业，互联网及下一代互联网业，半导体、电子电路、电子信息、电子元器件业等；创新型产业培育集群较多的行业是生物医药、生物制品、医疗健康业，高端石化、高端铝材、石墨烯、烯土业，液压、不锈钢、钛业，特钢、纳米、功能、高性能、高分子新材料业等。既有创新型产业集群或培育集群的确定，主要是考虑了产业集群的成熟度，达到了国家制定的创新型产业集群的标准，就被认定为创新型产业集群，就享受相应的优惠和支持政策。创新型产业集群较多的行业，本身也说明了这些行业的发展优势；创新型产业集群较少或者还没有的行业，说明这些行业还不具备显著的创新型发展优势。

第二，一些创新型产业集群已具备国际国内有影响的知名品牌。经过十余年的发展，中国创新型产业集群发展取得重要成就，创造了一系列在国际国内较有影响的知名品牌，如青藏高原特色生物资源与中藏药创新型产业集群，集聚创新型企业 6 家、高新技术企业 27 家，创造了三江源、金诃、晶珠、康普等中国知名品牌；柳州汽车整车及关键零部件创新型产业集群，年产微型汽车近 90 万辆，拥有自主知识产权的知名品牌五菱、乘龙、霸龙、风行、景逸等，这些品牌是集群对外开放的名片；郑州智能仪器仪表创新型产业集群重点发展北斗卫星导航系统，创造的知名品牌有北斗云谷、汉威、威科姆、大华安防等；杨凌示范区生物创新型产业集群，在医药与大健康产业建设和发展方面取得重要成效，创造的全国著名品牌有步长、东科、济川、万隆、金海生物等。这些创新型产业集群创造的品牌，在集群的成长和发展中诞生，是推动集群发展壮大的内在动因，反过来又支撑集群的发展，增强集群的竞争力，二者有着明显的互动作用。

第三，创新型产业集群和创新型产业培育集群主要集中于先进制造业，体现了国家战略。中国当下的创新型产业集群和创新型产业培育集群主要集中于先进制造行业，如生物医药、生物制品、医疗健康业，互联网及下一代互联网业，半导体、电子电路、电子信息、电子元器件业，数控机床、安防设备、防爆设备业，机器人及智能装备业，现代高端装备制造业，特钢、纳米、功能、高性能、高分子新材料业，新能源汽车及部件业，高效运输机械、轨道交通业，光伏、智能输备电、智能电网及设备业，直升机制造与通用航空业，动力电池、锂电业，汽车整车、发动机及零部件业，水环境、节能环保及资源循环利用业，船舶与海洋工程装备业，半导体智能照明业，机械基础零部件、中小电机业等。这些均属于《中国制造2025》中国家建设制造强国需要重点支持发展的十大先进制造领域。

第四，重要细分行业还缺乏创新型产业集群和创新型产业培育集群。中国既有的创新型产业集群和创新型产业培育集群多属于先进制造领域，但一些重要的先进制造细分行业还缺乏创新型产业集群和创新型产业培育集群，如关键基础零部件和基础制造装备中的智能仪器仪表，智能、复合、重型数控工作母机和特种加工机床，清洁高效铸造、新型焊接及热处理基础制造装备等；重大智能制造装备中的智能化成形和加工成套设备，冶金及石油石化成套设备，自动化物流成套设备，智能化造纸及印刷装备，焊接、搬运、装配工业机器人等；节能和新能源汽车领域的纯电动汽车，燃料电池汽车技术，先进内燃机、高效变速器、节能型乘用车等；船舶及海洋工程装备领域的深水装备，海洋监测仪器设备，深海资源探采装备等；轨道交通装备领域的工程及养路机械，通信信号，牵引供电，安全保障和运营管理等技术装备等；民用飞机领域的大型灭火和水上救援飞机，航空发动机，航空核心设备和系统，无人机及其他特种飞行器等；民用航天领域的新型对地观测设备，通信广播，新技术与科学实验卫星，卫星发射服务等；节能环保装备领域的大型城市污水处理设备，工业废水处理设备，垃圾焚烧发电设备，除尘脱硫设备，高效节能锅炉窑炉，电机及拖动设备，余热余压利用和节能监测等节能装备，垃圾和危险废弃物处理设备，环境监测仪器仪表设备，小城镇分散型污水处理设备，畜禽养殖污染物资源化利用设备，污水处理设施运行仪器仪表等环保设备等；能源装备领域的高效率先进输变电技术装备，智能电网关键设备，大规模储能装备，大功率陆地和海洋风电装备，太阳能光伏电池，平板集热器及组件生产装备，生物质能源装备，压缩机、电机和变频控制系统设备等。这些细分行业创新型产业集群的建设将是今后国家创新型产业集群发展的重要目标。

第四节 先进制造集聚区建设

制造强国的重要标志之一，是建设先进制造集聚区。长江经济带具备建设先进制造集聚区的良好基础。其有着重要的地理优势，还有一大批高科技的工业行业和特大型企业，有深厚的钢铁、汽车、电子、石化等现代工业基础，有现代化的大农业和发达的科学教育基础，历来是中国重要的工业集聚区，应该成为中国重要的先进制造集聚区。

一 先进制造集聚区经济发展背景

建设先进制造集聚区，必须要有一定的经济基础。而长江经济带则已具备这方面的实力。长江经济带覆盖上海、江苏、浙江、安徽、江西、湖北、湖南、重庆、四川、云南、贵州11省市，涉及108个地级市，面积约205万平方公里，是生态地位重要、综合实力强劲、发展潜力巨大的地域。在核心经济指标上，其地区生产总值、资本形成总额、货物和服务净流出都有较好的表现。可以将2010—2018年长江经济带11省市地区生产总值的情况列示如下（见图9-10）。

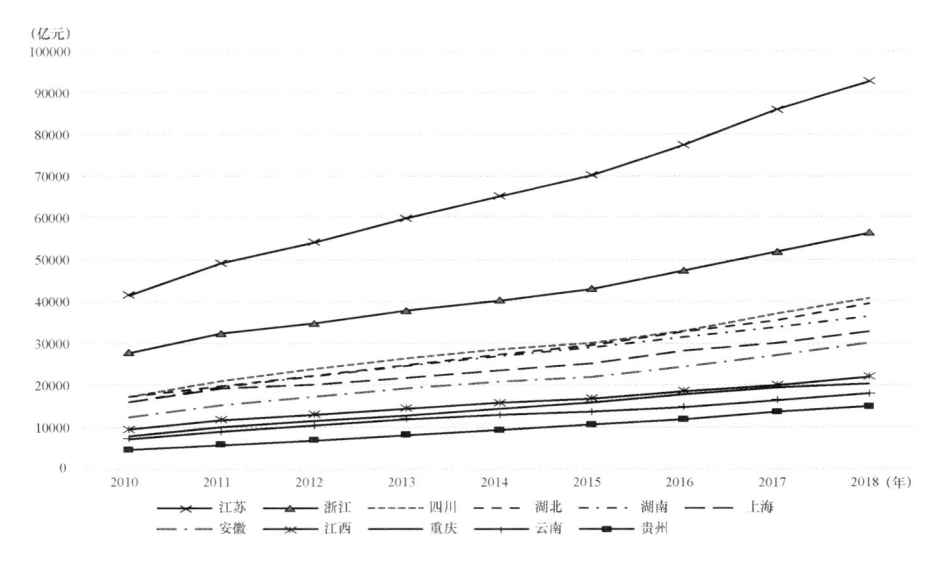

图9-10 长江经济带11省市地区生产总值变动情况

资料来源：长江经济带大数据平台（http://calis.epsnet.com.cn/index.html）。

由图 9-10 可以看出，2010—2018 年，长江经济带 11 省市的地区生产总值体量巨大，且增长率一直呈上升趋势。特别是江苏和浙江，属于经济大省，其地区生产总值在全国一直领先。江苏下辖 13 个设区市，这些设区市全部进入全国百强市，这在中国是唯一的。江苏是中国经济最为活跃的省份，人均 GDP、综合竞争力、地区发展与民生指数均位居中国各省区市前列，成为中国综合发展水平最高的省份之一。根据《2019 年江苏省国民经济和社会发展公报》提供的数据，江苏 2019 年人均地区生产总值 123607 元，三次产业增加值比例调整为 4.3∶44.4∶51.3；全年非公有制经济实现增加值 74125.9 亿元，占 GDP 比重达 74.4%；年末城镇化率达 70.61%，比上年提高 1%；居民人均可支配收入 41400 元，比上年增长 8.7%；全省居民人均生活消费支出 26697 元，比上年增长 6.8%。出口总额 27208.6 亿元，同比增长 2.1%；一般贸易进出口总额 22393.6 亿元，增长 4.9%；占进出口总额比重达 51.6%，超过加工贸易 14 个百分点。2019 年，江苏高新技术产业增加值比上年有较大幅度增长，且增幅高于规模以上工业的增幅，对规模以上工业增加值增长的贡献率达到了 23.8%，而装备制造业增加值对规模以上工业增加值增长的贡献率高达 46.5%。同时，江苏对"一带一路"沿线国家出口保持较快增长，出口额 7284.2 亿元，增长 12.8%；占全省出口总额的比重为 26.8%，对全省出口增长的贡献率为 147.3%。显然，江苏经济社会综合竞争力已达到中上等发达国家水平。

除江苏外，处于中下游地区的上海、浙江、安徽、江西、湖北、湖南等省市都具有沿海和沿江的双重地缘优势，是中国对外开放前沿阵地，区位条件和投资环境十分优越。浙江的 GDP 总量排位一直位居全国前列，城镇居民人均可支配收入连续十余年位居中国榜首，农村居民人均纯收入连续 20 多年位居全国第一，是国内外公认的中国民富第一省。浙江民营经济活跃，海洋经济产量高，全国百强县数占比高，是中国省内经济发展程度差异最小的省份之一，产业结构更偏向于轻工业和现代服务业，如纺织服饰、食品、电子商务、旅游和金融，这些产业容纳了巨大的劳动力，对增加居民收入，提升经济发展质量有极大的影响。湖北、湖南是中国中部经济较为发达的地区，交通运输仓储和邮政业、批发和零售业、住宿和餐饮业、金融业、房地产业发达。湖北地理位置优越，自然资源丰富，交通发达，经济基础好。湖北也是中国重要的老工业生产基地之一，产业生产能力强，固定资产存量较大，产业综合发展水平较高，人均国内生产总值在中部六省一直居前列。在区域经济发展中，长江中下游地区有着得天独厚的水运条件，四通八达的陆路、航空交通构成了现代化的立体交通网络。长江中下游平原地势平坦，土壤肥沃，水资源丰富，热量充裕，有着良好的农业发展条件。同时，长江中下游各省市的教育、科技、文化事业发达，人力资源丰富，人口素质较高，资本雄厚，生产技术较先进，市场容量大，有着先进制造业发展的良好基础。

长江上游以重庆、成都两个国家级中心城市为核心，形成了包括数座大中城市的成渝城市群，这是中国科技发达、工业基础优良的最为重要的城市群之一。重庆、成都处于全国"两横三纵"①的横轴和包昆通道纵轴的交汇处，环境资源禀赋优，综合承载力强，交通体系完备，具有承东启西、连接南北的区位优势。成渝地区是西部经济基础最好、经济实力最强的区域。四川工业门类齐全，优势产品众多，其冶金、机械、化工、航空航天、电子、核工业、建筑材料、食品等都较发达，高端装备制造、新一代信息技术、节能环保等战略性新兴产业发展迅速，在全国具有重要影响力。重庆是国家重要的超大城市，是西南地区现代制造业基地和长江上游的经济中心，也是长江上游金融、科创、航运和商贸物流中心。重庆拥有中国（重庆）自由贸易试验区、中新（重庆）战略性互联互通示范项目、内陆首个国家级新区——两江新区以及重庆两路寸滩保税港区等物流中心，是中国重要的现代服务业基地，已形成了农业农村、金融、商贸物流、服务外包等现代服务业体系。重庆还拥有"智博会""西洽会""云计算博览会""渝交会""汽车工业展""西部农交会"等大批展会，是长江上游地区的"会展之都"，先后荣膺"中国十大影响力会展城市""中国最佳会展目的地城市"等称号。现在，成渝城市群山水相连、文化一脉，居民生活贸易往来紧密，教育、技术、劳务等方面的合作日益加强，一体化发展的趋势日渐明显。

可见，无论是中下游，还是上游地区，整个长江经济带资源丰富，经

---

① "两横三纵"即以陆桥通道、沿长江通道为两条横轴，以沿海、京哈京广、包昆通道为三条纵轴，以主要的城市群地区为支撑，以轴线上其他城市化地区和城市为重要组成的"两横三纵"城市化战略格局。"两横三纵"的城市格局建设完成后，中国城市布局将形成完善的城市网络群。

济发展水平高，教育科技发达，具备支撑先进制造集聚区建设的良好基础。

二 先进制造集聚区制造业发展背景

制造业直接反映一个国家的生产力水平，是一个国家综合竞争力的重要体现，也是判断发展中国家和发达国家的重要标志。一个现代化的强国，其制造业必定发达，在国民经济中所占份额一定较大。按照生产过程中所使用的物质形态，制造业可划分为离散制造业和流程制造业。[①] 在新工业革命背景下，无论是离散制造业还是流程制造业，都面临转型升级的压力。随着物联网、大数据和移动应用等新一轮信息技术的发展，全球化制造业革命和转型已进入实质阶段。智能制造成为制造业智能化发展的重要实践模式，且已经引发制造各行业的广泛关注和推崇。在新工业革命背景下，制造业需要实现生产过程的高度透明，达到设备网络化、生产数据可视化、现场无人化和文档无纸化，做到端到端的集成，建成基于工业大数据和"互联网"的智能工厂。中国高度重视制造业的发展，推出过系列发展制造业的战略规划，如《中国制造2025》《国务院关于深化"互联网+先进制造业"发展工业互联网的指导意见》《机器人产业发展规划（2016—2020年）》《国家智能制造标准体系建设指南》《增强制造业核心竞争力三年行动计划（2018—2020年）》等，这都是应对新工业革命挑战，推动制造业转型升级，提振制造业竞争力的重要举措。

长江经济带的制造业发达，给先进制造业集聚区建设奠定了良好的基础。可以从制造业从业人员、重要工业产品产量等方面分析长江经济带制造业现状。2018年长江经济带108个地级市制造业从业人员数情况如下（见表9-10）。

---

① 离散型制造业，指产品往往由多个零件经过一系列并不连续的工序的加工最终装配而成，产品的生产过程通常被分解成很多加工任务来完成，每项任务仅要求不同的企业提供一小部分的能力和资源，工艺路线和设备的使用也是非常灵活，企业一般按照主要的工艺流程安排生产设备的位置，以使物料的传输距离最小，产品设计、处理需求和定货数量方面变动较多。而流程型制造业，则是被加工对象不间断地通过生产设备，经过一系列的加工装置使原材料进行化学或物理变化，最终得到产品。由于流程制造中物料的变动性强，工艺流程的制约变量多，造成了其与离散行业的显著差异。

表9-10　　　2018年长江经济带108个地级市制造业从业人数　　　单位：万人

省	城市	人数	省	城市	人数
江苏省	南京	45.39	浙江省	杭州	65.67
	无锡	63.1		嘉兴	44.08
	徐州	21		湖州	19.04
	常州	32.99		舟山	3.2
	苏州	199.55		金华	13.42
	南通	42.76		绍兴	30.21
	连云港	9.79		温州	30.49
	淮安	19.22		台州	32.79
	盐城	21.13		丽水	2.96
	扬州	24.38		衢州	5.77
	镇江	18.39		宁波	67.07
	泰州	29.19			
	宿迁	16.17			
安徽省	合肥	35.49	湖北省	武汉	50.89
	宿州	13.4		黄石	10.17
	滁州	8.4		十堰	24
	池州	2.25		荆州	11.06
	阜阳	5.19		宜昌	30.88
	六安	17.63		襄阳	33.7
	宣城	5.28		鄂州	7.89
	蚌埠	5.11		荆门	14.01
	淮南	2.29		孝感	27.42
	铜陵	6.04		黄冈	20.72
	马鞍山	6.05		咸宁	5.14
	淮北	3.45		随州	3.85
	芜湖	17.26			
	安庆	8.66			
	黄山	1.68			
	亳州	4.9			

续表

		人数			人数
湖南省	长沙	33.68	江西省	南昌	26.86
	株洲	14.08		景德镇	7
	湘潭	7.02		萍乡	6.13
	衡阳	9.44		九江	14.87
	邵阳	4.68		新余	6.2
	岳阳	8.43		鹰潭	6.81
	常德	7.07		赣州	15.61
	张家界	0.63		上饶	9.77
	益阳	5.15		吉安	14.65
	永州	5.29		抚州	6.45
	郴州	5.01		宜春	17.08
	娄底	5.34			
	怀化	1.71			
贵州省	贵阳	14.46	云南省	昆明	17.06
	六盘水	2.21		昭通	1.66
	遵义	7.04		曲靖	9.21
	安顺	5.99		玉溪	7.81
	毕节	2.05		普洱	3.32
	铜仁	1.46		保山	3.58
				丽江	0.37
				临沧	2.22
四川省	成都	110.2			
	自贡	3.26			
	攀枝花	7.24			
	泸州	4.2			
	德阳	11.09			
	绵阳	12.07			
	广元	1.28			
	遂宁	4.2			
	内江	5.46			
	乐山	5.9			

续表

		人数		人数
四川省	南充	7.94		
	宜宾	9.66		
	广安	6.74		
	达州	6.66		
	资阳	2.41		
	眉山	4.81		
	巴中	3.74		
	雅安	1.32		

资料来源：长江经济带大数据平台（http://calis.epsnet.com.cn/index.html）。

由表9-10可以看出，长江经济带集聚了一大批制造业资源丰富、实力雄厚的城市。江苏、浙江、湖北、四川等都是制造业从业人员聚集较多的省区，苏州、无锡、南京、杭州、嘉兴、宁波、武汉、襄阳、宜昌、长沙、株洲、南昌、宜春、赣州、贵阳、昆明、成都、绵阳、德阳等都是制造业发达的核心城市，是长江经济带制造业发展的支撑点。下游地区的上海、江苏、安徽是中国制造业发达地区。上海的制造体系完备，既能生产轻工业产品，也能生产重化工业产品，特别是先进装备制造业，如航空航天、造船、汽车等制造业领域在全国具有绝对的领先优势。上海制造产品质量高，制造业质量竞争力指数长期居全国第一，素有"上海造"的美誉。上海也有一大批在国际国内有重大影响的制造企业，如上海汽车集团、中国宝武钢铁集团、上海医药集团、光明食品集团、上海电气集团、复星国际有限公司、上海石油化工股份、上海华谊集团等。江苏是中国制造业大省，在《中国工业百强县（市）、百强区发展报告（2019）》中，江苏省有25个县（市）进入全国工业百强，占比为25%，且仅江阴一地，就有11家工业企业进入了中国企业500强榜单。江苏的芯片制造、集成电路、纳米技术等产品产量在中国稳居第一。安徽也是制造业大省，2018年的世界制造业大会就在安徽召开。安徽已建立起门类齐全、项目配套能力较强的现代制造业体系，福布斯"世界500强"分布的49个行业，大多数在安徽都有着良好的产业配套基础，都能找到理想的对口企业和合作伙伴。安徽具有优势的制造业，包括汽车及工程机械、家电、电子信息、新型建材、能源及原材料等，特别是工程机械行业在全国排名前3位，汽车产销量在全国排名前6位。汽车行业的江淮汽车、奇瑞轿车、安凯汽车、合肥昌河、星马专用车等是国内知名生产企业和企业集团，有较强的竞争优势。电器行业拥有美菱、荣事达、海尔、美的、科龙、西门子、日立、三洋等一批知名企业；铜陵的电工薄膜和电子铜材业、马鞍山的磁性材料业、安庆的电子陶瓷业、淮北的电子铝箔业等是国内有影响的行业；新型建材行业的海螺型材、国风塑业、安徽百通、芜湖华亚等，其产品在国内市场上享有很高知名度，市场占有率名列前茅。

中游地区的湖北是国家老工业基地之一，装备制造业是其重要的支柱产业，湖北的汽车、钢铁、石化、电子信息、食品、装备制造、建材、纺织八大产业是其重要的支柱产业，拥有50多个中国名牌产品，60多个中国驰名商标；同时还拥有一大批有重要影响力的企业，如东风汽车集团、中国宝武武汉总部、大冶有色金属集团、中国信息通信科技集团、湖北新冶钢有限公司、宜昌兴发集团、福星集团、中国航天三江集团、华新水泥、三环集团、武昌船舶重工集团、湖北三宁化工、湖北金盛兰冶金科技、长飞光纤光缆股份等。湖南是中国工程机械制造产业最具代表性的集聚区，也是中国最大的工程机械产业基地，其产业聚集度高、产品种类齐全、产业规模大、市场占有率高、产品竞争力强、国际化程度高、产业链相对完整。同时，湖南还拥有一批有影响的制造企业，如湖南华菱钢铁集团、中国建筑第五工程局、湖南建工集团、五矿有色金属控股、三一集团、蓝思科技集团、中联重科股份等。江西的汽车业、航空及精密制造业、特色冶金和金属制品业、中成药和生物制药业、电子信息和现代智能家电产业、食品工业、精细化工及新型建材业是其优势制造行业，这些产业的基础较雄厚、知名度高、市场前景好、后续爆发力强，在全国有重要地位。江西也拥有一批上榜中国500强的制造企业，如江西铜业集团、江铃汽车集团、正邦集团、江西方大钢铁集团、新余钢铁集团、双胞胎集团、江西省建工集团等。

长江上游的重庆是中国老工业基地和国家重要的现代制造业基地，拥有全球最大电子信息产业集群和中国国内最大汽车产业集群，形成了装备制造业、综合化工业、材料业、能源业和消费品制造业等千亿级产业集群。重庆还是全球最大的笔记本电脑生产基地、全球第二大的手机生产基地。四川的电子信息、装备制造、食品饮料、先进材料、能源化工五大产业是四川的优势产业，同时其航空与燃机、轨道交通、节能环保装备、智能制造等高端制造业发展基础也较好。四川也拥有一批国际国内著名的企业，如四川长虹电子控股集团、鸿富锦精密电子（成都）有限公司、攀钢集团、通威集团、川威集团、西南水泥、四川九洲电器、成都飞机集团等。贵州的优势制造业是化工橡胶业、军工航天业、铝锭电解铝业、医用制造业、精密数控装备及功能部件业、汽车及汽车零部件业、电子元器件和电子信息产品业、石油开采装备业、农业机械及其他特色装备业、基本化学原料制造业等，其著名的制造企业有瓮福集团、贵州开磷控股集团、首钢水城钢铁集团、振华电子集团、黎阳飞机制造、贵州铝厂、益佰制药等。云南的优势制造业是医药、化工、钢铁等，其著名的制造企业有云南白药、云天化集团、昆明钢铁、云内动力、昆船设备、一汽红塔汽车等。这些都是先进制造业集聚区建设的重要基础。进一步，可将长江经济带主要工业品产量的数据列示如下（见表9-11）。

表9-11　　　　　　　　2018年长江经济带主要工业品产量

	手机（万台）	彩电（万台）	金属切削机床（万台）	化学纤维（万吨）	粗钢产量（万吨）	布产量（亿米）	机制纸及纸板（万吨）	农用化肥（万吨）	初级形态塑料（万吨）
江苏	4925	1369	9	1425	10422	118	1278	168	1175
浙江	5318	610	10	2055	1267	167	1911	20	896
安徽	70	948	8	39	3104	11	350	217	137
江西	4649	30	1	46	2499	8	211	5	25
湖北	4374	16	0.5	28	3072	58	277	644	192
湖南	1615	6	0.6	8	2308	3	402	53	48
四川	9437	1047	0.6	126	2401	16	237	371	233
贵州	1956	205	0.2	2	418	0.4	36	487	9
云南	1898	34	2	6	1925	…	90	305	23
上海	4729	136	0.5	43	1630	1	46	1	364
重庆	18868	14	0.6	8	638	2	329	147	39

注：彩电、金属切削机床为2017年的数据，"…"表示暂缺数据。
资料来源：长江经济带大数据平台（http://calis.epsnet.com.cn/index.html）。

从表 9-11 可以看出，重庆、四川、浙江、江苏是手机的主要生产地，江苏、四川、安徽等是彩电的重要生产地，浙江、江苏、安徽是金属切削机床的重要生产地，江苏、安徽、湖北是粗钢的重要生产地，浙江、江苏是布的重要生产地，浙江、江苏、湖南是机制纸及纸板的重要生产地，湖北、贵州、四川、云南是农用化肥的重要生产地，江苏、浙江、上海是初级形态塑料的重要生产地。现在，中国制造业年增加值已突破了30万亿元，制造业增加值占全世界的份额达到了28%以上，成为驱动全球制造业增长的重要推动力。在全球500多种主要工业产品中，中国有220多种工业产品的产量位居全球第一。这其中，长江经济带制造业的生产做出了重要贡献。因此，长江经济带丰富的制造业生产资源和强大的制造能力是建设先进制造集聚区的重要支撑力量。

三　先进制造集聚区先进制造业发展背景

长江经济带先进制造业生产资源十分丰富，先进制造业的基础雄厚。一个国家或地区先进制造业的发展是需要支撑背景的，在中国这种支撑背景可表现为国家高新区、火炬特色产业基地、高新技术企业的数量等。国家高新区是科技型工业园区，由国务院批准成立，一般设在知识与技术密集的大中城市和沿海地区，它依靠国内的科技和经济实力，以智力密集和开放环境条件为依托，享受国家高新技术产业的优惠政策，通过生产和营商环境的优化，不断把科技成果转化为现实生产力。截至2018年年底，全国国家高新区数达到168个。在国家高新区内，集聚着大量研发人员，拥有大量专利，科技活动频繁。国家高新区是一个地区自主创新的重要载体，也是一个地区先进制造业发展的支柱，经济持续稳定增长的重要力量。火炬特色产业基地是列入国家火炬计划内培育发展的高新技术产业集群，它依托技术水平高、特色鲜明、产业关联度大的高新技术企业在特定的地域而建立，其目标是加强科技部与地方政府的合作，调动社会各界力量，集成优势资源，培育区域优势产业。而高新技术企业，是知识密集、技术密集的经济实体，其生产经济活动属于国家重点支持的高新技术领域。高新技术企业必须有核心自主知识产权，必须持续进行技术研发和技术创新，从而推动企业调整产业结构，提高科技创新能力。因此，国家高新区、火炬特色产业基地、高新技术企业是建设先进制造业集聚区的重要基础。可以将反映长江经济带先进制造集聚区建设基础的国家高新区、火炬特色产业基地、高新技术企业等情况列示如下（见表9-12）。

表9-12 2018年长江经济带先进制造发展基础分析

	国家高新区			火炬特色产业基地			高新技术企业	
	个数（个）	企业数（个）	年末从业人员（万人）	入统基地数（个）	基地内企业数（个）	工业总产值（亿元）	R&D人员（个）	R&D内部支出（亿元）
上海	2	4417	117	10	6047	3216	203637	605
江苏	18	5330	229	127	25075	37469	521368	1305
浙江	8	2511	102	49	16329	9574	380271	897
安徽	6	1616	48	18	4250	5327	137810	315
江西	9	713	44	3	5796	754	120315	292
湖北	12	3822	147	13	5957	3667	223416	489
湖南	8	1693	79	8	2246	3426	146048	377
四川	8	1955	72	3	3363	421	115214	233
重庆	4	922	39	2	1667	31925	81850	202
贵州	2	523	26	6	491	426	19773	37
云南	3	249	11	5	205	311	33627	97
合计	80	23751	914	244	71426	96516	1983329	4849

资料来源：长江经济带大数据平台（http：//calis.epsnet.com.cn/index.html）。

由表9-12可以发现，长江经济带现已拥有了较多的国家高新区、火炬特色产业基地和一大批高新技术企业。截至2018年年底，全国共有168个国家高新区，长江经济带占了近一半，江苏、湖北、江西等省市更是国家高新区的大户。长江经济带集聚的高新技术企业达2万多家，从业人员达到900多万人。截至2018年年底，全国共计439个火炬特色产业基地，长江经济带占了244个，占比超过50%，且基地内拥有的企业数、创造的工业总值、研发人员数、研发经费内部支出都有良好的表现。

根据赛迪顾问发布的《2019中国先进制造业城市发展指数》和《中国先进制造业品牌500强白皮书》，2019年中国先进制造业城市发展指数前10名中，长江经济带的上海、苏州、武汉、杭州、南京、宁波入选，上海制造业发展水平最高，位列中国先进制造业城市发展指数 50 强榜首。由于率先进行智能化改造和产业结构升级，上海已形成了较大规模的先进制造业集群，正对其邻近地区制造业产业链构建及经济发展产生着显著的带动作用。从先进制造业企业的规模实力、成长能力、盈利能力、创新活力等方面测度分析，上海市 34 家企业入围中国先进制造业 500 强，这些入围上海企业的规模体量大、创新活力强、成长性高，其平均研发投入、平均营业收入规模等指标，均高于中国先进制造业 500 强企业平均水平。江苏是先进制造大省，其医药、软件、新能源、新材料、节能环保、海洋工程装备等生产规模在全国独占鳌头，节能环保产业产值占全国总产值的比重达 25%，光伏产业产值占全国总产值的比重近 50%，海洋工程装备产业市场份额占全国市场份额超过 30%，工业机器人、新能源汽车、3D 打印等智能制造已实现产业化；一些重要行业主体设备，如石化、机械、纺织装备等 40% 已达到了国际先进水平，绝大部分骨干企业实现了生产装备自动化。江苏已进行了先进制造集群的布局，并确定新型电力（新能源）装备、工程机械、物联网、前沿新材料、生物医药和新型医疗器械、纺织服装、集成电路、海洋工程装备和高技术船舶、高端装备、节能环保、核心信息技术、汽车及零部件、新型显示 13 个先进制造业产业集群成为发展目标。

长江中游的湖北先进制造业也较发达，其国家级制造业创新中心、国家级产业创新中心、国家级企业技术中心、工程研究中心、国家重点实验室、国家技术转移示范机构的拥有量在全国名列前茅，湖北已在汽车及新能源汽车、电子信息、软件、高端装备、船舶与海洋工程、有色、化工、新材料、资源循环利用等产业和领域建成了国家级新型工业化示范基地，示范基地数量位居前列。国家级示范基地完成的工业总产值约占全省工业总产值的 1/3，营业收入约占全省工业主营收入的 50%，工业制成品出口约占全省对外出口贸易的 80%。武汉东湖电子信息产业示范基地的集成电路、显示面板、光纤光缆等战略新兴产业强势崛起，已具有世界级光电子信息产业集群雏形，襄阳汽车和军民融合产业示范基地已成为中国重要的汽车及军工产业聚集地，随州专用车也已成为全国应急产业示范基地。

长江上游的重庆是国家先进制造业重镇，其主攻方向是数字产业化、产业数字化。重庆的智能产业、汽车摩托车产业、装备产业、材料产业、生物与医药产业在全国领先。重庆的长安汽车是中国汽车四大集团阵营企业，在全球有 16 个生产基地、35 个整车及发动机工厂。达丰（重庆）电脑有限公司是台湾广达集团的全资子公司，是全球第一大笔记本电脑制造商，这使得重庆享有"笔记本之都"的美誉。太极集团是中国著名的医药制造企业，"太极"是中国首批驰名商标，现有中西药品种 1500 多个，全国独家生产品种 50 多个，连续 15 年入围"中国企业 500 强"。重庆机电控股集团是中国西部最大的综合装备制造企业集团，并连续多年跻身中国企业 500 强。力帆摩托是以汽车、摩托车和发动机的生产为主的大型民营企业，是中国首家上市 A 股的民营乘用车企业。重庆京东方，主要生产屏幕面板及相关触控面板，是全球最大的液晶面板生产商，是京东方在西南地区最重要的生产基地。

科技企业孵化器、众创空间、国家级大学科技园以及全国生产力促进中心，也是发展先进制造业、高新技术企业的重要支撑力量。可以将长江经济带科技企业孵化器、众创空间、国家级大学科技园在孵企业数以及全国生产力促进中心布局状况的数据列示如下（见图 9-11）。

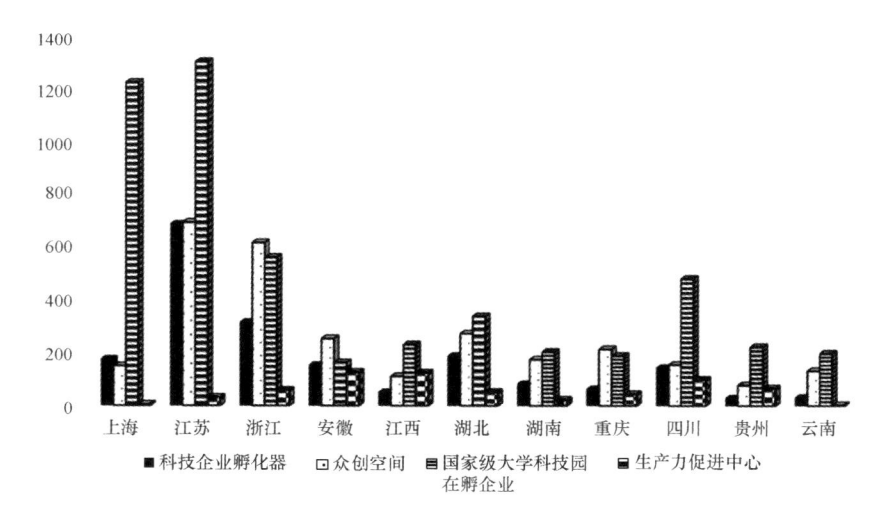

图 9-11 先进制造业集聚区建设基础状况

资料来源：长江经济带大数据平台（http://calis.epsnet.com.cn/index.html）。

由图 9-11 可知，长江下游的上海、江苏、浙江的科技企业孵化器、众创空间、国家级大学科技园在孵企业数明显多于长江中、上游地区，四川的国家级大学科技园在孵企业也较多。全国生产力促进中心在整个长江经济带分布较为均衡。众创空间是创新型孵化器，它有效利用国家自主创新示范区、国家高新区、国家级大学科技园和高校、科研院所的有利条件，盘活利用政策工具、仪器设备、闲置厂房等资源，降低创业成本和门槛，支持中小企业公共服务平台和服务机构建设，促进科技基础条件平台开发共享。而生产力促进中心，则是一种非营利性的科技服务实体，它组织技术、成果、人才、信息等资源进入中小企业和乡镇企业，以各种方式为企业提供服务，促进企业的技术进步，提高企业的市场竞争能力。生产力促进中心是国家创新体系的重要组成部分，是推动中小企业技术创新、提高生产能力的重要力量。

在长江经济带，上海具有明显的科技优势，是全球领先的知识创造与传播中心、前沿技术的研发集聚中心、高科技先锋企业的中心、科技创新资源的配置中心以及全球科技创新成果的转化中心，在前沿科技的创新研发和关键技术上具有全球影响力。长江经济带中游的武汉有明显的科教优势，被批准为综合性国家科学中心，在大科学装置、重大科技创新平台、"双一流"大学建设等多方面获得国家的支持。现在，武汉有一批在国际国内有重要影响的高校，有大批科研设计"国家队"，东湖高新技术开发区的发展、"光谷"的崛起都是有赖于科技创新。现在和未来经济的发展，科技创新能力是一个决定性因素；复兴大武汉，科教优势也将是一个决定性因素。长江经济带上游的重庆是具有全国影响力的科技创新中心，实行"一区多园"发展模式，不断集聚高水平创新载体，汇聚创新创业人才。重庆建设了一批国家重点实验室，建成多个国家技术创新中心、制造业创新中心，并正在建设应用数学中心，这个中心的建成将汇聚大数据、人工智能、信息科学方面的优秀人才，打破单位界限和学科壁垒，推进数学与工程应用、产业化的对接融通，满足先进制造、智能交通等产业发展中的重大需求，解决一批制约产业发展的关键数学问题，实现科技成果转移转化和应用落地。所有这些都将助力先进制造集聚区的建成。

四 先进制造集聚区构建路径

前文的分析显示：长江经济带的经济发展水平、制造业和先进制造业发展状况为先进制造集聚区的建设打下了良好基础，成为长江经济带先进制造集聚区建设的现实背景。根据现时期长江经济带的状况，未来应加强顶层设计，统筹规划长江经济带先进制造集聚区建设；依托先进制造业既有优势，特色定位，错落布局；强化需求牵引，加强技术协作，有序协同发展。

（一）加强顶层设计，统筹规划长江经济带先进制造集聚区建设

在长江经济带的发展战略上，中央政府强调，长江经济带的发展不搞大开发，要走生态优先、绿色发展之路，打造绿色生态走廊。现时期，长江经济带上的各省市均有自己的产业发展规划，产业发展各自为政，重化工业在沿岸高度密布，化工企业、钢铁基地、炼油厂以及下游大型石油化工基地，产生巨大的污水排放量，给长江经济带环境承载力形成巨大压力。同时，由于新型城镇化建设的快速推进，大量劳动力资源和其他生产资源向城市，特别是中心城市快速集聚，这使得长江沿岸城市的生产资源过度集中、负荷过重，地域内、不同地域间发展很不平衡，发展水平差距明显阻滞了现代化经济体系的形成。

所以，长江经济带先进制造业集聚区建设不能以破坏生态为代价，而必须在国家关于长江经济带总体发展战略的框架下进行。这就需要加强顶层设计，打破行政地域界限，统筹长江经济带先进制造集聚区建设方案，加快推进先进制造集聚区建设。可以成立省际、部际联络协调机构，协调长江经济带先进制造集聚区的建设议题。要强化系统论思维，增强大局意识、全局意识、未来意识，以全流域一盘棋的思想，部署各地区、各个城市的先进制造业发展。应不断消除行政壁垒，优化各地区先进制造业资源和要素配置，通过产业转移、人口集聚，实现先进制造业资源的有序流动和目标性集聚，达到不同特色、不同规模、不同地域城市的结合，形成长江上、中、下游新的先进制造业发展格局和全球领先水平的先进制造业集聚区。

长江经济带先进制造集聚区的顶层设计要着眼于未来进行，要目标明确，层次分明；既要有最高层级的宏观指导思想，又有中级层面的衔接有序的布局规划，还要有落地实施的行动方案。要做好不同地域、不同时期、不同阶段集聚区建设规划，坚持市场导向，科学划定政府与市场的边界，有效避免市场失灵和政府失灵。先进制造业集聚区建设要在中央统一规划下，注重与各城市、各行业协会、各企业的沟通，减少政府行为盲目性，降低市场扭曲程度，保证决策科学性，保障生产资源畅通流动，降低集聚区建设中的风险与成本。

(二)依托先进制造业既有优势，特色定位，错落布局

长江经济带上的各省市都有各自的产业优势，自然资源、生态环境也都有显著差别，这就不可避免地造成地方保护主义严重，市场分割明显，行业同质和产业竞争过度，严重阻碍了生产要素的自由流动，大大削弱了产业发展的协同性和地区经济发展的互补性，明显不利于先进制造业集聚区的建设。因此，要在顶层设计框架下，根据各地区的产业发展状况和优势，进行不同特色定位，促成不同先进制造产业集群的连片发展。

现在，长江经济带不同城市先进制造业特色突出，优势明显，如长江下游南京的集成电路、新能源汽车、新材料制造业、电子及通信设备制造业和智能装备制造等产业；徐州的重型机械、太阳能级多晶硅制造等产业；苏州的通信设备、计算机及其他电子设备、纺织、电气机械及器材、化学原料及化学制品、通用设备、仪器仪表及文化、办公用机械、化学纤维制造等产业；常州的智能装备、新材料、集成电路及专用设备、信息通信设备、操作系统及工业软件、半导体新光源、太阳能光伏、可再生新能源、生物医药及高性能医疗器械等产业；泰州的生物医药和新型医疗器械、高端装备和高技术船舶、化工及新材料等产业；宁波的绿色石化、汽车制造、高端装备、新材料、电子信息、软件与新兴服务、关键基础件（元器件）、智能家电、生物医药、节能环保等产业；衢州的氟硅新材料、动力电池、特种纸、电子化学品、空气动力和掘进机械、输配电、交通装备、电子信息、新型建材、金属制品等产业；蚌埠的新型显示、光伏玻璃、特种玻璃、泛石英材料等产业；铜陵的新材料、节能环保、新能源汽车、电子信息材料、轨道交通零部件、智能机器人等产业，马鞍山的机械装备制造、冶金装备制造、交通运输设备制造、机床、刃模具、铸锻件等产业、环保及其他设备等产业。由此，下游地区可建立以计算机及电子设备、人工智能、生物医药、集成电路、高端装备等为核心产业的、技术资本高度密集的先进制造集聚区。

长江中游城市的优势和特色先进制造业有，南昌的电子信息、航空制造、汽车及零部件、生物医药、新材料等产业；景德镇的航空制造、新材料与高技术陶瓷、太阳能光伏、LED半导体照明、生物和新医药、清洁汽车和动力电池等产业；赣州的有色金属及新材料、非金属矿及新材料、机电制造、电子信息、生物制药等产业；鹰潭的铜冶炼及铜材精深加工、网络智能水表制造、微型元件制造等产业；宜春的锂电新能源、医药、电

子信息、先进装备制造等产业；黄石的装备制造、智能模具、生物医药、纺织服装等产业；宜昌的汽车及零部件、数控机电装备、海洋工程装备、航空航天、高端船舶制造与船用动力装备、电力装备及器材等产业；荆州的装备制造、轻工建材等产业；襄阳的航空航天、轨道交通、工业机器人、新能源汽车等产业；株洲的先进轨道交通装备、新能源汽车、自主可控计算机及信息安全、航空航天、新能源装备、高分子新材料、先进硬质材料等产业。由此，长江中游地区可建立新材料、先进轨道交通装备、新能源汽车、数控机电装备等为核心的先进制造集聚区。

长江上游城市的优势和特色先进制造业有，德阳的清洁能源装备、通用航空装备、工业机器人制造及集成应用等产业；绵阳的电子信息、汽车产业、新材料、节能环保、高端装备制造等产业；广元的新材料、清洁能源化工、机械电子、生物医药等产业；攀枝花的先进材料、能源化工、装备制造等产业；六盘水的轨道交通专用设备及关键系统及部件、新能源动力电池、煤化工及其深加工、新材料等产业；铜仁的新能源新材料、装备制造、新型建材、大数据、节能环保等产业；昭通的矿冶精深加工、电子信息等产业都具有明显的优势，也是这些城市未来发展的重要目标。故而长江上游地区可建立节能环保、清洁能源化工、机械电子、清洁能源装备等为核心产业的、劳动力相对密集的先进制造集聚区。

要尊重市场规律，依托各地产业优势和生产资源状况，建设先进制造集聚区。要根据这些城市先进制造业优势和特色，统筹协调建成若干先进制造集聚区，如长江下游先进制造集聚区、长江中游先进制造集聚区、长江上游先进制造集聚区。可以将现有的制造业产业集群连片发展，逐步形成规模更大、级别更高的世界级先进制造集聚区。要加强相邻城市先进制造业发展规划的协调，在全流域的顶层设计下解决好各城市产业间的矛盾，合理确定各地区的发展规模和方向，因地制宜、扬长避短、突出重点、兼顾一般、远近结合、特色发展，做到相互补充、相互促进，实现目标有别，错落布局，有效避免先进制造业发展中的同质化和过度竞争。

（三）加强新基础设施建设，强化需求牵引，有序协同发展

现时期，长江经济带水道运输发达，但航运企业效益差，人才缺乏，不少航运企业生产运营面临困境。长江经济带有众多的自然保护区、贸易口岸、自由贸易区等，这些保护区的设立限制了某些产业的发展，一些项

目无法上马。同时，长江经济带行政区经济特征突出，不同地区、不同部门各自为政，这使得生产要素难以自由流动，一个产业得势，可能引来纷纷效仿，产业重复布局严重，给产能过剩留下隐患。由于紧靠长江，沿江地区港口经济发达，密集的港口又使得港口经济的拉动和辐射作用受限。特别是作为连片先进制造集聚区，长江经济带的现代化基础设施还需进一步提升完善，技术合作也需要进一步加强。建设长江经济带先进制造集聚区，必须强化需求牵引，克服阻滞经济发展的各种羁绊。

国家对于长江经济带的发展战略，是利用系统论思维，统筹各地改革发展政策、各项区际政策、各领域建设、各种资源要素。建设先进制造集聚区，需要加快新基础设施建设，超前布局长江经济带的航空、公路、铁路、港口等基础设施，特别是要加强5G基建、特高压、城际高速铁路、城际轨道交通、新能源汽车充电桩、大数据中心、人工智能和工业互联网等新基础设施建设，增强都市圈、城市群的辐射能力；要提升沿江城市智慧交通、智慧城市大脑、智能城市安防能力，加快建设长江经济带工业互联网、物联网建设，推进电子政务、电子商务的城际联通，扩大城市群和都市圈的产业承载能力和经济承载能力，增强其包容性。应针对先进制造集聚区建设的要求，进一步开放长江经济带基建领域，扩大投资主体范围，有效推进PPP（公私合作）融资模式，探索高技术企业技术入股模式，积极吸引社会资本参与新基建投资，提高新基建投资效率。

应以世界级先进制造集聚区建设为目标，补足短板，强化优势，稳步推进。应加快推进长江经济带产业技术创新联盟建设，以技术推进先进制造集聚区的形成。要引导和促进长江经济带高等院校、先进制造企业、相关科研机构或其他组织机构的技术合作，以先进制造集聚区建设为目标，在充分满足各方利益需求和各方共同利益的基础上，开展实质性的创新合作和技术攻关。要建设长江经济带先进制造公共技术平台，加速先进制造领域科技成果的商业化运用，促成技术转移和知识共享，形成先进制造产业技术标准，达到创新资源的有效分工与合理衔接，增强整个长江经济带先进制造业整体竞争力的全面提升。要建立切实有效的技术人才、管理人才的引进和培养机制，促进长江经济带人才的流动，加强先进制造领域员工培训，建成适应现代高科技产业发展的先进制造业产业职工队伍，满足先进制造集聚区建设的需要。

要加快发展长江经济带的生产性服务业，促进研发设计、第三方物流、融资租赁、信息技术服务、节能环保服务、检验检测认证、电子商务、商务咨询、服务外包、售后服务、人力资源服务和品牌建设等的全面提升，推动人工智能、计算技术、云计算技术、新一代信息技术在生产性服务业领域的深度应用，引导生产性服务业向先进制造领域渗透，构建全球领先的生产性服务业体系，支撑长江经济带先进制造业迈向全球价值链高端。不同地域、不同行业、不同企业，要加强沟通联动，相互配合协作；地方行政法规、产业发展规划要服从先进制造集聚区整体发展目标，要做好产业转移承接和有序衔接，促进产业协同配套和产业链填平补齐，推进先进制造集聚区的形成和高质量发展。

第五节　特色产业基地与孵化器建设

国家特色产业基地，是按照国家支持发展的细分产业领域，在一定地域范围内形成的具有区域特色或者产业特色的产业集聚区，其对地域经济具有显著的支撑和带动作用。特色产业基地的发展主要依靠政府的组织引导和优势资源的汇聚，它与软件产业基地、高新技术创业服务中心、科技企业孵化器等一样，对科学技术发展、科技成果转化和制造强国的建设都有积极的推动作用。

一　规模与总量

1988 年 8 月，中国政府决定组织实施一项旨在推动中国高科技成果商品化、高新技术产品商业化和高技术产业国际化的国家计划——"火炬计划"。该计划由科技部具体组织部署，目标是先以计算机、新型材料、信息、激光、生物工程、新能源、高效节能、机电一体化等领域的技术和产品为突破口，加快其产业化进程，提高其在出口总额中的比重。国家"火炬计划"的宗旨是落实改革开放的总方针，以市场为导向，挖掘中国科技力量的优势和潜力，培育国家科技实力，推动中国技术和产品走向国际市场。

中国"火炬计划"的内容十分丰富，具体有：建立能促进高新技术产业发展的政策体制，营造高新技术产业发展的良好环境；推动建设高新技术产业开发区，努力将科研成果转化为现实生产力，提高高新技术产业的经济效益和社会效益；在广泛借鉴国外企业孵化器成功经验的基础上，建设高新技术创业服务中心，培育孵化高新技术企业，促成高科技产品加快转化为商品；遴选高科技产业化项目，开展科技攻关计划，借助项目的实施，培育高新技术企业和创新型企业；设立和建设软件产业基地，为软件产业基地内的企业提供通信、运输等基础设施和服务培训、融资协调、市场开拓和国内外交流合作等服务；开拓多种渠道，与全球各经济体开展广泛的合作与交流，推动中国高新技术产品进入国际市场，促进高新技术企业走向世界。同时，"火炬计划"也重视高技术人才和高素质管理人才的引进和培养，通过多种途径造就各类优秀技术人才和管理人才。为推动"火炬计划"的落地实施，国家成立了"科学技术部火炬高技术产业开发中心"，30多年来聚焦高科技发展事业，按照市场规律，整合科技资源，建设众创空间，支持建设高新技术开发区和创新型产业集群，培育技术市场和科技型中小企业，促进科技成果的转化和创新，取得了重要成就。作为国家"火炬计划"的重要内容，火炬特色产业基地、火炬计划软件产业基地、全国科技企业孵化器、全国生产力促进中心、国家级大学科技园、众创空间以及创新型产业集群等在规模和数量上都有了长足发展，可以将反映2018年这些基地或中心、集群的分析指标计算列示如下（见表9-13）。

表9-13　　　　产业基地与企业孵化器等重要成就分析指标

	基地或中心等总量（个）	基地或中心等内企业数（家）	基地或中心从业人员数（万人）	总收入（亿元）	净利润（亿元）	出口创汇总额（亿美元）
火炬特色产业基地	439	177245	1165.8	108756.8	6872.5	1875.6
火炬计划软件产业基地	44	60735	408.8	46423.5	63307	548.6
全国科技企业孵化器	4849	206024	290.2	8343	—	—
全国生产力促进中心	1515	216000	2.10	38.96	129.2	
创新型产业集群	109	22177	415.17	55413.4	4568.4	
国家级大学科技园	115	10127	12.77	324.97	16.36	
众创空间	6959	—	14.54	182.92		

注："—"表示无法统计。

资料来源：《2019中国火炬统计年鉴》，中国统计出版社2019年版；笔者加工整理。

表 9-13 中，全国科技企业孵化器、国家级大学科技园的企业数是指在孵企业数，全国生产力促进中心的企业数是指服务企业数。全国科技企业孵化器的从业人员数是指在孵企业从业人员数，其总收入是指在孵企业总收入。众创空间的从业人员数，是指众创空间服务人员数，全国生产力促进中心的净利润是指增加利税额。火炬计划软件产业基地的总收入是指营业收入；净利润指的是利税总额。

需要说明的是，由于火炬计划软件产业基地、高新技术创业服务中心、全国生产力促进中心、国家级大学科技园、众创空间等与火炬特色产业基地、全国科技企业孵化器一样，都是国家"火炬计划"的重要内容，对制造强国建设都有积极影响，故在此处一并讨论分析。

国家火炬计划软件产业基地，是科技部依托地方政府、科技管理部门和国家高新区，集中地区软件产业优势、地方资源和高新区的政策优势，营造局部优化环境建设的软件产业集聚区。高新技术创业服务中心，是社会公益型科技服务机构，其目标是促进科技成果转化，培育高新技术企业和企业家，它是高新区的技术创新基地，也是高新技术创业服务体系的核心部分。全国科技企业孵化器，是国家进行创新创业人才培养的基地，也是大众创新创业的支撑平台，它通过提供共享设施、物理空间以及专业化的服务，培育科技企业和创新型企业，促进企业成长，以创业带动就业。孵化器的功能是，按照科技企业的成长需求，集聚各类要素资源，推动科技型企业创新创业，降低创业成本，提高企业存活率，激发全社会创新创业活力。全国生产力促进中心的服务对象是中小企业，是一种非营利性的科技服务实体，它组织技术、成果、人才、信息等科技资源进入中小企业和乡镇企业，通过多元化的服务形式，推动企业生产的技术进步，提高其竞争力。国家级大学科技园，主要依托于有较强科研优势和特色的高等院校，将高等院校的科研资源和市场创新资源整合，进行创新人才的培养，促进科技创业孵化和科技成果转化，它是促进科技、教育、经济融合的科技服务机构，也是培育经济发展新动能的重要载体。众创空间，是利用互联网及其现代通信技术，按照市场化机制、专业化服务构建的新型创业公共服务平台。众创空间主要依靠社会力量，利用国家高新区、自主创新示范园区、科技企业孵化器、应用创新园区以及高校和科研院所的有利条件从事服务活动，其成本低、活动便利、要素多元、形式开放，为创业者提供良好的工作空间、网络空间、社交空间和资源共享空间。众创空间能充分发挥政策集成效应，达到孵化与投资相结合、创新与创业相结合、线上与线下相结合。而创新型产业集群，是产业链上若干相关联的创新型企业、服务机构、研发机构等在特定地域聚集的产业组织形态，它以创新型企业和人才为主体，主要吸纳技术密集产业，应用创新组织网络和商业模式，通过分工合作和协同创新，促进区域经济增长。

由表9-13可以看出，众创空间、全国科技企业孵化器、火炬特色产业基地、全国生产力促进中心都有较大的规模；火炬特色产业基地、创新型产业集群以及基地和集群内的从业人员都已成规模。基地内、创新型产业集群内的收入和利润指标也都有较好的表现。特别是，20多年里，火炬特色产业基地、火炬计划软件产业基地、创新型产业集群已经成为中国创新驱动发展战略最重要的引领区，有较强的国际竞争力，不但在"量"上有增长，而且"质"上也有了变化。

二 经济绩效

进一步，可将火炬特色产业基地、火炬计划软件产业基地、全国生产力促进中心的主要经济分析指标列示如下（见表9-14）。

表9-14　　　　产业基地与企业孵化器等经济绩效情况　　　　单位：亿元

年份	火炬特色产业基地 总收入	火炬特色产业基地 净利润	火炬计划软件产业基地 营业收入	火炬计划软件产业基地 利税总额	全国生产力促进中心 年服务总收入	全国生产力促进中心 增加利税
2005	11566.2	711.6	3375.0	351.2	18.4	112.0
2006	15003.9	938.6	4541.0	432.0	24.8	107.0
2007	22893.4	1348.9	5213.4	1230.5	40.6	193.6
2008	28716.0	2006.4	6897.5	884.4	30.4	175.5
2009	36759.2	2712.9	7677.1	1123.5	30.8	208.2
2010	47878.5	3659.4	9204.8	1432.5	38.4	203.9
2011	61061.4	4472.9	13661.8	1928.1	62.8	284.0
2012	68648.3	4819.8	16950.9	2407.1	89.2	341.7
2013	76521.4	5563.6	20171.7	3046.3	139.1	397.1
2014	85646.0	5874.9	23792.0	3611.8	68.2	447.1
2015	91233.1	6115.6	29410.3	4227.6	57.6	275.0

续表

年份	火炬特色产业基地		火炬计划软件产业基地		全国生产力促进中心	
	总收入	净利润	营业收入	利税总额	年服务总收入	增加利税
2016	100003.2	6439.4	32906.8	4858.3	49.5	192.3
2017	104652.1	6517.1	39774.7	5615.0	51.0	150.5
2018	108756.8	6872.5	46423.5	6330.7	39.0	129.2
合计	859339.5	58053.6	260000.5	37479.0	739.6	3217.1
年平均	61381.4	4146.7	18571.5	2677.1	52.8	229.8
年均增长率（%）	18.81	19.06	22.34	24.91	5.94	1.10

资料来源：《2019 中国火炬统计年鉴》，中国统计出版社 2019 年版；笔者加工整理。

根据 9-14 绘制的火炬特色产业基地、火炬计划软件产业基地以及全国生产力促进中心经济指标变动趋势图如下（见图 9-12）。

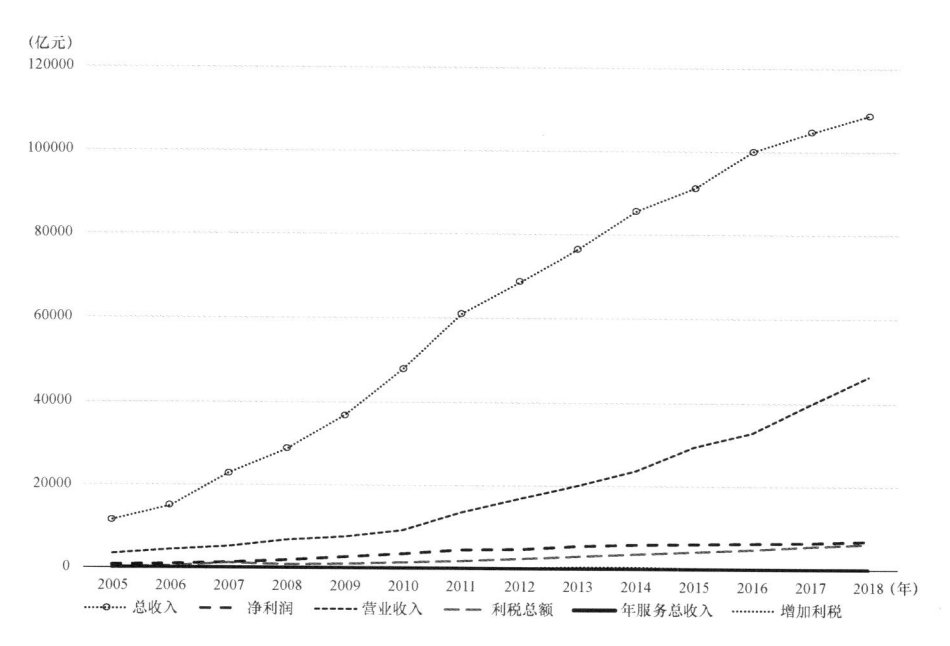

图 9-12 火炬特色产业基地、火炬计划软件产业基地及全国生产力促进中心经济指标变动趋势

资料来源：《2019 中国火炬统计年鉴》，中国统计出版社 2019 年版；笔者加工整理。

由表9-14和图9-12可以发现，火炬计划软件产业基地的利税总额和营业收入均有较高的增长率，2005—2018年，利税总额、营业收入的年均增长率分别达到24.91%和22.34%，而火炬特色产业基地的净利润和总收入的年均增长率分别达到19.06%和18.81%。作为非营利机构的全国生产力促进中心，其年服务总收入的年均增长率和增加利税的年均增长率增长幅度均较小。图9-12中的6个分析指标，表现较好的是火炬特色产业基地的总收入和火炬计划软件产业基地的营业收入，增长速度一直较高；其他4个指标的增长速率平缓。

长期以来，国家一直高度重视火炬特色产业基地建设，通过一批科技重点专项，在科技资源、人力资源丰富和创新能力较强的地区建立了一批有鲜明特色的产业基地，而这些基地的产业主要集中在先进制造和战略性新兴产业，如高端装备制造、新材料、生物医药、新一代信息技术产业等。火炬特色产业基地的分布也不均衡，东部地区占70%以上，西部地区约占5%，中部地区约占15%，东北地区约占10%。长三角、珠三角和京津冀地区是特色产业基地的主要集聚区。这些基地产业特色明显，存在经济增长极，区域经济一体化的态势明显，创新能力也较强，其发展状况对周边经济发展有显著的带动作用。

软件产业对战略性新兴产业发展、制造强国建设有着重要影响。在信息化为主要特征的时代，为保证中国产业处于全球产业价值链的高端，中国依据国情制定了软件产业发展政策体系，采用了园区方式和集群式方式发展软件产业。国家重视软件企业的培育，加强平台建设，支持软件出口，壮大了软件产业规模。目前，除少数边远地区外，全国26个省区市都成立了软件产业基地或园区，软件产业园在地域上的覆盖率达到80%。当然，软件产业基地主要还是集中在东部地区，其占到全国总数的50%以上。现在，中国已拥有一批软件设计人才，有若干具有国际竞争力的软件产业基地和一定规模的软件产业出口额。

中国的特色产业基地和创新型产业集群是改革开放的产物，率先在广东、浙江、江苏、福建、山东等东部沿海省份形成和兴起。这些特色产业基地与创新型产业集群，有良好的市场条件和营商环境，有一大批创新活力较足的企业，企业制造产品和品种新，技术含量高，品牌知名度高，具有较强的国际竞争力。值得注意的是，特色产业基地和创新型产业集群的主要行业是先进制造业，如北京中关村集聚的行业是下一代互联网、移动

互联网、移动通信、卫星应用、生物医药、节能环保、轨道交通等制造行业；上海张江被誉为中国"硅谷"，集聚的主要产业是生物医药、集成电路、软件、新一代信息产业、集成电路、半导体照明等行业；深圳高新技术产业区主要集聚的行业是计算机、移动通信、程控交换、光纤光端、网络设备、IC 设计、嵌入式软件、应用软件、先进医疗器械等行业。创新型产业集群发展中，先进制造业的发展也带动了生产性服务业的发展，依靠一些著名品牌企业，产业集群中也形成了众多专业从事包装、运输、仓储、物流、信息、培训、咨询、贸易、设计开发、中介服务、金融保险等领域的服务型企业。与特色产业基地基本相同，沿海发达地区是中国创新型产业集群的主要分布区域，这些地区市场化程度高，地理区位优越，交通通信便捷，产业配套环境良好，成为特色产业基地和创新型产业集群的沃土。相比之下，由于地理位置，加之人才、技术等生产资源的约束，广大的中部和西部地区特色产业基地和创新型产业集群的分布密度明显低于东部地区，且发展水平也普遍低于东南沿海地区。

中国的科技企业孵化器，主要依托高校的研究力量，利用现代互联网技术，开展研讨和信息交流，为中小企业的成立和发展服务。中国的第一家科技企业孵化器——武汉东湖创业服务中心，诞生于 1987 年。经过 30 多年的发展，2018 年全国科技企业孵化器达到 4849 个。整体上，科技企业孵化器的投资主体呈多元化趋势，一些企业和事业单位也建立企业孵化器，向社会提供创业支持、咨询与培训、要素资源服务、信息化服务等，具体活动如企业创办手续服务、企业基础条件提供、数字化网络平台建设、网上培训和展示提供、电子商务服务等。现在，科技企业孵化器发展现状良好，通过形式多样的创业中心、创业园以及国际孵化器网络组织的有关活动，培育了一大批科技型和创新型中小企业，为中国高新技术产业发展提供了后备力量。

第十章　建设制造强国的路径思考

建设制造强国需要扩张制造业占比，优化制造业结构，提高制造业效率；通过自主创新，实现前沿技术、复杂产品系统中关键技术的重大突破；也需要推行精专制造，提高产品质量，打造系列著名制造国际品牌；进行生产模式的革命性改造，建成一批新兴先进制造集聚区；还需要加快引进和培育高质量的人才，建成高素质制造业职工队伍，建设先进的制造业文化。前文对中国在建设制造强国的进程中取得的成就、存在的问题进行了研究分析，这也给思考未来建设制造强国的路径提供了依据和基础。

第一节　先进制造业发展路径

制造强国的建设依赖先进制造业的发展。未来，要加快发展先进制造，需要加快科技人才和管理人才的引进和培养；实现复杂技术产品、前沿技术产品、品牌主导产品在全球价值链的升级；同时，要全方位开展制造领域的国际合作，实现前沿尖端制造技术的重点突破。

一　加快高科技人才和管理人才的引进和培养

技术的前沿、管理的先进、产品的优质归根结底取决于人才的优秀，制造业的一切竞争归根到底体现在人才的竞争上。正是优秀人才、顶尖科技人才和管理人才上的差距，导致了中国制造能力与制造强国的差距。要改革完善中国的教育制度，培养学生的爱国主义、民族主义情怀，培育学生对人类、对国家、对社会高度负责的精神；拓宽学生的国际视野，强化训练学生的国际社会应变能力，培养学生自我发展、自我更新能力，养成爱岗敬业，忠于职守的良好的职业道德观。

要强化学生的科学、技术、工程、数学教育，整合学科知识，促成学科知识的交融互补，形成综合培养、综合学习、综合训练的育人环境，增强学生应用多个学科知识解决问题的能力。要在普通教育体系中推广创智教育，实现教育的信息化。要加快提高中小学教师信息知识水平和信息技术能力，研究制定出契合信息化时代发展需求，满足未来人才培养需要的教学模式，丰富和完善面向未来、面向全球化竞争的教学内容。要打破标准化、规模化、流程化教学模式，加快培养学生的互联网思维，充分尊重学生的个体差异，利用信息技术支持学生的个性化学习，帮助学生提升综合素养和国际竞争力。要加强学校与企业的合作，通过企业与学校的合作，让学校从教学的硬件、技术、教学产品、课程、师资、教材教具等方面获得全面专业的支持。要改革教学内容，让学生通过动手制作提升创造力和解决问题的能力。要面向社会实际，注重学科交叉，加强实践环节，重视能力和团队合作精神的培养，全面提高学生的系统思考和创新能力。

对于高层次的专业人才，要采用多种培养模式。如采用导师制，保证学术传承和知识创新；采用课题制，在国家或机构单位组织下，通过课题、项目、任务、工程等形式，在实践中磨炼、培养优秀科研人才。也可以依据人才的特质进行个性化培养，鼓励研究人员根据自己的特长与兴趣选择研究课题、自由探索，使其创新潜力得到最大限度的发挥。要重视人才的动态培养，不断优化科技创新人才的知识结构和能力组合，强调人才的创造能力，在运用中发现人才，在实践中培养人才。

要高度重视国外优秀技术人才、管理人才的引进，实行差异化的人才招募、培养和保留策略，最大限度地集聚全球顶级人才来华工作。要加快人才引进立法，建立高效、有序的技术移民制度，支持和鼓励企业、研发机构、学校和地方政府引进外国高水平技术人才和管理人才，特别是顶尖人才；可以推行雇主担保移民制度，通过雇主担保和连带责任，确保引进的国外人才的质量。要制定政策保证所聘外国专家来华所需的工作条件、生活设施和经费保障，逐步取消不同用人单位在吸引外国人才方面的不平等待遇，取消外国专家，特别是世界500强企业技术专家和管理专家来华工作和永久居留申请的限制，推动用人单位在吸引外国人才方面的平等竞争。政府要设立"人才引进智力专项基金"，保证基金使用效益的最大化和外国人才在中国的协调布局。

二 实现复杂技术产品、前沿技术产品和品牌产品在全球价值链的升级

复杂技术产品是指研发成本高、技术先进、产品结构复杂的制造物或系统，是一国经济或技术水平的集中体现。由于产品、技术的多重复杂性，复杂产品全球价值链链条比一般产品更长，覆盖领域更广，连接关系更密切、更复杂。前沿技术产品是指技术尖端，具有探索性、先导性和前瞻性的重大技术产品，此类产品是未来高技术更新换代和新兴产业发展的重要基础，是一个国家高技术创新能力和全球领导地位的集中体现，如现代生物制造、3D 制造、新型材料制造、航天制造、新一代信息的制造等。品牌产品是指依靠品牌的知名度、美誉度、忠诚度而发展的制造产品。

对于复杂技术产品主导的行业，中国应充分利用全球范围的高强度创新研发大势，在关键产品和主营产品的基础上，提高生产工艺水平和产品技术含量，利用新技术，提升产品附加值，实现制造工艺升级、产品升级和产业链条功能升级。要整合政府、企业、高校、研究机构等众多创新主体研究实力，集中优势力量，形成合力，进行科技攻关，实现核心技术的重大突破。要充分利用生产主体的外部力量，构建多主体、多层次的技术创新网络，逐步摆脱对外部核心技术的信赖，增强技术研发的自主性和独立性。要实现制造细分行业间的跨界联合，建立起以自身主体为核心的技术创新网络，弥补企业在创新链条上的短板，抢占全球价值链的高端。

对于前沿技术产品主导的行业，要加大研发投入，实行单一企业自主研发的单项突破，形成产业集群的技术外溢，进而提升全产业链和产业集群的创新能力、竞争能力。要重视向外资企业学习，充分利用外资企业的技术溢出，重视基础科学研究，推动前沿技术的市场化和商业化应用。也要重视本国本土的技术积累，构建国内企业技术创新链，实现前沿技术的跨越。要整合产业集群优势资源，优化产业集群内部价值链结构，提升产业集群内部元素的竞争实力，实行主导产业、关键产业、相关配套产业和其他支撑产业的协同发展，促进集群内产业价值链的升级。特别地，要注重领军企业的培养，重视国际合作，通过与外资企业家的合作、合资或组建研发共同体，提高国内企业研发能力，增强其技术竞争力。

对于品牌产品主导的行业，要重视品牌价值的维护和传播，提高品牌

的快速响应和防护能力。要注重品牌创意资源的利用能力和供应链管理能力，构建品牌国际化运营机制，加快向全球价值链的高附加值环节转型升级。要坚持品质保障，严把生产过程关，在广告创意、产品设计、原材料选用等各个环节，讲求信誉，严格管控。要严守产品质量，尊崇品牌信誉，不断提高品牌价值。对于优势自主品牌，要积极拓展海外市场，或自建品牌专卖店，或通过代理商打入国际市场。要注重通过兼并或收购海外知名品牌，提升品牌国际化运营能力。要充分利用互联网和大数据技术改造传统生产网络和营销网络，推动营销模式的创新，实现制造、物流、营销的实时监控和信息反馈，建立起多层级的中国制造品牌体系。

三 开展国际合作，实现前沿尖端制造技术的重点突破

未来中国先进制造业的发展将处于一个开放、包容、竞争、合作的国际环境，中国要紧盯国际先进制造前沿动态，顺势而为，跨越传统行业界限，充分利用生态系统合作伙伴的优势，从人才、技术、运营、监管等角度寻求先进制造业发展的国际合作。要注重与国际著名企业建立战略性的合作伙伴关系，开展卓有成效的局部或整体性合作，以实现自身独立无法完成的改进或前沿尖端技术的重点突破。

要开展先进制造领域标准化建设的国际化合作，推动标准引领智能制造发展。制造标准化有着十分丰富的内涵，包括总体性生产标准、制造网络标准、智能化核心标准、平台技术标准、安全保护体系标准、新模式与新业态标准、生产参数标准以及评估评测标准等。因此，要积极加入全球先进制造行业标准的制定，争取话语权，通过"标准+数字""标准+服务""标准+平台"等模式，构建先进制造的完整标准化体系或标准云服务模式，促使标准体系成为企业生产服务的准则，成为政府和消费者参与公共治理的重要参照系。

要加大对制造业的开放力度，专注于先进制造产品的创新，致力于创造长期的产品差别。要鼓励先进制造企业，专注于一种或几种产品的生产，坚持精细化发展和高品质路线，在制造业的细分领域深度耕作，不断创新，始终追求生产工艺和技术的精湛，把产品做到极致。要在先进制造业推行职能管理模式和行为科学管理方式，培养员工的忠诚度和敬业精神，增强企业的软实力。要从技术着手，把技术创新和经济效益结合起来，提高产品的品质和品位。应鼓励企业进行科学的市场调查，运用第一

手资料进行科学论证，并根据目标客户的需求开发具有明显差异化的产品。要引导企业根据目标客户的潜在需求入手组织研发和生产，按技术规范完成发明和设计，提高企业应变市场的能力。

政府可设立"先进制造业投资基金"，利用投资基金，支持创新发展的先进制造产业联盟和骨干企业，加快建设先进制造业关键共性技术平台，培养细分领域的冠军企业。要支持先进制造领域冠军企业引入众包设计形式，考虑允许用户参与设计，探索云设计、协同设计等新型模式，增强冠军企业的自主创新设计能力。要通过减免税收、低息贷款等方式支持先进制造业企业加大对设计的研发投入，并以此带动产学研用的协同创新。要成立国家级的先进制造独立设计机构，加快培育第三方设计企业，面向先进制造业进行专业化、高端化的服务。要支持冠军企业进行核心技术攻关，实现核心技术的重大突破。要支持先进制造企业，特别是冠军企业"走出去"，进行实质性的国际合作交流，建立起国际长效合作机制；应鼓励先进制造企业开拓海外市场，加强技术合作，并购海外高水平研发机构和优质企业，打造先进制造细分领域的国际知名品牌方阵，增加中国先进制造的国际竞争力。

四 加快培育发展先进制造领域的冠军企业、独角兽企业

中国建设制造强国，其中有一批重点优先发展的领域，如新一代信息通信技术产业、高档数控机床、海洋工程装备、高技术船舶、大型农业机械、先进机器人、航空航天装备、先进轨道交通装备、新能源汽车、电力装备、新材料、生物医药、高性能医疗器械等。为达到重点领域的技术突破，实现制造强国的目标，中国推动实施了一系列重大专项、重大工程，如工业强基工程、绿色制造工程、制造业创新中心建设工程等，应依托这些工程，在国家重点发展的先进领域培育冠军企业和独角兽企业。

对于制造强国建设中重大专项、技术升级改造工程、工业强基工程、智能制造、绿色制造等领域的潜在冠军企业要跟踪关注，支持其走专、精、特、优道路，鼓励其在细分领域精耕细作，专注于某一或某几种特定产品，加快成为名副其实的冠军企业。对于冠军企业，要在税收、金融、人才、技术等方面推行特殊政策，帮助其解决发展过程中面临的问题。要帮助潜在的冠军企业加快应用新技术、新工艺、新装备，改造提升传统产业和产品，提高生产效率，不断扩大市场份额；要加快在装备制造、生物

科技、云计算、人工智能、先进制造等领域发掘和培育冠军企业,优化冠军企业的行业结构,增加中国制造业的竞争力。

要着力培育先进制造领域的独角兽企业。可以设立"先进制造独角兽企业创业基金",支持创业者创办先进制造领域的创新性企业。要营造浓厚的创新创业环境,增强科技人员和企业家的创业意识,激发民众的创新创业精神,对先进制造领域的注册企业,可放宽准入条件,降低入行门槛,不设限制性条件或附加条件。要重点培育省级、国家级高新产业园内的小微型企业,对处于成长期内的科技型、创新型企业在初创期内要制定专门的财政、税收、金融优惠政策,帮助企业发展壮大,助力其快速成长为独角兽企业。要支持冠军企业、独角兽企业走出去,创造出国际知名品牌。对于确定的冠军企业,要促使其不断创新,加强国际化战略,进一步提质增效,做优做强,巩固和提升其全球的领先地位。要支持冠军企业注重国际竞争对手,分析国际市场"隐形冠军企业"的市场地位,研究并购的潜力和可能性,在保留自己的生产技术、工艺流程的基础上,拓展国际业务,获取更大的全球市场份额。要支持冠军企业加强与同行的技术合作,嵌入国际销售网络。同时,要注重在全球建立生产销售基地,建立研发中心,巩固优势地位,不断增强企业的国际竞争力。要通过政府引导,在全国范围内挖掘潜在的独角兽企业,从全球特别是世界500强企业引进先进制造领域的创业领军人才。要培养一批独角兽企业创办人,支持制造业领军人才带技术、带项目、带资金在高新园区创业,支持具有创新意识、开放意识、国际意识、担当意识的独角兽企业创办人开展国际合作,尤其是要重视先进制造领域、原创性新兴产业、颠覆式变革产业独角兽企业国际战略实施和国际合作行动,支持独角兽企业加快创造全球著名的国际品牌,扩大独角兽企业的国际影响。

五 精准服务,培育民营冠军企业、独角兽企业

要精准服务,保护冠军企业、独角兽企业的知识产权。要建立"中国制造业冠军企业、独角兽企业数据库",建立冠军企业、独角兽企业运营状况档案,点对点地对冠军企业、独角兽企业进行精准服务。政府可以设立项目基金支持冠军企业和独角兽企业的创业,支持国内信誉良好的私募管理机构设立独角兽基金、冠军企业基金,专门打造独角兽企业园和孵化园。可以分行业成立冠军企业联盟和独角兽企业联盟,支持冠军企业、

独角兽企业协同进行技术创新、市场拓展、品牌提升和产学研合作。可以设立冠军企业、独角兽企业技术服务平台，集中优势科技资源，为冠军企业、独角兽企业的技术创新、生产模式创新、管理创新提供支撑。可以启动实施冠军企业、独角兽企业信息化推进工程，引导通信运营商、信息技术服务机构为冠军企业、独角兽企业进行计算机信息服务，有效进行冠军企业、独角兽企业的信息服务、信息发布、信息集成和信息综合分析利用，大幅度提高冠军企业、独角兽企业的信息化应用水平。要支持奖励优秀大学毕业生、研究生及其他高层次人才到冠军企业、独角兽企业工作就业，对冠军企业、独角兽企业的新进人才，要在落户、住房、子女上学等方面实行优惠政策，解除特殊人才的后顾之忧，增加冠军企业、独角兽企业的动力要素保障。

要把保护冠军企业、独角兽企业提升至建设制造强国战略的高度，切实保护冠军企业、独角兽企业的知识产权，保护冠军企业、独角兽企业的合法权益和创新积极性。要建立完善冠军企业、独角兽企业的知识产权保护法规、政策，制定专门针对冠军企业、独角兽企业知识产权保护的政策法规或特别条款，营造良好的知识产权法制环境、市场环境和社会环境；要不断增强冠军企业、独角兽企业知识产权创造、运用、保护和管理的能力，增强其在创新过程中使用专利和科技数据库的意识，促使其在获得专利后加快进行产品市场化。要开展面向冠军企业、独角兽企业的专利辅导、专利代理、专利预警等服务，严处对冠军企业、独角兽企业的知识产权侵犯和制售假冒伪劣产品的行为，最大限度地维护冠军企业、独角兽企业的合法权益。

要培育民营冠军企业、独角兽企业，支持中西部地区培育发展冠军企业、独角兽企业。要高度重视民营冠军企业、独角兽企业的培育，推动民营冠军企业、独角兽企业与高校、科研机构进行战略合作，支持民营冠军企业建立高水平研发机构，支持其参与国家制造强国建设中的重大科技项目。可以通过项目资助、后补助、社会资本与政府合作等多种形式引导扶持民营冠军企业和独角兽企业，支持民营冠军企业、独角兽企业的技术转移机构发展，为民营冠军企业、独角兽企业的技术交易、产品销售方提供成果转化和信息供给服务。要培育具有国际眼光、科学素养和创新意识的民营冠军企业家和独角兽企业家，发挥民营企业家协会或组织的积极作用，加大对民营冠军企业家和独角兽企业家创新思维和能力提升的培训。

特别是要强化民营冠军企业家工匠精神和社会责任感的培养，鼓励支持民营冠军企业家与中国制造强国建设紧密结合，同步谋划、同步推进，服务国家大局，努力进取，将本领域、本行业的产品做到极致。要加快中西部地区冠军企业、独角兽企业的培育，创建独角兽企业孵化器，引导冠军企业、独角兽企业致力于信息服务、农村电商、网络公益以及精准扶贫，缩小数字信息技术鸿沟，带动地区经济，特别是贫困地区经济发展。要为科技创新型企业成长创造优良的创新创业生态环境，形成中西部地区的冠军企业和独角兽企业方阵，打造具有较强竞争力的中西部地区先进制造产业集群。

六　发展支撑先进制造的生产性服务行业，打造生产性服务系列著名品牌

生产性服务行业归根结底是要为生产服务，要促进第二产业特别是制造业的发展。中国正在加快建设制造强国，这其中的关键是要发展先进制造业。因此，要突出重点，大力发展能支撑先进制造业高质量发展的生产性服务行业，支持相关生产性服务行业迈向高端，走向智能化，以服务中国制造强国的建设。要重点发展计算机服务、软件服务、租赁、科技交流、仓储、装卸搬运、生产性医学研究和试验、工业设计和专业设计等，注重发展新材料技术的开发、咨询、交流、转让、推广服务，注重发展3D打印技术开发、咨询、交流、转让、推广和打印服务等。这些服务行业，都能有力服务于国家的工业强基工程、智能制造工程、绿色制造工程、高端装备制造工程以及信息产业发展规划、制造业创新中心建设规划等。

应将人工智能、计算技术、新一代信息技术引入生产性服务行业，提高生产性服务业效率。要依托云计算和大数据技术，建成全国性和大区域性的生产性服务"互联网＋平台"模式，促进生产性服务行业要素的自由流动，扩大生产性服务产品的规模，提高服务产品品质，不断实现生产性服务行业的数字化、网络化、智能化，增强生产性服务行业对先进制造业发展的支撑能力。同时，要加强信息资源开发利用，开拓工程建设、人员培训、咨询评估、技术支撑等服务领域产品，特别要注重打造信息化规划、信息技术管理咨询、信息系统工程监理、测试评估、信息技术培训、信息安全服务等先进服务产品，构建具有全球领先水平的、完善的生产性

服务行业体系。

生产性服务行业的快速和高质量发展离不开与之相关的基础设施，应加快生产性服务行业基础设施建设，增强产业服务能力，提高服务效率。要根据制造强国建设的要求，加快建设与高端生产性服务行业发展相关的5G基站、城际高速铁路、城市轨道交通、大数据中心、人工智能、物联网、工业互联网等新型基础设施，要以信息网络为基础，在生产性服务业中深度应用互联网、大数据、人工智能等技术，支撑传统基础设施转型升级，形成支撑科学研究、技术开发、产品研制的发达的生产性服务行业基础设施系统。要健全和完善生产性服务行业要素市场制度体系，充分发挥市场作用，破除阻碍生产性服务要素自由流动的机制障碍，扩大生产性服务要素市场化配置范围，保障生产性服务不同市场主体平等获取生产要素的权利，实现生产性服务市场的效益最大化和结构最优化。

生产性服务行业要作为制造强国建设的一项配套工程，遴选出有发展潜质的先进生产性服务企业进行重点培育，跟踪进行品质服务，帮助其找准核心质量优势，促进其服务产品优化化、集约化，将其打造成具有重大国际影响力和知名度的生产性服务品牌。要扩大新兴生产性服务行业规模，优化其结构，研判市场需求，加快培育生产性服务领域新行业和新业态。要建设先进制造领域的大数据服务创新中心，建设生产性服务"企业云"，建成行业大数据库，推动数字技术在设计服务、经营服务、市场服务等环节的广泛应用，形成行业辐射，产生带动作用，提升完整产业链质量，创造世界级水平的生产性服务行业品牌方阵。

七　开拓国际市场，促进生产性服务行业对先进制造业的契合

随着制造强国建设的稳步推进，生产性服务行业也需要与制造企业一样，实施"走出去"战略，不断对外开放，提高供给质量。应建立完善的生产性服务产品标准体系，健全生产性服务产品知识产权保护制度，保护生产性服务企业合法权益。要开展生产性服务产品质量提升行动，在国家层面开展实施"生产性服务精品质量建设工程"，引导和支持生产性服务企业进行多种形式的战略合作，通过并购、重组等方式形成合力，扩大规模，实行集约化转型升级，做大做强。要培育发展规模大、信誉高、服务质量好的生产性服务企业，增强国际竞争力，造就一批有重大国际影响力的生产性服务创新型企业和领军企业。

要支持生产性服务企业走出国门开拓国际市场,与国际知名生产性服务企业开展多层次、多领域的技术合作和业务合作;要利用国际市场资源,进行跨国投资和跨国经营。要鼓励生产性服务企业承接国际市场订单,提供国际生产服务产品。应降低生产性服务行业领域市场准入门槛,简化重要生产性服务行业审批流程和资质认定事项,支持民间资本进入生产性服务行业,推进生产性服务行业稳步发展。要创新生产性服务行业商业模式,拓展生产性服务行业供应链,提高物流企业配送的网络化、智能化、标准化水平,增加生产性服务行业有效供给。

要因地制宜地加快发展西部地区和东北地区生产性服务行业,按照地区产业发展规划和地区先进制造业发展需求,确定生产性服务发展方向,扩大西部、东北地区生产性服务行业规模。应按照高质量发展、绿色发展的目标进行生产性服务领域的供给侧结构性改革,提高生产性服务行业增加值在 GDP 中的占比。要通过生产运营模式的创新、产业价值链的延伸,形成科学的专业化分工体系,实现生产性服务行业在不同地域行业的协调发展。

生产性服务行业的发展归根结底有赖于其服务的产业,因而要优化生产资源配置,促进生产性服务行业与先进制造协调发展。可根据"中国制造 2025"试点示范城市和先进制造集聚区的发展规划,建设生产性服务行业集聚区,促成生产性服务行业规模化、集约化发展,要通过生产性服务行业资源的共享、专业化分工、技术外溢,产生集聚优势,形成产业的规模效益。

要利用物联网、人工智能等突破服务业的技术瓶颈,推动生产性服务向流程化、数字化、网络化方向发展,提高生产性服务行业全要素生产率。可根据生产性服务行业发展目标设立生产性服务研发中心,成立分支机构和营运基地,对接由全球跨国公司主导的国际产业转移,推动中国生产性服务行业嵌入全球生产性服务价值链高端。应注重生产性服务细分行业的发展,培育细分领域的冠军企业、独角兽企业和创新型企业,特别是要注重支持知识密集的生产性服务领域的冠军企业、独角兽企业。要鼓励生产性服务行业企业开展跨领域、跨行业的技术合作,建设各类研究开发机构,加大科技投入,形成企业技术集成,提高产业化能力。

要促进生产性服务行业的知识流动与技术转移,加快推进先进生产性服务行业领域的深度应用,加快行业的信息化、电子化、自动化进程,培育和扶持技术性强、附加值高、有市场潜力的领军企业，塑造企业核心竞争力，扩大服务产品的适应能力。还要加快生产性服务行业人才的培养，建立与现代先进的生产性服务行业发展相适应的高素质职工队伍，全面提高中国生产性服务行业水平，促进生产性服务行业对先进制造业的契合。

第二节 创新与研发突破路径

前沿性的基础科学是认识客观现象，揭示自然规律，获取新原理、新方法的学科，是自然科学、工程技术、应用研究的基础。先进的科学技术，是建立在扎实的科学理论之上，没有厚实的基础理论就不可能有先进的科学技术；没有先进的基础研究，也就难以有领先的应用研究和试验发展。建设制造强国需要加大基础研究投入，培育创新企业，实现若干颠覆性技术的突破。

一 突出应用，实现颠覆性技术的突破

人类产业发展的历史表明，科技革命本质上体现为颠覆性技术的集中出现，谁拥有了颠覆性技术，谁将占领制高点，谁就提升国际地位。世界发达国家、制造强国已经普遍认识到了颠覆性技术的重要性。因此，要加强基础研究基地建设，完善和发展国家研究实验基地体系，稳步推进国家实验室建设，特别要针对先进制造业优先发展的领域建设国家重点实验室、国家工程中心，还要注重创新企业重点实验室的建设。国际前沿技术的一些研究基地要达到世界一流水平，若干科学前沿领域应实现重大突破，达到国际先进水平。要依靠政府的引导，组成协同创新联盟，实行产学研的充分融合；应建设共性基础研发平台，集中人力物力资源开展先进制造领域的基础研究，特别是关键基础零部件、关键基础材料和先进基础工艺的研究。应加强基础研究人才的培养。可以启动"先进制造领域基础研究人才培育工程"，有重点地培养基础研究人才，特别是有潜力的中青年人才；要稳定并不断扩大基础研究队伍，形成具有国际竞争力的高水平研究团队，产生一批具有重要国际影响力的科学家；要明确基础研究目标，细化基础研究项目，根据重点产品、核心技术或关键技术进行基础研究立项。同时，要打牢先进制造发展基础，加强工业互联网和"互联网＋先进制造业"工程建设；要选取若干关键基础材料、核心基础零部

件、先进基础工艺等，实施系列突破行动，解决先进制造关键领域发展的基础瓶颈问题，推动基础领域发展与先进技术深度应用的良性互动，以此加快制造强国建设的进程。

要依据中国的实际和经济发展需求，在已有技术优势的领域进行重点突破，特别是要在轨道交通装备、高端船舶和海洋工程装备、智能机器人、智能汽车、现代农业机械、高端医疗器械和药品、新材料、制造业智能化、重大技术装备等领域实现关键技术和颠覆性技术的突破。也应注重中小企业和采用传统技术企业的颠覆性技术的创造。实践中，许多一直采用传统技术的企业，表现也十分优秀，曾被他人效仿和学习，但当技术和市场发生突破性变化时，因为不能迅速调整和适应而遭淘汰，故而要注重传统技术的企业中颠覆性技术的创新和发展。对于不同规模的企业，都一样存在颠覆性技术的创新需求。中小企业在人才、技术、资金、设备等方面可能不及大型企业，但是中小企业管理层级少，凝聚力强，特别是其专业化程度高，生产规模小，转型灵活便捷，开展技术创新省时。因此，要注重挖掘中小企业具有颠覆性技术创新的潜在优势。应推行"先进制造颠覆性技术研发行动计划"，组织创新联盟，开展技术创新合作，依托创新性企业和创新型机构，积极整合国内外技术、人才，实行颠覆性技术的实质性突破。

二 加快培育全球一流的创新型企业

创新型企业是掌握了某一领域的核心技术、整体技术水平在同行业居于领先地位、具有优良创新文化和管理文化、在国际市场竞争中优势明显、持续发展能力强的企业。中国建设制造强国，就需要一大批拥有自主知识产权，拥有国际知名品牌，技术领先、具有较强国际竞争力的创新型企业，更需要在国际上独占鳌头或具有重大影响的创新型企业。现在，中国还十分缺乏全球著名创新企业，尤其是缺乏全球一流的创新企业。因此，应启动"隐形创新型企业"的遴选工程，要在先进制造行业遴选具备可能成为全球著名创新企业的企业进行重点培育，加快造就出一大批创新型企业，特别是要造就若干全球一流的创新型企业。

要培育和建立"隐形创新型企业"的创新文化。应教育企业员工理解、接受、认可企业的目标或愿景，培养企业员工的创新精神，开发员工的创造力，激发员工的创新自主性和实践的主动精神；应允许员工参与决策，自由发表意见；欢迎员工的异议，支持无限创新，营造浓厚的创新氛围；应建立相互合作、知识分享和相互沟通的机制，注重改善员工的知识结构、专业思维方式等多样性，树立创新典范；应鼓励企业内部创业，鼓励一切创新行为，支持一切有意义和价值的创新行为，对创新成功者给予奖励；要容忍创新实践的失败，创新活动的失败及其损失不由创新者承担，创新者的薪水、待遇等不因创新失败而受影响或追究；应鼓励"隐形创新型企业"组织跨行业创新联盟，开展全方位的创新合作和交流；对创新人员进行柔性管理，对创新人员和工作实行"弹性工作制"，对工作地点、工作时间给予充分的灵活和保障。

要将国家制造业创新中心建设成创新型企业的"孵化器"，要依托国家制造业创新中心建设工程，遴选"隐形创新型企业"，加快培育创新型企业，催生出在全球具有重大影响的创新型公司或"改变世界的公司"。可依托国家制造创新中心开展"隐形创新型企业"的遴选，支持"隐形创新型企业"集聚高水平领军人才，加大力度吸纳世界 500 强企业的技术人才和管理人才，特别是要制定优厚政策吸纳全球顶级技术人才、管理人才，打造"隐形创新型企业"一流的创新团队。要支持"隐形创新型企业"专注特定的研究领域，跟踪国际发展前沿，通过项目合作、高水平技术引进、联合研发等形式，吸收借鉴各方面的创新资源和科研成果，特别是世界领先的技术或前沿成果，充分利用互联网、云计算、大数据等新一代信息技术，实现多学科、跨领域、跨地区的技术创新，努力推出影响社会、影响人类进程的创新型产品或创新型成果。要将创新型企业的培育发展列为"国家自主创新示范区"和"中国制造 2025 试点示范城市"的建设规划，支持国家自主创新示范区和"中国制造 2025 试点示范城市"采取切实可行的措施培育全球有重要影响力的创新型企业。示范区和试点示范城市要依据本区或本市的优势产业，发现有潜质的创新型企业，培育"隐形创新型企业"成长壮大。示范区和试点示范城市可以建立"隐形创新型企业"培育库，设立入库标准，针对各企业特点制订培育计划，帮助企业拓宽发展思路，选准主攻方向，不断积累研发、设计经验，改进生产工艺，推动创新产品或服务。要按照专业化要求，集聚人才和产业资源，形成合力，增强竞争实力。要支持"隐形创新型企业"专注细分行业，亲近客户、亲近市场，依托强大的制造业基础，加快制定全球化发展战略，通过全球化扩大企业的市场份额，把对产品的专注和全营销结合起来。要支持已经成名的创新型企业，不断提高品牌的国内外市场占有率和品牌价值，支持其申请专利，保护知识产权，形成自主知识产权的专利产品和先进技术。鼓励创新型企业与相关高校和科研院所重组技术创新人员，共建研发中心，锤炼研发队伍，提高企业的创新能力和可持续发展能力。

要鼓励支持先进制造"隐形创新型企业"紧跟时代潮流，追踪全球制造市场的变化，及时调整自身的生产供应链，充分发挥自身优势，抢占市场高地，建立面向客户导向型、更高效的生产模式，有效应对按需生产模式的激烈竞争。要支持"隐形创新型企业"走出去，广泛开展国际前沿技术合作，掌握本领域最前沿的科学技术，深度采用数字技术探索新产品、新服务。要支持"隐形创新型企业"充分利用数据，采用更加灵活、更加快速的数字化工作方式，建立起更加高效的生产、运营体系，实现创新发展战略。要支持创新型企业加快建立全新的精益生产模式，创造性地运用精益原则，持续改进、调整创新型的定制化生产，最大限度地满足各类客户的生产需求，高效完成定制化生产。要促成"隐形创新型企业"加快聚集最优秀的知识、最先进的技术、最充足的资本和最丰厚的人脉资源，实现由产品生产到品牌运营和技术服务的实践性跨越，铸造具有引领世界潮流、具有强势竞争力的创新型企业。

要在先进制造领域和中西部地区培育创新型企业，支撑国家的东中西协调发展战略。可以在重庆、成都、西安、郑洛新等国家自主创新示范区和武汉、成都、赣州、合肥、郑洛新等试点示范城市进行重点部署，充分发挥中西部地区资源丰富、要素成本低、市场潜力大的优势，促成其在承接东部地区产业资源转移的过程中，培育发展创新型企业。要对中西部地区先进制造领域的企业进行遴选，特别是要对新能源、新材料、特色装备、电子信息、工程机械、乘用车、载重汽车、风电装备及配套部件、能源化工、清洁能源、数控机床、3D打印、激光制造装备、成型制造装备、环保装备、轨道交通装备、航空航天、光电芯片、增材制造、风能、机电产品、专用设备、新型建材、医药制造、新型平板显示、集成电路、先进轨道交通装备、节能环保等领域的企业进行遴选，挖掘这些领域有潜质的企业，进行重点支持培育。要支持有潜质的创业型企业关注人类社会发展命运，聚焦社会需求，根据自身优势，开展技术创新，推出拥有自主知识产权的创新型产品。

三 培育卓越企业家，提高技术创新服务能力

创新型企业关键因素之一在于企业家。没有卓越的企业家就不可能有创新型企业；培育创新型企业，重要的前提就是造就卓越企业家。

要把卓越企业家的培育提升至国家战略的高度，实施"中国卓越企业家培育工程"，加快培育创新型企业所需要的领军人才。要在全社会倡导尊重劳动者、尊重企业家的社会风尚，要像尊重科学家一样尊重卓越企业家，像尊重技术人才一样尊重卓越企业家。要提高企业家的社会地位，增强企业家的荣誉感和社会责任感，增强企业家的紧迫感、使命感，不断激发企业家的创造热情和创新激情。应加强对有卓越企业家潜质的企业家的培训，组织先进制造领域有卓越企业家潜质的企业家出国考察交流，开阔眼界，打开视野，增强其创新的勇气和决心。要开展卓越企业家的培训，促成卓越企业家不断加强自身学习，时时反省自己的思想观念和思维方式是否处于前沿，是否落后于时代，落后于他人。要提升企业家的学习能力，支持企业家持续不断学习，不断否定自我，不断超越自我。要培养企业家的冒险精神、自信精神和团队合作意识，鼓励企业家专注于工作、专注于事业，凝聚员工力量、汇聚员工智慧，敢为人先、敢为天下先。要培养企业家的诚信精神、敬业精神、执着精神，要求企业家注重道德修养，遵守市场法则，具备敏锐的观察力、洞察力和预判力。同时，要培养卓越企业家的家国情怀，培养企业家的国家意识、民族意识，引导企业家从国家民族利益出发，从人类进步、社会发展出发，养成大格局、大气魄，提升企业家的创新能力和决策水平。

要培育"隐形创新型企业"的企业家精神，培养企业家的进取心、事业心，以及社会责任感、时代使命感，乐于实现自身价值并不断追求的品格。应培养企业家的奉献精神、敬业精神、民族精神，优化企业家精神成长环境，厘清政府与市场的边界，拓展企业家精神生长空间。特别是要依法保护企业家的财产和企业知识产权，保护其创新的权益，激发其创新创造活力，构筑起保护企业家精神发扬的制度屏障。要激励企业家的创新行动，要将创新能力、创新成果纳入企业家的考核体系。支持企业家在数字科学、人工智能、新材料、互联网服务、生物医药等新兴领域或先进制造领域的大胆探索，鼓励企业家通过股权融资筹集创新资金，通过分散股权的方式来分担风险。要全力支持企业家建立创新机制，努力从事颠覆性

技术的原始创新，或者进行模仿创新。要营造宽容创新失败的良好氛围，为创新活动、创新人才提供宽松的创新创业环境，催生一批在全球有重要影响力的创新企业，有力推动制造强国建设的进程。

要推动先进制造企业与高校、科研院所之间的合作，提高技术创新服务能力。要拓宽先进制造企业产学研合作的渠道，创新产学研合作模式，推动先进制造企业与高校、科研院所之间的实际合作，鼓励先进制造企业参与国家的基础研究和前沿技术研究。要鼓励企业联合高校、科研院所对引进的技术或知识产权进行消化吸收再创新，要建立针对先进制造的科技中介服务机构、生产力促进中心、工程技术研究中心和科技创业中心等，形成完整的先进制造服务体系。要建立现代化的先进制造服务平台，按照市场经济规律要求，开展技术创新服务活动；要建设骨干科技服务机构，打造精品服务项目，推出特色服务产品，提高创新服务机构的服务水平和运营效率；要引导科技中介服务机构向规模化、专业化方向发展，努力为西部、东北地区先进制造企业的技术创新提供技术、信息、人才、财务和法律等方面的高质量服务。

要营造有利于先进制造业创新的环境，激发先进制造业创新活力。要优化营商环境，切实减轻先进制造企业负担，为中小企业创新能力提升创造更好的政策条件；要鼓励金融机构向企业开展知识产权质押融资，以金融创新支撑企业技术创新。要加大知识产权保护力度，保护科研人员和企业的创新成果和创新动力，打通创新链上基础研究和产业化间的关联，提高科技成果转化率。此外，还要深化开放，将中国的制造业发展融入全球价值链中，做好引进消化吸收再创新的工作，加快消除核心技术受制于人的隐患。要增强企业研发实力，提高生物医药、计算机及办公品设备制造、信息化学品制造产品的附加值，提升先进制造产品的供给质量，提升制造业核心竞争力。要找准先进制造产业链的突破口，开展重大技术项目的联合攻关，实现关键技术、共性技术的重大突破。要补齐先进制造业发展关键短板，促使企业向创新驱动转变，营造有利于创新要素茁壮成长、创新活动顺利开展的宽松环境，激发先进制造企业的创新活力。

第三节　科技支撑与效率提升路径

建设制造强国需要科技支撑，需要提升效率。未来要加大科技投入，推动科研单位在基础科学领域的研究；强化企业的科研主体地位，推动前沿技术的研发；优化科技资源配置，推动地区科技资源和科技力量的协调发展。要加快科技成果的转化，提高技术效率和企业生产效率。

一　加大科技投入，推动基础科学研究

基础理论是一门学科理论体系中起基础性作用的理论原理，具有稳定性、根本性、普遍性的特点。基础理论研究是不以任何专门或特定的应用或使用为目的而进行的实验性和理论性研究工作，它的目标是发现和揭示可观察事实的基本原理和新知识。特别是前沿性的基础科学研究，能认识自然现象，揭示自然规律，是促进科学技术进步，积累科学知识，提高一个国家和地区原始创新能力的重要支撑，也是提高一个国家原始创新能力的重要途径。因此，要高度重视基础理论研究，依据中国制造强国战略实践，有针对性地开展相关学科基础理论研究；要顺应新工业革命发展实践，调整高等学校研究生培养课程设置，加强数学、物理、生物、化学、计算机科学、信息技术科学、人工智能、机器智能科学理论课程的教学，加强相关专业课程建设，打牢研究生的理论功底；要改革学校人才培养模式，注重培养学生逻辑思维能力、发现问题和解决问题的能力，要通过加强研究生课程教学、科研实践、毕业论文撰写来增强研究生的研究能力和创新能力；要拓宽学生的知识面，实现基础理论方面交叉知识的培养，增强学生对科学理论、工程技术和计算科学理论的兴趣。

要推动中国教育在科学、技术、工程、数学、计算机科学领域的改革，增大基础领域教学仪器设备、科研设施的投入，扩大科学技术和工程计算机领域教师的规模，优化教师队伍结构。要借鉴先进发达国家的人才培养模式，进一步改革和完善科技人才的培养模式，强化学生科学精神和创造性思维培养，加强学校与企业、企业与科研单位的融合，培养优秀的科技知识丰富、理论功底深厚的基础理论研究人才和创新创业人才，造就一大批青年科技人才。要营造健康向上的学术环境，建立良好的科研伦理道德体系，营造鼓励创新、宽容失败的氛围，推动中国基础理论研究走向世界前沿。

二　明确企业的科研主体地位，支持企业的技术研发

受客观条件限制，中国企业的科研主体和创新主体还不明确，企业研

发活动和成果还不丰富，与发达国家还存在较大差距。中国制造行业研发投入不足，缺乏核心技术，一些企业产品更新换代慢，产品质量不高，可靠性较差；由于产品生产成本居高不下，毛利率低，严重影响企业研发投入。不少企业缺乏长远的产品和技术研发战略，对具有前瞻性、战略性的技术和产品缺少规划，特别是缺乏有效结构化的产品开发流程和项目管理，产品质量管理尤其薄弱。

在推动制造强国的建设中，要强化企业的研发主体和创新主体地位，改革科技研发制度和政策环境，不断培育企业研发和创新主体；要充分发挥科研机构、高等院校在科研中的引领和带动作用，推动技术和产品研发的跨部门协作，鼓励支持企业与科研机构和高等院校联合协同进行技术和产品研发，提升产学研融合能力，探索建立跨领域、跨区域的科研院所、高校和企业等广泛参与的研发平台和联动体系；要整合科技政策资源，加大对企业产学研项目的支持力度，引导初创企业的产品创新，支持重点企业的技术创新，促成科技型企业、科技小巨人企业和高新技术企业等的协同研发和创新，培育和形成一批科技示范项目，提升企业的核心竞争力。

要在企业建立国家实验室，培育企业研发人才和创新人才；要扩大企业博士后工作站的招收规模，为企业特别是高端制造企业培养高层次创新性科技人才提供专项资金、人才公寓等服务，为增加企业自主研发创新能力和造血功能打下坚实基础。要创造条件引进世界一流科技人才和管理人才进入企业工作，注重引进国外科学家、工程师参与企业研发活动，提高研发产出率和工作效率。要构建为企业研发和创新服务的体系，开发企业研发公共服务平台，鼓励社会资本参与企业的研发，支持行业协会、研究会、学会、联合会等社会组织为企业研发和创新活动提供力所能及的服务；要聚焦国家高新区，开展各种形式的科学普及活动，推进园区和企业科技研发协会的组织建设，发挥园区、校区、社区的科普功能，实现科技资源的有效利用和资源共享。要完善财政科技投入管理体制，调动一切可能调动的资源，营造宽松的科技研发环境和科技创新氛围，推动中国企业研发活动迈向高端。

三　优化科技资源配置，提升技术研发效率

科技资源配置是指科技资源在不同科技活动主体、不同学科、不同领域、不同地域的分配与组合。良好的科技资源配置，可以提高科技产出

率。要遵循科学规律，改革依靠行政预算和财务管理方法进行科技资源配置的模式，依靠市场的力量进行科技资源配置。科技人才、科研设施和科研经费要向基础理论研究、前沿技术、颠覆性技术、社会公益性技术倾斜；在保持科技资源投入效率的同时，也要兼顾西部地区、东北部地区的科技资源的配置。要汇聚科技资源，依托领军企业、冠军企业建设高新技术创新中心，充分激发企业研发力量，培育具有重大国际影响力和竞争力的企业。要推行多元化的科技资源配置方式，支持高等学校、科研机构、地方政府探索适应用更强、效果更优的科技资源配置方式，达到不同资源配置的优势互补，以此激发科研人员的创新活力，不断释放有效的科技供给力。

要注重不同类型技术创新资源的优化配置，重点突出，以点带面，保证研发资源面向新技术项目、具有国际前沿水平的项目，确保充足、有效、优质的研发资源对先进技术项目研发的保障；也要注意发挥研发资源项目在企业研发活动和企业技术风险监控机制中的作用，保证通过及时有效的资源调整来改变技术创新的重点和技术创新方向，以规避和化解研发活动的风险，减少由于市场变化、技术发展方向改变以及研发过程中自身的不确定性给研发活动造成的损失。

要加大对工业数据库、工业互联网体系以及工业设计制造一体化体系的投入，创建全新的高效益数字择优研制模式，提高智能时代创新设计的速度，推动工业设计的自动、智能化和高效化。要集中科技资源，加快建设完善可供研发人员随时调用的工业知识元件和组件库，加快建设公共知识库，不断丰富工业知识库内容，提高制造经验和工艺的有效利用率，维护工业数据库知识的汇集、共享和保护方式，达到工业数据和新技术、新知识的高效复用和推广，从而降低研发成本，加快信息化和智能化的深度融合，建立工业大数据知识间的密切关联应用，形成前沿技术方面巨大的创新力量，提升技术研发效率。

四 加快科技成果转化，提高企业生产效率

科技成果是经过特定机关认定，并经过实践证明适用、有效、先进，且能取得良好经济效益、社会效益或环境生态效益的存在形式，是无形资产的重要组成部分。科技成果的主要特征是先进性或新颖性、实用性与重复性、独立完整的内容和存在形式。科技成果，最为根本的是要将其转化

为现实生产力，通过试验、开发、应用、推广等活动形成新产品、新工艺、新材料，发展成为新产业。科技成果可以通过科技人员创办企业，或与企业开展合作，或与企业沟通交流网络平台直接进行转化，也可通过专门的中介机构、科技咨询公司进行间接转化。长期以来，与高校、科研机构一样，中国的高新技术企业科技成果转化率一直不高，不少高新技术企业仍然依靠人力资本、资金投入来达到生产规模的扩张，通过以科技成果转化、技术进步为主的内涵式扩大再生产还没有成为高新技术企业发展战略的主流。还应承认的是，虽然中国高新技术企业的研发投入一直在持续增长，但与发达国家和制造强国相比，高新技术企业的自主研发能力、研发投入占比以及企业经济效益等方面均存在差距。因而，必须加快高新技术企业科技成果的转化，提高企业研发效率和生产效率。

要针对高新技术企业的研发成果，设立中间性试验基金，通过资金投入、技术支持，进行成果的现实转化处理；可以建立政府或民间的中间试验机构，支持这些机构承担样品生产、技术鉴定、小批量试制、产品鉴定等工作，加快高新技术企业研发成果的转化。要建立高新技术企业知识产权确权、维权和商业化的服务链条，构建研发成果转移一体化平台，有效地促进高新技术企业知识产权保护链、运营链、转化链、协同链和支撑链的联动，推动专利密集型高新技术产业快速发展。

要从国际市场需求、市场规划入手，通过与客户的密切互动，掌握市场动态，努力减少产品开发后期的需求变动和计划变更，减少产品的开发成本，提高研发效率。要建立高新技术开发区的工业互联网体系，通过网络、数据实现高新技术企业生产的互联互通，达到高新技术企业生产要素的充分流动和有效集成，推动高新技术企业智能化生产。要实现高新技术企业各个车间、各生产线的智能决策和动态优化，提升全流程生产效率。要推动高新技术企业进行协同设计、协同制造，创新运营模式，开展个性化定制模式，通过灵活的设计形式、制造资源和生产流程，大幅度降低生产制造成本，缩短新产品上市周期。要支持高新技术企业充分利用国内外大数据资源，创新高新技术产品、技术和服务，深化大数据在先进制造业、现代服务业的创新应用，实现大数据与高新技术的深度融合。要推动互联网、大数据、人工智能在先进制造和先进服务业的深度融合，提升高新技术制造业的生产管理效率，做好节能降耗，提高生产效率。

第四节　园区与产业集群建设路径

国家高新区、国家级经开区、创新型产业集群、特色产业基地、科技企业孵化器等是建设制造强国的重要支撑力量，需要高度重视。要强化国家高新区和创新型产业集群的主体功能特色，推动国家高新区和创新型产业集群的差异化发展；依托国家高新区和创新型产业集群，加快建成先进制造产业集聚区。

一　发展国家高新区和国家级经开区，服务制造强国建设

前文研究表明，国家高新区和国家级经开区主要集中在东部地区，中西部地区尤其是西部地区的国家高新区和国家级经开区显著偏少。应该高度重视这种差距，注重在投资环境优良、税收收入和出口量较大的西部地区设立新的国家高新区和国家级经开区，不断缩小西部地区国家高新区和国家级经开区与东部地区数量上的差距，形成全国一盘棋的布局。

要加快西部地区国家高新区和国家级经开区道路、电力、供水、燃气、通信等基础设施的建设，加快学校、医疗卫生、文化娱乐、商店、公共交通等配套设施建设，全面提高基础设施和配套设施建设的质量和水平，提升西部地区国家高新区和国家级经开区的服务支撑能力，推进国家高新区和国家级经开区与城市的融合发展。要鼓励西部地区国家高新区和国家级经开区先进制造业企业进行生产设备、生产工艺的改造和革新，提升企业生产、经营和管理全过程的信息化水平和数字化水平，增强竞争力。要加快西部地区国家高新区和国家级经开区工业互联网体系建设，建立有效提供智能化服务的工业互联网示范平台，为国家高新区和国家级经开区内企业提供精准的大数据分析、商情预测、制造设计、运营服务等。要发挥西部地区国家高新区和国家级经开区的传统资源优势，筑牢现代工业基础，推动人工智能与实体经济深度融合，以此吸引更多国际国内著名企业，特别是中国制造500强或世界制造500强企业等在西部地区国家级经开区落户，推动西部地区生产制造嵌入全球价值链的中高端。

要提高国家高新区和国家级经开区的创新能力，建设适合其发展的创新体系，增强其工业基础能力，加速新旧动能转换，促进其质量效益的提升。要总结国家高新区和国家级经开区发展经验，对其进行重新定位，鼓励企业结合自身特点和资源优势，发展新能源、新材料、节能环保、信息技术、生物产业、高端装备制造、现代物流、新型煤化工等先进制造产业；支持企业围绕国家高新区和国家级经开区定位和发展方向，参与国家重点科技攻关项目，引进大项目、大产业。要积极鼓励有条件的国家高新区和国家级经开区企业与国际著名的跨国公司进行技术研发合作，深度开展生产元器件和配件的制造合作，提升其国际产业分工的地位。

要鼓励支持国家高新区和国家级经开区开发新技术、新工艺、新产品、新材料，支持其与高等院校、科研机构、职业学校、劳动就业培训机构合作，开展技术攻关，或者定向培养高级专业技术人才和技术工人，提高国家高新区和国家级经开区企业员工科学素质。要深化校企合作，促进产教融合，创新合作模式，设立国家高新区和国家级经开区创业投资引导基金，构建激发人才创新创业的分配、激励和保障机制，搭建科技人才与产业对接平台，增强国家高新区和国家级经开区的创新能力。

要制定更加灵活宽松的政策，增强国家高新区和国家级经开区对外资的吸引力。应该有的放矢，有针对性地制定更加灵活的政策，营造更加宽松的投资环境，吸引更多的外资和港澳台投资。要梳理完善既有的招商引资法律法规，废止严重阻滞经开区发展的制度条文，建立各种生产要素市场，促进产品和生产要素自由流动、平等交换。要根据高新区和经开区的特色和定位，有目标地开展招商引资活动，加大出国出境招商引资的力度。要进一步优化高新区和经开区服务流程，提高行政办事效率，协调解决高新区和经开区企业在资金融通、土地征用、环境评估、税收申报等方面的困难和问题，构建法治化、国际化的营商环境。要加强国家高新区和国家级经开区社会诚信体系建设，强化社会治安和稳定管控，有效维护各类市场主体的合法权益，形成让投资者放心、舒心的投资环境。

要充分利用国家级经开区承接产业转移的金融、土地、人才政策，发展新型产业，增强西部地区国家高新区和国家级经开区承接产业转移的能力，打造国家级经开区的特色和优势主导产业，将西部地区国家级经开区建设成重要的出口基地。要加强西部地区国家高新区和国家级经开区与东部国家级经开区的全方位协作，发展战略合作或联盟关系，开展产业和项目对接，形成利益共享机制；要鼓励支持西部地区国家高新区和国家级经开区有条件的企业在海外设立研发中心或者研发分支机构，进行海外投资，参与企业并购，在全球范围内配置创新资源，在西部地区建成先进制造业集聚区，增强西部地区国家高新区和国家级经开区对外资的吸引力。

二 发展生产性服务业，构建支撑产业集群发展的现代服务体系

在现代化生产背景下，生产性服务业占有重要地位。生产性服务业是指为维持工业生产过程有序进行、提高生产效率、促进产业升级和技术进步的服务行业，它与制造业高度相关，存在于企业生产的各个环节。中国创新型产业集群中，与先进制造业发展相匹配的生产性服务发展缓慢，生产性服务业的行业不健全，有些生产性服务业的硬件设施水平不高，不能很好地满足先进制造业生产发展的需求。据此，建设创新型产业集群的过程中，应大力发展生产性服务业，构建支撑创新型产业集群发展的现代服务支撑体系。

应大力发展生产性服务业，支持创新型产业集群发展。要支持创新型产业集群与高等院校、研究机构广泛合作，建设国际国内一流的研发服务体系，确保产业集群的先进技术的充分供给；要加强企业职工的科学文化知识培训，建立终身学习制度，建成稳定的和具有国际先进水平的劳务培训基地和职业培训基地，发展订单式培训，建设高素质的职工队伍，达到人才的充分集聚，支撑产业集群高水平、可持续的发展。应在产业集群内发展风险投资，设立专门的服务中小企业的银行、基金、协会，为集群内中小企业提供较低的市场利率，推动企业与风险投资机构、银行的合作，建立集群内融资信用服务，为企业提供支票账户、现金管理、信用证、融资服务。要支持建立集群内的会计师事务所、创业服务中心、教育培训机构、环境服务中心、法律服务中心，构建完整的立体式的产业集群服务体系，达到对产业集群发展的全方位服务；要加快建设高水平的信息服务平台，建设创新型产业集群统计制度体系和大数据库，实现数据资源的快速流动和充分共享。

还要加强产业集群高端生产性服务硬件设施建设，建设高水平、高效率的电子商务和电子政务系统，创新物流运作模式和管理模式，建设现代化的物流体系；要在创新型产业集群内和群际间建立起世界一流水准的现代化的交通、通信、信息网络，完善多式运输，实现卫星通信和电信光缆连通全球信息网络。要加快发展生产性服务高端工业软件业，实现创新型产业集群中全部数字化、信息化；要在生产性服务领域深度应用先进的人工智能技术、机器人技术，通过工业互联网实现材料运输、组装构造、工

程测量、会展服务、物流运输、进出口贸易、管理咨询等的全智能化，有力地支撑中国创新型产业集群向高端化发展。

三 推动产业集群连片发展，建成全球领先的先进制造集聚区

产业集聚区是以特色主导产业为支撑，同类或相关企业相对集中，生产要素和生产资源集约利用的经济功能区。产业集聚区包括工业园区、经济技术开发区、高新技术产业开发区、科技创新园区、加工贸易园区等在内的各类开发区和园区等。要推进中国创新型产业集群际间的技术合作和经济联系，形成具有国际影响力的连片先进制造集聚区，加快制造强国建设进程。要实施产业集群协同发展战略，通过政策引导，支持不同产业集群的协作创新，增强群际创新系统建设，促成相邻或相近产业集群连片形成具有更强竞争力的先进制造产业集群。应探索改革既有主业集群的行政区划管理体制，融合城乡管理，打破地区垄断，建立全国一体化的市场，促进不同创新型产业集群生产要素的充分流通和利用。

要加快建设创新型产业集群的工业互联网建设，将不同产业集群中的企业、研发机构、金融机构、社会服务组织联系起来，形成群际间多元、多层次、更大规模的高端合作产业创新组织；要在不同地域的创新型产业集群间建立起创新平台，构建具备世界先进水平的产业集群创新网络，形成产业集群协同机制，实现生产大数据信息的共享和快速流动，促进产业集群间新旧动能的快速转化，促进产业集群产业链和价值链的整体提升。要支持创新型产业集群加强国际交流与合作，进行生产技术标准的合作，参与重要产品的定价，提高集群主导产品在全球产业链的战略地位；应鼓励产业集群从国外引进高端技术和领军人才，面向世界制造强国和科技发达国家进行实质性的开放协作，形成跨主体、跨地区、跨领域、跨产业集群的创新性协作机制，打造全球领先的创新型先进制造集聚区。

要促进集群内企业、研发机构、服务机构等的深度分工协作，增加集群的国际竞争力。要加大创新型产业集群的研发投入，提高集群内企业的研发能力和创新能力，增强产品生产配套能力，延长集群产业链，扩大主导产业规模，增强主导产业的集聚效应和扩散效应；要进行创新型产业集群的准确定位，确定发展目标、发展重点、发展路径，按照产业链的构成环节组织生产，进行专业化分工协作，引导集群内企业特别是中小企业向专精细方向发展，不断培育出冠军企业、独角兽企业；要不断开发差异化的新产品，避免集群内同质化产品的过度竞争，不断拓展全球市场，加强自主知识产权保护，培育主导产业的国际著名品牌；要加强产业集群与国际著名企业的技术合作，开展前沿技术、关键领域先进技术的共同研发，通过技术创新和研发，提高产品的技术含量，增加产品的附加值，增强产品出口竞争优势，拓展国际市场，扩大国际市场的占有份额。

在创新型产业集群中，应结合集群特色和优势，建设国家制造业创新中心和区域制造业创新中心，分类集聚国际国内一流的人才、技术、知识等创新元素，加快建设实验室、工作站、孵化器、技术平台，形成跨学科、跨领域的优势技术和优势生产能力；要推进人工智能技术、新一代信息技术、数字技术在产业集群内的深度应用，依据国家发展战略的需要，支持集群内企业开展重大工程和重大专项的攻关和建设，引导企业采用国际先进产业技术标准，提高创新型产业集群的国际竞争力。

要强化国家高新区和创新型产业集群的主体功能特色，推动国家高新区和创新型产业集群的差异化发展；要加快国家高新区和创新型产业集群区域5G、通信设施、工业互联网、交通运输、商贸服务等新型基础设施建设，拓展各类创新性技术的应用场景。要在国家高新区加快建设全国先进制造研发基地，遴选有条件、有基础的国家高新区，重点发展新一代信息技术、航空航天、高端装备、轨道交通、新能源汽车、生物医药、现代煤化工、新材料等产业集群，不断提高战略性新兴产业和高技术制造业占比，形成一批具有国际竞争力的先进制造业集群，进而形成全国范围内的系列先进制造集聚区。

要建立先进制造产业重点项目协调推进机制、资源共享机制，完善区域创新体系，指导国家高新区、各园区集中发展主业，形成园区特色。要加强国家高新区营商环境建设，促进技术市场发展，加快推动科技成果转化，形成国家高新区和创新型产业集群的市场带动力。要高度重视国家高新区和创新型产业集群的人才引进和培养，全面推进数字化和智能化的人工环境建设，打牢先进制造业发展的基础。要加快培育国家高新区、创新型产业集群内的先进制造领军企业，促使其尽快掌握核心技术、拥有自主知识产权，增强其国际竞争力。要加强国家高新区生产要素资源的融合和共享，推进政策机制的协调一致，依托国家高新区和创新型产业集群建成若干个具有重要国际影响力的先进制造集群。

四 建设配套工程，支撑制造强国建设

生产力促进中心是国家创新体系的组成部分，是市场经济条件下推动企业尤其是中小企业技术创新的科技中介服务机构。它依靠法律和政府政策支持，组织社会技术力量，为企业特别是中小企业提供综合性服务，增强企业技术创新能力和市场竞争力，促使企业保持活力和创新力。要加强生产力促进中心自身核心服务能力建设，支持生产力促进中心走精、专服务和规范化服务道路，扩大生产力促进中心对中小企业、特别科技企业、冠军企业和创新型企业的服务范围，提高生产力促进中心的发展质量。生产力促进中心要搭建政府与企业、企业与企业之间的桥梁，要以市场需求为导向，根据需要为企业，特别是冠军企业、创新型企业提供技术、政策、法律、市场、人才等方面的信息，进行技术、管理等方面的教育与训练，帮助冠军企业、创新型企业引入先进适用的技术，促进企业科技成果向现实生产力转化。

要提高企业孵化器的运营能力，通过企业孵化器加快培育创新型企业和冠军企业。要支持企业孵化器充分利用高校、研究机构的资源，积累各类科技资源，建立行业、企业大数据库，达到资源的共享，为新项目、新企业提供高水平、全方位的精准服务。要支持孵化器对冠军企业、创新型企业进行专项的金融服务和法律服务，不断推出金融资本、证券发债、互联网金融以及创新金融等金融法律服务产品，防控冠军企业和创新型企业的金融法律风险。企业孵化器可以对已经毕业的创新型企业进行跟踪调查，继续为其提供相应的服务；可以组织创新型企业、冠军企业进行联谊活动，交流创新创业发展经验，进行实质性的业务合作；对于初创企业，要扩大融资服务范围，提高融资服务质量，努力帮助其获取创业资金，为其提供担保资金。

要充分利用现代信息技术、计算机技术，建设企业孵化器、生产力促进中心服务平台和信息共享网络，提高其为企业服务的效率。企业孵化器和生产力促进中心要融合人才、信息资源，优化要素组合，不断推出科技成果转化新模式，加快推动科技成果的市场化、产业化，带动地域先进产业集群的技术升级；要瞄准国家重点扶持和发展的战略性新兴产业、制造强国建设的重点领域，进行重点支持和服务，培育创新型企业，壮大高新技术产业，服务国家战略。要走国际化发展道路，完善和创新服务模式，

学习国际先进孵化器的成功经验，引进国外资金、先进企业、先进技术和管理人才，帮助冠军企业、创新企业开展国际专利保护、国际标准认定，提升在孵企业的国际竞争力。

国家级大学科技园是一个大学科技实力、竞争实力的重要标志之一，是国家自主创新活动的重要基地，是社会创新创业的重要源泉，也是高等学校产学研结合、为社会服务、培养创新创业人才的重要平台。国家级大学科技园要积极转化高校科技成果，培育从事先进制造的高新技术企业。要依托高校优势学科，构建先进制造技术和服务平台，集聚和调动各类先进制造业服务资源，推动高校创新成果向先进制造业集聚区转移；要依托高校技术和人才优势，不断创新产学研用合作模式，吸引风险资本到国家级大学科技园投资创业，作为创新源泉助推制造强国建设。要发挥国家级大学科技园聚集培养创新人才的优势，培养造就国际国内一流的技术人才和管理人才；要通过服务高校师生创新创业，实现高校与市场的对接，融合各类资源，为制造强国建设储备优秀人才；要支持国家级大学科技园建立技术攻关联盟，推动国家级大学科技园间的技术合作和国际合作，建立优势互补、特色突出的科技创新资源共享机制，要将国家级大学科技园发展纳入制造强国规划体系，支持国家级大学科技园建立服务先进制造业的技术创新服务平台，提高国家级大学科技园的整体发展水平，支持中国制造强国战略的实施。

第五节 制度与创新文化构造路径

制度是特定社会范围内要求社会成员共同遵守的办事规程或行动准则。行为经济学的研究表明，制度设计会对人们的行为产生约束或激励作用，人们也往往要对这种约束或激励做出反应。不同制度产生的约束或激励作用力量不同，则由此导致的行为反应形式和程度也不相同。人才是强国之基，兴邦之本。经济的发展、社会的进步依靠人才，国家的繁荣、民族的兴盛依靠人才。文化是人类在漫长的社会进步和演化过程中不断创造、不断累积的物质财富和精神财富的总和。物质财富体现为有形的物质产品，精神财富则体现为艺术、技术、风俗、习惯、制度、情感、思想、道德、伦理、信仰等。建设制造强国需要加强制度、人才队伍和文化创新建设。

一　建立终身学习制度，培育创新型人才和高素质职工队伍

人类社会的发展历史深刻地表明，一切竞争归根结底都体现为人才的竞争。中国建设制造强国必须掌握先进制造领域的核心技术，拥有一批全球顶级制造品牌。掌握技术、提高品质、拥有品牌，归根结底在于人，在于人的能力和素质。没有全球顶级技术人才，没有世界一流的制造企业家和产业工人，就不可能有世界一流的产品质量，不可能有世界一流的制造品牌，也就不可能有世界制造强国。

创新型高技能人才是具备创新素质、掌握现代先进技能的复合型人才。这类人才拥有专门的知识技术，具备精湛的操作技巧，能解决生产过程中关键技术的应用和复杂工艺的操作难题。一流的创新型技能人才，既专心致志、勤于思考，又观察敏锐、乐于钻研；既忠于传统、踏实传承，又善于发现，敢于尝试；既精于本行当、本技能，穷根究底，又兴趣广泛，触类旁通，敢于发明。创新型高技能人才是拥有先进科学知识的"大国工匠"，是先进物质文明的创造者。在建设经济大国、制造强国的伟大实践中，要以国家工程的名义培育和造就一批一流的创新型高技能人才。

培育创新型高技能人才，就要改革教育模式，建设一批产学研合作示范学院、人才培养基地、技能实验室、应用型大学，推行多元化的开放式办学模式，有序进行培养目标的改制和转向；应改革高校课程设置，加大教学实践课时，强化工科学生的基本功，提升工科学生的实践能力；应建立高水平的"双师型"师资队伍，实行"双师教育"，强调学有所用、学而能用，通过各类实训实践平台，培养高校学生，特别是职业学校学生的动手、动脑能力以及所学知识的应用能力。

要建立面向21世纪的先进的终身职业教育体系和职工继续教育体系，学习借鉴世界制造强国的职业教育经验，将职业操守、生产标准、行业章程，企业制度纳入教学体系，强化职工的技术培训和思想素质培训，促使职工在工作中学习，在学习中工作，持续提高职工的生产技能。应针对行业、工种特点，推行师徒制，教授独门绝技，传承敬业理念。应开展"杰出工程师""杰出技工""杰出操作能手""大师工匠"等竞技活动，发掘培育出一批世界级的能工巧匠，以此带动全体职工操作技术水平的提高，建成高素质的产业工人队伍。

要建立创新型高技能人才晋职、晋级的奖励制度，关心关怀创新型高技能人才的成长，形成适应创新型高技能人才脱颖而出、健康成长的生态环境。应制定专门支持创新型高技能人才的落户、居住、子女就读、配偶就业、医疗、社会保险、出入境等优厚政策，提供与创新型高技能人才贡献相匹配的社会地位和物质待遇。可设立创新型高技能人才"技能训练基金"或"种子基金"，通过直接的财政拨付和多渠道的融资，扩大基金容量，增强扶持力度，以此鼓励创新型高技能人才的创新钻研活动，支持其实践研修项目。应建立创新型高技能人才的便捷畅达的交流学习平台，推广技术革新成果，交流先进技能；应契合科学领域的"千人计划""万人计划"等人才培养工程，鼓励高技能人才走出国门开展技艺切磋，着力培养重点领域、关键生产环节的奇、特、尖、精技能人才。

二　建设先进制度体系，创造良好制度环境

一切质量问题、一切技术问题，最终都归结为人、归结为劳动者，人、劳动者是建设制造强国的决定性因素。人的认知、人的态度、人的行为决定了制造技术，决定了产品的质量。在人的因素既定的情况下，制度因素就会起到关键性作用。良好的制度可以将消极因素转化为积极因素，不好的制度则可将积极因素转化为消极因素；良好的制度可以激发人的潜能、增强创新的活力，不好的制度则抑制人的激情、消磨人的斗志；良好的制度可以凝聚人气、汇集智慧，不好的制度则涣散人心、泯灭心智；良好的制度能建立群体间的信任、实现群体的共同目标，不好的制度则可能引发群体的猜忌，毁坏群体的大业。建设制造强国是国家之大事，民族之大业，需要人气、需要群体智慧、需要集体力量，制度的维系和激励作用须臾不可缺乏。

任何制度都是特定环境下社会成员个人主张、利益、诉求、认知等相互博弈的结果，当博弈达到均衡成为现实时，制度便产生了。人们的利益、诉求不断，相互的博弈就不会停止，制度也就会演变不止。当制度不能适应环境变化，出现锁定效应时，就会对环境产生阻滞作用，引起社会的倒退，直至一个群体的消亡。中国建设制造强国是国家战略，是中华民族的伟大实践，需要动员全社会的力量，激发广大民众的热情，发掘全体劳动者的智慧。必须深刻认识制度背后的力量，通过先进的制度建设来推动这一宏大工程的实施。

要建立有效的制度，创造尊重工匠、尊重劳动者的文化环境。文化是人们观念、思想、意识等精神范畴的集合。人类的一切社会活动、行为方式、制度设计、日常生活都具有特定的文化内涵，体现出特定的文化气息。建设制造强国，需要依靠普普通通的工匠、千千万万的劳动者，需要有工匠和劳动者发挥作用、施展技能和才华的环境。故而必须从人的心理和人的本质出发进行制度设计。应通过有效的制度，提高劳动者的社会地位，在全社会形成尊重劳动、尊重劳动者的社会风尚；要通过幼儿启蒙、家庭示范、学校教育、社会帮助、公众舆论等制度手段，引导民众树立正确的劳动观、价值观，确立以崇尚劳动、崇尚技术，劳动至上、技术至上为核心的民族文化价值体系，营造宽容开放的创新环境。

要建立有效的制度，激发科学家、劳动者的生产热情和创新潜能。倡导工匠精神，弘扬优秀企业家精神，重要的是要创造工匠、优秀企业家成长和发挥作用的条件。要求工匠精益求精、执着专注、追求卓越，则必须有工匠生存的环境；要求企业家艰苦奋斗、勇于担当、敢于创新，也必须有企业家成长的土壤，而这一切都依赖相应的制度保障。应建立合理的制度，使科学家、工程师、企业家、技术工人配享高贵的社会地位，得享足够的社会尊重；应通过优厚的社会福利和社会保障制度，使科学家、工程师、企业家、技术工人无生存之虞、发展之忧从而聚精会神地从事本职工作，笃定于自己的事业。要通过住房、医疗、教育、培训、养老等制度建设，使科学家、工程师、企业家、技术工人能安居乐业，过上体面的、有尊严的生活；要通过制度建设，使劳动者焕发冲天的工作激情，乐于工作、敢于工作，锐意进取、百折不挠，不断提高生产效率。需要正视的是，发达国家和制造强国的工匠精神、企业家品质都是建立在强大的制度保障基础之上的，没有充足的物质保证和丰盈的物质生活，仅凭单纯的倡导、宣传，难以造就出真正的工匠和企业家；没有劳动者的责任感和使命感，真正的工匠精神和企业家精神也是难以落地实践的。

要建立有效的制度，吸引全球一流的技术人才和管理人才。建设制造强国是一个庞大的系统工程，不可能一蹴而就，需要汇聚各路俊杰，八方英才。只有设计合理的制度，为优秀人才创造用武之地，才能吸纳全球一流的人才参与到制造强国建设的伟大实践。行为经济学认为，人的行为是具有自利特征的，通常情况下，人会基于有限理性，简约决策变量，利用机会，追求自身效应的最大化。合理的制度，使社会目标变得更为清晰，使人的行为变得更有预见性。因此，要依靠制度的力量，广纳全球最优秀的技术人才和管理人才为制造强国建设效力。应建立灵活、优厚的移民签证制度，通过各类基金援助计划、额外生活补贴项目，招募全球各类人才；应建立科技合作协议、成果专利制度、发明奖励制度等，构造出良好的人才利用环境；要通过真切实在的物质条件和优越良好的工作环境吸引各类优秀人才；要不断破解体制内、外人才流动的障碍，实现人才结构和人才流动的全球化，推动人才培育和人才吸纳制度的国际化。

社会漫长的发展过程中，人类始终没有停止过对客观现象、事物规律的判断和认识。长期的认识实践并对认识本身的研究，形成了不同的认识论。科学的认识论的目标是反映客观现象的本质，揭示人类认识形成、发展的普遍规律，使人们的认识符合或不断地接近客观实际。建设制造强国需要坚持科学的认识论，需要透过现象看本质。必须清楚地认识到技术、品质背后的因素，认识到人背后的制度因素；必须清楚认识到发达国家技术、品质背后的制度力量，认识到只有建立有效的激励制度，才能激起科学家对未知世界的探索热情，激发全体劳动者的创新潜力。建设制造强国需要创新，一切创新最为根本的创新应该是制度的创新。制度创新了，制度的设计符合了客观现实的发展，则可牵一发而动全身，许多问题也会迎刃而解。

三 持之以恒，建设优秀的制造业创新文化

人类在实践活动中创造了文化，文化又反过来教化人、塑造人、改造人，引导社会的发展。生产制造是人类充满智慧的实践活动，活动成果完全受控于人的主观能动作用。人的影响作用分为主、客观两个方面。客观方面是人的技术、能力；主观方面则是人对制造活动的认知和态度。情感、认知决定态度，态度决定行为，行为决定结果。对事物不同的认知和情感会对事物产生不同的态度和行为，最终产生不同的结果。制造业活动中，对职业怀有怎样的情感？对工作具有怎样的认知？如何看待技术？如何看待产品？如何看待质量？这些对生产制造的理念、价值观，是生产者精神层面的元素，在制造活动中也就是制造业文化。

伦理，属于文化的范畴，是人与人、人与群体、人与社会相处时所应遵循的规范和准则，是从道德层面对人类行为的哲学思考。伦理需要甄别善与恶、真与假、美与丑、是与非、对与错；需要践行尊崇与轻慢、接受

与摒弃、遵循与拒绝。文化伦理是人们过往共同生活经验的积累，源于世俗。某种文化伦理一旦形成和确立，就意味着一种价值观或行为范式被认可、被普遍接受，意味着某种秩序形成。因而，文化伦理具有崇高性、普适性和致用性，具备调节、激励、引导、评判等功能，具有强大的影响力。文化伦理体现一个民族的特质，彰显一个民族的精神。一个国家、一个民族成于文化伦理，也败于文化伦理。在生产制造过程中，正是企业的文化伦理决定了企业的生产活动成果。

文化伦理具有历史性和具体性，不同历史阶段、不同社会背景、不同生产力水平、不同的社会政治条件，会产生不同的文化伦理。中国建设制造强国，必须建设先进的制造文化伦理。必须摒弃拜官、拜权、拜金、急功近利的现实主义价值观，树立尊崇劳动、尊崇劳动者，尊崇技术、尊崇技术工人的全新价值理念，这是中国先进制造文化伦理的基石，是再造中国先进制造文化伦理的根本出发点。由此推开去，要培养敬业、执着、精益求精、一丝不苟的员工精神，塑造勇于创新，敢于冒险，乐于担当的优秀企业家品质，培养制造员工和企业家良好的精神状态、坚定的意志品格、优秀的思想道德素质和科学文化素质；要建立起能最大限度发挥员工积极性、主动性、创造性和自我全面发展的人本企业管理模式，形成"人人为我，我为人人"的企业经营哲学，以善恶不以得失，以对错不以利益作为企业生产管理的判断标准；要建立诚实守信，追求卓越的行业准则，建成学习终生，创新无限的学习机制，构造以敬畏、道德、情感为核心的行业行为价值体系。

现代企业中，人是主体，文化伦理是魂。支撑企业恒久发展的是企业文化伦理，支撑人不断成长的是理想信仰。要将制造文化伦理转变成员工和企业家的信仰，促使其在精神上无限崇拜、长期秉持、乐于接受，并不惜一切加以捍卫。要通过制造文化伦理，塑造劳动者的品格，提升劳动者的境界，激发劳动者的潜能。要注重教化，进行价值观革命。要教育全体国民摒弃拜金、拜权的庸俗价值观，建立劳动光荣、劳动者伟大的全新价值理念，要让杰出的创新型高技能人才得享与其贡献相配的光荣与荣耀。要在全社会倡导尊崇科学、尊崇技术的价值观，重塑劳动者的道德信仰。要将职业操守、生产标准、操作规程转化成劳动者的道德信仰，促使劳动者在精神上对职业道德、生产准则产生无限崇拜，并乐于接受、长期秉持、不惜一切加以捍卫，进而在潜移默化中养成精品意识、质量意识、零缺陷意识、至臻完美意识。要运用执着、坚韧、一丝不苟、精益求精的文化伦理塑造劳动者的优秀品格，提升劳动者的认识境界，激发劳动者的创新潜能。

应努力把制造强国文化伦理转化成劳动者的信仰，使其成为劳动者自觉自愿的行为规范，乐于接受的道德准则。可以肯定的是，先进的企业文化伦理元素一旦成为全体劳动者的信仰，则一切技术标准、生产规范、劳动制度、管理模式就被赋予了神圣性、崇高性，就会被劳动者奉为圭臬、图腾，产生强烈的敬畏感和自律性，从而成为劳动者生产活动的指向灯，并在生产实践中自觉自愿地践行，形成追求完美、追求卓越的不竭动力。这是创新型高技能人才生存所需要的土壤和环境，也是中国走向经济大国、制造强国的必由之路。

参考文献

李双杰:《效率与生产率度量方法及应用》,经济科学出版社 2010 年版。

[美] 彼得·马什(Peter Marsh):《新工业革命》(中译本),赛迪研究院专家组译,中信出版社 2013 年版。

[美] 戴维·K. 希尔德布兰德、加德曼·R. 爱沃森、约翰·H. 奥尔德里奇等:《社会统计方法与技术》,社会科学文献出版社 2005 年版。

[印] 阿盖什·约瑟夫(Ugesh A. Joseph):《德国制造》,赛迪研究院专家组译,中国人民大学出版社 2016 年版。

安树伟、张晋晋:《2000 年以来我国制造业空间格局演变研究》,《经济问题》2016 年第 9 期。

陈丽华、林凯:《国家高新区创新型产业化供应链公共服务体系建设》,《科技中国》2019 年第 1 期。

陈秋星:《我国大中型高新技术企业技术创新效率研究——基于创新价值链视角》,《福建农林大学学报》(哲学社会科学版)2019 年第 5 期。

陈元刚、王慧:《生产性服务业集聚对制造业转型升级的影响及对策研究——基于长江经济带 11 个省市面板数据的实证分析》,《重庆理工大学学报》(社会科学版)2020 年第 2 期。

程楠:《培育中国"隐形冠军"需跨越三道坎》,《中国装备》2016 年第 10 期。

程文、金孟君:《国家高新区空间分布与地区产业转型升级——基于双重差分法的检验》,《中国软科学》(增刊上)2018 年。

崔小娜:《中国 20 个制造行业产业集聚发展趋势——基于 EG 指数的实证分析》,《经济研究导刊》2013 年第 30 期。

崔远森、曾利飞、陈志昂：《教育红利对中国制造业国际竞争力作用及渠道的实证研究》，《国际贸易问题》2016 年第 7 期。

邓宏图、徐宝亮、邹洋：《中国工业化的经济逻辑：从重工业优先到比较优势战略》，《经济研究》2018 年第 11 期。

丁冰：《略论新中国六十年来工业建设的快速发展和巨大成就》，《管理学刊》2009 年第 1 期。

范德成、杜明月：《基于 TOPSIS 灰色关联投影法的高技术产业技术创新能力动态综合评价——以京津冀一体化为视角》，《科学学研究》2017 年第 7 期。

高丹雪：《区域多元化对企业创新绩效的影响研究——基于中国上市公司的实证分析》，《北方工业大学学报》2018 年第 6 期。

高松、庄晖：《开放的复杂巨系统理论视角下的国家火炬计划研究》，《科技进步与对策》2012 年第 4 期。

顾雪芹：《中国生产性服务业开放与制造业价值链升级》，《世界经济研究》2020 年第 3 期。

郭政等：《中国制造品牌发展的问题、原因与提升研究》，《中国工程科学》2015 年第 7 期。

韩啸：《科技园区培育高新技术企业对策探索》，《企业科技与发展》2019 年第 9 期。

韩莹莹：《中国先进制造行业现状、发展趋势及投资启示》，《资本市场评论》2018 年第 2 期。

郝红梅：《国家级经济技术开发区的转型升级与创新发展》，《对外经贸》2017 年第 7 期。

黄健、万勇：《德韩先进制造国家战略比较与分析》，《科技管理研究》2016 年第 4 期。

黄健、万勇：《美韩先进制造区域集群比较与思考》，《产业经济评论》2014 年第 11 期。

黄鲁成等：《关于颠覆性技术识别框架的探索》，《科学学研究》2015 年第 5 期。

黄群慧：《改革开放 40 年中国的产业发展与工业化进程》，《中国工业经济》2018 年第 9 期。

黄烨菁：《何为"先进制造业"？——对一个模糊概念的学术梳理》，《学术月刊》2010年第7期。

李春燕、刘文：《产业集群优势与区域品牌关系研究》，《现代商贸工业》2016年第17期。

李光斗：《品牌立国：中国向德国制造学什么?》，《走向世界》2011年第27期。

李梅、卢程：《研发国际化与企业创新绩效——基于制度距离的调节作用》，《经济管理》2019年第1期。

林寿富：《新兴经济体国家创新竞争力的比较分析》，《福建师范大学学报》（哲学社会科学版）2012年第5期。

刘国新、李明充、王治：《中国科技竞争力的国际比较及对策》，《科技与管理》2002年第3期。

刘丽娜：《美国制造业复兴及其先进制造业发展策略分析》，《中国市场》2014年第38期。

刘明达、顾强：《从供给侧改革看先进制造业的创新发展——世界各主要经济体的比较及其对我国的启示》，《经济社会体制比较》2016年第1期。

陆静如：《新时代我国高等教育国际化转型发展的路径研究》，《高教学刊》2018年第24期。

罗能生、刘文彬、王玉泽：《杠杆率、企业规模与企业创新》，《财经理论与实践》2018年第6期。

马永强、路媛媛：《企业异质性、内部控制与技术创新绩效》，《科研管理》2019年第5期。

马志东、俞会新、续亚萍：《国家创新型产业集群的形成与发展——以保定市国家高新技术产业开发区为例》，《经济研究参考》2017年第32期。

毛琦梁、王菲、李俊：《新经济地理、比较优势与中国制造业空间格局演变——基于空间面板数据模型的分析》，《产业经济》2014年第2期。

聂名华：《中国制造业在全球价值链中的地位与升级方略》，《东南学术》2017年第2期。

欧光军、杨青、雷霖：《国家高新区产业集群创新生态能力评价研究》，《科研管理》2018年第8期。

彭正梅、郑太年、邓志伟：《培养具有全球竞争力的中国人：基础教育人才培养模式的国际比较》,《全球教育展望》2016年第8期。

祁占勇、杨宁宁:《改革开放四十年我国义务教育政策的发展演变与未来展望》,《教育科学研究》2018年第12期。

钱丽、王文平、肖仁桥:《产权差异视角下我国区域高技术企业创新效率研究》,《管理工程学报》2019年第2期。

邵汉华、周磊:《国家高新区与城市经济效率的时空耦合协调研究》,《科技进步与对策》2018年第14期。

沈小平、李传福:《创新型产业集群形成的影响因素与作用机制》,《科技管理研究》2014年第14期。

史修松、刘军:《大型制造企业规模、分布与地区经济增长——基于中国制造业500强的研究》,《工业技术经济》2014年第9期。

宋锦萍、刘春芝:《基于国际竞争力导向的中外研究生培养模式与实践途径比较研究——以英美研究生教育体制为例》,《现代教育管理》2016年第3期。

孙博等:《企业融资约束与创新绩效:人力资本社会网络的视角》,《中国管理科学》2019年第4期。

孙金秀、孙敬水:《现代流通业与先进制造业协同机理研究》,《北京工商大学学报》2015年第3期。

孙敬水、杜金丹:《先进制造业核心竞争力研究综述》,《天津商业大学学报》2014年第2期。

孙泗泉、叶琪:《我国先进制造业的创新演绎与突破》,《当代经济》2015年第13期。

孙早、许薛璐:《前沿技术差距与科学研究的创新效应——基础研究与应用研究谁扮演了更重要的角色》,《中国工业经济》2017年第3期。

孙志燕:《中国制造业空间布局的新趋势及对策建议》,《区域经济评论》2014年第4期。

孙智慧、孙静、王伟:《创新型产业集群发展绩效提升研究》,《东北大学学报》(社会科学版)2014年第7期。

谭媛元、谭蓉娟:《中国先进制造业技术效率及其影响因素测度》,《北方经贸》2015年第9期。

田颖等:《国家创新型产业集群建立是否促进区域创新?》,《科学学研究》2019年第5期。

万伦来、李浩:《生产性服务业集聚、产业结构升级与区域生态效率提升——来自 2003—2016 年中国 30 个省份的面板数据》,《经济经纬》2020 年第 2 期。

万勇:《全球主要国家近期制造业战略观察》,《国防制造技术》2015 年第 3 期。

王成仁:《发达国家产业转型升级的国际经验》,《经济研究参考》2017 年第 21 期。

王德显、王跃生:《美德先进制造业发展战略运行机制及其启示》,《中州学刊》2016 年第 2 期。

王沛、余丽霞:《高管过度自信、企业异质性与企业创新绩效——基于战略性新兴产业上市公司的实证研究》,《科学与管理》2019 年第 4 期。

王晓燕、陈开元、赵晶:《中国隐形冠军企业国际化的进入模式与绩效关系——基于知识整合的视角》,《中国集体经济》2017 年第 27 期。

王玉玲:《中国制造业发展:成就、困境、趋势和现实选择》,《税务与经济》2017 年第 5 期。

王增栩:《我国主要地区高新技术企业发展成效比较分析》,《科技创新发展战略研究》2019 年第 3 期。

王志勇等:《颠覆性技术的基本特征与国外研究的主要做法》,《国防科技》2015 年第 3 期。

王智慧、刘莉:《国家创新能力评价指标比较》,《科研管理》2015 年第 1 期。

王智琦等:《前沿技术与核心技术识别的投入产出分析方法——以混合动力汽车为例》,《科学学研究》2015 年第 11 期。

吴航、陈劲:《新兴经济国家企业国际化模式影响创新绩效机制——动态能力理论视角》,《科学学研究》2014 年第 8 期。

吴三忙、李善同:《中国制造业空间分布分析》,《中国软科学》2010 年第 6 期。

吴士健、张翼彤、周忠宝:《创新生态系统视阈下高技术企业创新效率测度与耦合协调分析》,《广东财经大学学报》2018 年第 3 期。

吴文清、赵黎明:《中国国家软件产业基地动态效率评价》,《工业工程》2012 年第 6 期。

薛漫天:《长江经济带制造业布局的重点方向及推进策略》,《经济纵横》

2016 年第 6 期。

颜方沁等：《标准化思维对区域品牌建设工作的启示》，《学术研讨》2018 年第 10 期。

杨浩昌、李廉水：《高技术企业知识与产品创新协同的测度及启示》，《科学学研究》2018 年第 10 期。

杨一翁、孙国辉、涂剑波：《高介入购买决策下的国家品牌效应研究》，《管理学报》2017 年第 4 期。

叶江峰、任浩、甄杰：《中国国家级产业园区 30 年发展政策的主题与演变》，《科学学研究》2015 年第 11 期。

于波、李平华：《先进制造业的内涵分析》，《南京财经大学学报》2010 年第 6 期。

于明远：《中国制造业技术创新与国际竞争力的实证分析》，《经济与管理研究》2014 年第 12 期。

原磊、王加胜：《传统产业改造和先进制造业发展》，《宏观经济研究》2012 年第 9 期。

张思雪、林汉川：《创新中国品牌体系的关键：重塑与定位》，《经济与管理研究》2016 年第 8 期。

张亭、刘林青：《中美产业升级的路径选择此较》，《经济管理》2016 年第 8 期。

张文武、徐嘉婕、欧习：《生产性服务业集聚与中国企业出口生存——考虑异质性和传导机制的分析》，《统计研究》2020 年第 4 期。

张志强、鲁达非：《前沿技术、吸收能力与中国区域产业的协同发展》，《经济理论与经济管理》2015 年第 7 期。

赵璐、赵作权：《中国制造业的大规模空间集聚与变化》，《数量经济与技术经济研究》2014 年第 10 期。

赵云峰：《发达国家先进制造业对外商投资的异质性政策研究》，《环渤海经济瞭望》2016 年第 3 期。

甄峰、赵彦云：《中国制造业产业国际竞争力：2007 年国际比较研究》，《中国软科学》2008 年第 7 期。

迟福林：《在转型升级中打造中国制造全球品牌》，《经济参考报》2015 年 7 月 16 日。

AEDemirci, "Strategic Representation of an Abstract Reality: Spiraling Relations between Organizational Culture and Innovativeness", *Journal of Management & Strategy*, Vol. 4, No. 3, 2013.

Alina Romanova, AntonAbdurakhmanov, Valentin Ilyin, Maria Vygnanova, Eva Skrebutene, "Formation of a Regional Industrial Cluster on the Basis of Coordination of Business Entities' interests", *Procedia Computer Science*, Vol. 149, 2019.

Amiti Mary, "New Trade Theories and Industrial Location in the EU: A Survey of Evidence", *Oxford Review of Economic Policy*, Vol. 14, No. 2, 1998.

Barbara Becker, Oliver Gassmann, Corporate Incubators, "Industrial R&D and What Universities can Learn from them", *The Journal of Technology Transfer*, Vol. 31, 2006.

BinShena, Tsan-Ming Choib, Pui-Sze Chowc, "Brand Loyalties in Designer Luxury and Fast Fashion Co-branding Alliances", *Journal of Business Research*, Vol. 81, 2017.

C. Franco, R. Leoncini, "Measuring China's Innovative Capacity: A Stochastic Frontier Exercise", *Economics of Innovation & New Technology*, Vol. 22, No. 2, 2013.

Dadson Awunyo-Vitor, "Theoretical and Conceptual Framework of Access to Financial Services by Farmers in Emerging Economies: Implication for Empirical Analysis", *Acta Univ. S Apientiae Economics and Business*, Vol. 6, 2018.

Daniela Doina Fundeanua, Cosmin Sandu Badeleb, "The Impact of Regional Innovative Clusters on Competitiveness", *Procedia-Social and Behavioral Sciences*, Vol. 124, 2014.

Djerdj Horvat, Thomas Stahlecker, Andrea Zenker, Christian Lerch, Marko Mladineo, "A Conceptual Approach to Analyzing Manufacturing Companies' Profiles Concerning Industry 4.0 in Emerging Economies", Djerdj Horvat et al., *Procedia Manufacturing*, Vol. 17, 2018.

Dong Xiang, Jiakui Chen, David Tripe, Ning Zhang, "Family Firms, Sustainable Innovation and Financing Cost: Evidence from Chinese Hi-tech Small and Medium-sized Enterprises", *Technological Forecasting and Social*

Change, Vol. 144, No. 4, 2019.

Douglas W. Caves, Laurits R. Christensen and W. Erwin Diewert, "Multilateral Comparisons of Output, Input, and Productivity Using Superlative Index Numbers", *The Economic Journal*, Vol. 92, No. 365, 1982.

Douglas W. Caves, Laurits R. Christensen and W. Erwin Diewert, "The Economic Theory of Index Numbers and the Measurement of Input, Output, and Productivity", *Econometrica*, Vol. 50, No. 6, 1982.

Ellison, Glenn, Edward L. Glaeser, and William R. Kerr, "What Causes Industry Agglomeration? Evidence from Coagglomeration Patterns", *American Economic Review*, Vol. 100, No. 3, 2010.

Etienne Lepers, Antonio Sánchez Serrano, "Decomposing Financial (in) Stability in Emerging Economies", *Research in International Business and Finance*, Vol. 51, 2020.

Fare R. Grosskopf, S., and Norris M., "Productivity Growth, Technical Progress, and Efficiency Change in Industrialized Countries: Reply", *American Economic Review*, Vol. 87, 1997.

Fare R. Grosskopf, S. Norris M. and Zhang Z., "Productivity Growth, Technical Progress, and Efficiency Change in Industrialized Countries", *American Economic Review*, Vol. 84, 1994.

Florence Charton-Vachet, Cindy Lombart, "Impact of the Link Between Individuals and their Region on the Customer-regional Brand Relationship", *Journal of Retailing and Consumer Services*, Vol. 43, 2018.

GIPO ttaviano, A. Turrini, "Distance and Foreign Direct Investment When Contracts are Incomplete", *Journal of the European Economic Association*, Vol. 5, No. 4, 2011.

Joseph Nye, "Soft Power and American Foreign Policy", *Political Science Quarterly*, Vol. 119, No. 2, 2004.

Justin Paula, "Masstige Model and Measure for Brand Management", *European Management Journal*, Vol. 37, 2019.

Lui, Suarez-Villa, "Invention, Inventive Learning, And Innovative Capacity", *Systems Research & Behavioral Science*, Vol. 35, No. 4, 1990.

Ly Slesman, Ahmad Zubaidi Baharumshah, W. N. W. Azman-Saini, "Political

Institutions and Finance-growth Nexus in Emerging Markets and Developing Countries: A Tale of One Threshold", *The Quarterly Review of Economics and Finance*, Vol. 72, 2019.

Magnus Klofsten, Erik Lundmark, Karl Wennberg, Nata Bank, "Incubator Specialization and Size: Divergent Paths Towards Operational Scale", *Technological Forecasting and Social Change*, Vol. 151, 2020.

Marc Cowling, Elisa Ughetto, Neil Lee, "The Innovation Debt Penalty: Cost of Debt, Loan Default, and the Effects of a Public Loan guarantee on High-tech Firms", *Technological Forecasting and Social Change*, Vol. 127, No. 2, 2018.

Martin T. Bohl, Christian Gross, Waldemar Souza, "The Role of Emerging Economies in the Global Price Formation Process of Commodities: Evidence from Brazilian and U. S. Coffee Markets", *International Review of Economics and Finance*, Vol. 60, 2019.

Michał Jurek, "Choosing the Exchange Rate Regime-a Case for Intermediate Regimes for Emerging and Developing Economies", *Economics and Business Review*, Vol. 18, No. 4.

Neely Andy, Hii Jasper, Horace Ho, "The Innovative Capacity of Firms", *Nang Yan Business Journal*, Vol. 1, No. 1, 2014.

Neha Saini, Monica Singhania, "Corporate Governance, Globalization and Firm Performance in Emerging Economies", *International Journal of Productivity and Performance Management*, Vol. 12, 2018.

Nicoletta Corrocher, Francesco Lamperti, Roberto Mavilia, "Do Science Parks Sustain or Trigger Innovation? Empirical Evidence from Ltaly", *Technological Forecasting and Social Change*, Vol. 147, October 2019.

Niusha Esmaeilpoorarabi, Tan Yigitcanlar, Mirko Guaralda, "Place Quality in innovation Clusters: An Empirical Analysis of Global best Practices from Singapore, Helsinki, New York, and Sydney", *Cities*, Vol. 74, No. 4, 2018.

Rania W. Semaana, Nick Ashilla, Paul Williamsb, "Sophisticated, Iconic and Magical: A Qualitative Analysis of Brand Charisma", *Journal of Retailing and Consumer Services*, Vol. 49, 2019.

Runhui Lin, Zaiyang Xie, Yunhong Hao, Jie Wang, "Improving High-tech Enterprise Innovation in Big Data Environment: A Combinative View of Internal and External Governance", *International Journal of Information Management*, Vol. 50, No. 2, 2020.

Sameer Qaiyum, Catherine L. Wang, "Understanding Internal Conditions Driving Ordinary and Dynamic Capabilities in Indian High-tech Firms", *Journal of Business Research*, Vol. 90, No. 9, 2018.

Shao, Shuai & Tian, Zhihua & Yang, Lili, "High Speed Rail and Urban Service Industry Agglomeration: Evidence from China's Yangtze River Delta region", *Journal of Transport Geography*, *Elsevier*, Vol. 64 (C), 2017.

Sujatha Manohar, Varisha Rehman, "Brand Resurrection in an Emerging Economy", *Journal of Marketing Communications*, Vol. 25, 2019.

Sunny Li Sun, Yanli Zhang, Yuhua Cao, Jielin Dong, John Cantwell, "Enriching Innovation Ecosystems: The Role of Government in a University Science Park", *Global Transitions*, Vol. 1, 2019.

T. C. Melewara, Heather Skinner, "Territorial Brand Management: Beer, Authenticity, and Sense of Place", *Journal of Business Research*, Vol. 4, 2018.

Vahid Kayvanfar, S. M. Moattar Husseini, Mohsen S. Sajadieh, B. Karimi, "A Multi-echelon Multi-product Stochastic Model to Supply Chain of Small- and-medium Enterprises in Industrial Clusters", *Computers & Industrial Engineering*, Vol. 115, No. 1, 2018.

Vida Siahtiria, Wai Jin (Thomas) Leeb, "How do Materialists Choose Prominent Brands in Emerging Markets?", *Journal of Retailing and Consumer Services*, Vol. 46, 2019.